GILBERTO FREYRE

Vida, Forma e Cor

GILBERTO FREYRE

Vida, Forma e Cor

Prefácio de Ângelo Monteiro

Impresso no Brasil, julho de 2010
Copyright © 2010 by Fundação Gilberto Freyre
Rua Dois Irmãos, 320 · Apipucos · 52071 440
Recife, PE, Brasil
www.fgf.org.br · fgf@fgf.org.br

Os direitos desta edição pertencem a
É Realizações Editora, Livraria e Distribuidora Ltda.
Caixa Postal: 45321 · 04010 970 · São Paulo, SP, Brasil
Telefax: (5511) 5572 5363
e@erealizacoes.com.br · www.erealizacoes.com.br

Editor
Edson Manoel de Oliveira Filho

Gerente editorial
Bete Abreu

Revisão
Marina Kater-Calabró
Patrizia Zagni
Liliana Cruz

Capa e projeto gráfico
Mauricio Nisi Gonçalves / Estúdio É

Diagramação e editoração
André Cavalcante Gimenez e Natália Nebó e Jambor / Estúdio É

Pré-impressão e impressão
Prol Editora Gráfica

Reservados todos os direitos desta obra.
Proibida toda e qualquer reprodução desta edição
por qualquer meio ou forma, seja ela eletrônica ou mecânica,
fotocópia, gravação ou qualquer outro meio de reprodução,
sem permissão expressa do editor.

SUMÁRIO

Prefácio à presente edição – Gilberto Freyre e a modernidade como continuidade criadora, *por Ângelo Monteiro* 7
Prefácio do autor 13

Amy Lowell: uma revolucionária de Boston 23
A propósito de Jorge de Lima, poeta 37
Presença de Guimarães Rosa e outras presenças 43
Um jovem crítico literário 55
Recordando José Lins do Rego 59
Villa-Lobos, pambrasileiro, mas carioca 75
Antônio Torres, escritor irrealizado 79
Em torno de alguns romances regionais 87
Um memorialista e um memorialista e tanto 95
Modernidade e modernismo nas artes 107
Ensaios de Crítica de Poesia 125
Reinterpretando José de Alencar 129
Origens e tendências do romance brasileiro 153
Um novo crítico: Eduardo Portella 159
A propósito de pintores e das suas relações com a luz regional 171
Um pintor brasileiro fixado em Paris 177
Lula Cardoso Aires: uma interpretação integrativa de homens e coisas brasileiras 187
A propósito de Francisco Brennand, pintor, e do seu modo de ser do trópico 197
Civilização, religião e arte 207
O reflexo do nominalismo nas artes hispanotropicais 221
Notas sem lei nem rei 235
Uma estética da miscigenação 259

Arte, literatura e sociologia: em torno do problema da interpretação
da vida e da arte como formas 269
A língua portuguesa: aspectos de sua unidade e de sua pluralidade
nos trópicos 279
O *Diário Íntimo* de Lima Barreto 287
O mundo do romance 295
Um precursor português de Lawrence da Arábia 301
Em torno da *Peregrinaçam*, de Fernão Mendes Pinto 311
Da correspondência de H. L. Mencken com um amigo brasileiro 331
Ciência do homem e museologia: sugestões em torno do Museu do
Homem do Nordeste da Fundação Joaquim Nabuco 339

GILBERTO FREYRE E A MODERNIDADE COMO CONTINUIDADE CRIADORA

Ângelo Monteiro[1]

Partilhando a concepção nietzschiana da cultura como transformação, ou até mesmo como deformação do legado recebido, e não sua reprodução automática, como, de maneira impressiva, ele enfatiza em *Região e Tradição*, Gilberto Freyre, em sua interpretação do Brasil, no duplo enfoque sociológico e antropológico – sob o prisma de uma rica e finíssima psicologia, geralmente de conteúdo simbólico –, faz uma leitura integrada de vários aspectos de nossa formação, apontando para uma galáxia de valores que, assimilados organicamente, a partir de nossas próprias diferenças, nos levariam a uma singular excelência em face do conjunto da comunidade ibero-americana.

O que é admirável no pensamento de Gilberto Freyre é a superioridade que o distingue quer do simplismo de certas sínteses improvisadas, quer de certos radicalismos direcionados ideologicamente. E o seu Movimento Regionalista e Tradicionalista, segundo ele, com valores mais modernos que "modernistas" em comparação com o modernismo do eixo Rio-São Paulo – com o qual não deixou de manter um certo diálogo –, é um dos melhores exemplos dessa posição ímpar: o seu regionalismo nunca implicou um fechamento com outras regiões, mas antes, pelo contrário, uma abertura ao universal; também seu tradicionalismo jamais entraria em conflito com as renovações necessárias a todo grande projeto cultural. Ou seja: à sua própria visão de modernidade.

E é justamente em sintonia com uma ideia de participação de todos os sentidos na fruição da arte e nos contatos dela com a realidade que Gilberto Freyre se nos mostra em *Vida, Forma e Cor*, que é, ao lado de *Perfis de Euclides e Outros Perfis* – com os impressionantes perfis de Augusto dos Anjos e do próprio Euclides da Cunha –, uma das obras mais animadas desse espírito abrangente

---

[1] Poeta e ensaísta, professor do Departamento de Filosofia da Universidade Federal de Pernambuco.

que sempre viria a caracterizar o pensamento de Gilberto Freyre que, estando a igual distância tanto do cientificismo quanto do filosofismo, plasmou todas as suas ideias com a sua própria substância humana, a ponto de nos declarar nessa mesma obra: "Todo artista verdadeiramente criador é, mais ou menos, autobiográfico; e todo artista verdadeiramente criador é, mais ou menos, um retrospectivo em potencial".

Vida, Forma e Cor trata basicamente de arte e artistas – como prosadores, poetas, ensaístas, pintores, escultores, e até mesmo de um músico como Villa-Lobos –, pois foi justamente como artista da palavra que ele começou a incomodar dois tipos igualmente curiosos e antipáticos da república das letras: os que o condenavam por fazer ciência, ainda que social, utilizando uma linguagem de elevado teor artístico, e aqueles que não conseguiam vê-lo como escritor literário porque, fazendo ciência, isso viria a contrariar, seguindo-se tão tolo raciocínio, a própria índole da literatura, o que fez Gilberto Freyre observar, em um dos passos desta obra, que "segundo alguns mestres da crítica literária, nada devo pretender entender de literatura", e confessar em outra parte: "Eu sou hoje o primeiro a afastar-me dos beletristas assim sectários, embora sem ligar-me aos sacerdotes devotos das seitas contrárias às suas: aquelas que julgam essencial a algum filósofo, tanto quanto ao bom sociólogo ou ao bom jurista ou ao bom antropólogo escrever arrevesado e desdenhar de todas as graças da vida e da cultura".

Por isso, para ele, tanto pensar como fazer arte são atividades que envolvem empatia, como nos faz ver, por exemplo, em seu estudo sobre a fase afro-brasileira da poesia de Jorge de Lima: "Como se em arte e em literatura não houvesse empatia: a empatia que fez um Tolstoi identificar-se com a gente mais oprimida da Rússia, sendo ele de classe senhoril e até conde". Não poderia haver, portanto, arte dotada de alguma autenticidade, ou arte que valesse a pena, sem uma ligação realmente vital com os temas que um artista escolheu. Em outra parte chega a afirmar: "A verdadeira literatura seria principalmente isto: revelação. Revelação da vida do homem, da natureza humana quase sempre". Daí o nosso autor se horrorizar, com frequência, com o "escrever arrevesado" dos indivíduos "aliteratados" que veem as coisas apenas teoricamente, porém distantes do pulsar de sua realidade, como se a palavra *teoria* não significasse justamente visão das coisas que, uma vez vistas, é claro, poderiam ser pensadas.

Um dos ensaios mais instigantes, pela densidade, que se encontram no livro tem por título "Modernidade e Modernismo nas Artes", e pode ser resumido nesta sentença de cunho tipicamente freyriano: "Em todas as artes os modernistas passam, e os modernos ficam". Nesse ensaio ele compara a contribuição revolucionária do marxismo, na política e nas ciências sociais, com o impacto modernista do cubismo nas artes quando do seu surgimento. Assim como o cubismo teve uma função disciplinadora, constituindo-se numa nova ordem para a representação plástica das coisas e do corpo humano, também o marxismo, superado como ideologia, deixou sua contribuição metodológica nas ciências sociais e, do mesmo modo, na política, seu legado histórico para o avanço do igualitarismo econômico no modelo das democracias sociais, morta e superada sua forma modernista e revolucionária.

Um dos aspectos mais fascinantes, como podemos ver, do pensamento de Gilberto Freyre é o seu alcance simbólico, pois, se como escritor sabia que lidava com "todo um mundo de formas e de cores – e sugestões de formas e de cores – ao mesmo tempo particulares e gerais, gerais e universais", como homem das ciências sociais conseguia, por sua vez, dotar os fatos estudados de formas simbólicas. Porque sabia como ninguém o poder das formas e das cores – também enquanto símbolos – em suas relações com a vida e com o homem.

Assim como não desconhecia as bases irracionais de muitos dos nossos conhecimentos racionais e lógicos, do mesmo modo não desprezava as intuições originárias que estão na base de toda atividade criadora, como escreve em outro dos ensaios de *Vida, Forma e Cor*:

> Tanto a poesia como a ciência criadora nos comunicam alguma coisa que é como uma virgindade: virgindade no ver, no ouvir e no pensar. São as duas juntas que desembaraçam o homem da tendência para se tornar convencional ou se endurecer dentro de convenções; para simplesmente soletrar os rótulos em vez de ver as coisas; para simplesmente escutar os ruídos já catalogados do mundo em vez de ouvir vozes novas e fora dos mesmos ruídos.

Gilberto Freyre, ao diferenciar aquilo que é permanente no plano da cultura daquilo que é meramente provisório – como na sua já clássica distinção entre modernismo (geralmente com aspas) e modernidade –, foi, além de um criador de obras-primas ao mesmo tempo de ciência e de literatura, um verdadeiro modelador de homens. Foi assim não só com José Lins do Rego, a quem conseguiu converter de polemista tosco em um dos nossos maiores romancistas, como também com Jorge de Lima, de quem conseguiu a conversão de poeta neoparnasiano, já com mais de trinta anos, em um dos maiores da própria língua portuguesa. Foi assim com muitos dos seus contemporâneos, sobre os quais exerceu seu magistério simultaneamente científico e literário. Sua influência atingiu até mesmo o já experimentado Manuel Bandeira, a quem chegou a inspirar não só o poema "Evocação do Recife", mas a leitura de autores de várias línguas europeias que o poeta ainda não conhecia.

Foi, com certeza, dentro do espírito de uma nova ciência que a obra freyriana encontrou abertura para novas disciplinas psicossociais e históricas, bem como para uma ampla interdisciplinaridade que veio tornar cada vez mais necessária a união entre a ciência e a literatura, sem perigo de nenhum desvio artístico nem de nenhuma redução de tipo cientificista.

Se no século XIX Tobias Barreto já diagnosticara que o Estado brasileiro teria precedido a nação enquanto realidade — ao dizer no *Discurso em Mangas de Camisa* "que o que há de organizado é o Estado, não é a Nação (...) não é o povo, o qual permanece amorfo, indiferenciado, sem outro liame entre si, a não ser a comunhão da língua, dos maus costumes e do servilismo" –, Gilberto Freyre, em pleno século XX, em seu ensaio "Reinterpretando José de Alencar", constante também em *Vida, Forma e Cor*, estabelece um critério para interpretação da sociedade em que vivemos:

> O critério de que essa cultura e essa sociedade se explicam principalmente como expressões ou resíduos de uma formação processada antes em torno da família patriarcal e escravocrática do que em volta do Estado, da Igreja ou do indivíduo. Antes em volta de casas-grandes de engenho, de fazenda, de estância e de chácara do que de catedrais, palácios de governo e casa de senado ou de câmara.

Para Gilberto Freyre, diferentemente da visão de Tobias Barreto, o Estado ou ainda se encontra em formação, ou constitui um apêndice, aparentemente estranho, de uma sociedade ainda feudal. Tal subserviência, por exemplo, assinalada por Tobias Barreto – e que está ativamente presente mesmo no meio intelectual –, supostamente se revela, segundo nossa dedução de uma análise freyriana, pela ausência do indivíduo na formação social.

A plasticidade interpretativa dessa análise, entretanto, se abre para formas de acomodação que permitem a emergência de alguns indivíduos no plano da política, da religião, da arte e das ideias, de que temos exemplos em vários de seus perfis, como o estranhíssimo de Getúlio Vargas, em seu livro *Interpretação do Brasil*, os já citados do *Perfil de Euclides e Outros Perfis* – de Euclides da Cunha e de Augusto dos Anjos – e, neste livro, os de José de Alencar, Lima Barreto, José Lins do Rego, Cícero Dias, Lula Cardoso Ayres e Villa-Lobos, entre outros.

O escritor de *Casa-Grande & Senzala* é, em primeiro lugar, um homem e um artista que sabe lidar sabiamente com suas contradições – e coitados daqueles que não as conhecem –, pois, sendo um autor fronteiriço entre dois sistemas – o da arte e o da ciência –, também se acha dividido, mas se reencontra, por exemplo, na conciliação entre as ideias de um Maurras e de um Georges Sorel desenvolvidas à sua maneira: ideias antidemocráticas, do ponto de vista do modelo liberal e, ao mesmo tempo, outras, que nunca abandonará, de democracia social ou econômica, que o ajudaram a compreender provavelmente o elemento racial porventura defendido no sentido orgânico dessa democracia, como ele nos confessa no ensaio introdutório de *Vida, Forma e Cor*, "Amy Lowell: Uma Revolucionária de Boston", à altura do seu conhecimento com a poetisa norte-americana.

Essa capacidade de lidar com contradições é que torna o nosso autor uma personalidade bastante diferenciada ante uma fauna intelectual que vem se alimentando, até agora, de sobejos de marxismo e de freudismo e que – como a miséria ainda fosse pouca – das últimas décadas em diante passou a se deleitar com delírios desconstrucionistas, jogando sempre a realidade contra si mesma, em suas poses de doutores sem teses próprias e em seu infinito vigarismo intelectual.

Adversário, por igual, tanto do racismo quanto do coletivismo – que sempre nega ou tenta eliminar a individualidade –, Gilberto Freyre teria de entender claramente problemas como o da miscigenação, quer racial, quer estética. Por isso, ao distinguir radicalmente modernismo de modernidade, ele nos leva à compreensão de uma continuidade, por meio da última, que perpassa e supera todos os ismos em sua irrelevância corriqueira, dado que ela se torna permanentemente criadora ao tomar como base a universalidade.

E é esse sentido de continuidade que marca a trajetória das culturas, e, nelas, de instituições como a arte, que aspiram a uma verdadeira universalidade no tempo e na história: porque há a presença do *ethos*, sem o qual essa história não passa de uma descontinuidade sem rumo e sem outro destino senão a desconstrução da própria finalidade do homem e, consequentemente, do seu ser.

A obra de Gilberto Freyre, por sua organicidade, inseparável de sua continuidade espiritual, por juntar arte e ciência, possui o dom intransferível de manter uma forte identidade em meio à miscigenação das mais desconcertantes diferenças; e isso tanto no plano racial do convívio entre os homens como no plano estético da relação entre as artes.

Por alguns comparado ao francês Michelet, genialmente um tanto desordenado na expressão do seu ensaio histórico; e, por outros, comparado ao também pernambucano Joaquim Nabuco, pela simetria entre o feitio humano e o estilo literário, ele também pode ser visto como uma espécie de Balzac dos trópicos, nas ciências sociais e na literatura: mas um Balzac dotado das graças da linguagem, pois, assim como aquele, pela ficção, conseguiu ir além da literatura, também Gilberto Freyre, fazendo literatura, foi além da ciência. Finalmente, para quem tanto amou e estudou o seu país, deu-se a coincidência entre a obra legada e a dimensão continental do Brasil.

Recife, 7 de junho de 2010.

PREFÁCIO DO AUTOR

Este livro intitulado *Vida, Forma e Cor* publica-se por iniciativa de jovem e já notável crítico literário – Renato Carneiro Campos – que, antecipando-se ao seu colega paulista, o igualmente lúcido Osmar Pimentel, tomou a si a tarefa de organizá-lo e apresentá-lo, selecionando dentre inéditos e conferências proferidas pelo autor em restritos meios universitários, e também dentre trabalhos já aparecidos em português ou em inglês, em revistas ou em livros, um grupo de ensaios sobre assuntos especificamente literários ou artísticos. Trabalhos, a seu ver, representativos do que porventura haja, de literatura, no sentido mais restrito da expressão, numa atividade, já longa, de escritor possivelmente literário em alguns dos seus ensaios.

Representa assim, esta iniciativa, uma reação de crítico – um dos mais lúcidos, dentre os que se vêm especializando nesse gênero, da nova geração de escritores brasileiros – à intransigência com que mestres já antigos – um deles, Tristão de Ataíde – vinham excluindo, da literatura propriamente literária, os mesmos ensaios.

São trabalhos de épocas diversas. O ensaio sobre Augusto dos Anjos foi escrito em inglês, em Oxford; e apareceu numa revista literária de Boston em ano remotíssimo: 1924. As notas sobre pintura no Nordeste são de 1925. O ensaio acerca de Amy Lowell inclui trechos de um trabalho, também escrito em inglês, aparecido num jornal dos Estados Unidos, quando o autor era ainda estudante da Universidade de Baylor. Vários dos outros ensaios são de todo inéditos. Alguns, porém, são retirados de trabalhos já publicados: de *Aventura e Rotina* e *A Propósito de Frades*, principalmente. A nota sobre Joyce apareceu primeiro em jornal, depois em *Artigos de Jornal* – livro esgotado há anos. São também incluídos o prefácio a outro livro, há anos esgotado, *Região e Tradição*, o prefácio a *O Romance Brasileiro*, de Olívio Montenegro, o prefácio aos *Ensaios de Crítica de Poesia*, de Otávio de Freitas Júnior, o prefácio aos *Poemas Negros*, de Jorge de Lima, o prefácio ao ensaio de Temístocles Linhares sobre o romance moderno.

Sai este livro ao mesmo tempo que *Talvez Poesia*: coleção de possíveis poemas cuja apresentação sistemática se deve principalmente a um poeta que, ainda de meia-idade, está, desde muito jovem, entre os maiores líricos da língua portuguesa de todos os tempos: Mauro Mota. Mas não só a esse poeta admirável: também aos igualmente admiráveis, e ainda mais jovens do que ele, Tiago de Melo e Ledo Ivo. Os quais, com o seu ânimo de moços, muito concorreram para que aquele livro se organizasse, tendo eles próprios espontaneamente contribuído com reduções a formas poemáticas de trechos de prosa de um autor a quem, segundo um deles, "não é justo que se continue a negar, no Brasil, a condição de escritor literário em língua portuguesa".

São dois livros – este e *Talvez Poesia* – que se completam, tanto como possíveis expressões, especificamente literárias, um em prosa, outro, sob forma poemática, do mesmo escritor, como sob o aspecto de uma reivindicação que, aliás, pela vontade do escritor reivindicado, nunca se efetivaria. São, ambos, iniciativas de críticos literários, dentre os mais jovens do Brasil de hoje.

De modo que este livro emerge – repita-se – quase à revelia do autor; e como iniciativa de jovens escritores e de jovens críticos literários brasileiros, em desacordo com alguns dos mais provectos dos seus mestres, em torno de um, para eles, escritor, com o direito – ainda segundo tais jovens – de ser assim considerado, de ponto de vista estritamente literário. Isto é, à parte de sua possível condição de cientista, completada pela de também possível pensador.

Se noutras línguas – como na mais literária de todas as línguas, pelo menos dentre as modernas do Ocidente, e que é a inglesa – vem sendo possível a críticos idôneos e a censores severos reconhecer condições literárias em algumas das produções de homens sistematicamente de ciência e de pensamento, julgam os jovens críticos literários brasileiros, responsáveis por este livro, ser esse um critério que pode e até deve ser seguido na língua portuguesa, contra a orientação daqueles mestres, provectos, porém demasiadamente ortodoxos no seu literatismo; e para os quais o fato de ser um indivíduo cientista ou pensador não o exclui, quando escritor, com qualidades literárias, de admissão entre escritores especificamente literários.

O autor deste livro talvez deva comportar-se, em face dessa divergência entre críticos do seu país, com relação aos seus trabalhos, um tanto como réu diante de magistrados; ou simplesmente considerar-se trívio – mediocremente trívio, porém trívio – na sua condição de autor de livros, uns mais isto, outros mais aquilo, ainda outros, mais aquilo outro, quase todos, porém, escritos sob um só ânimo: o de escritor. E alguns escritos quase exclusivamente sob este ânimo: o literário, o de escritor ou de ensaísta literário, generosamente reconhecido tanto pelo organizador deste livro como por outros críticos literários, brasileiros e estrangeiros.

A verdade é que muito se pode atualmente dizer acerca das relações da literatura, em particular, ou da arte, em geral, com as ciências. Vivemos numa época que é mais do que qualquer outra, das vividas ou atravessadas pelo homem, uma época científica. O que é certo não só com relação às ciências físicas como com relação às sociais. Especialmente as psicossociais: as que nos vêm abrindo caminho ao conhecimento das bases irracionais do saber racional ou lógico.

Daí a importância da psicologia gestaltiana, por exemplo, para a interpretação de obras de arte e de criações literárias: importância já acentuada pelo professor Herbert J. Muller no seu *Science and Criticism*. É Muller quem observa de Zola e dos chamados movimentos "científicos" da época "realista" – entre nós, o caso de Aluísio Azevedo – que inconscientemente se ligaram, pelos seus métodos de observação e de análise, à física clássica, hoje obsoleta, enquanto Conrad, Proust, Lawrence, Gide e Virginia Woolf seguiram na sua literatura ou na sua arte perspectivas que se harmonizam com as gestaltianas. Daí aqueles romancistas "realistas" se terem extremado no que Proust chamou uma vez, desdenhosamente, de "anotação ordenada de linhas e superfícies", enquanto os impressionistas, ao modo gestaltiano de Virginia Woolf e do próprio Proust, os imagistas, os expressionistas, vêm interpretando o homem e suas situações ou experiências, através de particulares desordenados ou dos "quanta" descontínuos dessas experiências, mas dando a esse desordenado expressão gestaltiana.

Dentro do critério gestaltiano, não são apenas os diferentes gêneros de arte que precisam de ser aceitos em suas inter-relações: inclusive as sensações de cor associadas por Rimbaud às sensações de forma das vogais. Não são apenas os diferentes sentidos do homem que se inter-relacionam, tornando difícil separar de modo absoluto uma arte da outra: também as relações desses sentidos com quanto seja suscetível de experiência pelo homem. Daí não haver, para os mais modernos filósofos e sociólogos da arte, separação absoluta entre conteúdo e forma; nem entre homem e estilo. Pois o homem se revelaria não só no que faz e no que diz – ou na substância do que faz, do que diz ou do que escreve – como na sua forma de fazer ou de dizer ou de escrever.

Sendo assim, compreende-se que uma obra de filósofo ou de cientista possa ser uma obra também de arte ou de literatura. É o que acontece quando a imaginação que Mary Column, em notável ensaio sobre *Where We Are*, chama de *sensuous* – palavra a que falta um exato equivalente na língua portuguesa – entra numa maneira, ainda segundo Mary Column, "orgânica", nessa espécie de criação, como numa obra de filosofia de Schopenhauer ou de Nietzsche; ou como numa obra de história de Gibbon; ou – acrescente-se a Mary Column – como numa obra de crítica estética – não de todo separada da social ou psicossocial – de Sainte-Beuve ou de Walter Pater ou de Remy de Gourmont; ou, ainda, numa obra de antropologia das dimensões humanísticas e das sugestões estéticas, além das científicas, da de Frazer: um Frazer que escreveu seus livros com um estilo que não se confunde com o dos antropólogos apenas científicos. O que é certo também de Havelock Ellis.

Compreende-se também o fato de escritores da grandeza estética de Proust e de Joyce, de D. H. Lawrence, de Gide, de Kafka, deverem muito de sua grandeza total – coroada pela estética, mas não constituída apenas pela estética – ao que absorveram da filosofia de um Bergson ou da ciência de um Freud. O caso de Proust e o caso de Joyce que desenvolveram métodos de evocação literária e de revelação artística do que aprenderam, direta ou indiretamente, de uma filosofia de tempo e de uma técnica de monólogo interior, desenvolvidas por uma filosofia e por ciência de que sua literatura se aproveitou sem resvalar em qualquer espécie de cientificismo ou de filosofismo. Cientificismo em que Zola se extremou precisamente pela sua pobreza de qualidades estéticas ou de virtudes literárias.

Na literatura mais recente do Brasil vem ocorrendo considerável absorção, se não direta, indireta, de ciência por escritores. José Lins do Rego chegou a se interessar, em certa fase do seu desenvolvimento num dos maiores romancistas brasileiros da língua portuguesa, em estudos antropológicos de folclore. De Guimarães Rosa há quem pense que vem se especializando em estudos científicos de linguística associados aos de sociologia. Jorge de Lima, este não repudiou nunca a sua formação médica: na sua maneira de ser intérprete literário da realidade brasileira transparece por vezes o analista científico do homem nacional. Nenhum deles, porém, resvalou em cientificismo. Nunca a literatura brasileira atravessou uma fase de criação mais puramente literária, a despeito do que, nessa criação, vem sendo componente absorvido de saber científico, direta ou indiretamente, em torno dos temas versados pelos autores.

Esta é precisamente a condição ideal para o desenvolvimento de uma moderna literatura. E dentro dessa condição é que é possível o avigoramento, entre nós, de um tipo de ensaio que sendo principalmente literário em sua forma, não deixe de ter relações com o que seja um pensamento brasileiro; ou uma ciência voltada para problemas especificamente brasileiros.

Certo este critério, enganam-se os críticos que supõem dos analistas do homem que lidam com fatos relativos ao comportamento ou ao passado humano, de ponto de vista específico – a história, a antropologia, a psicologia – e com relação a áreas ou épocas também específicas – a Grécia clássica, por exemplo, a Itália da Renascença, a Nova Inglaterra no século XIX, a Indonésia atual –, serem, todos eles, tão somente especialistas nisto ou naquilo. Especialistas preocupados apenas com determinada série de fatos, dentro de também determinadas fronteiras de tempo e de espaço; e, como tais, indignos da atenção dos críticos literários, por um lado, ou dos de ideias gerais, por outro.

São numerosas as exceções a tal espécie de especialismo. Vários analistas do homem situado se têm imposto à atenção dos melhores críticos literários e de ideias: Nietzsche, desde os seus estudos sobre a tragédia grega; Weber, com os seus tipos ideais derivados de estudos de situações concretas do homem histórico – estudos em que o gênio do sociólogo é completado pelas virtudes do escritor; Frazer, Havelock Ellis e, mais recentemente, Lawrence da Arábia, com estudos antropológicos que são também obras-primas da literatura inglesa, como já eram, aliás, as de Pater, o *scholar* castiçamente universitário de Oxford, e as de George Barrow, o inglês-cigano que nos deixou páginas imortais sobre espanhóis e sobre ciganos.

Como se destacaram eles – o caso também de um Lulio, de um Luís Vives, de um Montaigne, de um Vico, de um Gracián, de um Fernão Mendes Pinto, de um Ganivet, de um Michelet, de um Taine, de um Darwin, de um Newman, de um Jung – dos simples especialistas para se tornarem notáveis pelas virtudes literárias de suas obras, nem de poesia convencional nem de ficção, nem sequer de belas-letras ostensivamente estéticas? Precisamente pela potência ou pela qualidade estética, nem sempre ostensiva, mas nem por isto menos vigorosa ou menos valiosa, das suas formas de expressão, por um lado, e das formas simbólicas a que conseguiram, ou procuraram, elevar os fatos simplesmente fatos que recolheram, ordenaram, analisaram e apresentaram em estudos quase sempre pioneiros, epicamente pioneiros, até, se não sobre tais fatos em si, sobre as suas relações entre si ou com outros fatos e com valores já estabelecidos entre a maioria dos homens ou, pelo menos, das civilizações. O que apresentaram através de configurações, imagens, símbolos derivados dos mesmos fatos: de relações de uns fatos com os outros; ou do homem com certo tipo ignorado de fatos – relações que foram eles, especialistas com alguma coisa de generalistas, os primeiros a surpreender.

A força da arte – inclusive da literatura – está em que, ainda mais do que a filosofia, é capaz de dar expressão a aspectos da experiência humana que escapam às explicações de físicos, de bioquímicos, de matemáticos e de biólogos, dos economistas e dos sociólogos puramente científicos. São explicações, estas, que não atingem aqueles aspectos subjetivos do mundo de "*shape and color, fruit and flower, dream and song*" a que se refere Herbert J. Muller no seu já citado *Science and Criticism*: um mundo de particulares, que formam, entretanto, uma realidade compósita; a qual só pode ser apreendida gestaltianamente. O que é diferente de ser uma realidade suscetível de ser explicada em termos abstratos, desprezada nela a irredutível substância diretamente vivida pelo homem.

Experiência que, segundo pensadores dos maiores dentre não só precursores do existencialismo como representantes da tradição pascalina, não pode ser de todo substituída por puras e necessárias abstrações. Pois são abstrações de função apenas instrumental e de valor somente arbitrário.

É uma experiência que só a filosofia consegue, até certo ponto, sondar; que só a arte pode, na verdade, procurar, se não sempre exprimir, sugerir. Isto principalmente: sugerir, embora intensificando a experiência captada, numas zonas; acentuando-lhe, noutras, os significados através de símbolos, por meio de cores e de formas, e tornando-a mais duradoura; ou mais sensível; ou mais visível; ou mais apreciável através daquelas formas que sir D'Arcy Thompson mostra em *Growth and Form* coexistirem no mundo inorgânico, no orgânico e no de arte, aproximando assim a estética de uma "ciência da forma".

Podemos concordar com aqueles modernos estudiosos de arte ou de literatura – de literatura, em particular – para os quais há sugestões poéticas que dizem mais, através do que nelas é intensificação de símbolos, sobre uma realidade, que explicações científicas. Tais símbolos são, vários deles, tomados, pelo escritor literário, da linguagem popular. Do folclore. Da tradição religiosa. Por meio deles, escritores como Chaucer, como Shakespeare, como Cervantes, como Goethe, como, na língua portuguesa, Fernão Lopes, Gil Vicente e, mais recentemente, Simões Lopes Neto têm conseguido fixar "qualidades de experiência" numa linguagem antes popular do que acadêmica. Dessa linguagem pensam alguns críticos, especializados em semântica, exceder por vezes a erudita e lógica em exatidão e eficiência; e nela é que puras abstrações se tornam, quando assimiladas por escritor de gênio, expressões ou sugestões de experiência concreta, imediata, sensual até, de um indivíduo aparentemente só – na verdade múltiplo – ou de um grupo com que o escritor se identifique profundamente: por empatia.

Essa identificação não se realiza em termos, além de psicológicos, poéticos, apenas através de formas poemáticas ou de convenções novelescas ou dramatúrgicas de expressão literária. Também através do ensaio. Do ensaio livremente literário ou com alguma coisa de filosófico como o de Pascal, o de Swift, o de Lamb, o de Nietzsche, o de Pater, o de Ganivet, o de Montaigne, o de Unamuno. Do ensaio biográfico, como o de Sainte-Beuve ou o de Strachey. Do ensaio histórico, como o de Gibbon, o de Michelet, o de Trevelyan, e, entre nós, o de Joaquim Nabuco, o de Euclides ou o de Machado de *O Velho Senado*. A tendência para considerar-se o romance a expressão literária por excelência do Ocidente civilizado é tão nova que tem alguma coisa de arrivismo. Arrivismo triunfante, mas arrivismo. Lawrence da Arábia – ensaísta – não é menos criador literário do que o outro Lawrence: o romancista. Nem *Os Sertões*, de Euclides, são menos literatura – da mais especificamente literária – do que *Dom Casmurro*. Nem o Pompéia, d'*O Ateneu*, é menos poético que Casimiro de Abreu. Nem as páginas de Nabuco sobre Maçangana contêm menos poesia do que o *Minha Terra Tem Palmeiras* de Gonçalves Dias. Ao contrário: mais. Mais poesia, mais literatura, mais verdade, mais beleza. E também mais Brasil. Mais forma e mais cor do Brasil.

Raro é, aliás, o artista ou o escritor para quem não exista a sugestão de uma região ou de uma província, em particular – de ordinário a do seu tempo de menino – presente de modo nem sempre ostensivo, às vezes até sutil, nas formas ou nas cores mais características da sua expressão. A certa altura do seu desenvolvimento no mais arrojado dos grandes pintores modernos, Picasso poderia ter dito: "A Espanha não existe", querendo dizer que para ele ou para a sua arte não existiam influências ou resíduos especificamente espanhóis que os condicionassem nem sentido antes regional, de vida, que nacional, de convenção. Mas seriam palavras que exprimiriam a pura convicção de um indivíduo; e não a realidade da formação de um artista e da sua personalidade de criador. Joyce pode ter chegado a exprimir-se num inglês quase de todo recriado por ele. Mas sem que nesse inglês deixasse de haver Dublin, a Irlanda, o catolicismo latino do irlandês. Todo um mundo de formas e de cores – de sugestões de formas e de cores – ao mesmo tempo particulares e gerais. Regionais e universais.

"Forma" e "cor", em suas relações com a vida ou com o homem, sabemos terem sido temas com os quais muito se preocupou o gênio investigador de Goethe, por alguns considerado o criador de toda uma ciência especial, a morfologia, dedicada ao estudo das inter-relações entre forma e crescimento. Hoje, porém, já se admite uma ciência mais ampla que a desenvolvida por Goethe e que é a moderna ciência da forma, exposta de maneira magistral por sir D'Arcy Thompson no seu já referido *Growth and Form*.

Para mr. Herbert Read – um dos maiores críticos de arte dos nossos dias –, as teorias que, através de expressões principalmente matemáticas, sir D'Arcy Thompson desenvolve em seu ensaio têm este interesse imenso para o estudo das formas nas artes: de indicarem serem idênticas as leis que regulam seu desenvolvimento no mundo orgânico, no inorgânico e no das artes. Mesmo assim as formas em arte não apareceriam independentes de imaginação: de um ato inicial de imaginação criadora.

Mas esse ato inicial de imaginação não importaria em previsão absoluta da forma a decorrer dele. Uma vez iniciada, a forma de arte inacadêmica, viva, se desenvolveria como as formas se desenvolvem no mundo orgânico: vital e organicamente. Daí a fraqueza daquelas formas de arte acadêmica que são formas de todo previstas pelo escultor ou pelo pintor ou pelo escritor que academicamente as desenvolve: são formas sem vida. Daí a força de formas de arte – inclusive de literatura – em que o criador e a criação se interpenetram como forças de vida – Vida e Arte – às vezes através de violentas incorreções, do ponto de vista da ordem ou da elegância acadêmica. Daí, também, o vigor de expressão artística que há no aparente descontínuo de formas de um Proust em contraste com a fraqueza de obras compostas dentro do absoluto contínuo de formas: o recomendado pelos Boileau. Contínuo, ordem, lógica que, antes de desprezados por Proust e por Joyce, foram superados por Yeats.

Uma das recordações do meu tempo de estudante que mais me alegram a memória é a de William Butler Yeats. A impressão que me deu o irlandês foi bem a de quem fizesse passar *"swans upon the waves of time"*, fazendo-se obedecer tanto por uns como por outros: tanto pelas formas de vida por ele postas em movimento como pelas "ondas de tempo" por ele surpreendidas também em movimento. De Yeats recebi a sugestão de que arte, tal como ele sentia que devia ser a da Irlanda moderna, era de sagas e até de superstições da gente do povo que precisava nutrir-se; de infância; de memória; de tradição; de tempo indiferenciado em seus aspectos de passado, presente, futuro. Quase a mesma sugestão de Herder aos jovens alemães que receberiam sua influência de criador de criadores – um dos quais, o próprio Goethe.

Foi com irlandeses como Yeats, Column, Joyce – dois dos quais tive a ventura de conhecer pessoalmente, sendo eu ainda estudante – que principalmente aprendi a preferir, em literatura, a sugestão ágil, evocativa, empática à descrição lenta, retrospectiva, impessoal. Com eles e com os impressionistas franceses. Com eles e com os expressionistas alemães, cujo teatro encantou-me de tal modo que depois de vê-lo, em Berlim, perdi quase de todo o gosto pelo outro: o convencionalmente realista e descritivo. Com eles e, dentro das literaturas ibéricas, com Ramon Lulio e com outros místicos espanhóis; com Ganivet; com Gil Vicente e com Fernão Lopes e Fernão Mendes Pinto.

Já mais de uma vez referi o fato de ter sido talvez o único brasileiro da minha época de estudante universitário que estudou o anglo-saxão anterior a Chaucer, ganhando, nesse estudo, um sentido de ritmo literário semelhante ao que adquirira no estudo do grego; e contrário ao exclusivamente latino. Foram aquisições que bem ou mal se integraram no meu modo literário de ser, juntamente com aquelas influências espanholas e portuguesas também raras na formação do brasileiro de então; e com as de franceses como Villon, Pascal, Montaigne, Rabelais, Molière, Baudelaire, Michelet, Gautier, Rémy de Gourmont, Mallarmé e Laforgue e então menos lidos no Brasil do que Corneille, Racine, Victor Hugo, Chateaubriand, Taine, Renan e Anatole.

Tal integração, se é que houve, se processou principalmente através do que o imagismo me ofereceu, mais através de Yeats do que de Gautier, mais através de Amy Lowell do que de Ezra Pound, de sugestões no sentido de uma disciplinação da sensualidade das palavras pela subordinação da simples sensualidade verbal à visualidade das imagens e dos símbolos comunicados às palavras; pela subordinação, também, do sentido apenas sonoro das palavras, a um sentido rítmico; e este às vezes capaz de ser interrompido por arritmias necessárias ao vigor de expressão; capaz, por conseguinte, de agastar-se, para ser rítmico sem ser convencionalmente sonoro, e, em certos casos, para ser arrítmico, da pontuação convencional.

Santo Antônio de Apipucos, 1961.

AMY LOWELL: UMA REVOLUCIONÁRIA DE BOSTON

Eu era um simples estudante da Universidade de Columbia, e ainda não tinha 21 anos quando um telegrama de miss Amy Lowell me trouxe um dia o convite para ir visitá-la na velha casa dos Lowell em Brookline, perto de Boston. Foi como fiquei conhecendo em alguns dos seus aspectos mais característicos e justamente no meio do outono – com o arvoredo todo amarelado ou já sem folhas – o fim de civilização aristocrática que é a Nova Inglaterra: *dying culture* em que Kayserling acharia "um grande e original encanto", duvidando porém de sua sobrevivência por muito tempo tal "o etéreo do seu lirismo", "beleza essencialmente estéril" de seu intelectualismo ou, antes, de sua cultura exclusivista, ou alguma coisa de neurótico de tantos dos letrados que ainda a representam; e que são, na verdade, quase uns fantasmas para o resto dos Estados Unidos.

Em Amy Lowell havia traços inconfundíveis desse intelectualismo ou dessa cultura exclusivista e um tanto mórbida da Nova Inglaterra, que se exprimiu com tanta pureza nos Lowell e em muitos deles se aguçou por uma espécie de endogamia intelectual junto à de sangue. Mas havia, por outro lado, certo vigor quase plebeu, certa vitalidade criadora, certo espírito de pioneiro e de revolucionário que ela adquirira de Walt Whitman. Alguma coisa de plebeu que não deixava as suas palavras se alongarem todas em expressões do intelectualismo ou do lirismo etéreo da tradição aristocrática, assexual e esterilmente estética de Boston. Daí ela ter sido uma figura um tanto áspera de renovador das letras não só da Nova Inglaterra, mas dos Estados Unidos, a cuja pluralidade de culturas acrescentou novas técnicas de expressão poética, escandalizando a crítica conservadora e a opinião acadêmica do seu tempo.

Eu conhecera Amy Lowell quando ainda estudante na Universidade de Baylor. Quase menino escrevera sobre sua poesia nova – seu imagismo – umas notas de aula que o professor A. Joseph Armstrong generosamente se apressara em publicar em jornal. Pois foram essas notas quase de colegial que me aproximaram de Amy Lowell.

Para gozo de minha vaidade de adolescente, vi-me em correspondência com uma mulher em quem os estudantes anglo-americanos do meu tempo, interessados em assuntos literários, exaltavam uma das expressões mais fortes da nova poesia ou, mais do que isso, do modernismo estético e – mais ainda – cultural, naquele país. E hoje que a distância nos permite ver tranquilamente, em exata perspectiva, o movimento chamado de *new poetry* nos Estados Unidos, a situação de Amy Lowell entre as grandes figuras do movimento continua de destaque: a situação de quem não hesitou em fazer face ao ridículo, à caricatura, à crítica morrinhenta dos acadêmicos fechados nas suas becas de mestres caturras, para abrir novos caminhos à expressão poética de um povo cujo arrojo em assuntos de experimentação artística – exceção feita de arquitetura – estava – e continua – longe de corresponder à sua audácia, à sua intrepidez e ao seu gosto de aventura noutras esferas: a da mecanização das indústrias, a do comércio, a do esporte, a da aeronáutica.

Amy Lowell, pelo físico, prestava-se à caricatura e ao ridículo mais do que outro qualquer poeta da *new poetry*. Era gorda, vermelha, bochechuda, de *pince-nez*: a negação do tipo poético, em geral, e do tipo modernista em particular. Quem a avistasse, como eu a vi pela primeira vez, a estourar de gorda das rendas amarelas e das sedas pretas de um vestido que me pareceu extremamente justo para o seu corpo, não a supunha capaz de lirismo tão fino, de estetismo tão agudo, de experimentalismo tão arrojado e ao mesmo tempo tão preciso, nos seus efeitos, como os dos seus poemas mais característicos. A impressão que ela primeiro nos comunicava era a de uma governante alemã vestida para ir ao ofício luterano; ou a de *menagère* de hotel suíço. Mas essa impressão, ela a desmanchava lendo-nos os seus próprios poemas ou os de Keats. Ou conversando, maliciosa, sutil, às vezes cruel, sobre os poemas alheios, sobre os críticos, sobre os doutores das universidades – um deles o seu próprio irmão, por alguns anos reitor da Universidade de Harvard. Ou sobre porcelanas, pintores, charutos.

Amy Lowell tinha essa outra condição apoética: além de gorda, era rica. E além de rica, fumava charuto como qualquer burguês de caricatura socialista. Sua casa de Brookline era uma velha casa dos Lowell, família antiga da região que depois de ter dado ao país personalidades austeras, acinzentadas pela formação puritana, explodira naquela antipuritana gulosa de cores vivas e de imagens pagãs, gostando de saborear seus quitutes franceses, de fumar seus charutos de Manila, de viver entre telas de impressionistas e pós-impressionistas, de jarros da China, de leques do Japão, de pratos da Índia, de pisar tapetes da Pérsia. Em Brookline ela recebia seus amigos com jantares excelentes; com vinhos, licores e charutos finos, guardados em estantes, na vizinhança dos livros raros e sob o olhar de retratos de avós severíssimos.

Não sei se para castigar a si própria, à boa moda puritana, do fato de ser volutuosamente gorda e largamente rica, os vagares do seu outono de vida, Amy Lowell dedicou-os ao trabalho de escrever a biografia de um poeta ortodoxamente poético: Keats. Ortodoxamente poético pela magreza, pela pobreza, pelo perfil de adolescente romântico com o qual contrastava o de Amy Lowell. Mas já escrevera outro livro interessantíssimo: de interpretação e de crítica de alguns dos poetas modernistas dos Estados Unidos, seus companheiros na bela aventura de experimentação literária com que se iniciou naquele país – fenômeno que se repetiria no Brasil – a renovação das letras: primeiro, a poesia; depois, a prosa, a poesia – na segunda fase – como que se sumindo, os poetas inovadores afastando-se, abrindo alas para a prosa triunfalmente nova passar, afirmar-se, dominar. Mas uma prosa poética, tornada possível pela revolução poética e esta, facilitada pela crítica também revolucionária. Amy Lowell afirmou seu talento tanto na poesia como na prosa; tanto na crítica como na chamada criação pura dos que erradamente insistem em separar "crítica" de "criação"; e, de modo absoluto, "prosa" de "poesia". Seu modo de desenvolver uma "prosa polifônica" creio ter tido alguma influência sobre minhas primeiras tentativas de aprendiz de prosador: tentativas que, por sua vez, influíram sobre outros escritores brasileiros, então jovens e à procura de novas formas de expressão. Novas tanto na sua música como na sua plástica. Tanto nos seus ritmos como até nos seus ajustamentos a formas, também novas, de arte gráfica.

Amy Lowell – de quem guardo um grupo de cartas interessantíssimas, recordação de mais de três anos de correspondência – pertence um pouco à geração de críticos revolucionários, pelo estudo que consagrou aos poetas novos do seu país. Mas seu nome há de ficar principalmente ligado às experiências à procura de novas técnicas de expressão para a poesia americana dos Estados Unidos. Para a poesia e para a prosa através da chamada "prosa polifônica".

Como sentido, como substância, como experiência, sua poesia não terá a mesma proximidade do atual e do humano, que a de Vachel Lindsay, a de Carl Sandburg, a de Claude McKay – este, grande poeta negro. (Só em estudo à parte se poderia tratar da revolta cultural do negro nos Estados Unidos através da poesia e da música.) Mas aquelas suas experiências de artista, seu desassombro de atitudes novas, sua visão concentrada, nítida, definida dos homens e das coisas, com algum desprezo pelo que fosse ostensivamente didático, pelo que se destacasse como convencionalmente ético, dão à sua arte um forte significado revolucionário.

Ela libertou a poesia americana dos Estados Unidos, salienta o crítico irlandês Padraic Column – que também conheci em Nova York nos meus dias de estudante de universidade, depois de ter conhecido de perto o maior dos irlandeses da época: William Butler Yeats – do "ritmo tradicional da poesia inglesa", tornando as palavras independentes, tirando-lhes o último ranço de colonialismo, adaptando-as às necessidades líricas do filho do imigrante sueco, russo, sírio, grego. Criou uma nova música, um novo ritmo, distintamente americano. Muito combatida a princípio – inclusive, é curioso salientar, por críticos como H. L. Mencken –, podem-se hoje encontrar nos seus poemas excessos de tecnicismo: mas sua ação de revolucionária cultural é das mais significativas.

Natural que nos seus primeiros poemas, Amy Lowell tenha escandalizado os ouvidos habituados às formas tradicionalmente inglesas. Ela é que, sempre cheia de si, nunca duvidou do valor de suas inovações. Lembro-me da carta que me escreveu, a propósito daquele artigo que, ainda estudante da Universidade de Baylor, eu escrevera em inglês, e que foi publicado num jornal anglo-americano, sobre os seus primeiros livros de "poesia nova" – artigo de que outro, escrito quase na mesma época, seria a extensão em língua portuguesa: "*It is pleasant indeed to meet with so much appreciation and understanding and I am happy to know that you find melody in my work as well as pictorial qualities. I know it has it, but few people have ears delicate enough to hear as well as you have done*". Trecho de outra carta: "*I am so glad to know that you liked* Gavotte in D Minor *because that is one of my favourites (...) the reviewers, as a rule, have passed it by. I suppose it is too subtile for them*". (A indireta ia atingir Mencken e outros críticos.)

Ainda noutra carta, ela me dizia que seu desejo era que eu me tornasse o embaixador da nova poesia americana dos Estados Unidos e inglesa – a dos imagistas, revolucionários intelectuais, como ela e Ezra Pound (que quis que eu conhecesse em Paris, do mesmo modo que desejou que eu visitasse, também em Paris, o então esquisitíssimo James Joyce) – no Brasil. Também o Brasil devia estar precisando de uma revoluçãozinha não só na sua técnica de expressão poética como na sua inteira sistemática literária. E, a seu ver, eu deveria concorrer para essa necessária revolução, trazendo para o Brasil seu imagismo e o de Pound e o psicologismo estético de James Joyce.

•

"Embaixador", "propagador", "missionário" da "poesia nova" dos "imagistas" e dos *ismos* de outros revolucionários norte-americanos, irlandeses e ingleses, das letras e das artes no Brasil – país então muito quieto na sua economia colonial e literariamente bem-comportado, o café ainda equilibrado nos seus preços, equilibradas ainda nas suas atitudes passivamente subeuropeias, quase todas as inteligências literárias –, nada disso fui, no meu país, depois de ter conhecido de perto Yeats, Vachel Lindsay, Amy Lowell. A não ser que se dê atenção a uma insignificância: certa tentativa de poema a que me aventurei em 1926 – poema chamado "Bahia de Todos os Santos e de Quase Todos os Pecados" – distinguido, aliás, com uma espécie de "menção honrosa" pelo ilustre crítico e doutrinador daqueles dias, mestre Tristão de Ataíde; e se enxergue, nesse talvez poema, como outro crítico ilustre, este anglo-americano, o professor William Berrien, já enxergou – repercussão do "imagismo" anglo-saxônio no Brasil; sua repercussão com imagens e vozes brasileiras e até afro-brasileiras. Vaga repercussão, porém; e muito mais vaga, ainda, propagação direta de um *ismo*, de que não se chegou a fazer nenhum reclame nem no Rio nem em São Paulo nem mesmo no Recife daquela época.

Eu que, menino de dezesseis anos, entusiasmado pelo exemplo romântico do doutor Livingstone, chegara a pensar gravemente em tornar-me missionário protestante na África, no Amazonas ou no Brasil central, aos dezenove ou vinte, quando conheci de perto, pessoalmente, intimamente, Amy Lowell e outros poetas novos de língua inglesa – o maior de todos, a meu ver, Vachel Lindsay, depois, é claro, do irlandês genial, William Butler Yeats –, já não era capaz de grandes entusiasmos evangélicos na propagação dessa outra espécie de boas novas: as estéticas. As literárias.

Quando voltei ao Brasil, depois de cinco anos de estudos universitários nos Estados Unidos, tendo estado também na Europa e aí vivido vida ainda de estudante em Oxford, em Paris, na Alemanha, em Coimbra – frequentando cursos, conferências, museus de antropologia, de arte e de história cultural, convivendo mais com *undergraduates* do que com *graduates*, embora já fosse *Magister Artium* à moda inglesa, por uma universidade então ainda muito anglófila nos seus ritos como a de Columbia e a essa dignidade juntasse estudos essenciais ao doutorado de estilo germânico, já feitos ou realizados na mesma universidade, com mestres de formação também germânica: um deles, Boas –, não cumpri o desejo de miss Lowell de tornar-me "missionário" ou "embaixador da poesia nova" – particularmente da seita "imagista" – entre minha gente, meus companheiros brasileiros e portugueses de geração; ou junto a adolescentes; a indivíduos mais moços do que eu. Não só porque me agradava conservar-me, até certo ponto, diletante, num Brasil a que eu regressava sem orientação certa quanto às minhas futuras atividades – decidido apenas a não resvalar nas mais convencionalmente burguesas e a procurar, num esforço heroico, ser escritor: empenho a que Oliveira Lima comparou o de um louco que pretendesse patinar em areia tropical – como por não me ter parecido que para a propagação daquela e de outras novas houvesse já ambiente no mesmo Brasil. Ambiente que não me sentia com forças para improvisar do simples canto de província em que decidi fixar-me, deixando amarelecer, virgens e inúteis, as cartas que me recomendavam ao então presidente da República, Washington Luís, e ao então presidente de São Paulo, Carlos de Campos.

Se em 1923, depois de regressar da Europa ao Recife, fiz-me "missionário" de alguma coisa, foi de certo regionalismo ao mesmo tempo tradicionalista e experimentalista, modernista e brasileirista – não confundir com nacionalista: o "nacionalismo" que então me repugnava, mesmo quando pregado pelo Barrès de *Les Déracinés*. Também procuraria desenvolver certas ideias ao mesmo tempo democráticas (democracia social) inspiradas ou sugeridas por estudos de antropologia com o professor Franz Boas e "antidemocráticas" (antidemocracia política de sentido antiburguês, antiliberal, antiplutocrático). Ideias contraditórias, desenvolvidas, a meu modo, de Maurras e, sobretudo, de Georges Sorel. Ideias que me pareceram dignas de ser combinadas mesmo contraditoriamente, para uso brasileiro. O curioso é que algumas dessas ideias se propagariam, no pior sentido possível, como consequência dos artigos que então escrevi e de conferências que então pronunciei, resultando de sua má apropriação e imperfeita compreensão por indivíduos semiletrados, seitas políticas, que furiosamente se voltaram contra mim: seu inspirador mal compreendido ou mal assimilado.

Não deixei, porém, de, entre certos intelectuais e certos artistas, a meu ver capazes de assimilar valores que haviam se tornado parte de mim mesmo e que representavam uma cultura por mim antes desenvolvida que simplesmente adquirida no estrangeiro, de procurar contagiar com o gosto por esses valores aqueles intelectuais e aqueles artistas. Valores antes modernos que "modernistas". Mas bastante "modernistas" para a sua irradiação ter sido um aspecto independente do "modernismo" no Brasil.

De modo que posso falar, não de conversões literárias ou artísticas ao "imagismo" anglo-americano ou ao "expressionismo" germânico ou ao "folclorismo" irlandês ou a outra qualquer seita "modernista", que se tivessem realizado por meu intermédio, mas de contatos que tornei possíveis entre brasileiros e *ismos* então de todo ou quase de todo ignorados no Brasil: mesmo pelos "modernistas" mais sofisticados do Rio e de São Paulo. Inclusive contatos de poetas brasileiros com a poesia nova em língua inglesa. Foram encontros facilitados por aquelas minhas amizades com poetas e escritores daquela língua: amizades feitas nos meus dias de estudante, quando ao estudo das ciências chamadas do homem juntei sempre o gosto pelas artes e pelas letras chamadas belas. Primeiro, nos Estados Unidos; depois, na Europa. Com Amy Lowell, principalmente – e daí o destaque que dou ao fato nesta ampliação de velha nota em inglês a seu respeito: mas também com William Butler Yeats, com Constance Lindsay Skinner, com Vachel Lindsay, com Muna Lee (a quem não consegui convencer da vantagem de traduzir para o inglês o *Toda a América*, de Ronald de Carvalho, conforme o pedido do ilustre "modernista" brasileiro), com A. Joseph Armstrong – especialista, ao mesmo tempo, no estudo dos dois Browning, Robert e Elizabeth, e no dos poetas novos dos Estados Unidos; com Carl Van Doren; com Leon Kobrin: amigo fraterno de Trotsky e um dos melhores escritores iídiches da sua época. Henry L. Mencken – com quem me correspondi desde meus dias de cigano de beca parado em Oxford – este só vim a conhecê-lo pessoalmente, em Nova York, mais de cinco anos depois de iniciada essa amizade epistolar. E em Paris, por intermédio de Regis de Beaulieu, com os

Amy Lowell: uma revolucionária de Boston

discípulos então ainda ardentes de Mistral – alguns deles maurrasianos; com os adeptos de George Sorel – revolucionários com alguma coisa de espanhóis na sua violência; e também por intermédio dos pintores brasileiros, então fixados na França, Vicente e Joaquim do Rego Monteiro, com Bourdel, com Foujita e com as várias novas tendências na escultura e na pintura europeias. Por intermédio de Vicente, conheci em Paris Tarsila do Amaral e Brecheret – paulista que então se impregnava na Europa de "modernismo" estético. Mas a quem faltava, decerto, a inteligência de Vicente.

Um daqueles poetas brasileiros – digo-o um tanto ancho de vaidade ao recordar que em livros dados a mim por Amy Lowell, Constance Lindsay Skinner e A. Joseph Armstrong, iniciaram-se vários brasileiros na *new poetry* – que, por meu intermédio, se aproximaram da *new poetry* em língua inglesa, foi Manuel Bandeira. Outro foi Ronald de Carvalho. Em interessantíssima carta, de que vou aqui revelar alguns trechos, o próprio autor de *Libertinagem* e crítico dos "parnasianos" e "românticos" do Brasil me comunicou, ainda alvoroçado, suas primeiras impressões dos poetas novos dos Estados Unidos, cujo conhecimento ele acabara de fazer através de uma antologia com que me presenteara não me lembro se Constance Lindsay, se Amy Lowell. Conhecimento que seria seguido por descobertas noutra zona de sensibilidade poética em língua inglesa: os poemas de Elizabeth Barrett Browning, de quem Manuel Bandeira acabaria traduzindo para o português e para o jornal *A Província*, a pedido meu e do professor Armstrong, alguns dos sonetos admiráveis que nos deixou a inglesinha doente. Dessas traduções acaba de escrever um crítico brasileiro da penetração e da cultura de Abgar Renault que revelam um aspecto novo no talento de Manuel Bandeira. Pois para esse "aspecto novo" modestamente contribuí, pondo o poeta brasileiro em contato com os Browning e com numeroso grupo de "poetas novos" em língua inglesa.

Não só novos pela técnica: também pela mensagem. O caso do autor de "I Have a Rendez-vous with Death", poema que a meu pedido Manuel Bandeira traduziria para a língua portuguesa.

Que me permita o velho e querido amigo de Santa Teresa a transcrição – omitidas as expressões demasiado íntimas – de alguns trechos de sua carta, que é de 1926. "Tua antologia já está comigo. Vou ficar com ela mais alguns dias para travar relações com os irmãozinhos de língua inglesa. Quanta mulher batuta.

Felizmente as nossas poetisas não têm a poesia das Alice Corbin, das Mary Carolyn Davies, das Hildegarde Flanner. Senão, que seria do amarelo?

> *I am going to die too, flower in a little while*
> *Do not be so proud*

(…) também aquele Orrick Johns (…) que poeta estupendo! Que mocidade insolente! E o tal de Ford Madox Hueffer do poema 'Antwerp' e o Kreymborg e o xará Emanuel Carnevali que achou expressão lírica para a observação do meu médico de sanatório da Suíça. (Ele me disse um dia que os meus pulmões apresentavam lesões teoricamente incompatíveis com a vida.) O delicioso Carnevali diz:

> *I do not understand the comic humour*
> *that lets foolish impossibilities like me, live.*

E mais abaixo, na mesma 'Invocation of death':

> *If she would only come quietly like a lady*
> *The first lady and the last.*

Quanto eu pensei isto! Mas só em inglês é possível dizer:

> *If she would only come quietly..."*

Amy Lowell – é curioso – não impressionou fortemente Manuel Bandeira. Deixou-o um tanto frio. A verdade, porém, é que Amy Lowell, a experimentalista, concorreu para tornar possível o poeta ou o escritor dizer em língua inglesa coisas que só pareciam ter gosto em francês, em italiano, em alemão. Já Elizabeth Browning fizera o mesmo com relação a um lirismo que parecia só ter graça em língua portuguesa, conseguindo transferi-la para a língua inglesa. Da mesma maneira Manuel Bandeira – poeta tão experimentalista quanto essas duas poetisas – tornaria possível dizer-se em verso português o que só parecia possível em inglês. Elizabeth Barrett Browning foi, aliás, outro valor da literatura inglesa, então ignorada no Brasil, para o qual tive o gosto de atrair Manuel Bandeira. Tive também a ventura de conseguir que ele lhe traduzisse alguns dos seus sonetos de amor.

Em artigo escrito para o *Diário de Notícias*, do Rio de Janeiro – quase dez anos depois da carta das "primeiras impressões" de que acabo de transcrever alguns trechos por me parecerem de interesse para o estudo do contato dos atuais poetas brasileiros com "imagistas" e com outros "modernistas" dos Estados Unidos e da Inglaterra –, Manuel Bandeira salientaria, na poesia nova dos americanos dos Estados Unidos, a tendência para tornar-se interpretação ou expressão profunda de vida; para abandonar o vocabulário *soi-disant* poético e os *clichés* e contrações convencionais; para empregar a linguagem quotidiana; para abusar do verso livre. E do "imagismo", em particular (do qual aproxima, a meu ver arbitrariamente, os nossos poetas Guilherme de Almeida e Cassiano Ricardo, cujas imagens me parecem algumas vezes mais oratórias – como aliás as do grande Castro Alves e as do engenhoso Ronald de Carvalho – do que poéticas, embora de Cassiano Ricardo e Guilherme de Almeida existam poemas de uma forte pureza lírica), destaca os seis mandamentos característicos: empregar linguagem quotidiana, mas usar sempre o termo exato; criar novos ritmos como expressão de novos estados de espírito; absoluta liberdade na escolha do assunto; sintetizar o conceito numa imagem, sem se perder em generalidades vagas; e "a poesia nova deve ser clara e nítida, nunca confusa e indefinida; a concentração é a essência mesma da poesia".

Da "poesia nova" há quem ache difícil separar a prosa; e afinal, a separação torna-se, a certa altura, convencional. O "imagismo" tanto se fez sentir na poesia como na prosa poética de "modernistas"; inclusive, na Inglaterra, na de D. H. Lawrence, companheiro de "imagismo" de Amy Lowell em Londres. E no Brasil – onde alguns dos seus "mandamentos" correspondem a condições e necessidades tão nossas: país novo e de cultura plural, tradicionalmente portuguesa, mas enriquecida de outras influências (indígena, africana, espanhola, polonesa, síria, judia, italiana, alemã) –, ainda hoje, talvez haja lugar para alguma das sugestões do "imagismo". Principalmente para aquela: "criar novos ritmos".

Ainda hoje, nos esforços de experimentação daqueles que procuram os "ritmos novos" para "novos estados", chamados de espírito, mas na realidade complexamente culturais e psicossociais e não apenas individuais, o "imagismo" pode vir em nosso auxílio. Amy Lowell e seus companheiros americanos e ingleses de "revolução cultural" nos oferecem ainda sugestões para a solução não de simples problemas de técnica literária, mas de problema mais vasto: o de pluralidade de cultura em países como o Brasil, no qual o idioma tradicional precisa de tornar-se cada dia mais plástico, para alargar-se em expressão de descendentes não só de portugueses e de espanhóis, como de italianos, poloneses, africanos, sírios, alemães, judeus, ameríndios.

•

De Amy Lowell, mais do que de William Butler Yeats – que de certa altura em diante foi um imagista –, é que recebi os esclarecimentos mais exatos sobre a revolução que o imagismo pretendia realizar – e vinha realizando – na literatura em língua inglesa, contra a retórica, a própria eloquência, a palavra abstrata. Era uma revolução, a meu ver, conservadora, tradicionalista: vinha do que na língua inglesa era e é vigor anglo-saxônio contra a pompa latina; John Bunyan contra Milton; Chaucer contra Shakespeare. Essa interpretação, sugeri-a a Amy Lowell, uma tarde em Brookline; e ela a aplaudiu.

Mas não sem advertir: "Não se esqueça de que é uma revolução em língua inglesa vinda, em grande parte, da língua francesa". Referia-se a sugestões de Gautier, de Baudelaire, de Rimbaud, de Mallarmé, de Verlaine, de Laforgue e, sobretudo, do Remy de Gourmont: o Remy de Gourmont que escreveu estas três obras-primas de inteligência e de sensibilidade francesas que são *Livre des Marques*, *Problème du Style* e *Chemin de Velours*. Na França o imagismo se desenvolvia com Romains e com Duhamel; com todo um grupo de renovadores das letras francesas com os quais Ezra Pound entrara em íntimo contato, comunicando algumas das suas assimilações dessa outra revolução francesa a escritores de língua inglesa, que lhe dariam um desenvolvimento maior e mais sistemático que o alcançado na própria França. Pois além de Yeats, foram influenciados pelo imagismo de que Pound, "H. D." e Richard Aldington se tornaram pioneiros em língua inglesa, escritores como D. H. Lawrence e John Gould Fletcher, como o próprio Eliot. Mas, principalmente, como Amy Lowell.

Que novo – ou renovado – tipo de expressão literária terá sido, afinal, esse? O baseado no chamado *"visual appeal"*, é certo. Numa mais aguda sensibilidade às formas e às cores e às suas relações com a vida e com o homem. Mas sem que deixasse de caracterizá-lo uma estrutura rítmica; rítmica e musical; e esta, adstringente em vez de eloquente. A aproximação de línguas ocidentais como a inglesa, de línguas orientais, como a chinesa, no sentido de procurar-se, nas ocidentais, uma apresentação visual de imagens e de ritmos em que a sugestão dos objetos concretos se realize o mais possível através de sinais verbais semelhantes aos da expressão pictórica, por um lado, e aos da expressão musical, por outro. Daí a importância atribuída por alguns dos escritores que no segundo decênio do século atual mais se empenharam em desenvolver uma sistemática imagista – um desses escritores, Amy Lowell – ao livro de Ernest Fenelosa, *The Chinese Written Character as a Medium for Poetry*, em que se nega que o objeto da arte ou da poesia seja o geral ou abstrato; e se pretende que, ao contrário, a maior preocupação do artista ou do poeta deve ser com o que é concreto na natureza.

Daí, em literatura, a necessidade de serem empregadas "palavras ativas"; os verbos transitivos (tão constantemente usados por Shakespeare); as palavras justapostas que pela justaposição criem novas combinações de expressão de música e de *visual appeal*. E criem essas combinações novas, valendo-se o escritor moderno não de uma fonte única de inspiração ou de informação, porém – já o notou mr. Herbert Read precisamente a propósito de Ezra Pound – de várias – política, ética, economia, anedotas, sugestões vindas de várias línguas (inglês, grego, latim, italiano, provençal, chinês, no caso de Pound e, até certo ponto, no de Amy Lowell); e esse material vário e até contraditório apresentado sem coesão ostensiva e aparentemente sem estrutura. Mas, na verdade, estruturalmente: sob aquela *forma* que Pound tantas vezes escreveu assim *forma*; e não em inglês. Forma desembaraçada de quanto seja supérfluo; de quanta palavra não revele alguma coisa de significativo no objeto que o escritor ou o artista procure evocar ou revelar, distanciando-se do historiador ou do físico ou do biólogo ou do sociólogo ou do economista que apenas descreva, como puro informante, o que seja o mesmo objeto do ponto de vista da sua especialidade; e distanciando-se, também, de quanto objetivo se afaste do objeto natural ou concreto; de quanta generalidade, por mais sedutora, prejudique os particulares exatos; de quanto seja "cósmico" por incapacidade do escritor ou do poeta ou do artista para lidar com os difíceis problemas de apresentação artística ou poética daqueles particulares, através de imagens sugestivas e por vezes simbólicas.

É evidente que, de modo desajeitado, foi um poema imagista que procurei escrever ao evocar a Bahia como cidade de "todos os santos e de quase todos os pecados"; suas casas, "como um grupo de gente se espremendo para sair num retrato de revista ou jornal"; suas igrejas, como "igrejas gordas" em contraste com as "magras" do Recife; seus morros, como "ventres empinados" dos quais estiveram para sair novas cidades. Evidente, também, que foi sob remota influência de um imagismo simbolista, folclorista, mitologista, um tanto *à la* Yeats que procurei dar forma, além de sociológica, poética, na língua portuguesa, do Brasil, à imagem do "amarelinho", à imagem da "casa-grande", horizontalmente gorda, completada pela da "senzala", à figura – já entrevista, aliás, de modo vago, por Pereira da Costa – do "triângulo rural", à imagem do "sobrado", sobretudo do verticalmente "magro", como expressão de toda uma expressão de civilização urbana no Brasil em que a herança portuguesa de arquitetura fora modificada pela norte-europeia tanto em suas funções como em suas formas, tanto em sua técnica como na sua estética.

A PROPÓSITO DE JORGE DE LIMA, POETA

Já uma vez me afoitei a sugerir esta ideia: a necessidade de reconhecer-se um movimento distintamente nordestino de renovação das letras, das artes, da cultura brasileira. Movimento dos nossos dias que, tendo-se confundido com a expansão do muito mais opulento "modernismo" paulista-carioca, teve, entretanto, condições próprias – "ecológicas", poderia dizer-se com algum pedantismo – de formação, de aparecimento e de vida.

Desse "movimento do Nordeste" pode-se acrescentar que foi uma espécie de parente pobre do modernismo paulista-carioca. Mas um parente pobre, capaz de dar ao rico valores já quase desaparecidos de outras partes do Brasil e necessitados apenas dos novos estímulos vindo do Sul e do estrangeiro para se integrarem no conjunto de riqueza circulante e viva constituída por elementos genuinamente brasileiros, essenciais ao desenvolvimento da nossa cultura em expressão honesta do nosso *ethos*, da nossa história e da nossa paisagem e em instrumento de nossas aspirações e tendências sociais como povo tanto quanto possível autônomo e criador.

Dentre aqueles valores, nenhum mais cheio de substância particularmente brasileira, ao mesmo tempo que humana em sua essência, que as tradições amadurecidas nas terras de massapê do Nordeste e à sombra das casas-grandes, das igrejas, dos sobrados, das senzalas, dos mucambos, das palhoças, das mangueiras, dos coqueiros, dos cajueiros desta região; e resultado do contato de europeus com índios e, principalmente, com africanos. Com malungos, mucamas, babás, cunhãs, columins. Contato democratizante do todo e não apenas aristocraticamente dos brancos e degradante dos pretos.

Foi esse principalmente o mundo de que Jorge de Lima, em 1922-23 poeta já precocemente feito, mas de modo nenhum estratificado em cinzelador milnovecentista de sonetos elegantes recolhidos com avidez pelos pedagogos organizadores de antologias, tornou-se, sob novos estímulos vindos não só do Sul, como da

Europa e dos Estados Unidos – estes, através, vários deles, do Recife ou por intermédio de José Lins do Rego – o grande poeta, o poeta por excelência. O poeta d'*O Mundo do Menino Impossível*. O poeta de *Essa Nega Fulô*. O poeta de uma série de poemas que reunidos aos de outros brasileiros do passado e de hoje talvez deem ao Brasil o primeiro lugar na produção de uma literatura poética que, intencionalmente ou não, leva sem nenhum rancor nem ranger de dentes o cristianismo – um cristianismo lírico, mais à portuguesa que à espanhola – para o campo específico das relações dos brancos com os povos de cor. Daí me parecer que precisamente nessa zona de expressão literária e ética é que o Brasil merece receber um desses dias o prêmio Nobel, pela mão de algum dos seus poetas ou romancistas. Pois não nos faltam hoje romancistas e poetas novos que encarnam, com esplendor, tendência já tão brasileira; e socialmente significativa como nenhuma outra para o futuro do resto da América: para o futuro de todos os países na fase atual de desejo de democratização inteira, e não apenas política, das relações entre os homens e entre os povos.

Há quem fale em "gulodice de pitoresco" para procurar diminuir, com essa generalização de desprezo, aqueles artistas e escritores do Nordeste que, não sendo de origem rigorosamente popular nem principalmente ameríndia ou africana, têm-se dedicado ao estudo, à interpretação e até à expressão dos complexos mais característicos da região, ferindo, nessa interpretação, a nota de revolta contra os últimos preconceitos de cor confundidos com os de classe que mantêm na miséria tantos descendentes brasileiros de africanos. Entre tais "gulosos de pitoresco" estaria Jorge de Lima: sua poesia afro-nordestina. Poesia que não é a de um indivíduo pessoalmente oprimido pela condição de descendente de africano ou de escravo: a única que para os inimigos do "pitoresco" justificaria uma poesia, uma literatura, uma música, ou uma pintura brasileira, voltada para o negro, o índio ou o mestiço. Expressão da sua dor. Como se em arte e em literatura não houvesse empatia: a empatia que fez um Tolstoi identificar-se profundamente com a gente mais oprimida da Rússia, sendo ele homem de classe senhoril e até conde.

O curioso é que semelhante crítica, sonora, mas prejudicada por intenções que não devem ser no caso as principais, vem quase sempre de indivíduos menos autorizados para fazê-la, tal a sua pobreza de experiência genuinamente brasileira. Pois são cosmopolitas pouco sensíveis aos característicos mais profundos da vida, do passado e da paisagem das várias regiões brasileiras. Geômetras que desconhecem as intimidades da nossa paisagem humana.

Experiência brasileira não faltou a Jorge de Lima: ele foi bem do Nordeste. Não lhe faltou o contato com a realidade afro-nordestina. E há poemas seus em que os nossos olhos, os nossos ouvidos, o nosso olfato, o nosso paladar se juntam para saborear gostos e cheiros de carne de mulata, de massapê, de resina, de moqueca, de maresia, de sargaço; para sentir cores e formas regionais que dão presença e vida, e não apenas encanto literário, às sugestões das palavras. Cores, sabores, odores que parecem dar às simples palavras outras condições de vida, além da tecnicamente literária.

Esse poeta alagoano em quem a América inteira sente um poeta largamente seu pela cordialidade crioula e pelo lirismo cristão, franciscano, fraterno, dispõe de recursos de técnica, dos quais poderia viver vida fácil de glória literária, admirado e festejado por seus feitos e talentos de artífice; alheio às raízes regionais de sua experiência de homem por muito tempo menino e às necessidades e aspirações da gente cuja pobreza conheceu pequeno e mesmo depois de grande. Médico de província, cuja miséria observou; cujo sofrimento sentiu com o poder de empatia que o anima com relação à sua gente, do mesmo modo que sentiu suas alegrias, suas esperanças, seus deleites doentios de comedores de barro, seus medos das almas do outro mundo. De tudo isso lhe ficou uma base de terra, de natureza e, ao mesmo tempo, de fé no sobrenatural, para defendê-lo da arte literária só de composição e de efeitos verbais e estéticos – na qual às vezes se extremou na mocidade – e fixá-lo naquela literatura que Van Wicks Brooks chama "primária" no sentido bom de "básica", de presa à terra e aos outros homens – ao comum dos homens – e incapaz de dissolver-se na "secundária" dos esotéricos, dos cosmopolitas, dos estetas de *coterie*. Estetas aos quais tudo que é popular, regional, folclórico repugna ou dá ideia de simples "pitoresco"; de estrito "regionalismo" ou "nacionalismo"; de "folclorismo" ou "africanismo" apenas bizarro. Aliás, falar-se com relação ao Brasil de "africanismo" como expressão à parte da vida brasileira é revelar-se desconhecimento da simbiose Brasil-África.

James Weldon Johnson, a propósito da poesia afro-americana, fala no poder do descendente de africano, onde quer que se fixe, em grande ou pequeno número, revelar-se "transfusivo"; identificar-se com o que os antigos chamavam "gênio do lugar". Assim, o negroide Pushkin teria se tornado intérprete de tendências particularmente russas; outro negroide, Dumas, o intérprete de coisas de um passado particularmente francês; Coleridge Taylor, também negroide, o intérprete de característicos intimamente britânicos ou ingleses.

Em nenhum país, porém, o descendente de africano tornou-se tão da terra como no Brasil. Aqui sangue africano e seiva americana cedo se confundiriam na transfusão, a ponto de haver observadores argutos – desde Bates ou Wallace a Waldo Frank – a quem os descendentes de africanos dão a impressão de mais filhos da terra do que os indígenas; de mais harmonizados com a natureza do norte do Brasil do que os próprios caboclos entristecidos pelos grandes dias de sol como se, vindos remotamente de terras frias, ainda não se tivessem acostumado ao calor da terra tropical.

Das expressões populares ou das tradições regionais de vida brasileira impregnadas de África de que Jorge de Lima se tornou o maior intérprete poético na língua portuguesa, quem ousará dizer que, em vez de virem do centro da cultura mais harmoniosa e caracteristicamente nossa, vêm daquelas margens remotas da cultura de um povo onde vida e paisagem humanas adquirem o ar tristonho de curiosidades etnográficas? Ou de indecisões sociológicas: as indecisões sociológicas que constituem os fenômenos de "marginalidade" incaracterística?

No sul dos Estados Unidos o descendente de africano é figura à parte da literatura como da vida nacional. Mas não no norte do Brasil – embora também aqui existam preconceitos de cor confundidos com os de classe. Existem: mas sem força para distanciar decisivamente os descendentes de africanos dos de europeus, a ponto de os primeiros só se exprimirem em folclore, excluídos sistematicamente do banquete literário. Gonçalves Dias tinha sangue de negro e, entretanto, é pela sua palavra de "cantor do exílio" que todo brasileiro, mesmo o mais rigorosamente branco e erudito, se exprime e ainda hoje, quando, longe do Brasil, dói-lhe a saudade das palmeiras tropicais, dos cajueiros caboclos, dos canaviais dos velhos engenhos do Norte ou das antigas fazendas de café do Sul ou das estâncias do Rio Grande: essas estâncias onde também chegou a influência africana na figura do Negrinho do Pastoreio.

Em Jorge de Lima o verbo fez-se carne neste sentido: no de sua poesia afro-nordestina ser realmente a expressão carnal do Brasil mais adoçado pela influência do africano. Jorge de Lima não nos fala dos seus irmãos, descendentes de escravos, com resguardos profiláticos de poeta arrogantemente branco, erudito, acadêmico, a explorar o pitoresco do assunto com olhos distantes de turista ou de curioso. De modo nenhum. Seu verbo se fez carne: carne mestiça. Seu verbo de poeta se torna carnalmente mestiço quando fala de "democracia", de "comidas", de "Nosso Senhor do Bonfim", embora a metade aristocrática desse nordestino total, de corpo colorido por jenipapo e marcado por catapora, não esqueça que a "bisavó dançou uma valsa com dom Pedro II" nem que "o avô teve banguê".

É essa totalidade de experiência, essa variedade de passado, sem o domínio exclusivo de uma tradição étnica, social ou de cultura sobre as outras, que dá a poetas brasileiros como Jorge de Lima, Simões Lopes Neto, Castro Alves, Gonçalves Dias, José Lins do Rego, Jorge Amado, Jaime Ovalle, Ascenso Ferreira, Mário de Andrade, Cícero Dias, tremenda superioridade sobre os norte-americanos em exprimir sem revolta acre nem violência o que há de africano em nossa vida e em nosso caráter. O que há de africano se confunde, se mistura quase fraternalmente, com o que existe de europeu e de indígena. Na experiência plebeia do brasileiro total se estende a aristocrática sem que a aristocrática seja invariavelmente europeia.

Não há felizmente no Brasil uma "poesia africana" como aquela, nos Estados Unidos, de quem falam James Weldon Johnson e outros críticos: poesia crispada quase sempre em atitude de defesa ou de agressão; poesia quase sempre em dialeto meio cômico para os brancos, para os ouvidos dos brancos, mesmo quando mais amargos ou tristes os assuntos. O que há no Brasil é uma zona de poesia mais colorida pela influência do africano: um africano já muito dissolvido em brasileiro. Uma zona a que estão ligados, pela sua formação regional, alguns dos nossos escritores e poetas mais rigorosamente brancos e aristocráticos: os pernambucanos Joaquim Nabuco e Manuel Bandeira, por exemplo.

O que mostra que não é o sangue que aguça sozinho nos poetas ou nos escritores a sensibilidade a assuntos com os quais eles podem identificar-se só por força de formação regional, só pelo poder de empatia, só por transfusão de cultura. Ao contrário: o sangue às vezes faz que os mestiços se afastem dos assuntos africanos com excessos felinos de dissimulação e de pudor. O caso de Machado de Assis.

Jorge de Lima, um dos maiores poetas brasileiros de todos os tempos, enriquece o brasileiro das áreas menos coloridas pela influência africana, com a expressão poética de sua experiência de nordestino de banguê nascido e criado perto dos últimos "pombais negros" de que falou Nabuco. Ao mesmo tempo ele põe o estrangeiro que se aproxima da poesia brasileira em contato com uma das nossas maiores riquezas: a interpenetração de culturas, entre nós tão livre, ao lado do cruzamento de raças. Dois processos através dos quais o Brasil vai-se adoçando numa das comunidades mais genuinamente democráticas e mais liricamente cristãs do nosso tempo.

PRESENÇA DE GUIMARÃES ROSA E OUTRAS PRESENÇAS

A presença de Guimarães Rosa na literatura brasileira lembra a de Mallarmé na literatura francesa; ou a de Gertrude Stein, nas letras anglo-americanas. De Mallarmé já se afirmou que era um poeta para poetas. Do autor de *Corpo de Baile* se pode dizer que é um escritor para escritores. E como tal, interessantíssimo. Importantíssimo.

Pois como tal, seus experimentos excedem em importância o *Macunaíma*, de Mário de Andrade. São experimentos, os do escritor mineiro, que estão de fato contribuindo para dar nova flexibilidade e, ao mesmo tempo, maior densidade à língua literária do Brasil. Para abrir novas possibilidades à estética dessa língua. Para alargar-lhe os recursos plásticos no sentido já destacado por um arguto crítico literário: um sentido como que germânico que enriquecesse o tradicionalmente latino.

Este é o lado positivo da contribuição do escritor mineiro: uma contribuição imensa dentro dos seus limites. Estes limites são os já sugeridos: o de tratar-se de um escritor principalmente para escritores; e não para o leitor médio ou comum ou simples. Um escritor para o leitor sofisticado, para o requintado, para o que se compraz em ser, como leitor, membro de uma minoria aristocrática e um tanto esnobe.

No que não há mal algum nem inconveniente para uma literatura. Toda literatura precisa desses aristocratas, mesmo dos extremados em esnobes, como contrapeso ao simplismo, perigosamente vizinho da simplicidade, que tende a baixar os padrões estéticos ou artísticos dos escritores mais próximos do grande público, subordinando-os aos interesses éticos, didáticos, jornalísticos mais caros a esse mesmo público. Daí a importância não só dos Mallarmé como dos Joyce de *Work in Progress*. Isto é, dos escritores incessantemente experimentais.

Em Guimarães Rosa há um experimentador, um renovador e até um revolucionário que opõe ao simplismo um antissimplismo literariamente aristocrático. A língua portuguesa no Brasil estava necessitando dele como necessitou há trinta anos de Mário de Andrade. O mineiro veio reavivar a revolução iniciada pelo paulista.

Não nos enganemos, porém, supondo Guimarães um desses revolucionários com predisposições a clássicos integrais capaz de vir a seduzir o leitor comum tanto quanto o sofisticado: o caso de Whitman ou de García Lorca. Neste particular ele talvez se apresenta quase tão precário, em suas predisposições a clássico, quanto o Mário de Andrade de *Macunaíma,* que continua o Mário de Andrade de *Macunaíma*: autor de um livro interessantíssimo; mas interessantíssimo como livro para escritores.

O que não diminui a glória de um escritor: apenas a qualifica. E faz agora de Guimarães Rosa uma espécie de Mallarmé ou de Stein da prosa brasileira. Um grande renovador brasileiro da língua portuguesa.

Onde estaria, porém, a "imensa superioridade" que se quer agora opor, em certos meios, como superioridade tranquila e absoluta, de Guimarães Rosa sobre José Lins do Rego? Será que a perícia e os triunfos de um estilista, de um artista literário, bastam para firmar a "superioridade imensa" de um escritor sobre outro, menos perito na composição linguística e menos intencionalmente literário na técnica estilística? Creio que não.

Verdadeiro esse critério de avaliação, os Goncourt teriam que ser situados, dentro da literatura francesa, acima do um tanto desordenado Michelet: o desordenado da expressão, em Michelet, contrastando com o esmero na composição estilística dos dois escrupulosos estetas. Flaubert seria superior, pelo mesmo motivo, a Proust. Em língua inglesa, Tennyson seria superior ao também desordenado Robert Browning. Arnold Bennett – afrancesado na correção elegante do seu inglês e dos seus enredos – seria superior a qualquer dos dois Lawrence e ao próprio Conrad.

Esse critério, porém, nos levaria ao extremo de ver na composição – no esmero de composição ou no virtuosismo estilístico – a virtude máxima, na literatura ou na arte literária, em prejuízo do que, num romance ou num drama, num ensaio ou num romance, seja expressão de vida ou revelação da personalidade. Expressão ou revelação que sendo artística, seja também poética; e evite o puro virtuosismo, em vez de nele se requintar ou se esmerar.

Como arte de expressão, a de José Lins do Rego permanece um dos maiores triunfos literários alcançados por brasileiro na língua portuguesa do Brasil. Daí sua vitalidade, em contraste com o triunfo apenas de composição estilística, no sentido do abrasileiramento intencional e deliberado da língua portuguesa, conseguido em *Macunaíma* pelo aliás admirável Mário de Andrade. Triunfo em que Mário de Andrade parece ter sido ultrapassado por Guimarães Rosa, também rival de José Lins do Rego e de Jorge Amado naquela outra virtude: a da revelação poética da realidade brasileira.

Entre esses dois extremos – o de requinte na composição ou na renovação estética da língua literária e o de vigor na revelação de vida, sem desprezo, é claro, pela graça literária ou pela forma artística da expressão – continua a desenvolver-se no Brasil uma nada desprezível literatura de ficção. Sem obras-primas, talvez. Mas, mesmo assim, interessantíssima. Anima-a a presença ainda ativa de alguns já antigos – Érico Veríssimo, Marques Rebelo – além de Jorge Amado, o admirável Otávio de Faria, e a de vários mais novos, ao lado dos novíssimos. Entre os intermediários, Lúcio Cardoso: discípulo de Faria, superior ao mestre em força poética. E também Ciro dos Anjos.

Vários são os bons ou significativos livros de ficção aparecidos ultimamente no Brasil: o *Macobeba*, de M. Cavalcanti Proença, o de Antônio Calado, o de Mauritônio Meira, o de Adonias Filho, o de Clarice Lispector, o de Patrícia Galvão e Geraldo Ferraz – interessantíssimo do ponto de vista social –, o de Viana Moog – com a sua contribuição valiosa para a reconstituição de um período de vida política brasileira; o livro de contos de Gastão de Holanda, e principalmente os romances de Lúcio Cardoso, de Antônio Olavo, Mário Palmério, Osman Lins, Dalton Trevisan, Ascendino Leite. Também os de Josué Montelo: romances de vida provinciana evocada por um ex-provinciano. E por isso mesmo, com um lugar à parte na moderna literatura brasileira de ficção.

Não direi da mais recente produção desse escritor maranhense – *A Décima Noite* – que seu enredo seja dos que se impõem ao leitor, de modo convincente e irrecusável; nem dos seus personagens que se tornam figuras vivas e inesquecíveis na memória do mesmo leitor. Enredo e personagens me dão a impressão de bem concebidos; de bem compostos; de lógicos. Mas por isso mesmo sem a vida, a irregularidade, a irracionalidade até, dos enredos e dos personagens em que a arte ultrapassa a realidade, sem simplesmente copiá-la, por um lado, nem reduzi-la a esquemas psicologicamente lógicos e sociologicamente bem ordenados, por outro.

A Décima Noite bem poderia ser um romance com deficiências apenas em sua composição, se a essas deficiências sobrepujasse um sentido tal de vida, e de interpretação de vida, da parte do autor, que os personagens pudessem se dar ao luxo de ser ilógicos, e de agir contraditoriamente. Acontece precisamente o contrário: são todos perfeitamente lógicos, do princípio ao fim do livro. Comportam-se todos de acordo com a psicologia estabelecida pelos professores para situações como aquelas que condicionam o enredo do romance.

O que, então, torna A *Décima Noite* um encanto de livro, desses que nascem para ser lidos e até relidos com aquele particular prazer que só a autêntica arte literária é capaz de nos proporcionar? Qual o atrativo principal do novo livro do escritor maranhense?

A meu ver, exatamente este: a evocação de um Maranhão que já quase não existe, por um maranhense que é também um raro artista literário; e que guarda daquele Maranhão quase desfeito imagens de uma rica sugestão poética. São essas imagens que enchem A *Décima Noite* de uma série de ressurreições de tempos mortos, que vêm até um homem de hoje como alguma coisa de nostálgico, de saudoso, às vezes até de sentimental, que só faz aumentar o seu encanto.

Esse poder de evocação se junta no escritor Josué Montelo à virtude de narrador, que nele é sempre admirável. A narrativa, em A *Décima Noite*, corresponde a um tempo que, na vida real, seria o presente, enquanto o tempo já morto – é parte tão importante do drama vivido pelos personagens do romance quanto o próprio presente – se afirma através da evocação. Evocação e narrativa completam-se nesse livro sedutor em que a ação decorre continuamente em dois tempos, o presente e o passado, um penetrando no outro.

Fosse o escritor Josué Montelo um mestre apenas da arte de narrar e não poderia ter escrito A *Décima Noite* – livro em que se afirma de modo triunfal outra das suas virtudes literárias: o poder de evocar. Talvez sejam as suas páginas de evocação, nesse livro surpreendente, a melhor ressurreição já conseguida por um escritor maranhense do passado mais recente de sua velha província. Uma província que hoje não é, com os últimos sobrados e as últimas fontes de azulejos, com as igrejas velhas que ainda enobrecem as ruas de São Luís, senão um resto frio e tristonho da grandeza a que atingiu na época colonial; e foi de alguma maneira conservado até os começos deste século.

O escritor Josué Montelo é hoje quem melhor representa, na literatura brasileira, a tradição maranhense de arte erudita vinda dos Odorico, dos Gonçalves Dias, dos Lisboa. Neste particular é ele castiçamente maranhense. Representativamente maranhense.

Deixa ao admirável escritor novo que é Mauritônio Meira a representação de outra tendência maranhense, marcada pelo "modernismo" revolucionário de Graça Aranha: a tendência para a inovação inteligente.

Tão representativamente maranhenses são eles dois – um com sua erudição sem arcaísmo, outro com sua modernidade sem sectarismo – como Rachel de Queiroz, mais folclórica que erudita na sua arte literária, é representativamente cearense. O caso também do novo e cheio de possibilidades Ariano Suassuna na sua literatura de teatro, de inspiração principalmente sertaneja. O de Antônio Calado: teatrólogo que vem se especializando em assuntos afro-brasileiros. O de Luís Jardim: notável como teatrólogo e notável como contista; e como Ariano Suassuna, de inspiração principalmente nordestina e sertaneja. O de Nelson Rodrigues: representativamente urbano nas suas interpretações do homem brasileiro; mas sem que lhe repugne admitir a presença remota do folclore nos seus dramas sempre pungentes.

O equilíbrio entre as duas tendências – a folclórica e a erudita, a moderna e a castiça – encontramo-lo também, hoje, em poetas do Recife: todos eles, aliás – formam, talvez, o mais notável grupo atual de poetas brasileiros –, evocadores do passado regional tanto quanto intérpretes, cada um muito a seu modo, do tempo presente e até do futuro. Dos mais jovens desses poetas, um talvez venha a exceder a todos os seus companheiros de geração nesse equilíbrio: Garibaldi Otávio. E juntar-se de modo inconfundível àqueles poetas do Recife, felizmente ainda vivos e já consagrados pela melhor crítica, quer brasileira, quer portuguesa, como poetas dos maiores, que – com toda a sua paixão pela região, pela província e até pelo subúrbio – têm tido a língua comum: o Manuel Bandeira, da "Evocação do Recife"; o Joaquim Cardoso, das ruas velhas do Recife; o Mauro Mota, dos subúrbios do Recife; o João Cabral de Melo, dos rios do Recife; o Edmir Domingues, das águas do Recife; o Carlos Pena Filho, do Recife noturno; o Carlos Moreira, do Recife, município. E mais: Audálio Alves, César Leal, Mateus de Lima, Tomás Seixas, José Gonçalves de Oliveira, Cesário de Melo. O Recife é hoje uma república das letras onde predominam os poetas: o maior grupo, decerto, de bons poetas, do Brasil atual.

•

Evito, atualmente, escrever sobre poetas, romancistas e dramaturgos. Tanto que talvez já deva me considerar de algum modo complexado neste particular. Pois houve tempo em que, uma vez ou outra, escrevi desassombradamente sobre beletristas e sobre pintores, escultores e arquitetos, comentários em que cheguei a imaginar entender, se não muito, alguma coisa da arte ou das artes deles. O bastante para que me julgasse com o direito de fraternamente opinar sobre suas criações ou sobre seus experimentos.

De tal modo, porém, venho sendo, nos últimos anos, enxotado dos "templos" brasileiros das artes – inclusive das belas-letras – pelos seus sacerdotes mais zelosos, que resolvi afastar-me eu próprio desses templos e cumprimentar apenas de longe esses sacerdotes. São eles uns devotos, no meio dos quais se vem desenvolvendo, quase como numa seita, a ideia de que entre as chamadas "belas-letras" e as outras letras – as feias e às vezes fortes – não deve haver senão distância: fria e dura distância.

Eu sou hoje o primeiro a afastar-me dos beletristas assim sectários, embora sem ligar-me aos sacerdotes ou devotos das seitas opostas às suas: aquelas que julgam essencial ao bom filósofo, tanto quanto ao bom sociólogo ou ao bom jurista ou ao bom antropólogo, escrever arrevesado e desdenhar de todas as graças estéticas da vida e da cultura. São seitas – estas últimas – para as quais o próprio Nietzsche deve ser considerado um desprezível literato, do mesmo modo que são seitas – as primeiras – para as quais o próprio George Santayana ou o próprio Bertrand Russell deve ser considerado um estranho à literatura. Entre esses extremos, é que venho procurando equilibrar-me, contentando-me hoje em ser aceito por críticos estrangeiros – dentre os melhores que me têm honrado com sua atenção – como um híbrido que, fazendo sua literaturazinha, fez também sua cienciazinha e até sua filosofiazinha.

É dentro desse critério e com essas reservas que ouso trazer minha palavra de admiração a *Os Epitáfios*: livro em que Mauro Mota não só se reafirma o poeta de *Elegias*, como, a meu ver, o ultrapassa. Ultrapassa-o naquilo que um crítico desse poeta admirável já chamou seu crescente poder de condensação.

É um livro, esse, em que o poeta extrai de temas os mais regionais e até municipais uma beleza e por vezes até uma filosofia que são uma beleza e uma filosofia capazes de tocar a sensibilidade de qualquer homem predisposto à apreciação da linguagem poética, seja qual for a língua em que ela primeiro se apresente. Sente-se, nesses poemas, escritos em português, uma poesia que não deixará de ser poesia nem na língua inglesa nem na italiana nem na alemã. E esse é o teste de universalidade de um poeta ou de sua poesia; e não os seus temas, como pensam certos críticos desdenhosos de temas regionais em qualquer das artes.

"A Gaveta", por exemplo, é um poema de suprema beleza: um dos maiores escritos – penso eu – por poeta brasileiro. Um dos maiores – no gênero – ouso dizê-lo – em qualquer língua. Poema sem geografia específica, é certo. Mas sem que deixe de se fazer sentir nele a casa pernambucana do poeta com a sua cômoda antiga e misteriosa.

O mesmo é certo da mais que recifense "Canção Sempre Aquática". Ou da mais que pernambucana "Cantiga do Engenho Cavalcanti sobre o Livro de Assentos do Barão de Tracunhaém" (João Maurício Wanderley). Poemas intensamente regionais dos quais se desprendem, arranhada a sua crosta, como se faz com certas madeiras romanticamente tropicais, aromas já clássicos que despertam, como o do sândalo, sugestões poéticas nos homens das mais diferentes civilizações.

Não é menor a poesia que anima "A Potranca". Isto sem nos esquecermos de "O Boi de Barro" e "O Pássaro do Museu do Ginásio Pernambucano": pequenas obras-primas em que a dinamização de temas estáticos tem o seu toque de genial, lembrando certas fantasias cinematográficas em torno de temas semelhantes, de Walt Disney.

Não sou dos que não se entusiasmam com o que em poemas como "A Tecelã" é sentimentalidade já quase vizinha da pieguice: perigo contra o qual o poeta Mauro Mota deve resguardar-se com todo o seu ânimo de resistir aos aplausos fáceis; e até tornar-se tão aparentemente secarrão como um Drummond ou um João Cabral de Melo. A verdade, porém, é que "A Tecelã" não chega, nesse particular, aos extremos, por vezes lamentáveis, do "Boletim". Não creio que o poeta de "A Gaveta" volte a escrever poemas como o "Boletim".

•

Acabo de ler *Isabel do Sertão*: peça para teatro escrita por um dramaturgo que é também contista; também pintor; também romancista; e ainda mais: reprimida vocação para ator. E que desde o seu *Boi Aruá* e o seu *Maria Perigosa* é uma figura essencial das modernas letras brasileiras.

Esse escritor, assim pluralmente artista, se chama Luís Jardim. Luís Inácio de Miranda Jardim.

Não creio que o seu *Confissões de Meu Tio Gonzaga* seja, entre suas produções, uma obra-prima. Esforço admirável de composição literária, faltam-lhe, a meu ver, virtudes superiores à do esquema bem executado e à da frase hirtamente correta do princípio ao fim do livro. Mas há, nos seus livros menos esquemáticos e menos corretos que esse, a revelação de um escritor que agora se afirma esplendidamente em *Isabel do Sertão*.

Essa peça escrita para teatro talvez não seja tão adequada a um teatro sugestivamente popular, que se desenvolva regional e folcloricamente, no Brasil, da boa tradição de Gil Vicente, como o admirável *Auto da Compadecida*, de Ariano Suassuna. Mas, ou muito me engano, ou é superior, em virtudes especificamente literárias, a quanto se tem escrito entre nós sob a forma de literatura especificamente dramática: inclusive o *Auto da Compadecida*.

Sendo regional e, ao mesmo tempo, ungida da melhor das vocações para a universalidade, não é cenograficamente nordestina. O psicólogo, no escritor Luís Jardim, vem cada vez mais sobrepujando, nesse homem surpreendentemente múltiplo, o pintor, o sensual, o colorista, nele tão sensível às cores e às formas de paisagem regional: no seu caso, as do Nordeste árido mais do que as do Nordeste úmido – esse Nordeste úmido ainda hoje sutilmente presente tanto no "abstracionismo" de Cícero Dias como no de Aluísio Magalhães. É uma paisagem – a do Nordeste árido – com que o autor de *Isabel do Sertão* intimamente se identificou nos seus dias de menino. Talvez pertença ele até ao número de sertanejos que encontraram, quando ainda muitos meninos, nas adstringências do mandacaru, seus primeiros substitutos de sexo de mulher.

Experiências dessa espécie marcam para a vida inteira um indivíduo. E não há esforço de sua parte, no sentido de uma dissimulação que o torne menos irritantemente autobiográfico e mais elegantemente impessoal na sua arte, que consiga fazer triunfar de todo tal intento. Todo artista verdadeiramente criador é, mais ou menos, autobiográfico; e todo artista verdadeiramente criador é, também, mais ou menos, um retrospectivo, em potencial, que, mais cedo ou mais tarde, volta à região mais maternal ou profundamente ligada às suas primeiras impressões da vida: inclusive de sexo. Talvez, sobretudo, às do sexo.

É o que parece ocorrer de modo notável em *Isabel do Sertão*. Há aí regionalismo do melhor: aquele com vocação a transregionalizar-se. Apenas para o escritor Luís Jardim regionalismo não significa caipirismo.

Não estou a esboçar nem de leve julgamento crítico. Nada entendo de teatro. Segundo alguns mestres de crítica literária, nada devo pretender entender de literatura.

Diante desse livro, belo e vigoroso, em que a literatura dramática em língua portuguesa atinge, a meu ver, um dos seus mais puros triunfos, desejo reexprimir, apenas diletantemente, minha admiração, agora já de velho, por um escritor de quem nunca duvidei que viesse a se afirmar um dia um dos melhores artistas literários do nosso país e da nossa língua. Em *Isabel do Sertão* essa afirmação acaba de chegar – penso eu – à sua plenitude. Ao seu esplendor.

E tal é minha euforia em exprimir essa admiração, agora também plena a ponto de parecer talvez derramada, que não acredito seja ultrapassada pela do autor, decerto consciente, a esta altura, da obra-prima que conseguiu realizar. É, entretanto, uma euforia que me reconcilia com a velhice, já tão senhora da minha vida que não me resta senão aceitar resignadamente o seu jugo. Pois é uma velhice que não parece estar fazendo estancar no velho, que já sou, a capacidade, a alegria, o gosto de admirar o admirável: nem nos indivíduos da minha mesma idade – o caso do autor de *Isabel do Sertão* – nem nos mais moços: um Ariano Suassuna, por exemplo. Ou um Guimarães Rosa. Ou um Antônio Olavo. Ou um João Cabral de Melo. Pelo que dou graças, e muitas, ao bom Deus. Pois nada mais melancólico do que o velho em quem a velhice faz secar de todo o gosto de admirar plena e alegremente não só o que há de admirável nos seus contemporâneos como nos indivíduos mais jovens do que ele.

•

Com a *Farsa da Boa Preguiça*, Ariano Suassuna voltou a ser o Ariano Suassuna do *Auto da Compadecida*. Ou seja, o maior renovador que já surgiu na língua portuguesa de uma bela tradição quase perdida por portugueses e brasileiros: a de Gil Vicente.

É uma língua, a nossa, com uma tradição tão débil de bom teatro que essa tradição dificilmente existe. Destaca-se, porém, a exceção magnífica que é Gil Vicente, a quem, entretanto, têm faltado continuadores idôneos. O caso, também, de outros pioneiros admiráveis de boas tendências na literatura em língua portuguesa – Fernão Lopes e Fernão Mendes Pinto, por exemplo – infelizmente abafadas de todo pela tradição imperial de Luís de Camões e pela quase imperial de Antônio Vieira.

Um dos grandes acontecimentos da literatura em língua portuguesa da nossa época é este: a aparição no Brasil não de simples continuador, mas de um vigoroso renovador da tradição de Gil Vicente. Com esse renovador está surgindo entre nós uma literatura de teatro que, sendo autenticamente brasileira pelas suas raízes portuguesas, é autenticamente brasileira pela sua atualidade, pela sua cor, pelas suas próprias implicações sociais já extraeuropeias, pelas suas ousadas projeções sobre o futuro.

É autenticamente brasileiro também, pelo que no teatro de Ariano Suassuna é liricamente cristão. Do ponto de vista sociológico, não se pode falar em civilização brasileira à parte de civilização cristã. Não a "civilização cristã" que certos opositores mais ou menos cínicos, mais ou menos solertes, do comunismo e das chamadas "ideologias exóticas" opõem retórica e bombasticamente a esse *ismo* e a essas ideologias; e na defesa dos seus particularíssimos interesses econômicos e das suas degradações terrivelmente perniciosas ao bem público. E sim aquela civilização liricamente cristã que permanece à base do que é mais castiço e, num sentido diferente do convencional e próximo da origem latina da expressão, mais virtuoso, no caráter e no comportamento da gente do povo ou do homem rústico do Brasil.

Daí ser uma literatura de teatro, a de Ariano Suassuna, com alguma coisa de saudavelmente medieval no seu modo de ser cristã que não é de modo algum arcaísmo; nem histórico nem literário. Não é certo, aliás, do cristianismo que para ser moderno deva repelir todos os valores que absorveu da Europa medieval: inclusive os franciscanos. Alguns desses valores eram expressão de uma época e válidos apenas para a Europa pré-burguesa e pré-industrial. Outros não: tornaram-se cristianismo polivalente. Válido para outros espaços e outros tempos.

O cristianismo popular brasileiro está felizmente impregnado deles e da sua poesia: uma poesia dinâmica. Cheia de ternura, é certo. Mas também satírica. Por a ter repelido é que grande parte do cristianismo protestante perdeu em poesia o que ganhou em lógica: uma estéril lógica. Por a ter conservado é que o cristianismo católico se mostra hoje particularmente capaz de encher os muitos vazios que a automação está rapidamente abrindo na vida ou no cotidiano do moderno homem supercivilizado.

Precisamente desse ponto de vista, a *Farsa da Boa Preguiça* se apresenta atualíssima. Ela chega a ser um elogio do bom lazer e uma censura ao ativismo exagerado de tipo rotariano: o do *time is money*. Um elogio do lazer poético e uma censura do ativismo antipoético que faz das próprias horas de ágape negação do lazer.

Boa – a meu ver – a primeira apresentação da *Farsa da Boa Preguiça*: a dirigida por Hermilo Borba. Ótima – é aliás um leigo no assunto quem fala – a interpretação do poema de Ariano Suassuna pelos dois personagens principais: o homem rústico e poético e a mulher sofisticada, e, caracterizada pelas suas pretensões a intelectual, de tipo apenas lógico, antipoético. Ótimo – continua a opinar um leigo – o ambiente criado para a representação da farsa pela arte, também ela esplendidamente poética, de Francisco Brennand. Um tanto inexpressivos – perdoem os entendidos a ousadia! – certos trajes.

Mais: talvez um tanto retoricamente apologéticas – que me perdoe o próprio Suassuna! – certas passagens do terceiro ato. Em conjunto, porém, a *Farsa* é nova e vigorosa afirmação do talento mais caracteristicamente brasileiro que já surgiu na literatura de teatro em língua portuguesa.

UM JOVEM CRÍTICO LITERÁRIO

Não sei bem a que atribuir a solicitação do jovem, mas já conhecido, escritor Joel Pontes: a de que fosse eu quem apresentasse o seu *O Aprendiz de Crítica*. Pois ao contrário do que se imagina no Rio e até no Paraná, não é certo que, durante os meus meses de trabalho no Recife, viva eu rodeado de admiradores ardentes e de discípulos macios, com relação aos quais minha atitude fosse realmente a de um mestre suburbanamente convencido de seu primado de paxá intelectual de província. A verdade é que, no Brasil, onde sou mais hostilizado é na minha velha província. Isto desde a adolescência; e não apenas depois de injustamente festejado por estrangeiros, tão pouco conhecedores dos verdadeiros valores brasileiros que chegam a exaltar a pobre da minha literatura, ignorando a poesia de um Vinicius de Moraes ou de um Paulo Mendes Campos; a arte de ficção de um Otávio de Faria ou de um Fernando Sabino.

A primeira vez que no Rio me foi dado generosamente e sem ironia o tratamento de "mestre do Recife" foi em 1934. Iniciativa de Roquette-Pinto, para quem aqui começara a surgir desde mil novecentos e vinte e tantos nova "escola" de antropologia e de sociologia especializada em estudos brasileiros; e capaz de renovar as próprias belas-letras e belas-artes nacionais, no sentido de um regionalismo universalista. Desde então venho procurando desmoralizar tal tratamento – o de mestre de Apipucos – e tudo que ele sugere (quando não é um Roquette que o emprega) de convencional e de precário, quando não de insincero.

Uma das minhas diversões que talvez devesse chamar de psicológicas (não fosse o risco de dar-lhe classificação um tanto pedante) é observar o tom com que me chamam alguns de "mestre"; e comparar esses vários tons, para dessas comparações chegar a algumas conclusões de possível interesse não só psicológico como sociológico. Às vezes até penso que algum Machado de Assis de hoje poderia escrever, à base de uma análise dessa natureza, conto ou romance sutilmente psicológico que talvez pudesse ser intitulado "O Mestre". Seria a história de um médico psiquiatra, aparentemente apenas vaidoso de ser chamado "mestre" por vários moços e até por alguns companheiros de geração; mas, no íntimo, inteiramente senhor, como bom aprendiz dos místicos espanhóis, de quanto havia não só de irônico como de remotamente desdenhoso no tratamento convencional e, sobretudo, precário, que lhe davam os tais discípulos mais aparentes do que sinceros. Até que resolveu dar a novo gato da casa o nome de "mestre" e a apresentá-lo aos visitantes como "o verdadeiro mestre". Técnica que intitulou de "vicária" e que lhe proporcionou assunto para um dos melhores capítulos do seu livro, durante anos em preparo, *Variações Psiquiátricas*, e que, aliás, não chegou a concluir. Pois inesperadamente faleceu uma bela madrugada. Chamado de "mestre" por vários jornais, dos que lhe noticiaram a morte, no próprio dia do enterro houve confusão quando alguém falou de "mestre": o gato é que se apresentou, gordo e senhoril, como o verdadeiro dono do título, dentro, aliás, do plano do psiquiatra falecido. O qual morreu sorrindo ao mesmo tempo de si próprio e dos outros: a realização do perfeito *humour*.

Do crítico Joel Pontes não me lembro de ter sido ele nem quando adolescente nem depois de moço dos que me chamaram alguma vez de "mestre" em qualquer tom: nossas relações têm sido sempre as de um aprendiz já velho, mas constante com um aprendiz ainda jovem e pouco sôfrego de atingir a condição ilustre de mestre. Melhor do que muitos, ele sabe que se alguma coisa venho conseguindo como escritor, agora já chegado aos sessenta anos, é conservar, com alguma mocidade em face do começo de velhice e de consagrações inevitáveis, alguma rebeldia contra o estabelecido e alguma revolta contra o consagrado. O que me vem permitindo ser experimental e continuar estudante, mesmo depois de medalhado por algumas instituições gloriosas.

Mocidade intelectual creio que é principalmente isto: a permanência do ânimo de experimentar, a constância do gosto de descobrir, a capacidade imperecível de renovação. E esse estado de espírito é também o que separa o aprendiz constante do mestre certo de todas as suas primeiras certezas; e indisposto a reinterpretações de assuntos, por ele, mestre, já conhecidos e estudados na época convencional de o homem descobrir e estudar, que seria apenas dos cinco aos vinte ou trinta anos.

Porque não estou certo de nenhuma certeza adquirida só pelo estudo acadêmico dos assuntos que mais me têm atraído a atenção, sinto-me bem acompanhado quando me vejo entre outros aprendizes de sociologia ou de literatura, de filosofia ou de arte, que tenham do esforço ou do empenho de aprender o senso de ser esse empenho uma difícil responsabilidade do espírito a que nenhuma outra excede em importância. É a atitude do escritor Joel Pontes. Sua concentração de inteligência, de sensibilidade, de personalidade inteira, no aprendizado da crítica literária, não é atitude de diletante irresponsável, mas de intelectual desde jovem responsável. Ele não é dos que pretendem tornar-se mestres, sem se gastarem no esforço, por alguns considerado inferior, de aprender artes complexas. Ao contrário: é dos que se dispõem a tomar de tal modo a sério a função de aprendiz que dela não se sintam obrigados a passar algum dia à de mestre.

Daí não ser o livro com que ele apareceu, intitulado O *Aprendiz de Crítica*, simples coleção de artigos que devessem morrer nos suplementos literários dos jornais, mas a afirmação de uma inteligência, de uma sensibilidade, de uma consciência que procura fazer da crítica literária sua especialidade; ou sua preocupação máxima. Com o que vem dar ânimo aos desalentados pelo estado atual da crítica literária entre nós: um dos aspectos mais tristes da irresponsabilidade intelectual do Brasil de hoje.

Seus estudos sobre escritores brasileiros e sobre alguns estrangeiros como o chileno Neruda, reunidos nesse livro, trazem a marca de um senso de responsabilidade raro entre os que hoje, no Brasil, escrevem sobre assuntos literários. Note-se, porém, que o jovem autor é grave apenas no bom sentido: naquele que nada tem a ver com a sisudez acaciana. Pois é uma gravidade, a sua, que se deixa avivar e até alegrar nos momentos justos por um *sense of humour* que em suas páginas se concilia admiravelmente com o outro: com o de responsabilidade. Sabe sorrir não apenas das deficiências alheias, mas das próprias.

Deu-nos, assim, um livro que nada tem de banal. Que sendo de um bom, de um ótimo aprendiz de crítica, tem o que ensinar a consagrados. Contanto que sejam consagrados capazes de aprender com os novos sem se tornarem aduladores da mocidade ou dos novos, triunfantes. Excesso tão lamentável quanto o da intransigência daqueles homens de mais de cinquenta para quem os de menos de trinta são sempre bebês intelectuais, dignos apenas de convencionais e vagas carícias paternalescas.

RECORDANDO JOSÉ LINS DO REGO

No momento em que se pretende ter havido pura coincidência entre uma nova filosofia ou uma nova sistemática, tanto artística como científica de interpretação da vida brasileira, em particular, e do homem situado no trópico e, até, do homem, em geral – filosofia ou sistemática esboçada desde 1920, em artigos sobre temas principalmente literários e como que definida, mas não exposta, no livro *Casa-Grande & Senzala*, publicado em 1933 –, e o começo do chamado "romance do Nordeste", sou obrigado a recordar que alguns dos principais iniciadores desse movimento de literatura de ficção foram de algum modo tocados por influências que tiveram seu ponto de partida naquela filosofia: uma filosofia de certa altura em diante, tão de José Lins do Rego quanto minha. Mas sempre irradiada do Recife, e cuja elaboração primeiro se fez durante o contato do seu mais remoto idealizador com meios universitários estrangeiros e com movimentos intelectuais e artísticos de vanguarda dos Estados Unidos e da Europa, no segundo e no terceiro decênios do século atual.

José Lins do Rego foi não só um dos iniciadores de um novo romance, em língua portuguesa, como um dos provocadores, no Nordeste, da poesia modernista-tradicionalista, baseada sobretudo em memórias de infância; e que Jorge de Lima inaugurou com *O Mundo do Menino Impossível* e *Essa Nega Fulô*. A esse propósito, não deve ficar esquecido o fato de que Manuel Bandeira escreveu "Evocação do Recife" a pedido de um amigo do Recife que lhe solicitara precisamente aquilo: que escrevesse um poema de recordação da sua infância de recifense. Esse outro recifense vinha se empenhando em escrever um livro dificílimo: uma história e uma interpretação do menino brasileiro que importasse numa espécie de reorientação do adulto brasileiro na vida e, principalmente, na arte, pela consciência da sua espontaneidade de menino e da sua inquietação de adolescente: espontaneidade e inquietação a serem prolongadas, em vez de abafadas, no adulto, em geral, e no adulto brasileiro, em particular.

Foi José Lins do Rego que do Recife levou algumas daquelas influências, primeiro para a Paraíba – onde José Américo de Almeida se preparava, em parte sugestionado pelo movimento regionalista do Recife, em parte sob o estímulo do seu próprio sertanejismo, inspirado em José de Alencar e em Euclides da Cunha, para escrever o extraordinário romance regional que é *A Bagaceira*; e, depois, para Alagoas, onde Jorge de Lima e Graciliano Ramos, um tanto por sugestões recifenses, outro tanto por sugestões "modernistas" vindas do Sul, voltaram-se para temas telúricos e para assuntos regionais – regionais de uma nova espécie de regionalismo – enxergando neles problemas dignos de uma ficção mais brasileira em profundidade do que em superfície e inspirações para uma poesia menos convencionalmente madrigalesca ou menos convencionalmente erótica que voltada para a recordação da infância do próprio poeta: para o drama da infância brasileira. Para a experiência da infância. Para a inocência da infância. Para os pecados e para as virtudes da infância. Da infância, da adolescência, das primeiras aventuras de sexo do homem, em geral, do brasileiro, em particular, inclusive de branco com negra. De menino senhoril com mulatas magistrais: mestras de seus senhores em outras sutilezas, além das sexuais. De menino criado em casa com moleques crescidos na rua.

Eu seria, entretanto, mais do que exagerado em minha galanteria de vivo para com mortos, se me prestasse à farsa de aceitar em silêncio aquela suposta coincidência, omitindo-me nos acontecimentos daquela época e fingindo-me espectador do aparecimento, em nosso país, de uma nova literatura de ficção e de uma nova poesia que tivesse surgido no Nordeste por geração espontânea; ou apenas como repercussão do modernismo Rio-São Paulo. Não surgiu. Também o Recife contribuiu para o aparecimento de semelhante literatura através de um José Lins do Rego como que irradiante e até evangélico na influência que, do Recife, transmitiu a vários pontos do Nordeste; e que confessa não em uma, mas em várias cartas, que possuo dele – e algumas das quais não devo ainda publicar – ter sido influência recebida por ele de alguém que prezou então como o maior de seus amigos e o mais completo dos seus guias. Influência sob a forma de sugestões que lhe teriam dado um novo sentido de suas relações com o seu país, com a sua região, com o seu tempo, com os clássicos, com os românticos, com os modernos. Sugestões que transmitiu a outros; que espalhou entre outros. E sempre estranhando que, da parte desses outros, nem sempre houvesse o reconhecimento da origem daquela influência. Sempre se extremando, da sua parte, em reconhecê-la e em proclamá-la. Sempre se portando, neste particular, com uma lealdade pouco brasileira: isto é, rara, nos modernos intelectuais brasileiros para com seus primeiros orientadores. Sempre se considerando desorientado ou incompleto, quando lhe faltava se não a presença, carta ou simples bilhete daquele a quem raramente deixou de submeter seus trabalhos, enviar os originais de seus romances, pedir sua crítica.

Não só pedir: quase sempre segui-la. O que não o impediu de ter exercido sobre esse seu amigo, apenas um ano mais velho do que ele, e de quem fez seu guia e seu orientador – e que fui eu – uma considerável, uma profunda, influência. Foi ele quem me pôs em contato com a literatura, para mim nova, de Agripino Grieco, de Tasso da Silveira, de Ronald de Carvalho, de Renato Almeida; quem me revelou Lima Barreto; quem me iniciou em Ribeiro Couto e nos "modernistas" de São Paulo, tendo eu, por mim mesmo, descoberto minhas afinidades com os do Rio – Prudente de Morais Neto, Rodrigo de Andrade, Manuel Bandeira, Sérgio Buarque de Holanda, Carlos Drummond de Andrade – e os recomendado à atenção e à simpatia de José Lins: simpatia que, da parte dele, dificilmente se fixou em Prudente, Rodrigo, Sérgio e Drummond, embora tivesse imediatamente aderido à poesia e à personalidade de Manuel Bandeira. Chegou a achar os outros "antipáticos" e "pedantes": principalmente Sérgio Buarque.

Os dois – José Lins e eu – nos completamos em várias das atividades que desenvolvemos e em diversas das tendências que desde 1923 – o ano em que começou nossa amizade – exprimimos com maior ou menor gosto ou ênfase, conforme o temperamento de cada um. Completamo-nos na influência que, juntos, exercemos sobre escritores, artistas, homens de estudo e até homens de ação, tanto mais velhos como mais novos do que qualquer de nós, da nossa região e do nosso país. Completamo-nos através das influências que eu recebi dele e das que ele recebeu de mim. Sua vida e a minha tornaram-se, desde que nos conhecemos, duas vidas difíceis de ser consideradas à parte uma da outra, um complexo fraternamente simbiótico, de tal modo se interpenetraram, sem sacrifício do temperamento de um ao do outro.

Aqui transcreverei – nota prévia a um ensaio em preparo, em que recordarei as relações que me ligaram de modo assim fraterno a José Lins do Rego – trechos de cartas suas, de várias datas, que documentam o que acabo de sugerir. Mais do que isto: indicam ter nos ligado uma amizade de tal modo compreensiva, de tal maneira simbiótica, que raramente terá havido igual, no Brasil, entre escritores ou entre artistas; e que nunca se separou de preocupações de caráter literário. Preocupações que nos animaram, desde o início daquelas relações, a correspondência tanto quanto o convívio pessoal.

A 30 de setembro de 1924 ele me escrevia da Paraíba, comunicando-me em carta – numa carta de transbordante ternura – o casamento que já me anunciara em telegrama:

> Casei no dia 21 de setembro, como lhe mandei dizer (...) Estou ainda em experiência. Tenho lido muita coisa. Eu quero por todo este ano escrever o meu ensaio sobre você. Para isto cuido ir aí conversar com você. Tenho por este trabalho toda uma volúpia de passar a minha vida inteira trabalhando nele. Porque se existe escravatura mental eu sou um seu escravo. Tenho por você um arrebatamento a que Deus há de dar bastante espírito para não dissolver-se em ridículo. (...) Estou me preparando para tomar conta do engenho. Para o ano serei finalmente *senhor de engenho*.

Diga-se de passagem que o ensaio a que José Lins do Rego se referia nessa carta ele o escreveu. Uma verdadeira apologia. Elogioso do princípio ao fim. Entusiástico. Exuberante. Mas, a meu pedido, sacrificou-o. Decidiu não publicá-lo. Já fizera o mesmo, aliás, com um ensaio, já composto e prestes a ser publicado – este, crítico, e, a meu ver, injusto – sobre Múcio Leão. Como eu achasse que não era trabalho com que ele devesse se estrear e que a sua vocação não me parecia para a crítica literária, mas para outro gênio literário, concordou comigo. E deixou de publicar o ensaio já composto e pronto para ser lançado.

Em 1933, escrevia-me do Rio a respeito de um livro novo do qual já me lera trechos durante uma manhã inteira, dizendo-o inspirado em meu projeto de uma reconstituição da vida de menino no Brasil – nos engenhos e nas cidades. Projeto já esboçado por mim em certos trechos de *Vida Social no Nordeste* (publicado em 1925).

> Saiu o livro [*Menino de Engenho*] que me trouxe uma série de aborrecimentos. (...) Se não fosse o desenho de Bandeira, que é bem sugestivo, a edição da obrinha não chegaria aos pés dos Marçais. Em todo caso fui

duramente castigado. Falo muito dos outros e para língua comprida nada como um dia atrás do outro. (...) Você me desculpe ter posto o seu nome na dedicatória do livro. (...).[1]

Em 1934, de Maceió, dava-me notícia de estar planejando escrever outro trabalho – plano que parece não ter chegado a realizar:

> Para o Congresso Afro-Brasileiro vou ver se escrevo uma notícia sobre as peregrinações feitas aqui ao tempo da campanha militarista (salvação) contra os xangôs de Maceió. A oposição explorava dizendo que o governo Malta era "pai-de-santo". E quando chegou no governo meteu os negros na cadeia...

E na mesma carta:

> Aqui correu a notícia de que você andava de muletas por causa de doenças-do-mundo. Esta notícia veio do Rio.

Em 1935, ainda de Maceió, escrevia-me esta carta interessantíssima, com uma curiosa referência a José Olympio Pereira – então jovem editor, rico apenas de inteligência e de coragem – como "sujeito rico":

> Não sei por que estou sempre a pensar que você não gosta mais de mim. (...) Tive notícias daí sobre o seu segundo livro. Olívio me mandou falar numa proposta de um editor. Vendi ao José Olympio de São Paulo uma segunda edição de *Menino de Engenho*. (...) Yan foi quem me aproximou do tal editor. (...) Este José Olympio é quem editou o livro de Humberto de Campos, *Memórias*. É um sujeito rico. (...) Não avalia como ando com saudades dos dias que você passou aqui.

No mesmo ano de 1935, era do Rio que me dava notícias do seu isolamento, do seu primeiro contato com Paulo Prado, das suas confabulações a meu respeito com o então decaído politicamente Estácio Coimbra – grande amigo meu de que José Lins muito se aproximou, depois de o ter agredido, junto com Osório Borba, nos seus dias de panfletário:

---

[1] Desta carta se omitem trechos cuja publicação seria ainda, segundo amigos do autor, inconveniente.

Estou isolado neste Rio de Janeiro que você não avalia. Rodrigo muito ocupado. O Sérgio escrevendo um livro sobre o Brasil que parece ser muito interessante. Já publicou um capítulo numa revista. O Paulo Prado esteve aqui uns dias. Achei um sujeito adorável. Falou muito de você e de Cícero. É um velho delicioso. (...) Por que você não me escreve? Não pode calcular como uma carta sua me faz bem, me dá mais confiança. Vivo tão só, tão sem coragem, que me consolaria com uma carta de você de vez em quando. Isto mesmo mandei dizer a Olívio outro dia. Não me conformo com o seu silêncio. Estive com o dr. Estácio que me disse que ia consultar um médico de homeopatia para você. É o que penso também. Você devia procurar se curar sem a tal medicina moderna. Esta tal medicina está é mais cheia de charlatão que a outra. Escreva-me, meu querido Gilberto.

Noutra carta, sobre o mesmo assunto, ele me aconselhara deixar o Artur de Sá, médico moderno, e receitar-me com o João Marques, antigo e sensato.

Em 1938, era ainda a lamentar-se do seu isolamento, que me escrevia do Rio:

(...) Faltando você como pode aguentar a vida este seu fraco amigo? (...) Não sei se é velhice, mas me sinto sem entusiasmo algum. Espero que você saia desta [sua] crise de nervos. Eu conheço o quanto elas são dolorosas. Mas sem você, como poderei resistir aos meus desesperos? Você ainda é nos meus momentos de agonia a imagem que me chega. Eu digo quando me vem chegando a crise: Gilberto acha que tudo isto é besteira, que eu não tenho nada. E o equilíbrio volta. Sem o grande amigo, a minha vida vira em nada. Escreva-me. A sua mãe está boa e satisfeita como a ideia de ir até São Lourenço.

Referia-se a uma pessoa – minha mãe, Francisca de Melo Freyre – de quem foi muito amigo. Tanto que uma vez lhe dedicou um livro com estas palavras: "À velhinha minha mãe".

Em 1939 voltava a escrever-me do Rio, lamentando mais uma vez o isolamento em que vivia, a despeito das muitas camaradagens de que se rodeava e das muitas risadas com que divertia os camaradas em conversas de café e de rua:

Aqui continuo muito isolado. Só o Otávio Tarqüínio me tem sido de uma assistência comovedora. (...) Bandeira e Rodrigo não os tenho visto sempre. (...) Deus queira que você venha, pelo menos a minha vida aqui muda, melhora de condição.

Nunca deixou de conservar o amigo distante em dia com suas atividades de escritor. Exemplo:

> Não estou escrevendo *Pedra Bonita*. Mas um romance que se passa numa estação de estrada de ferro aí. Chama-se *Pureza*, que é o nome da estação.

Quase sempre, enviava ao amigo fraterno os originais dos seus romances. E os enviava, pedindo crítica, solicitando sugestões.

De outras das suas cartas, publicarei trechos neste ensaio: simples rascunho, simples nota prévia a um ensaio maior, já em preparo. Por essas cartas, ficarão esclarecidos alguns pontos, hoje obscuros, tanto nas relações, por vezes simbioticamente intelectuais, como nas fraternamente sentimentais que nos ligaram durante longos anos; tanto nas suas relações com o meio brasileiro – principalmente o literário – da sua época de transição de panfletário para escritor, de provinciano para metropolitano, como nas dos seus dias de escritor, quase de repente triunfante, com outros escritores. E também nas influências – inclusive (acredite ou não mestre Otto Maria Carpeaux) as de autores ingleses – que confessa ter recebido por intermédio do amigo de quem, num esforço tremendo para indivíduo do seu temperamento, chegou a receber, depois de muitas instâncias de sua parte, lições de língua inglesa.

Um reparo ou dois sobre tais influências, antes da transcrição daqueles outros trechos de cartas suas ao amigo do Recife. Amigo e confidente.

Ao partir José Lins do Rego em 1924, depois de formado pela Faculdade de Direito do Recife, para as suas terras da Paraíba, não tendo ele se adiantando muito no conhecimento da língua inglesa, sugeri-lhe que procurasse ler certos autores ingleses e anglo-americanos em traduções francesas e espanholas. Foi como travou relações com Lamb, Pater, Newman, Blake, Lafcadio Hearn, Hardy Stevenson, Melville, Conrad, George Moore, Henry James, Arnold Bennett, Chesterton, Joyce, Lawrence, Mencken, dentre os que mais recomendei então à sua leitura, ao lado de franceses e de espanhóis, para ele e para muitos outros brasileiros de então, de todo ou quase de todo desconhecidos como Ganivet, Huysmans, Barbey d'Aurevilly, Pío Baroja, Perez Ayala, Maritain, Proust, Mann, Maurras, Rilke. Ao mesmo tempo, insistia eu em que ele lesse de verdade, e não apenas para ter lido, Pascal, Montaigne, Schopenhauer, Nietzsche,

Unamuno, Tolstoi, Fernão Lopes, Fernão Mendes Pinto, Defoe, Dickens, Stendhal, Tchecov, O'Neil. E dos da terra, Pompéia, em quem me parecia haver um autêntico imagista.

Escandalizaram-no a princípio algumas das minhas aversões a ídolos que ele vinha ingenuamente adorando: Victor Hugo, Zola, Blasco Ibáñez, Vargas Vila, Papini, Anatole France, G. B. Shaw. Adotou-as, porém, embora, já homem de idade provecta, viesse a reconciliar-se com Zola.

A uma distância já de muitos anos, revendo, em cartas de José Lins do Rego, suas impressões de alguns dos autores cuja leitura lhe recomendei, não compreendo bem sua caracterização inexpressiva de Hardy: "fino". Um anglicismo de *fine*? Sei que Hardy foi, daqueles autores, o romancista que maior influência exerceu na sua transição de jornalista para escritor; de panfletário para misto de memorialista e ficcionista, depois de um primeiro fracasso na sua tentativa de afirmar-se como ensaísta. Repito que Hardy e Stendhal, D. H. Lawrence e Perez Ayala, Joyce e Pío Baroja, Huysmans e Henry James, Melville e George Moore, Lafcadio Hearn e John dos Passos, Conrad e Rilke e Marin, Arnold Bennett, e, finalmente, Proust foram, dos escritores de ficção que ele leu por sugestão ou insistência minha, as maiores influências que o levaram ao seu exato destino: o de romancista. Eram para eles escritores "agudos".

Em Dickens, depois do nosso convívio, como em Balzac e em Flaubert, ele apenas se aprofundaria: já os conhecia, embora superficialmente, e quase de raspão. Superficialmente também conhecia, os lidos também de raspão, Cervantes e Tolstoi, Goethe e Dostoievski, o próprio Shakespeare e Ibsen – escritores, segundo sua classificação naquela época, "graves" – nos quais viria a aprofundar-se um tanto, lendo a alguns deles com fervor, com intensidade, quase com volúpia; e não apenas para os ter lido, por insistência do amigo fraterno que encontrara em mim. Eu conseguira alarmá-lo, fazendo-o reconhecer-se ignorante de livros essenciais.

Com essa mesma volúpia, ele se entregou à leitura de páginas de pensadores, de ensaístas e até de místicos, cuja leitura eu igualmente lhe recomendara. Não só os já recordados Pascal, Montaigne, Schopenhauer, Nietzsche, Ganivet, Lamb, Walter Pater, Unamuno, Baudelaire, Barbey d'Aurevilly como Lulio, San Juan de la Cruz, Gracián, Diego de Estella – uns mais "agudos", outros mais "graves", segundo aquela sua classificação um tanto simplista.

O seu primeiro e maior desejo repita-se aqui que foi tornar-se, na língua portuguesa, ensaísta, nutrido da tradição inglesa modificada pela espanhola, de ensaio; e que a essa preparação acrescentasse um domínio sobre a língua portuguesa do Brasil que representasse, como preferência por um estilo com alguma coisa de oral e folclórico, outra tradição de pouco relevo em nossas letras; e na qual ele, seguindo-me a seu modo, procuraria se integrar também a seu modo. A tradição de Gil Vicente, Fernão Lopes, Fernão Mendes Pinto, Garrett, Antônio Nobre, ainda mais que a de frei Luís de Sousa, Vieira, Eça, Oliveira Martins.

Esclarecidos estes pontos, transcreverei outros trechos de cartas que, em várias datas, me escreveu José Lins do Rego; e interessantes para o estudo não só da sua personalidade, em geral, como do seu desenvolvimento em escritor, em particular. Para o estudo de algumas das influências que mais agiram sobre esse desenvolvimento.

Depois de ano e meio de convívio com Olívio Montenegro e comigo, no Recife, José Lins do Rego seguiu para a Paraíba. Pensava em viver vida nova. Em isolar-se no interior para ler e escrever. Escreveu-me no fim do ano de 1924:

> Quase que não respondo a sua carta. Vivi dela uma porção de dias. Você, meu querido Gilberto, tem feito de mim gente. Por você eu teria a grande vitória sobre eu [sic] próprio. Fugi de muitas das minhas afinidades, curei-me de vários vícios. A minha melhor recordação, de mais intensa saudade, é daquela nossa primeira viagem à Paraíba. Nunca vivi dias mais inteligentes.

Ainda da Paraíba, escrevia-me em 1924:

> Invejo essa sua intensa força de ficar só. Força de homem que pensa. Eu, meu caro Gilberto, vou resolver o meu caso. Preciso de ordem, meu caro Gilberto. Ordem e ordem. Acabei por isto com meu ridículo casamento no Recife. Aqui na Paraíba encontrei uma criatura interessante. E sobretudo da melhor família da terra.

Era a primeira notícia que dava ao amigo, do próximo casamento: acontecimento decisivo na sua vida a que em outra carta, de que já foi transcrito um trecho, referiu-se como uma experiência. Experiência que felizmente deu certo, tendo encontrado em Naná Massa uma esposa, para um indivíduo do seu temperamento, ideal.

Ainda em 1924, informava-me da Paraíba:

> Escrevi para *Era Nova*, que está uma horrível revista, essas notas que lhe mando. Têm muito de você, de suas ideias. (...) Tenho lido muito, com certo gosto. Mas em mim não é só necessário a leitura. Eu preciso sobretudo de vocação interior que em mim é ainda um ensaio com muitas probabilidades de fracasso.

Em 1925, comunicava-me, ainda, da Paraíba:

> Andou por aqui o padre Cabral. Ouvi dele uma conferência sobre os jesuítas com pedaços deliciosos de crítica. Não é entretanto o padre, homem de gosto. Escreve com muitas palavras. Parece, às vezes, Camilo Castelo Branco.

E mais:

> Muito me tenho lembrado de você com as minhas lições de inglês. Daqueles dias de esquisito sabor para minha memória em que começamos nossa amizade. Foram mesmo por esses dias de chuva nossos primeiros dias de amizade. Dias em que o meu esforço era não parecer ridículo e evitar aqueles horríveis conhecimentos que tinha. E ia à sua casa encolhido de escrúpulos de não lhe ser importuno. Tudo isto é hoje para mim o que me ficou digno de lembrança de toda minha mesquinha vida de rapaz onde muita coisa realizei como se fosse ator de uma *troupe* de Brandão Sobrinho.

E referindo-se às suas leituras de autores franceses que eu lhe recomendara:

> Recebi por intermédio do dr. Montenegro o livro de Barbey que estive lendo. Não conheço bem Goethe, mas Barbey parece que se deixou tomar dum bocado de ranço e de exagero. Que acha você desses pontos de vista de Barbey sobre Goethe?

Noutra carta de 1925 comunicava-me a morte do tio querido, em cuja casa de engenho estivéramos juntos no ano anterior:

> Tenho passado dias bem tristes com a morte do meu tio Henrique. Com ele morre o melhor homem de minha família, o único que podia continuar o meu avô. Deixou-me uma grande saudade.

Durante o mesmo ano de 1925 deu-me notícias de suas leituras de dois escritores de língua inglesa, que eu muito recomendara à sua atenção; e que ele, por sua vez, recomendara a José Américo de Almeida, já então "com todo o material de A *Bagaceira* entre mãos":

> José de Almeida anda agora em estado de espírito bem curioso. Avalie que está ele com todo o material de A *Bagaceira* entre mãos e atrás do momento crítico para pô-la em forma definitiva. Falou-me em Lafcadio Hearn. Para José de Almeida não há melhor excitante.

Sinal de que, por intermédio dele, Lafcadio Hearn e outros autores de língua inglesa chegaram a ter alguma influência sobre José Américo.

Ainda em 1925 me escrevia:

> A propósito dos medíocres: vivem muito e os homens superiores quase sempre morrem antes de tempo. A estupidez parece que gosta Deus de expô-la à prova da longevidade do cágado. (...) Li suas notas sobre Lafcadio [Hearn] onde há pedaços deliciosos, embora você em conversa me houvesse dito coisas mais interessantes de Lafcadio.

Também estava "excitado" por Lafcadio Hearn.

Difícil foi para ele iniciar, sozinho, a "vida nova" que desejava. Daí, ter-me escrito no mesmo ano:

> Depois da aguda impressão que me deixou o seu contato, reservou-me Deus uma prova bem cruel de humilhação. Abateu-me até o chão. Por mais que eu reaja, o homem vazio subsiste em mim. É doloroso confessar essas coisas. Não sou um artificial. Tenho vocação para alguma coisa de sério...

E sobre leituras:

> Tenho lido o Maurras, em *L'Allée des Philosophes*. Achei-o menos ilegível do que Barrès e com um bocado de ranço moral. Como o de preferir Malherbe a Baudelaire; e depois, tolerante com Faguet ao passo que justo com Brunetière. Apesar de não ter o gênio do pitoresco de Barbey, é Maurras, como você já me havia indicado, um crítico dos melhores. Parece que há em Daudet mais sensibilidade e mais imaginação.

Noutra carta do mesmo ano, voltava a referir-se a José Américo de Almeida:

> José de Almeida está a botar para diante *A Bagaceira*. Recebi seus romances de Hardy. É um escritor fino. Deixa-nos um vazio moral que seria de desesperar se não fosse a sua forte tensão estilística.

Hardy tornou-se o seu principal modelo de romancista regional e universal a um tempo. Leu-o e releu-o. Hardy e Lawrence, Joyce e Perez Ayala.

Ainda em 1925, José Lins do Rego escrevia-me da Paraíba:

> Há muito que não tenho carta sua apesar de duas que lhe escrevi. Entretanto muito viva em mim é a sua amizade que me deu caminhos verdadeiros de vida. Andou por aqui Ulisses que foi para mim um domingo para essa semana horrível que é a Paraíba.

Não tardava a deixar a Paraíba, assim "horrível", por uma para ele ainda mais "horrível" Minas Gerais: Manhuaçu.

De Minas, escreveu-me em 1925:

> A cidade onde estou é profundamente estúpida e rica. Não é da velha Minas do Sul de que fala Oliveira Viana, a Minas pacata e velha. É uma cidade nova da mata (...) duma gente que talvez seja a mais áspera do mundo. (...) A cidade tem luz elétrica, esgoto, água e uma porção estúpida de advogados. Eu penso que termino advogado. Para quem tem tino econômico é a terra privilegiada. Ganha-se muito dinheiro.

Referia-se a Manhuaçu.

E do Rio escrevia-me em 1926, referindo-se à parte de Minas Gerais onde estava fixado, tão a contragosto:

> Recebi a sua carta em Minas, mas em estado tão precário de espírito que tive vergonha e escrúpulos de responder. Graças a Deus que tenho bastante senso para não misturar as coisas que mais admiro às coisas que mais me repugnam. O que eu fazia em Minas e os contatos que mantinha por lá eram bastante para que procurasse evitar relações com o mundo de tão finas sugestões que tem sido para mim a sua amizade. (Estou com medo de não estar com estas coisas resvalando no ridículo.) Tenho estado com Sérgio e Prudente que sempre indagam por você. O meu preconceito

contra o Sérgio desapareceu depois de sua vinda para cá. A *Revista do Brasil* é que não está nada grande coisa. Por entre os literatos daqui foi muito comentado seu artigo sobre a revista. O Assis andou com este artigo mostrando a todo mundo. Contou-me, parece-me, o Prudente. Ele falou-me com entusiasmo do artigo. Não li este seu artigo. Sobre o Gomes Sampaio na literatura do Rio Grande do Norte, Jaime Adour da Câmara escreveu um artigo em contestação e tomou a sério as afirmações do Sampaio. O diabo é que revelaram ao Adour a verdade sobre o Sampaio e ele rasgou o artigo. Estou cada vez mais me aproximando do Recife: vou para Maceió como fiscal de bancos. Foi dado um grande passo para chegar ao Recife. Sobre o que me fala na sua carta acho que o melhor partido a tomar seria ficar na sua casa que é a casa mais nobre do Recife. Para que os ríspidos choques de uma caricatura de *ação* que é a vida pública em nosso Brasil? Um homem com a sua sensibilidade não nasceu para servir. Em todo caso você é bastante forte para passar por tudo isto, íntegro.

Devo esclarecer que o Gomes Sampaio a que se refere esta carta de José Lins do Rego não existiu: foi um personagem inventado por mim e que aparecia na *Revista do Brasil* assinando artigos sobre modernismo.

Em 1935, em carta escrita para o Rio, dava-me José Lins estas notícias de Maceió, para onde viera de Minas Gerais:

> Recebi uma carta de Rodrigo boa demais para comigo. Você é que sabe conhecer os homens. Eu, não. Vivo a me iludir com toda a gente. Bastam me arreganhar os dentes, fazerem-me um elogio e eu gostar, chamar de amigo. Falta de caráter. Aí no Rio o seu pessoal é o melhor de todos. Rodrigo, Prudente, Bandeira, Gastão. Gente boa. Ando ultimamente abatido, com um nervoso danado.

O Rodrigo a quem se refere é Rodrigo Melo Franco de Andrade.
Em 1940, era do Rio que me escrevia para o Recife:

> (...) O seu amigo anda tão aborrecido, tão sem interesse por coisa nenhuma que até do meu querido Gilberto me esqueci. Esqueci porque me esqueci de tudo, de mim mesmo.

E mais:

Contra nós, aqui no Rio, cada vez mais se organizam os literatos. Há uma verdadeira mania anti-Gilberto e anti-Lins. Você é que sempre tinha razão com os literatos. Gente da pior espécie. Pior gente do Brasil. Mas se querem brigar, aceito as brigas.

De Cabo Frio, escreveu-me em 1941:

Hoje estou morto de saudades suas. Aqui sozinho, em Cabo Frio é de quem me lembro – do amigo acima de todos.

Do Rio, em 1943, escreveu-me para o Recife onde eu fora preso pela polícia política do então interventor federal e vivia com a casa cercada pelos seus esbirros:

Um grande abraço para você e Madalena. Lamento que os esbirros daí continuem a perturbar sua vida. Mas é da contingência dos homens da sua natureza sofrer da mediocridade toda espécie de guerra.

Do Rio já me escrevera em 1942:

Soube de toda sua queda por Sônia. É uma coisa grande esta coisa de filhos. Você sempre teve vocação para gostar de menino e de velho.

E ainda do Rio me escreveria em 1952:

Há tempo que não lhe escrevo. Quando recebi seu bilhete com as felicitações me vieram lágrimas aos olhos e eu me lembrei de toda nossa vida, dos grandes dias da nossa vida. Tudo me pareceu tão próximo que me senti mais moço. Mas tudo ilusão. Estou velho e sem forças para fazer mais nada. Em todo o caso ainda me restam as saudades de tempos que foram a bela época da nossa vida. Aqui estamos, meu querido Gilberto, mais amigos e mais seguros dos que são os nossos verdadeiros amigos.

Quais os "amigos verdadeiros", nossos, meus e dele, que então nos restavam? Vários. Dentre os mais antigos, Ulisses, meu irmão, Olívio Montenegro, Cícero Dias, José Olympio, José Américo de Almeida, Antiógenes Chaves, Luís Jardim, Valdemar Cavalcanti, Arnon de Mello. Dentre os mais jovens, Odilon Ribeiro Coutinho.

Se houve mistério que José Lins do Rego não compreendeu nunca, nem mesmo no mais íntimo dos seus amigos, foi o gosto – que ele chamava "capacidade" e até "coragem" – de ser alguém só: ser e não apenas estar só, durante grande parte da vida. O pendor para a introspecção era, em José Lins do Rego, anulado pela incapacidade de solidão. Ele precisava de estar sempre em comunicação com alguém. Conversando e discutindo com alguém. Bebendo ou comendo com alguém. Ou simplesmente ouvindo alguém falar, rir, fazer rir, contar anedotas. Explica-se assim seu muito convívio, nos seus últimos anos, com Luís Jardim. Sua presença constante na Colombo, no Juca's Bar e, no Recife, na casa de Antiógenes Chaves: uma casa quase sempre em festa.

Meu último encontro com ele foi em Paris: poucos meses antes da sua morte no Rio. E num dia de festa: 14 de julho. Ele, Cícero Dias e eu passamos o dia, e, depois, a noite inteira, até a madrugada do dia seguinte, a conversar e a rir como se fôssemos três colegiais esquecidos pelo tempo. Apenas ele já era um homem ferido de morte sem o saber. Cícero e eu é que o sentimos como se em cada um de nós houvesse, infelizmente, um clínico; e nele, um inconfundível condenado à morte aos olhos dos menos perspicazes dos médicos. Minha última recordação dele é de uma sua risada quase escandalosa, naquela madrugada de Paris. Com essa risada, despediu-se de nós e de Paris. Nunca mais eu o veria.

•

Eu que detesto ser chamado, mesmo pelos mais moços do que eu, de "mestre" e até de "professor", dada minha profunda aversão a quanto seja sistematicamente didático nas atitudes de um indivíduo com outro, reconheço ter sido para José Lins do Rego, nos dias mais plásticos da sua formação literária, um mestre e mesmo um professor. Não resisti à sedução de sê-lo, tratando-se de alguém da minha idade que se oferecia à minha influência com a maior plasticidade, com a maior receptividade, com uma doçura de espírito por vezes absoluta, de noviço de jesuíta para com mestre de noviços.

Foi como se nele a personalidade toda, já um tanto deformada pelo meio em que vivia, se tivesse tornado inteiramente dúctil para que o amigo da sua mesma idade a destorcesse para a formar de novo, com uma liberdade semelhante à de um escultor, senhor quase absoluto do seu barro. Fui por algum tempo senhor quase absoluto dessa personalidade indecisa. Poderia ter abusado dela como um mestre convencional de um discípulo fácil, submisso, passivo. Salvou-me desse crime minha repugnância à função específica de mestre. Fui mestre e – repito – até professor de José Lins do Rego, por exigência desse discípulo angustiado por falta de quem lhe desse ao desejo de ser escritor a orientação que ele buscava. Fui seu mestre e até seu professor, sendo seu amigo, seu íntimo, seu confidente, seu companheiro de várias de suas aventuras de moço; e procurando também aprender com ele quanto ele pudesse me ensinar. Não procurei fazer dele uma repetição do que eu era, mas dar-lhe quanto pude lhe dar para que sua personalidade se refizesse para a expressão literária de acordo com suas características e suas predisposições já reveladas pelo panfletário e pelo jornalista. Daí ter gasto tardes inteiras, traduzindo para ele, do inglês e até do francês, páginas de autores que lhe revolucionariam o sentido literário; a percepção, pela arte, do seu ambiente e dos seus antecedentes; o gosto pelo regresso à infância; e que eram autores dos quais não se encontravam, então, traduções em língua portuguesa ou na espanhola. Traduções por ele procuradas com avidez. Daí ter sido, contra todas as minhas tendências, uma espécie de seu professor de língua inglesa. De língua e de literatura.

VILLA-LOBOS, PAMBRASILEIRO, MAS CARIOCA

Lembro-me de um Rio de Janeiro que sendo já um tanto cosmopolita era uma delícia de cidade autenticamente brasileira. Brasileiríssima, até. De gente muito alegre; de ruas muito limpas; e com tanta água que certos cafés tinham copos sempre cheios de água – água sempre carioca – que qualquer um podia beber como se bebesse vinho na França: impregnando-se do espírito da terra.

Meu amigo Assis Chateaubriand iniciou-me em vários desses brasileirismos; e Estácio Coimbra, noutros. Até que, com Prudente de Morais Neto e Sérgio Buarque de Holanda, com Manuel Bandeira e Jaime Ovalle, me iniciei noutra espécie de brasileirismos cariocas: no Rio por assim dizer afro-carioca e noturno. O Rio de Pixinguinha e de Patrício. O Rio ainda de violões, de serenatas, de mulatas quase coloniais que à autenticidade brasileira acrescentavam, com as iaiás brancas de Botafogo e as sinhás cor-de-rosa de Santa Teresa, uma graça que eu não vira nunca nem nas mulatas nem nas iaiás brancas do Norte.

Era a graça carioca. A graça carioca que se encontrava também num já velho, mas sempre moço, João Ribeiro. Num Capistrano de Abreu frequentador da Brahma. Num Gilberto Amado já senador da República, mas ainda com alguma coisa de estudante. Num Villa-Lobos que ainda participava de serenatas românticas e ainda jogava suburbanamente o seu bilhar; e que foi, também, um dos meus iniciadores na vida noturna do Rio de Janeiro, depois que me considerou seu amigo e não apenas camarada.

Essa graça carioca e essa autenticidade brasileira é que me parece estarem a desaparecer do Rio. Ainda existem. Mas já o provinciano ou o estrangeiro precisa de procurá-las, quando outrora elas envolviam o estrangeiro ou o provinciano, quase sem serem procuradas.

Nunca me esquecerei da tarde em que Assis Chateaubriand levou-me à chácara de Leopoldo de Bulhões. O grande Bulhões recebeu-nos de chinelos sem meia e fumando tranquilamente seu cigarrinho de palha. Já era um carioca. Mas conservava-se corajosamente provinciano em alguns dos seus hábitos. Na sua casa, comia-se à brasileira; e as árvores que a cercavam eram iguais às de um sítio da Madalena (Recife) ou do Corredor da Vitória (Salvador da Bahia).

Não tardei a descobrir outros Bulhões. Inclusive dona Laurinda Santos Lobo: ao mesmo tempo tão parisiense e tão brasileira. Sua casa de Santa Teresa era a mais carioca das casas. Tinha alguma coisa de cosmopolita, mas era ao mesmo tempo mais do que brasileira: brasileiríssima. Compreende-se que nela se sentisse bem, como se sentia, um Heitor Villa-Lobos.

Não me parece que sejam senão exceção, no Rio de Janeiro de hoje, os redutos de brasileirismo autêntico e até de bom provincianismo, temperados por uma graça de que, no Brasil, o carioca é o único a possuir o segredo. Uma graça metropolitana a que não falta o respeito pelos valores provincianos.

Existem, entretanto, tais redutos. Um deles é a residência do deputado Hugo Napoleão e de sua senhora, uma Castelo Branco do Piauí. São já cariocas, mas conservam um apego não só sentimental como prático à sua província e à sua região. E à sua mesa, mesmo presente o chefe do protocolo da presidência da República, não faltam quitutes do Norte, admiravelmente bem preparados. No seu jardim, esplendem plantas provincianas. Em tais residências, o Rio continua a ser uma cidade deliciosamente brasileira nas suas formas e nas cores; e ao mesmo tempo, o seu tanto ou quanto cosmopolita. Uma combinação artisticamente ideal para uma cidade.

Dessa combinação não sei separar certas figuras: Jaime Ovalle, Gastão Cruls, dona Laurinda Santos Lobo, Pixinguinha, Patrício Dunga, Prudente de Morais Neto, Marques Rebelo. Nenhuma, porém, que me tenha deixado impressão tão forte de ter sido, além de profundamente brasileiro, especificamente carioca, como Heitor Villa-Lobos. Ninguém quis ser, mais do que ele, pambrasileiro. Conseguiu-o até certo ponto. Mas sem se libertar da predominância carioca na sua personalidade brasileira.

O Brasil não perdeu apenas, em Villa-Lobos, o seu maior compositor de todos os tempos – opinião dos mais profundamente entendidos no assunto: também o homem que maior repercussão deu até hoje à cultura mais autenticamente brasileira no estrangeiro. Neste particular, Villa-Lobos fez mais pelo Brasil que qualquer intelectual ou homem de ciência ou político ou arquiteto ou pintor. Mais do que o próprio Santos Dumont.

Heitor Villa-Lobos se exprimia por uma linguagem quase independente de fronteiras nacionais: a linguagem da música. E era pela música que ele tornava a presença do Brasil sentida e respeitada entre a gente culta do mundo moderno.

Nunca se desprendeu da sua condição de brasileiro para resvalar em qualquer espécie de cosmopolitismo ou de internacionalismo. Nunca deixou de se afirmar brasileiro na sua música. Brasileiro e, particularmente, carioca. Foi sempre um brasileiro e, particularmente, um carioca, em quem o sentido universal da arte se conciliava com um apego quase de provinciano à sua terra. Apenas a sua província, no Brasil, não era somente a terra carioca: era uma província menos real que ideal, com índios ainda selvagens a lhe rogarem, como a alguém do seu próprio sangue, que desse expressão moderna aos seus cantos e às suas vozes. Sentia-se mais do que tudo intérprete do que para ele continuava a haver de ameríndio no brasileiro. E tal era o seu fervor de indianófilo que, na intimidade, me acusava de exagerar a importância do negro na formação da nossa gente e da nossa cultura.

Perdi em Villa-Lobos um amigo que às vezes me escrevia liricamente, de Nova York ou de Paris, palavras de uma ternura de irmão mais velho saudoso do mais novo. Às vezes simplesmente para me dizer: "Não há distância que diminua nossa amizade". Não era retórica, e sim ternura. Ele que não proclamava sua ternura em versos, era, em seu modo de ser amigo, quase um romântico. Juntava a ternura pelos amigos à paixão, nele imperial, pela sua arte.

Desejava que eu lhe escrevesse o texto para uma interpretação musical do Brasil como uma constelação de regiões, cada uma, a seu ver, não só com um caráter, porém com uma vocação; e todas formando um complexo que só tinha sentido sendo ao mesmo tempo uno e diverso. Esperei, durante anos, que pudéssemos nos encontrar para um convívio de pelo menos uma semana que nos permitisse preparar, ajustando literatura e música, a "interpretação do Brasil" concebida por ele; e para a qual não admitia outro colaborador que não fosse o já velho amigo em cujos ensaios de escritor dizia encontrar, mais do que em ninguém, o Brasil que ele desejava interpretar como compositor poeta. Sua vida, porém, era, ainda mais do que a minha, nos últimos anos, a de um nômade. Quando nos encontrávamos, estávamos juntos apenas por um dia ou dois. Jantávamos então, juntos. E ele, até tarde da noite, me fazia ouvir suas últimas composições como se eu fosse um juiz idôneo de sua música que me maravilhava sem que eu pudesse julgá-la. Não sou juiz idôneo de arte alguma; nem de nenhuma ciência. O que nos ligava, fazendo que de fato nos compreendêssemos fraternamente, era o sentido poético da vida, em geral, e do Brasil, em particular, que nos animava. Sentido, nele, tão poderoso; e em mim talvez não de todo ausente. Era também o nosso amor a um Rio que sentíamos, os dois, desaparecer dos nossos olhos e a fugir dos nossos ouvidos com uma rapidez quase brutal. Não que qualquer um de nós fosse um dengoso saudosista, a pretender que o Rio parasse numa espécie de largo do Boticário em ponto grande. De modo algum. O que nós temíamos era que ele deixasse de ser autêntico nas suas formas e nas suas cores.

Havia quem supusesse Villa-Lobos um homem a quem a vaidade do renome mundial fazia muitas vezes delirar. Consciência do seu gênio não lhe faltava. Nem era possível que lhe faltasse, diante das consagrações que recebeu, dos estrangeiros mais capazes de julgar o valor de um compositor, nascido em terra ainda tão obscura como o Brasil. Essa consciência, entretanto, não se extremou nunca em cru narcisismo, no antigo tocador de rabeca elevado à maior glória que um brasileiro já atingiu em qualquer época.

Na intimidade, Villa-Lobos era um encanto de pessoa, embora não se requintasse em parecer simples nem se esmerasse em parecer "homem comum": esnobismo hoje tão em moda entre certos intelectuais e certos artistas. Não lhe faltava sequer *sense of humour* – certa malandragem carioca, mais do que um britânico *sense of humour* – para rir-se de alguns dos seus próprios exageros de indivíduo que, uma vez por outra, gostava de se sentir artista do tipo boêmio entre burgueses ricos, filistinos e convencionais. Era então um aristocrata *à la* Walt Whitman com alguma coisa de escandalosamente plebeu. Mesmo de macacão, conservava-se um fidalgo espanhol. Ouvi-o uma vez, num jantar de cerimônia, arrotar alto, fazendo uma embaixatriz exclamar "oh!". Fazia-o de propósito. De propósito aparecia em jantares de cerimônia de camisa verde ou azul.

O tocador um tanto romântico de rabeca, que foi na sua mocidade de carioca, nunca deixou de existir num Villa-Lobos que o estrangeiro, depois de ter vaiado, superglorificou. No seu próprio país é que ele nunca chegou ao extremo da superglorificação. Sua glória brasileira foi um reflexo da estrangeira.

ANTÔNIO TORRES, ESCRITOR IRREALIZADO

Uma vez, em Berlim, saímos a passear Antônio Torres e eu. Era uma manhã de domingo. Manhã de outono. Nem ele nem eu conhecíamos bem a cidade, embora fosse a segunda vez que eu visitava a capital alemã.

Ele, cônsul em Hamburgo já há tempo, mas homem muito sem iniciativa para viagens, viera a Berlim trazido por mim. Éramos camaradas desde 1922. Desde Londres.

Agora nos encontrávamos de novo na Europa. Mas em Berlim. Em Berlim e depois de alguns anos de inteira separação. Não nos avistávamos desde os nossos muitos encontros num velho restaurante londrino de Dean Street, em que fui quase um mestre de noviços para o bem mais velho do que eu autor de *Pasquinadas Cariocas* e ex-padre da Igreja Católica, naqueles dias desejoso de iniciar-se noutros mistérios: nos da literatura em língua inglesa.

Por sugestão minha é que Torres pleiteara transferência da Inglaterra – onde estivera anos, impregnando-se de literatura: inclusive daquela em que fora eu quem desajeitadamente o iniciara – para a Alemanha. Transferência que ele conseguira há meses quando nos encontramos em Hamburgo em 1931.

Aquela manhã de outono começara para nós com um *drink* – já não me lembro de qual – que nos avivara o espírito, um tanto amortecido pelas brumas. Depois do que decidíramos caminhar a pé, pelas ruas de Berlim, conversando. Conversando sobre Berlim e dizendo bem dos seus restaurantes e mal dos seus monumentos, na verdade hediondos.

Conversando sobre a Alemanha: eu lhe prestara um serviço aconselhando-o a vir para a Alemanha, dizia-me Torres. Estava encantado com a paisagem. Encantado com a gente. Já arranhava o bastante de alemão para ir penetrando numas tantas intimidades da vida alemã. Livros técnicos já conseguia ler, embora não chegasse a gozar a literatura dos grandes mestres: situação igual à minha que, tendo substituído em estudos universitários, durante a Primeira Grande Guerra, a iniciação na língua e na literatura alemãs pela iniciação na matéria substituta – o anglo-saxão –, ficara para sempre prejudicado na minha cultura literária. Impedido de ler no original Goethe, Nietzsche, Schopenhauer; os críticos literários e de arte alemães: talvez os melhores da Europa.

Estava Antônio Torres – sempre um tanto glutão – maravilhado com a culinária alemã: depois de vários anos de comida inglesa, a Alemanha era como se fosse um país de Cocagne. Boa cozinha. Bom vinho. Boa cerveja. E embora seus amores fossem sempre um mistério, no qual amigo nenhum jamais penetrou, deu-me a entender que estava em idílio de cama e mesa com uma linda alemãzinha – a quem me apresentou – que vendia cigarros e bombons num hotel de Hamburgo.

Impressionava-o o fato de que eu fosse nos Estados Unidos camarada de Mencken: um Mencken que eu, na Inglaterra, recomendara há anos à sua atenção. Era no momento a maior das suas admirações: H. L. Mencken. O escritor H. L. Mencken. O crítico H. L. Mencken. O filólogo de *The American Language*. O autor de *Prejudices*.

Ao consulado do Brasil em Hamburgo chegara, certa vez, para mim, uma carta do escritor de Baltimore, com quem eu me correspondia desde 1923. Torres me comunicara a chegada da carta como se acabasse de chegar para mim uma mensagem do rei de Pasárgada: "Carta de Mencken para você! De Mencken!" – gritara-me pelo telefone.

No panfletário terrível e só na aparência inumano que era Torres sobrevivia um adolescente tão capaz do culto dos heróis como das afeições entusiásticas. E creio não errar repetindo que o maior dos seus heróis era então H. L. Mencken, de quem, aliás, consegui pouco tempo depois que autografasse um livro para Torres.

Pergunta de adolescente foi a que me fez Torres durante o passeio: se Mencken tinha algum resto ou algum traço de fé. Disse-lhe o que pensava: que Mencken era um homem sem nenhuma fé, embora a sua estrutura fosse a de um ortodoxo flamejante. Torres me disse então: "É o meu caso".

Estávamos quase defronte de uma igreja que devia ser uma das principais da cidade. Pois era berlinescamente grandiosa. Sugeri a Torres que entrássemos. Que fôssemos à missa. Que ouvíssemos música e latim.

O som solene de um órgão chegava até nós com um grande poder de atração. Entramos. Era uma vasta igreja, na verdade. Ouvimos Bach em toda a sua pureza:

a igreja era luterana. Já subira ao púlpito um alemão ruivo que descobrimos ser, a despeito do seu negro hábito talar e quase igual a uma batina de padre católico, um pastor luterano e não um católico latino. Foi quando o padre recalcado, porém não de todo morto, que havia em Antônio Torres, surgiu de repente; e como se estivesse cometendo um crime – ou pior ainda: um pecado –, ele se levantou. E me arrastando para a porta e como a me anunciar uma novidade: "É igreja protestante! Vamos embora daqui! É luterana!".

O rompante de Torres me espantou. Julgava que sob o encanto de Bach pudéssemos nos reconciliar com o cristianismo protestante.

Continuamos a caminhar, agora já sob um sol menos parecido com uma lua. Um sol como o do Rio em certas manhãs de junho. E atravessando um jardim, cruzamos com uns oficiais do exército alemão que me deram a impressão de tipicamente prussianos. Altos e louros, arrogantes e hieráticos. Foi quando ouvi de Torres um reparo triste: a reflexão de quem pertencesse ao número de brasileiros sem crença nenhuma nem na gente mestiça nem nas instituições democráticas. "Esses são os homens que devem governar o Brasil; e governá-lo a espada!", observou Torres. O amargo Torres.

Discordei. Aquilo soava a sociologia de Gustavo Le Bon, que era positivamente, observei, um tanto *à la* Leon Daudet – escritor então muito do agrado tanto meu como de Torres – "um imbecil". E como estivesse já com as notas principais para o ensaio que anos depois viria a publicar sob o título *Casa-Grande & Senzala*, procurei mostrar a Torres, resumindo aquelas notas, quanto era injusto negar-se simplistamente o Brasil. Negar-se o português. Negar-se o mestiço. Recordei-lhe o meu mestre Boas, judeu, é certo, mas europeu; e de formação rigorosamente germânica.

Já Torres não era o lusófobo intolerante dos velhos dias: tanto que permitiu que eu falasse bem de Portugal e dos portugueses. E quase de repente o vi passar de um extremo a outro. Passou a dizer mal da Prússia. A dizer mal de Lutero e do protestantismo teutônico. A exaltar a Itália e a Igreja. E quanto aos mestiços: "É espantoso ver v., que não é mulato, defendendo os mulatos do Brasil! Enquanto fulano, sicrano, beltrano, que são mulatos...". Aliás, dias antes, ele me pusera no mesmo grupo étnico em que se situava; e referindo-se a certo diplomata brasileiro, evidentemente negroide, dissera: "moreno como nós". Só faltara dizer: "mulato como nós".

Dissemos os dois horrores de Le Bon: neste ponto nosso acordo era absoluto. Como era absoluto, naqueles dias, nosso horror à chamada "Revolução de 1930", que ainda agitava o Brasil. Concordamos em que fora quase exclusivamente uma rebelião de estados: e não uma revolução digna desse nome. Exagero, talvez, da nossa parte. Um exagero contra outro.

Depois fomos comer tranquilamente um pato assado: uma das delícias da cozinha alemã. E como o dia de outono continuasse brumoso, Torres reparou, a propósito da frase do inglês, "luz de sol engarrafada": "bem podia haver sol do Brasil engarrafado". Era o sentimental a disfarçar-se em humorista. A encobrir a saudade do Brasil para onde eu ia regressar breve apresentado pelo literato inveterado, seduzido então por Samuel Butler (que eu recomendara à sua leitura) que era Torres, a Gastão Cruls e a Saul Borges Carneiro.

Quisera, quando em Londres, visitar-me em Oxford. E ao nos despedirmos em Berlim – um Berlim já tocado pelo racismo nazista –, eu me recordava de que, apavorado com o seu aspecto de mulato cacogênico e temeroso de apresentar compatriota tão ostensivamente feio, além de ostensivamente homem de cor, aos meus amigos nórdicos da velha universidade – um deles filho de lorde e da melhor e mais antiga nobreza inglesa –, eu me acovardara, inventando dificuldades para sua permanência, por uns dias, no burgo oxoniano, onde eu era tratado a vela de libra por uma velhota, anglicana e austera, numa casa antiga onde a tradição dizia ter vivido no século XVIII um dos Wesleys.

A velhota – mrs. Coxhill –, nada sabendo do Brasil – país de onde eu me dizia natural –, me supunha príncipe persa disfarçado. Daí talvez, os seus mimos. Era essa situação que eu não desejara que fosse quebrada pela presença, numa Oxford que foi então para mim o mais encantador dos lugares, do cacogênico Torres. Pecado, o meu, para com um escritor tão angélico no seu modo de ser homem que chegava a ser uma criança a fingir-se de demônio – terror dos Austregésilos, dos Hélios Lobos e das Albertinas Berta que só o conheciam de longe e através das suas famosas violências apenas verbais. Pecado do qual nunca consegui perdoar-me a mim mesmo. Covarde é que eu fora, por esnobismo de sul-americano deslumbrado com as amizades ilustres que fizera em Oxford, com relação a um escritor do meu país a quem podiam faltar temas com os quais se harmonizasse seu temperamento, poder de concentração em torno desses temas, intensidade de poder criador na apresentação deles. Porém não virtudes literárias: o conhecimento da língua portuguesa e das suas origens latinas enriquecido pelo seu contato com a literatura francesa, com a inglesa e um tanto com a alemã; o vigor literário no manejo dessa língua e na conciliação desses seus conhecimentos; o gosto pela frase limpa, enxuta, que o resguardava do ritmo oratório, fazendo-o desdenhar do que, no próprio Rui Barbosa, era verbalismo dessa espécie. Uma autêntica vocação de escritor, a de Antônio Torres.

E um homem autenticamente de bem. Vi-o, em Berlim, ser tratado por alemães – os da casa onde morava – com um carinho que contrastava com a covardia com que eu me comportara com ele, em 1923, na Inglaterra. Os tais alemães eram simpatizantes do nazismo. Eu, na Alemanha daqueles dias, já me definira como nitidamente antinazista e antirracista. Mas, no íntimo, guardava a recordação de um pecado, não sei se diga racista, contra a pessoa de um brasileiro de cor, em quem vim a admirar, depois que o conheci mais de perto na Alemanha, um dos melhores brasileiros que o Brasil já produziu. Um escritor que não se realizou, mas que, mesmo assim, foi um dos melhores intelectuais brasileiros da sua época.

Minha recordação de Antônio Torres é uma recordação ainda hoje turvada por um complexo de culpa. Faltou-me – repito – a coragem de apresentá-lo aos meus amigos de Oxford dizendo-lhes que sob aquele aspecto de mulato cacogênico estava um escritor brasileiro ainda irrealizado, mas notável pelo que nele eram virtudes literárias em potencial. Que o animava um entusiasmo quase de cristão-novo pela literatura inglesa, na qual vinha se iniciando, vindo de uma alimentação literária exclusivamente latina e sobretudo neolatina. Que Oxford era para ele uma espécie de nova Roma: uma espécie do que a Roma dos papas fora para um Newman que, de anglicano de Oxford, se convertera ao cristianismo latino, latinizando-se como inglês e principalmente como escritor inglês; e tornando-se o autor de *Apologia Provita Sua*.

Por outro lado, agrada-me recordar que contribuí de algum modo para que a iniciação de Antônio Torres na literatura em língua inglesa se afastasse dos caminhos convencionais que ele vinha percorrendo com um fervor de convertido; e incluísse certo repúdio a Lord Byron e a Oscar Wilde, ao próprio Tennyson e até a Dickens, ao palavroso Macaulay e ao enfático Carlyle; e, dentre os contemporâneos, a um Chesterton por ele, Antônio Torres, do mesmo modo que por Gilberto

Amado, a meu ver, superestimado; e tomasse rumos nem sempre seguidos, então, por iniciandos nas complexas letras em língua inglesa. Que ele completasse o conhecimento de Tennyson, mergulhando no muito mais profundo Browning e no um tanto difícil Swinburne, sem esquecer nem Chaucer nem Donne, nem Blake nem Bunyan; que substituísse, no plano do esteticismo literário, o às vezes apenas brilhante Wilde pelo muito mais autêntico e complexo Pater, completado por George Moore e sobretudo por Arthur Symons; que lesse William Butler Yeats; que acrescentasse a Dickens – Swift, Defoe, Butler, Hardy, Conrad, Meredith, Lafcadio Hearn, Stevenson, Melville, Henry James, Gissing, Bennett. E dentre os então novos, sugeri a Torres, nos vários encontros na Inglaterra, os novos poetas e os novos críticos (um deles o violento Mencken) dos Estados Unidos, certo James Joyce, de Dublin, os dois Lawrence. Que acrescentasse à leitura de Gibbon a de Trevelyan; que lesse o antropólogo Frazer e o sexologista Havelock Ellis como ensaístas, mestres de prosa inglesa; e que não deixasse de acrescentar à leitura de William James a de George Santayana e a de Bertrand Russell.

As mesmas sugestões que de leituras inglesas eu faria, meses depois dos meus encontros em Londres com Antônio Torres, aos brasileiros da minha mesma idade ou um pouco mais velhos ou um pouco mais novos do que eu – um José Lins do Rego, entre os da mesma idade, e, entre os mais velhos, um Olívio Montenegro, principalmente – que, naqueles dias, tiveram a rara humildade de pedir-me insistentemente tais sugestões, certos de lhes ser necessário um contato com a literatura mais profunda em língua inglesa capaz de lhes abrir novas perspectivas literárias. Desses outros brasileiros, alguns se realizariam magnificamente como escritores. Uns, na literatura de ficção – o caso de José Lins do Rego; outros, na prosa mais lógica do que mágica, como ensaístas ou críticos literários: o caso de Olívio Montenegro. E vários se renovariam nesses e noutros gêneros literários, à base, em grande parte, de algumas daquelas leituras inglesas, primeiro sugeridas por mim, ainda em Londres, a Antônio Torres. O caso – ouso acreditar num milagre de que eu teria sido simples veículo – do próprio e grande Manuel Bandeira. Estimulado por tais leituras, Manuel Bandeira teria adquirido novas perspectivas como poeta. Renovação semelhante não chegou a verificar-se concretamente com Antônio Torres: realizou-se apenas em potencial. E afetou Ronald de Carvalho, que alguns críticos brasileiros, neste ponto superficiais, têm insinuado haver influído sobre o pobre de mim, quando eu é que fui veículo de influências renovadoras sobre ele, e sobre outros "modernistas" do Sul e sobre Jorge de Lima: principalmente as influências da *"new poetry"* e da *"afro-american poetry"*.

Afetaram as leituras inglesas o desenvolvimento de um Antônio Torres, já homem de meia-idade, num sentido menos exclusivamente latino, clássico, convencional e mais arrojadamente experimental? Mais romântico ao mesmo tempo que mais realista? Creio que sim. Sobretudo a leitura de Samuel Butler. *Way of All Flesh* foi livro que o impressionou grandemente. Combustível novo para um fogo sempre necessitado de combustível. Mas não o bastante para fazer que Antônio Torres – *défroqué* no íntimo sempre atormentado pelo seu drama pessoal, a ponto de, mesmo depois de ostensivamente agnóstico, sentir-se mal no interior de uma igreja luterana – se reconstituísse como homem, realizando-se, sob influência inglesa, como escritor. E como escritor se afirmasse um novo Antônio Torres, depois de ter renunciado não só ao sacerdócio católico como ao apego a valores literários exclusivamente latinos. Valores, para ele, por tanto tempo supremos ou ortodoxos.

Essa reconstituição não chegou a verificar-se no sempre doloroso, no sempre sofredor, no sempre indeciso *défroqué* que foi, a meu ver, durante toda a sua vida de expatriado e, em linguagem canônica, renegado, o meu amigo Antônio Torres. Seu lugar é entre os muitos escritores irrealizados. Numa espécie de limbo densamente povoado, portanto.

EM TORNO DE ALGUNS ROMANCES REGIONAIS

Enquanto críticos literários como o aliás meu amigo Joel Pontes consideram "sobrepujado" no Brasil o "regionalismo", aparecem sinais não só nas artes e nas letras – Ariano Suassuna, Lula Cardoso Aires, Guimarães Rosa, Caribé, Mauro Mota, João Cabral de Melo, Mário Palmério – como nas ciências ditas do homem, de que esse critério de interpretação da vida brasileira continua vivo e válido. Um desses sinais, o livro publicado pelo professor Pinto de Aguiar, da Universidade da Bahia, *Contos Regionais Brasileiros*.

Por que essa antologia? Com que fim foi organizada? Para reduzir – informa seu organizador – "a dualidade desses aspectos – homem e meio – a um todo revelador" através de "um conjunto de contrastes regionais do país, por certo o melhor caminho para um perfeito conhecimento da terra e da gente do Brasil".

E o inteligente organizador da antologia vai além: destaca no prefácio aos *Contos Regionais Brasileiros* que sua seleção, ao objetivo literário, junta o de pretender "constituir-se em tentativa de construção de um *modelo* de coleta de material para os estudos sociais brasileiros...".

E muito honestamente diz ter-se inspirado, para organizar sua antologia com esse duplo objetivo, em "página de escritor brasileiro, que é também antropólogo e sociólogo". Página traçada a propósito do livro *Social Insight through Short Stories*, de Josephine Strode.

Não só nessa página como em várias outras vem o mesmo escritor, há anos, insistindo neste ponto: de ser a realidade brasileira uma realidade inter-regional que assim pode ser vantajosamente considerada, tanto pelo cientista social como pelo artista, para as suas tentativas de interpretação mais profunda de um todo tão complexo na sua unidade. "Esta antologia" – escreve o professor Pinto de Aguiar – "é, pois, um roteiro aberto para as regiões brasileiras, seu espírito, suas tradições, sua linguagem." Regiões várias: desde a ainda agreste Amazônia à sofisticada área carioca.

•

No último dos romances que publicou, De Pai a Filho, reafirmou-se Gastão Cruls um dos mais importantes romancistas brasileiros de todos os tempos. Importante no sentido de ser autor de uma obra sem a qual hoje não se compreenderia a literatura de ficção entre nós: uma obra que realmente faria falta à literatura nacional. Não só pelo que nela é regionalmente amazônico como pelo que contém de regionalmente carioca.

A verdade é que Gastão Cruls trouxe, desde A Amazônia Misteriosa, para as letras brasileiras, uma rara combinação – rara e que nos faltava quase de todo – de observação escrupulosa do quotidiano – observação que em A Amazônia Misteriosa chega a lembrar o rigor científico dos naturalistas ingleses em viagens de pesquisa de campo pelos ermos tropicais – com a sensibilidade ao fantástico não só na natureza bruta como na natureza humana. Virtudes que reaparecem sob aspecto novo no livro meio romance, meio crônica, que o escritor carioca publicou sobre sua velha e amada cidade, evocada numa de suas épocas mais sedutoras: o seu mil-e-novecentos.

Há nas novas páginas de Gastão Cruls toda uma série de observações do quotidiano carioca milnovecentista que primam pela exatidão e até pela minúcia. Mas sem que essas observações se tornem apenas crônica: do meio delas reponta a nota romântica, que Gastão Cruls sabe ferir e fazer vibrar com uma arte de romancista sempre vizinha da ciência de psicólogo. Nessa combinação difícil de crônica com romance, de história com ficção, de arte com ciência, me parece estar sempre o maior encanto de Gastão Cruls como escritor.

Não só seu maior encanto: também – repito – sua importância. Pois um escritor pode ser uma maravilha ou um encanto de artífice e até de artista sem que a sua produção chegue a ser de verdade importante para a literatura de uma época ou para uma cultura nacional. Da produção de Gastão Cruls é-nos lícito dizer que, além de importante, é essencial para a literatura brasileira; e do seu novo livro não há exagero em escrever-se que vem completar, em sua obra, o que ela já encerra de indispensável para as letras nacionais.

Falta, talvez, ao autor de De Pai a Filho agilidade de expressão em momentos em que essa agilidade parece impor-se ao escritor. Falta-lhe, outras vezes, o repúdio ao banal das palavras já gastas, como quando escreve de Teresa que "não externou logo a sua desaprovação" ou afirma de Alberto que fora levado "a atitude insólita". Palavras de mau noticiário de jornal, indignas de um escritor da importância, da sensibilidade e da argúcia do autor de *De Pai a Filho*.

Na realidade, porém, a linguagem do livro se mostra, em conjunto, mais solta, mais viva, mais brasileira no bom sentido, que noutros dos romances e contos de Gastão Cruls exprimindo assim um amadurecimento, uma plenitude, um esplendor de técnica, no romancista, que também se manifesta na sua maneira de ser psicólogo sem toque, sequer, de cientificismo. Neste particular consegue através do livro toda uma série de pequenas, mas admiráveis, vitórias, como na página em que nos apresenta dona Pepê a preparar-se para conquistar um médico com simulações de doença mal definida que obrigassem o clínico a "fazer-lhe um exame bem meticuloso, com apalpadelas por aqui e por ali". Página digna de um Machado. Como rivais de páginas clássicas de Machado são outras passagens do novo romance de Gastão Cruls em que a argúcia psicológica se afirma de modo velado e até sutil, revelando no romancista um conhecedor penetrante da natureza humana. Inclusive da natureza humana da mulher.

E não só da mulher em geral, como da mulher carioca, em particular: objeto já há anos de observações menos do clínico do que do psicólogo que em Gastão Cruls sempre deu apoio ou base não sei se digo científica ao romancista. Um dos maiores romancistas-psicólogos do Brasil não só de hoje, como de todos os tempos, seus romances e seus contos têm também alguma coisa de contos e romances regionais no que neles é ambiente social, além de paisagem.

•

Há romance "social" e romance "social". Um é social porque o romancista quase inconscientemente "racionaliza" – como diz o excelente crítico inglês que é o professor David Daiches – algum "aspecto" ou "estado" social de civilização ou de cultura, por ele mais agudamente sentido ou observado. É nesse sentido que é social a obra de romancista de Dickens por exemplo; e, entre nós, grande parte da de José Lins do Rego, em cujos romances há "racionalização" meio inconsciente, meio consciente, de todo um aspecto regional da civilização brasileira; de todo um momento desta mesma civilização. O que também é certo dos melhores romances de Aluísio Azevedo, de Lima Barreto, de Jorge Amado, de Graciliano

Ramos e de Otávio de Faria; e dos melhores contos de Marques Rebelo, mestre quase sem rival nessa espécie de conto, quando o ambiente é o subúrbio carioca.

Há outro tipo de romance que é "social" por querer ser deliberadamente social e até socialista; e não apenas lidar com os conflitos sociais entre pessoas ou os desajustamentos entre pessoas e meios ou tempos sociais. Por pretender ser principalmente reformista e procurar sê-lo dentro de estreito critério sectário ou doutrinário; quase sempre um risco para a arte. Por se tornar um veículo de propaganda política de sentido social.

A esse tipo de romance mais político que literário pertencem alguns dos romances intencionalmente marxistas de Jorge Amado e de vários escritores brasileiros – seus satélites, alguns – que pretendem fazer pura literatura "proletária" ou "popular". E apenas conseguem caricaturas de "popular" e de "proletário".

Comecei a ler o novo romance de Permínio Asfora – meu velho conhecido do Recife que de repente se separou de mim por motivo sectariamente político e deu até para agredir-me em jornais – com receio de encontrar em suas páginas simples caricatura daquele primeiro tipo de romance social; e explosão ou crua expressão do segundo. Mas aqui estou para dizer bem alto e bem claro que meu receio desfez-se no começo, ainda, da leitura do vigoroso livro; tão vigoroso que, a meus olhos, toma de súbito lugar ao lado de *Cascalho*, de Herberto Sales; e aproxima-se em qualidade e virtudes dos melhores romances de Jorge Amado e das melhores páginas de José Américo de Almeida. O que escrevo pesando bem as palavras e sem desejo algum de ser agradável a um escritor que pessoalmente antes me repugna do que me atrai.

A verdade, porém, é que Permínio Asfora conseguiu em *Fogo Verde* escrever um "romance social" que é ao mesmo tempo humano e regional no seu modo de ser "social"; ao mesmo tempo humano e artístico no seu modo de ser romance. Não se trata de panfleto ou de propaganda política que abafe de todo a arte literária, como se fora atividade vil ou efeminada.

Vê-se que o autor, em quem cedo se revelou a vocação de romancista, vem procurando aperfeiçoar-se na arte nada fácil do romance. Que sua linguagem vem ganhando em vivacidade e naturalidade, sem resvalar em excessos de plebeísmo. Que seu modo de associar situações dramáticas às formas e cores de paisagem regional vem aproximando-se de alturas que, em nossas letras, só foram atingidas, até hoje, por mestres autênticos. Que o diálogo de seus personagens é solto, puro, simples, sem parecer disco etnográfico, gravado em feira ou em reunião de família sertaneja.

Quando o autor nos informa caracterizando um ambiente que "o frágil cróton da latinha de azeite doce estremecia sob o impulso do vento que soprava pela janela", revela-se um romancista com alguma coisa de poético em sua sensibilidade. Segue uma técnica macia de captar do quotidiano seus encantos, e não apenas sua monotonia. Lembra a do admirável Marques Rebelo aplicada aos ambientes humildes dos sertões do Nordeste.

Seu talento de caracterização também se afirma no modo de fixar pormenores significativos. Por exemplo: "Antônio Ribeiro respondeu ao cumprimento de uma bonitona que passava na calçada, coberta de renda preta, sapato alto". E é brasileiríssimo, quase verde e amarelo, mas não ridículo, este flagrante: "O papagaio gritava da gaiola nova: 'Nita', ô 'Nita'. Ela sorriu, Miguel limpou-lhe as lágrimas com beijos. Os canários cantavam...".

Um lirismo que lembra o melhor com que nos bons romances de Jorge Amado e nos contos, raramente maus de Marques Rebelo, vem adoçado o realismo. Um lirismo que associa os animais da região às dores ou aos idílios dos homens, como nas melhores páginas de *A Bagaceira*, de José Américo de Almeida.

Fogo Verde é romance social em que o substantivo não perde toda a força para o adjetivo absorvente. É social, mas é romance. É social sem ser sectariamente socialista. E é regional sem que o prejudique aquele caipirismo, por tanto tempo, no Brasil, identificado com regionalismo.

•

Outro romance regional, este deliciosamente romântico, é *A Madona de Cedro*, do escritor Antônio Calado. Mas sendo romântico, não deixa de ser realista; e de retratar de modo exato certos aspectos da vida brasileira de hoje; certas tendências muito dos nossos dias.

Entre elas, o gosto pelas antiguidades de igreja: um gosto que se está tornando sacrílego entre os colecionadores mais frios na sua mania de colecionar imagens sagradas. Pode-se mesmo dizer que é essa fúria que torna possível o que há de dramático no romance do admirável escritor. É um romance em que não deixa de haver namoro, amor, sexo. Mas é sobretudo um drama de consciência. Um romance diferente dos convencionais.

O drama do herói de A Madona de Cedro é o drama do provinciano que se deixa envolver por malícias metropolitanas. Mas conservando-se, no íntimo, homem de província e, como bom homem de província, devoto da Virgem e de Cristo, sente-se de repente sacrílego. E sob a angústia de tão terrível pecado, busca redimir-se dele pelo martírio que a si mesmo se impõe: o de carregar uma cruz de Cristo pelas ladeiras do seu velho burgo e sob o olhar de conhecidos, de curiosos e até de fotógrafos metropolitanos gulosos de pitoresco regional.

Um tema bem brasileiro, de que o romancista soube extrair efeitos inesperados. O que realizou, aplicando à matéria saborosamente nacional e até regional – mineira – técnicas inglesas de valorização de pormenores significativos.

Essa valorização de pequenos nadas psicologicamente expressivos se verifica do começo ao fim do romance, dando-lhe por vezes sabores cômicos ao lado dos quase trágicos. É uma valorização que se acentua até adquirir intensa dramaticidade nas últimas páginas do livro: aquelas que fazem o leitor acompanhar Delfino – o herói – no martírio da sua penitência: martírio imitado do de Jesus.

A certa altura, os fotógrafos pedem a Delfino que vire a cabeça. Que faça "cara de Nazareno". Os jornalistas pedem-lhe que diga alguma coisa, e um, de máquina de gravação em punho, chega a ameaçá-lo em voz baixa: "Se você não diz alguma coisa, eu lhe quebro a cara com cruz e tudo, seu palhaço". E como Delfino não responde, o jornalista pisa-lhe duramente o pé.

Caindo, tropeçando, ferindo-se, Delfino chega à porta do santuário. Cumprira a penitência: "Não sentia mais humilhação nem vergonha". E na redenção de Delfino sente-se a redenção de todo um grupo ainda numeroso de brasileiros: os provincianos que recuam daqueles arrojos metropolitanos capazes de os tornarem ricos, fazendo-os perder a alma.

•

Dois bons romances escritos num português enxuto e sem retórica – sem caipirismos, por um lado, e sem requintes de composição literária, por outro – por brasileiros identificados com duas das sub-regiões mais características em que se divide o país – a baiana, do litoral, e a pernambucana, pastoril – são os recentemente aparecidos *Teixeira Moleque*, de Rui Santos, e *Terra de Caruaru*, de José Condé.

Um é, no plano da ficção, uma atraente e humaníssima biografia em que o herói é retratado em diferentes fases de situações criadas para o desenvolvimento da sua personalidade por um meio brasileiro especificamente regional. Teixeira Moleque, uma vez saído da Faculdade de Medicina da Bahia, não faz senão amadurecer em médico do interior do Brasil, condicionado por um meio que, destruindo nele umas tantas predisposições do estudante boêmio, alegre, trocista, apuras outras. Nele se sente o que há de heroico naquele melhor tipo de médico que vem sendo, ao lado do magistrado, quando íntegro, e do padre, quando mais servo de Cristo que dos ricos ou dos políticos, um elemento de aperfeiçoamento de costumes no interior mais agreste do Brasil.

O romance de José Condé tem alguma coisa do que já se convencionou chamar de "romance coletivo". Não lhe abrilhanta as páginas a figura imperial de um herói bem definido. São várias as figuras que nele se movem, completando, com suas contradições e seus contrastes, um copioso material mais sociológico que biográfico, de informação sobre a vida numa cidade do interior pastoril do Nordeste do Brasil: Caruaru.

Tanto um como o outro romance nos apresentam *"main streets"* do interior do Brasil, em suas mesquinharias, seus mexericos, suas vulgaridades. Entretanto, não faltam a certos dos personagens que se movimentam um tanto cinematograficamente nesses meios monotonamente mesquinhos toques de figuras heroicas.

No romance de Rui Santos, esses heroísmo se manifesta quase exclusivamente em Teixeira: centro de uma narrativa que às vezes para em torno desse herói bom e simples. Em *Terra de Caruaru* – romance todo ele dinâmico –, o heroísmo é difuso: passa dos pioneiros que se estabeleceram, em época não de todo remota, com fazendas de gado em terras agrestes de Pernambuco ao por algum tempo covarde e ridículo, mas no fim da vida, bravo e varonil, José Bispo; e não deixa de abrilhantar, de passagem, a figura lírica de Cravo Branco – um tanto arremedada, aliás, do admirável "porta-estandarte", de Aníbal Machado. Não se detém, porém, em nenhuma figura imperial, consagrando nela um herói persistente.

Tanto num como no outro romance há páginas genuinamente dramáticas. Páginas que ninguém poderá ler sem emoção.

José Condé, no seu *Terra de Caruaru*, afirma-se, mais do que nos seus romances anteriores, escritor. Escritor capaz de transformar em literatura a pura informação histórica ou a simples sugestão folclórica que envolvem o passado ainda vivo das várias "terras de Caruaru" que formam o Brasil. É um livro que o consagra definitivamente romancista. Romancista regional de um vigor no seu modo de extrair do regional, o humano, que chega a lembrar, nas suas melhores páginas, o José Lins do Rego de *Pureza*. E noutras, o Jorge Amado de *São Jorge dos Ilhéus*.

Um Jorge Amado menos poeta e mais cronista, é certo. Mais jornalisticamente cronista. Porém com alguma daquela sensibilidade à poesia do cotidiano rústico que desde Gil Vicente e Fernão Lopes é uma das melhores tradições da literatura em língua portuguesa; e que vem sendo atualizada esplendidamente no Brasil por Jorge Amado, depois de ter sido pioneiramente renovada, nos nossos dias, por José Lins do Rego.

UM MEMORIALISTA E UM MEMORIALISTA E TANTO

É um livro de memórias, o que publicou José Maria Belo, pouco antes de sua morte, em que o autor de tal modo se retrai da curiosidade do leitor a seu respeito e a respeito de alguns dos seus contemporâneos, que não a satisfaz senão quanto a um ou outro pormenor. Chega o leitor à última página do livro sem ter de fato travado conhecimento com o autor: verdadeiro discípulo de Machado na discrição, no pudor, na elegância com que só se deixa entrever à meia-luz de um ou outro começo de indiscrição. As indiscrições de suas famosas cartas, deselegantemente publicadas pelos triunfadores de 30, depois de terem se apoderado dos arquivos dos vencidos pela violência ou pelas armas, ele nunca as teria trazido ao público, em diário ou em memórias.

Reafirma-se José Maria Belo, em suas *Memórias*, um dos ensaístas de palavra mais nítida e mais precisa da língua portuguesa, da sua época de esplendor como crítico literário: o começo do século XX. Salientou-se então como crítico que soube reinterpretar Rui e Machado.

Como homem de letras – mais literato, aliás, do que escritor –, José Maria Belo foi uma das últimas expressões, no Brasil, da quase exclusividade da cultura francesa como cultura orientadora das preocupações, das tendências e dos gostos das *élites* sul-americanas. Desde novo lido em Balzac, em Flaubert, em Stendhal, em Taine, transpirava francesismo tanto nos seus escritos requintadamente literários como nas suas palavras de *causeur* pouco fluente e pouco natural: aliteratado. Pertenceu a uma geração desde nova suprida de roupa branca pela França; de teatro, por companhias francesas; e iniciada por madamas francesas em vinhos, presuntos, requintes eróticos, queijos, *pâté de foie gras*, vindos da França para um Rio cuja *élite* se extremava em sua subordinação às modas parisienses. Seus gostos e seus hábitos foram, desde que se fixou no Rio, os de um francês perdido nos trópicos; os de um ex-pernambucano separado de Pernambuco; os de um provinciano quase esquecido da sua província.

Uma subordinação verdadeiramente colonial, da qual se desgarrava um ou outro João Ribeiro, um ou outro Euclides da Cunha, um ou outro Oliveira Lima ou Joaquim Nabuco mais anglicizado que afrancesado, caracterizava então o Brasil. Mesmo entre os intelectuais da mesma idade de José Maria Belo eram raros os que não se conformavam com aquela subordinação: um Gilberto Amado, um tanto anglicizado, um Pontes de Miranda, espessamente germanizado, um Assis Chateaubriand, germanizado numas tendências e anglicizado ou ianquizado noutras, sem que a língua francesa, aprendida por ele, no Recife, quando noivo de uma bela Guimarães, deixasse de ser o seu principal meio de comunicação com essas outras culturas.

Explica-se assim o desinteresse do memorialista José Maria Belo por quanto foi, na época evocada por suas memórias, movimento ou esboço de movimento no sentido de uma cultura brasileira mais desembaraçada da subordinação à parisiense. Euclides e Monteiro Lobato não o afastaram do seu excessivo, embora bem-educado e bem-comportado, colonialismo literário. Nem o afetou o modernismo do Rio e de São Paulo. Nem despertou o seu interesse o movimento regionalista que partiu de sua própria província; e teve por algum tempo seu reduto num velho jornal chamado *A Província*, do qual foi, cética, elegante e platonicamente, diretor metropolitano.

O autor de *Memórias* deve ser considerado típico daqueles brasileiros de sua época que, indivíduos de algum talento político ou literário, jurídico ou artístico ou de algum encanto pessoal, apressavam-se em repudiar as províncias maternas para triunfarem no Rio; e, uma vez no Rio, quase só se lembravam das mesmas províncias para representá-las numa câmara de deputados, dentro da qual se constitui, do fim do século a 1930, uma espécie de clube elegante mantido generosamente pela República de 89 para benefício quase exclusivo desses provincianos enjoados das suas aldeias; e para quem a vida só era possível no Rio e alegrada uma vez por outra com uma viagenzinha semioficial a Paris.

Nenhum pernambucano houve na época evocada pelo escritor José Maria Belo nas suas *Memórias*, a quem Pernambuco repugnasse tanto como ao próprio José Maria Belo. Nenhum menos telúrico. Quando vinha a Pernambuco era como um gato de luxo obrigado a atravessar um terreno em dia de chuva: sem querer sujar-se de terra molhada por águas que não eram as cariocas. Pisando de pontas de pés no chão pegajento da, para ele, desprezível província. Sem se interessar, como um Estácio Coimbra, por canaviais, cavalos, mangueiras; nem como um Costa Ribeiro, pelos subúrbios mais românticos do Recife; nem como um José Mariano Filho, pelas igrejas e pelos mosteiros velhos de sua terra. Isto sem nos referirmos aos Joaquim Nabuco, aos Oliveira Lima, aos Antônio Austregésilo, para os quais Pernambuco nunca deixou de ser uma Pasárgada, embora uma Pasárgada a distância, na qual eles de ordinário se refugiavam apenas pela saudade ou somente pela imaginação. Mas com a qual uma vez por outra se comunicavam, Nabuco, revendo o Teatro Santa Isabel do seu tempo de moço e evocando o engenho Maçangana do seu tempo de menino, como quem revisse e evocasse lugares sagrados. Oliveira Lima, sentindo-se no engenho Cachoeirinha, como um meninão em férias; e fartando-se nessas férias de doces feitos pela própria sogra, a matriarcal dona Henriqueta. Antônio Austregésilo, saboreando mangas de Itamaracá, abacaxis pico-de-rosa, cavalas-perna-de-moça, como quem saboreasse regalos caídos do próprio céu sobre as terras e as águas da sua província.

José Maria Belo tornou-se quase um asceta com relação a esses valores volutuosamente sensuais de Pernambuco ou do Nordeste. Quase um indiferente com relação aos mais sutilmente regionais. E tendo repudiado valores assim provincianos ou, antes, regionais, como iria José Maria Belo tomar a sério um movimento que se chamava regionalista? Como iria tomar a sério o "provincianismo" do jornal *A Província*? Como iria considerar seus iguais, escritores de província preocupados com problemas que não tinham sentido para os elegantes da rua do Ouvidor? Entretanto era um jornal – *A Província* – em que escrevia outro Belo para quem a província existia: Júlio Belo, cujas *Memórias de um Senhor de Engenho* se contrapõem às do seu ilustre parente por um sentido telúrico de Pernambuco e do Nordeste que falta de todo às páginas do fino e por vezes sofisticado literato que foi José Maria Belo; em que escrevia Aníbal Fernandes – já naqueles dias um dos maiores jornalistas brasileiros de todos os tempos, superior a quase todos os da metrópole em vigor, nitidez e precisão de palavra e por nenhum dos metropolitanos excedido em virtudes literárias; em que colaboraram um José Américo de Almeida, um José Lins do Rego, um Cícero Dias, um Jorge de Lima, um Luís Jardim, um Olívio Montenegro, um Odilon Nestor, um Ulisses Pernambucano, um Luís Freire, um Samuel Hardman, um Prudente de Morais Neto, os dois

Manuéis Bandeira, um Ribeiro Couto, um Sílvio Rabelo, um Apolônio Sales e Rafael Xavier, formando um grupo de pesquisadores e escritores então corajosamente provincianos que, no seu retrospecto, o memorialista não evoca sequer de raspão; e ao qual se juntavam, além do grupo da *Revista do Norte*, de José Maria de Albuquerque, livres-atiradores como Mário Melo, Mário Sette, Leite Oiticica. Como que, dominou-o até o fim da vida a ideia, hoje já um tanto superada entre os cariocas natos, de não ser possível, no Brasil, literatura ou cultura superior, que florescesse em simples províncias. Ou como expressão de provincianos convictos.

Superada, hoje. Naqueles dias, absurda e até ridícula. Não se admitia intelectual de verdadeiro valor que fosse um provinciano de tal modo ligado à província materna que a preferisse ao Rio: um Rio, aliás, ainda muito preso, pelo mato de Santa Teresa e pelos morros um tanto agrestes, ao seu passado de corte paradoxalmente provinciana. Um Rio não de todo sofisticado. Era, porém, no Rio intitulado Metrópole, que o intelectual devia "vencer". No Rio que ele devia residir. O elegante era o intelectual, o artista, o próprio político, amar a província sempre de longe, visitando-a uma ou outra rara vez com ar superior e até turístico, como passou a fazer, no outono da vida, o conselheiro Rosa e Silva com Pernambuco.

Curioso o desdém – desdém de antiprovinciano um tanto esnobe por provinciano inveterado – com que, numa das páginas mais infelizes de suas *Memórias* – aquela em que evoca fatos ligados à escolha do seu nome por Estácio Coimbra para candidato situacionista ao governo do estado em 1930 –, refere-se José Maria Belo a Carlos Lira Filho: autor, segundo ele, de "pequenas ironias e de pequenas insinuações malévolas" contra o candidato oficial ao governo – o próprio José Maria Belo – que ele, Lira Filho, "naturalmente as julgaria muito finas".

Injustos, alguns dos comentários de Carlos Lira Filho a José Maria Belo e a outros políticos, talvez fossem. Mas sem que José Maria Belo pudesse se dar ao luxo de desdenhar tão superiormente do talento e do *humour* de um Carlos Lira Filho, só porque o então diretor do *Diário de Pernambuco* fosse um provinciano radicado à sua província; e quase sem renome no Rio.

A verdade é que Carlos Lira Filho foi, no jornalismo brasileiro da sua época, um mestre de *humour* do melhor; do mais puro; do mais alto. É pena que raramente aparecesse. Pena que, excessivamente esquivo, não tivesse atraído as atenções do Rio. Viúvo desde jovem, e, desde então, esquisitão, solitário, arredio, colecionador talvez um tanto freudiano de antiguidades – luxo a que podia entregar-se livremente por ser filho de homem rico – escrevia pouco. Mas escrevia bem. Com precisão e graça literária. E se se opôs – por vezes com argumentos fracos, é certo – à escolha de José Maria Belo para o governo de Pernambuco, fê-lo principalmente dentro de uma então já velha orientação dele e de outros regionalistas – Carlos Lira Filho fora, com Odilon Nestor, Luís Cedro, Alfredo Morais Coutinho, Samuel Hardman, Alfredo Freire, um dos fundadores do Centro Regionalista do Nordeste – de que, normalmente, as províncias deviam ser governadas pelos provincianos; e não – no caso de Pernambuco – por ex-pernambucanos radicados no Rio e desdenhosos de Pernambuco.

A verdade é que a solução natural para a sucessão de Estácio Coimbra – no governo do estado de Pernambuco, em 1930 – era a representada pelo nome de Eurico Chaves: homem público profundamente conhecedor dos problemas da sua terra e a ela amorosamente apegado; provinciano radicado à sua província; e que, não se tendo conformado com o critério político de sucessão inesperadamente seguido por Estácio Coimbra, afastou-se da atividade política sem de modo algum ter procurado causar "a cisão no partido" a que se refere José Maria Belo. Mais do que isto: conservando-se amigo pessoal de Estácio. Divergindo apenas da sua política. O próprio Estácio Coimbra, em conversa comigo, em Lisboa, em 1931, confessou-me ter errado, e muito, escolhendo para seu sucessor o parente ilustre – ilustre como homem de letras –, porém pouco ligado a Pernambuco; e que, em face da chamada "Revolução de 30", se comportaria antes como uma vítima inerme do que como um correligionário desassombrado do mesmo Estácio.

O que não importa em qualquer diminuição para José Maria Belo como brasileiro de Pernambuco: estado por ele engrandecido de modo notável. Menos, porém – muito menos – com as suas atividades, quase sempre inexpressivas, de político *nonchalant* e, como político, parasita do primo prestigioso, que com as suas produções – estas sim, valiosas – de homem de letras: um dos melhores homens de letras de sua geração, dentre os então especializados na crítica das belas-letras.

Nas *Memórias* de José Maria Belo, as páginas que maior interesse dão ao livro parece-me que são precisamente aquelas em que o puro e fino homem de letras recorda sua formação literária. Embora veladas – repita-se – por uma excessiva discrição que não permite ao leitor inteirar-se dos fracassos com certeza experimentados, neste particular, pelo autor, ou de suas verdadeiras relações com outros homens de letras brasileiros do seu tempo – com certeza, nem sempre idílicas nem fraternais – ou, ainda, de suas verdadeiras atitudes para com certos problemas e ideias que então agitavam o Brasil intelectual – essas páginas são um expressivo depoimento sobre o Brasil intelectual daqueles dias.

Alguns dos perfis de homens públicos traçados por José Maria Belo com esmero literário são igualmente sugestivos e nos dão das figuras que recortam uma viva impressão. Desses, o perfil de Pinheiro Machado talvez seja o melhor. De Pinheiro – já magistralmente evocado por Gilberto Amado em página nascida clássica de grande memorialista: memorialista sem papas na língua, incisivo no registro das suas recordações, e, embora por vezes inexato quanto a fatos miúdos, sempre desassombrado na caracterização e quase sempre pungente na interpretação de figuras das chamadas "representativas" de uma sociedade hoje quase de todo desaparecida – anota superiormente José Maria Belo que no Rio conservou "alguma coisa de pabulice provinciana": traço que talvez fosse, no vigoroso gaúcho, a marca de um descendente de homens virilmente telúricos.

Sem a personalidade um tanto agressiva de Pinheiro, José Maria Belo parece ter conservado na metrópole alguma coisa da província materna. Certa pabulice de descendente de senhores de engenho.

Em alguns dos seus modos mais íntimos de ex-provinciano, desfigurado sob o fraque de literato ou a casaca de político metropolitano, José Maria Belo parece ter escapado à total descaracterização sofrida por outros brasileiros de província sob a influência, excessivamente antiprovinciana, que o Rio então exercia sobre quase todos os provincianos arrancados à sombra dos seus palácios: do Monroe, do Mourisco, do Catete, do Teatro Municipal, da Biblioteca Nacional. Mas só em modos mais íntimos.

A "pabulice" de descendente de senhor de engenho – quem é que não tem sua "pabulice"? – talvez o tenha impedido de se tornar carioca cristão-novo, de todo desdenhoso dos valores mais capazes de dar ao Brasil autenticidade e caráter: os valores provincianos. Parece às vezes ter desdenhado deles mais por esnobismo de maria vai com as outras do que por convicção individual e genuína de serem tais valores desprezíveis, tal a sua inferioridade em relação com os metropolitanos.

Através das memórias do professor Gilberto Amado é outra a atitude que se nota para com os valores de província, nesse memorialista: homem de uma personalidade que contrasta em mais de um ponto com a de José Maria Belo. Onde a José Maria Belo faltou o ânimo, no Rio de Janeiro metropolitano do seu tempo, de remar contra a maré, insurgindo-se contra o excessivo francesismo de quantos intelectuais e políticos pretenderam fazer então da capital brasileira uma espécie de Paris que fosse tudo, na vida intelectual e política do país, enquanto as províncias e os seus burgos valessem apenas pelo seu pitoresco, a Gilberto Amado sobrou a coragem de afirmar-se diferente dos metropolitanos convencionais. Afirmar-se, revelando-se. E revelando-se como se, através dos seus atos, viessem traçando desde moço uma clara autobiografia, fácil de ser resumida em livro, quando chegasse o momento de ser o indivíduo assim afirmativo, memorialista. Memorialista com qualidades ou virtudes de escritor. De grande escritor.

Dizia meu professor de literatura comparada, o velho A. Joseph Armstrong (que há pouco faleceu aos oitenta e poucos anos, já há tempo consagrado o maior conhecedor moderno da poesia e da filosofia de Robert Browning), que era o fato de ser principalmente revelação – revelação de vida, de caráter, de natureza – que distinguia a grande, a verdadeira literatura, das literaturas menores ou menos autenticamente literárias. Estas seriam em excesso políticas, biológicas, científicas, técnicas, sociológicas etc. A verdadeira literatura seria principalmente isto: revelação. Revelação da vida, do homem, da natureza humana quase sempre. Mas revelação também de outras naturezas como em Hudson, por exemplo – o Hudson de *Green Mansions* – através da de um homem com elas identificado. O caso de Darwin. Ou o de Huxley. Naturalistas que quase sem o desejarem entraram na literatura inglesa através de uma identificação tal com a natureza que essa identificação, de científica, tornou-se poética.

Creio que foi por ter atingido esse objetivo – o de ser principalmente revelação – que o primeiro livro de memória – memória de infância – de Gilberto Amado tornou-se de modo imediato, e pela consagração dos críticos mais diversos, uma das melhores obras brasileiras de autêntica literatura. O que vem acontecendo a outros dos seus livros intitulados pelos bibliógrafos de "livros de memórias" quando são, na verdade, mais do que isto.

Entretanto, por ser menos revelação que explicação, apologética, justificativa em tom às vezes polêmico de ideias e atos do memorialista, o segundo livro do mesmo e admirável escritor, sobre sua formação intelectual – *Minha Formação no*

Recife –, deixa de alcançar no conjunto a mesma eminência do primeiro. É inferior ao primeiro, embora contenha páginas que são a continuação das de vigorosa evocação de infância do grande sergipano: evocação intensificada em revelação. Páginas que devem ser lidas por todo brasileiro que saiba ler. O que é certo do conjunto de "memórias" até agora publicadas pelo eminente brasileiro que, tendo sido político, professor de escola superior, jurista, e sendo, ainda hoje, diplomata, e tendo se notabilizado em todas essas atividades, sobreviverá aos seus contemporâneos principalmente pelas suas virtudes e pelas suas afirmações literárias; e dentro dessas afirmações, particularmente pela sua literatura de revelação sob a forma de uma série de livros chamados de "memórias".

Se não é principalmente se explicando nem se justificando, nem explicando isto nem justificando aquilo, que um escritor se afirma escritor autêntico no ensaio, no romance, na biografia, na autobiografia e no drama, e sim se revelando, ou revelando este ou aquele trecho da natureza, humana ou não, com a qual identificou-se mais profundamente, a melhor literatura em qualquer gênero é na verdade literatura de revelação. E para que isto aconteça não é preciso que o escritor seja supremamente elegante e correto na sua gramática ou nas convenções do seu estilo: que o diga o exemplo de Proust. Ou o de Whitman. Ou, na língua portuguesa, o de Fernão Mendes Pinto cuja *Peregrinação* supera *Os Lusíadas* como literatura, por ser maior obra de revelação, embora nem sequer o iguale em virtudes tecnicamente literárias de composição, redação e apologética: no caso, apologética mais de Portugal que do próprio Camões.

Em várias páginas de *Minha Formação no Recife*, e noutras tantas de seus livros mais recentes de memorialista, ou antes, de supermemorialista, Gilberto Amado se afirma principalmente um lógico a justificar-se de ter começado a agir na vida literária e pública do seu país e do seu tempo, como vem agindo. Nem sempre se abandona de todo ao gosto – delicioso, pungente, mas, às vezes, amargo, virilmente amargo, como é aliás o da própria saudade, quando máscula (já o disse em verso célebre o portuguesíssimo Garrett) – da revelação: revelação pela pura evocação. A revelação nesses seus outros livros de memórias parece-me, em várias páginas, prejudicada por um como excesso de vigilância ou de censura do "lógico" sobre o "mágico": o mágico que no primeiro livro conseguiu aliança secreta tão feliz com a própria criança evocada. Evocada e revelada. É que no primeiro livro de memórias de Gilberto Amado, quase não houve justificativa do autor, em tom polêmico, de si mesmo, contra alguém que lhe tivesse – segundo o "lógico" nem sempre certo em seus esquemas polêmicos – usurpado valores absolutamente próprios. Justamente a tendência para tais justificativas, nem sempre bem fundadas, é que se manifesta mais de uma vez nos livros mais recentes do memorialista Gilberto Amado, tornando-o apologético não, amplamente, "*pro vita sua*", mas, às vezes, apenas "*pro domo sua*": polemicamente apologético. Apologético a favor de suas construções ou de suas moradas intelectuais: daquelas que lhe parecem sob constante negação de adversários, de rivais, de críticos dos chamados sistemáticos.

A verdade, porém, é que *Minha Formação no Recife* e seus sucessores formam, como livros de memorialista, um complexo de valor excepcional na literatura brasileira. Na do nosso tempo e na de todos os tempos. São livros escritos, como aquele em que o escritor evoca a sua infância de brasileiro nascido em Sergipe, antes de ter nascido de novo no Recife, por um dos mais vigorosos mestres, por um dos mais fortes dominadores, da língua portuguesa. O Recife dos primeiros anos deste século aparece, nas páginas que Gilberto Amado lhe dedica, reconstituído magnificamente em alguns dos seus aspectos essenciais.

Esboça, talvez, o memorialista, numa dessas páginas, evidente pequena injustiça contra Pernambuco, quando escreve: "Àquele tempo, filho de outro estado era olhado como forasteiro". Isto no Pernambuco onde o piauiense Segismundo Gonçalves era, ou acabara, de ser governador do estado; onde o paraibano Rodolfo Galvão chegara a diretor quase ditatorial de saúde pública; onde o baiano J. J. Seabra se tornara professor de direito queridíssimo da gente recifense; onde Tobias Barreto, sergipano, se tornara rei dos reis nos meios intelectuais; onde cargos públicos e posições de relevo em jornais, nas escolas superiores, nos colégios, no clero, nas artes, eram ocupados triunfalmente, sem um protesto significativamente bairrista, por paraibanos como Odilon Nestor, Augusto dos Anjos, Carlos Dias Fernandes; por sergipanos como Aníbal Freire e Antônio Pedro; por piauienses como Otávio de Freitas; por alagoanos como Virgílio Maurício; por maranhenses como dom Luís de Brito; por baianos como Manuel Augusto; onde o cearense Clóvis Bevilacqua alcançara todas as honras intelectuais já alcançadas, aliás, pelo fluminense Morais, autor do primeiro dicionário de língua portuguesa escrito no Brasil. Onde Franklin Távora, cearense, Inglês de Souza, paraense, Sílvio Romero, sergipano, haviam surgido no jornalismo literário e no jornalismo político, ou nos meios acadêmicos, às vezes contra homens gloriosos do próprio Pernambuco, com a maior das desenvolturas. Onde a restrição dos pernambucanos a filhos de outro estado por serem "forasteiros"? Nem houve então nem em época alguma. Ainda há pouco, fiel a uma constante pernambucana, Pernambuco teve no seu principal posto de governo – no próprio governo do estado – ilustre brasileiro de outro estado.

Mas esboçada essa pequena injustiça, Gilberto Amado mais do que se reabilita dela, ao escrever vibrantemente numa das suas melhores páginas – aquela em que evoca seu sentimento já de recifense ou de pernambucano, a separar-se do Recife para ir fixar-se no Rio: "(...) eu ia olhando aquele Pernambuco, de que meu corpo se separava, mas do qual não se afastava o meu espírito". E mais: "Intelectualmente me tornara seu filho. Na sua atmosfera estimulante formou-se-me o entendimento, apurou-se-me o caráter. Eram impregnados da sua seiva as férvidas imaginações que abrolhavam dentro de mim e das quais iriam sair *A Chave de Salomão*, os estudos e ensaios do *O País*, o *Grão de Areia*, o que de melhor e mais original escrevi. Em grande parte devo a Pernambuco tudo o que fui e o que sou no Brasil".

Ainda hoje há muito traço essencial em Gilberto Amado que o prende ao Recife: pelo caráter, pela personalidade, e, particularmente, pela formação do espírito, ele é um sergipano marcado pelo Recife, impregnado do Recife, fecundado pelo Recife, em contraste com os sergipanos marcados pela Bahia ou por ela fecundados e amaciados em quase baianos. Sua inquietação é recifense. Seu modo às vezes contraditório de juntar em si mesmo um agreste, mas autêntico Brasil, à Europa, à América, aos Estados Unidos supracivilizados, é muito recifense. Ou muito pernambucano. Lembra o de Abreu e Lima, o de Joaquim de Aquino Fonseca, o de Nascimento Feitosa, o de A. P. de Figueiredo, o de dom Vital, bispo de Olinda, o de Joaquim Nabuco, o de Martins Júnior, o de Alfredo de Carvalho, o de Oliveira Lima; e dentre os contemporâneos, é como vem agindo esse outro recifense pela inquietação e por outros característicos da sua personalidade de "boêmio", "criador" e "filistino" – para nos servirmos da classificação de Thomas – que é Assis Chateaubriand. Aliás, em trabalho agora publicado – introdução à nova edição do ensaio *Um Engenheiro Francês no Brasil* –, procuro mostrar que Gilberto Amado pertence, como raros, por algumas de suas ideias mais características de ensaísta, à tradição ou à constante intelectual do Recife. O que não se pode dizer de José Maria Belo: pernambucano que não chegou nunca a ser recifense, mas, ao contrário, passou de provinciano do interior de Pernambuco a carioca de capital federal com um tal fervor que se tornou, em vários dos seus traços – revelados, aliás, pelo seu livro de memórias –, um ex-pernambucano e em alguns pontos até um antirrecifense.

Como já escreveu um dos nossos críticos mais eruditos, Eugênio Gomes, "escrever para Gilberto Amado é... um ato de viver". De viver e fazer viver – acrescente-se. Seus livros de memorialista, até agora publicados, são livros que dão vida a um dos períodos mais sugestivos da experiência brasileira ao mesmo tempo que fase decisiva no desenvolvimento de uma extraordinária personalidade: a do próprio Gilberto Amado. Do Gilberto Amado político, jurista, professor de direito, diplomata. Mas, principalmente, do Gilberto Amado escritor. Que este é que é desses vários Gilbertos – o político, o jurista, o professor, o diplomata – o maior de todos.

MODERNIDADE E MODERNISMO NAS ARTES

Entre os brasileiros de São Paulo e os brasileiros de Pernambuco sempre foram muitas as afinidades. Martius, quando aqui esteve no começo do século passado, destacou o fato de se encontrar entre paulistas e pernambucanos o maior número de brasileiros instruídos. Mas não vem dessa inconstante superioridade de instrução dos paulistas e dos pernambucanos sobre os demais brasileiros – pois todos reconhecemos a supremacia em saber acadêmico mais de uma vez assumida no Brasil pelos baianos, pelos mineiros ou pelos maranhenses – a principal afinidade da gente da velha província do Sul com a da antiga província do Norte. Vem antes daquele ânimo ou gosto de iniciar, de descobrir, de renovar, de antecipar, que sendo um vivo característico dos paulistas, também se encontra entre os pernambucanos. Que fez dos homens de São Paulo e dos homens de Pernambuco os primeiros brasileiros a substituírem os portugueses no esforço de colonização do Brasil, como notou uma vez o historiador Abreu e Lima. No esforço de transformação da colonização do Brasil em autocolonização, como diríamos hoje.

Paul Adam reparou nos paulistas que conheceu em 1913 um excessivo desprezo por tudo que fosse passado, atraso, "*em retard*" e um amor talvez exagerado por tudo que fosse "*avancé*". Surpreendeu assim o arguto francês na gente desta parte do Brasil o pendor modernista que não tem sido senão o excesso de uma virtude: o gosto, o ânimo, o espírito paulista de modernidade. Pendor e ânimo que se encontram também, embora menos intensos, entre os pernambucanos.

No Brasil, quase tudo que é manifestação de modernidade ou explosão de modernismo em política, em literatura, em indústria, em pintura, até em religião e em ética, tem partido de São Paulo ou do Recife. Ou de paulistas ou pernambucanos. Nos dias de Nassau, o Recife foi um centro tão escandaloso não só de modernidade como de modernismo que os burgueses da Holanda não conseguiram acomodar-se a tanta inovação perigosa. Um dia Nassau quase surrealistamente anunciou aos recifenses que ia fazer um boi voar. E no fim de oito anos de arrojos experimentais do conde – um europeu do Norte enamorado do trópico – desembaraçaram-se aqueles burgueses rotineiros de um dos maiores volutuosos do modernismo na arte política e na arte da administração que já floresceram na América. Desde então parece ter ficado no pernambucano o gosto de modernidade às vezes extremado em furor modernista.

1710 foi um movimento modernista, se não de sentido republicano, de tendência violentamente antilusitana. 1817 foi outro. 1824, ainda outro. A Revolta Praieira também: antilusista e ao mesmo tempo antifeudalista. O pernambucano Abreu e Lima – tão cheio do espírito de aventura que se fez soldado de Bolívar – foi um modernista em suas ideias e atitudes. Ao morrer no Recife em 1856 teve que ser sepultado no Cemitério dos Ingleses: a Igreja Católica, pelo seu bispo em Pernambuco, considerou-o herege.

A chamada "escola do Recife" foi modernismo do mais puro. O germanismo no direito, na literatura, na filosofia – modernismo do mais cru. A "poesia científica" de Martins Júnior, modernismo do mais louco com aparência de lógico. O abolicionismo de Joaquim Nabuco, não: este foi uma das manifestações mais saudáveis de modernidade em arte política que já houve entre nós. Tanto que não se extremou sequer em republicanismo: o modernismo político em que tantos paulistas e pernambucanos do fim do século passado se exageraram, com o positivismo como um quase cubismo que deixou na própria bandeira nacional sua marca.

Dos paulistas seria supérfluo recordar que sempre estiveram à frente, no Brasil, de movimentos de antecipação, de inquietação, de sofreguidão pelo novo, pelo diferente, pelo moderno. Nos mais remotos dias da Colônia, já eram tidos pelos mais terríveis rebeldes desta parte da América. Ainda no século XVIII, um padre paulista quis voar. Outro padre paulista, Diogo Antônio Feijó, foi quase escandalosamente modernista em suas ideias de católico e de padre. O republicanismo foi em São Paulo que primeiro se sistematizou como modernismo político. Em 1922, o modernismo brasileiro nas artes e nas letras seria um movimento principalmente paulista.

Paulistas e pernambucanos se confundem em vir sendo no Brasil os brasileiros de espírito mais constantemente moderno e às vezes mais exageradamente modernista. Mais de uma vez têm sido corrigidos em excesso de aventura intelectual ou política, industrial ou estética, pelo espírito de conservação, de prudência, de rotina, de tradição, de equilíbrio, de doçura na conciliação de extremos, dos baianos e dos mineiros. Estes são os maiores mestres de arte política em nosso país justamente por ser a arte política, entre todas as artes, aquela que mais se aprimora pela doçura na conciliação dos extremos: doçura tão do temperamento dos baianos quanto da índole dos mineiros. Eles, baianos e mineiros, são os maiores e os mais antigos mestres dessa arte no Brasil; nós, paulistas e pernambucanos, somos com os homens do Rio Grande do Sul e de outras áreas eternos aprendizes dessa arte. E por sermos eternos aprendizes, nosso pendor é maior do que o dos mestres para as aventuras de inovação, de experimentação, de renovação e até de revolução, sem as quais não se compreende modernismo nem mesmo modernidade.

Admiramos os mestres; mas isto não quer dizer que nos conformemos em que a arte política deve ser exercida apenas, ou quase exclusivamente, por eles. Deve ser exercida também por aprendizes ou discípulos de modo a serem os mestres influenciados pelos aprendizes, os excessivamente prudentes pelos excessivamente inovadores, os exageradamente tradicionalistas pelos exageradamente experimentalistas, mesmo quando estes sejam mais modernistas do que modernos em seu espírito ou em sua técnica de inovação ou experimentação. Feito isto, teremos caminhado para a mais saudável das compensações: aquela que se obtém pela interpenetração de antagonismos ou pela reciprocidade de influências, sempre tão útil na arte política. É a lição dos ingleses, maiores mestres nessa arte do que os próprios baianos ou os próprios mineiros. Donde se pode concluir que feliz é o povo que, como o brasileiro, tem baianos e mineiros por mestres e paulistas e pernambucanos por aprendizes – aprendizes e renovadores – de arte política.

De São Paulo, por ter sido e por ser ainda a província brasileira por excelência da aventura, das Bandeiras, da inovação, da experimentação, da renovação, e, por conseguinte, do modernismo nas artes, inclusive na política – zona em que esse modernismo já chegou em teoria até a essa espécie de autonomismo desvairado ou de estadualismo enlouquecido que é o separatismo; de São Paulo não se diga, numa generalização rígida, que só tem dado à política brasileira aprendizes, uns de gênio, outros sem gênio. Pois brasileiro nenhum pode esquecer ser esta a província materna dos Gusmões, dos Andradas e dos Prados, vários dos quais têm sido em política antes mestres que aprendizes: dois dos quais foram talvez os mais altos e completos homens públicos que a América portuguesa já produziu: Alexandre de Gusmão e José Bonifácio.

Não precisei procurar seus nomes para com eles fortalecer uma tese porque não são nomes que alguém precise de procurar quando fale de arte política no Brasil: foram eles os maiores mestres que a difícil arte teve entre nós e são ainda os mais visíveis porque verdadeiramente monumentais. Note-se, entretanto, em ambos, o seguinte: nenhum dos dois foi mestre rígido que pela soberania do gênio ou pela majestade do saber renunciasse, depois de consagrado ou de velho, o direito ou a alegria de continuar aprendiz, experimentador, homem de aventuras intelectuais. José Bonifácio foi homem também de aventuras sentimentais. Foram um e outro, até o fim da vida, modernos, embora nenhum dos dois estritamente modernista no seu modo de ser moderno.

Pois o modernismo implica considerar-se perfeito um momento que é ou foi moderno; parar um homem ou um grupo na adoração desse momento considerado todo ou quase todo insuperável; sistematizar-se e até cientifizar-se essa adoração como fez ingenuamente Martins Júnior com a poesia que chamou científica.

São Paulo teve entre seus homens públicos um modernista típico que foi o sábio Pereira Barreto, corrigido e retificado com tanto brilho em alguns dos seus excessos por Eduardo Prado, o antimodernista extremo. E quem fala em São Paulo e em modernismo, em geral, tem de referir-se mais demoradamente ao "modernismo" na literatura e nas belas-artes que aqui se desenvolveu escandalosa e revolucionariamente em torno de Mário de Andrade, de Anita Malfatti, de Guilherme de Almeida, de Victor Brecheret, de Tarsila e de Oswald de Andrade: movimento considerável de renovação das letras e das artes que, entretanto, envelheceu depressa pelo fato de se ter contraído e sistematizado numa quase seita de adoração do que fora apenas um momento ou um instante – instante libertador, revolucionário, violentamente antiacadêmico – na vida do brasileiro criado com muita gramática ou com excessivo respeito pelas academias.

Toda adoração dessa espécie se torna, quando passa de um instante, a própria negação daquele critério de modernidade, presente e vivo na obra inteira de José Bonifácio e de todos que, sendo modernos, não são nunca modernistas de seita. Adoração de que vigorosamente se desembaraçou Mário de Andrade no fim da vida e de que cedo se libertaram Tarsila, Di Cavalcanti e o admirável mestre de modernidade que se tornou, depois dos dias heroicos do "modernismo", Oswald de Andrade, com o seu incessante ardor experimental e a sua também incessante vigilância, não só crítica como autocrítica. Essa vigilância não permitiu que ele sistematizasse seu modo de escrever num modo de escrever sectariamente antigramatical e calculadamente modernista. Desde 1922 que Oswald de Andrade escreve de um modo novo, mas não fanaticamente novo: sem aqueles sinais maçônicos que só os iniciados compreendem e admiram noutros "modernistas" hoje arcaicos. Sem abusos de "gostosura", de sentenças começando com "me", de diminutivos exageradamente açucarados. O mesmo estou certo que teria acontecido a Antônio de Alcântara Machado se ele tivesse amadurecido, como amadureceu Oswald de Andrade, no escritor moderno, e não simplesmente modernista, que prometia ser. E não nos esqueçamos de Ronald de Carvalho, de Manuel Bandeira, de Carlos Drummond de Andrade, de Sérgio Buarque, de Prudente de Morais Neto, de Tristão de Ataíde, de Menotti del Picchia, de Cassiano Ricardo, de Rodrigo M. F. de Andrade, de Afonso Arinos de Melo Franco, de Emílio Moura, de Tasso da Silveira, de Flávio de Carvalho, de Aníbal Machado, para só citar esses. Para esses, ou para alguns desses, o modernismo, apenas na aparência, é que foi um simples jogo de inteligência. Na verdade foi uma áspera mas fecunda aventura, não apenas da inteligência ou da sensibilidade, mas da personalidade inteira. Aventura necessária para o desenvolvimento de tantos inquietos em modernos: os modernos saudáveis que são ainda hoje. Ninguém, entretanto, mais incessantemente moderno no Brasil dos últimos trinta anos que o ex-modernista, o ex-antropofagista e creio que o ex-marxista de seita, Oswald de Andrade, que proclamou ele próprio, numa das melhores páginas do seu *Ponta de Lança* – à página 122 –, ter sido dos que salvaram o sentido do "modernismo" com a "antropofagia", isto é, com um movimento pós-modernista, de superação do modernismo já meio oficial de Mário de Andrade; ter sido dos que caminharam sempre, e decididamente, "para o futuro".

Poderia Oswald de Andrade ter sido mais exato e ter dito que concorreu para salvar o sentido moderno do "modernismo" brasileiro. Oswald de Andrade foi, na verdade, dos que salvaram o sentido moderno do modernismo no Brasil; dos que cedo se dispuseram a salvar o movimento iniciado em São Paulo em 1922 de permanecer apenas seita modernista; dos que cedo se empenharam em salvá-lo de permanecer apenas literário ou estético; dos que cedo procuraram não só pela palavra como pela ação acrescentar-lhe sentido social e, dentro do sentido social, sentido político. E esse sentido político, o democrático.

Por tudo isso ele foi, como ninguém, dentre os sobreviventes do modernismo paulista de 22, um moderno ao lado do qual nenhum pós-modernista sente esse não sei quê de desconfortável que nos comunica a presença de um indivíduo intransigente ou ostensivo no seu modernismo de mocidade ou de seita, no seu modernismo já superado por outros modernismo de que ele, entretanto, modernista parado, não toma sequer conhecimento, conservando todos os cacoetes, todos os modismos, todos os característicos de sua seita antiga e escrevendo pelos sinais maçônicos dessa seita. Oswald de Andrade conservou do "modernismo" de 1922 o que havia de revolucionária e permanentemente moderno no movimento, do mesmo modo que um grupo de homens, já de meia-idade e alguns até de idade avançada, chamamos "tenentes", conservaria na política brasileira o sentido revolucionária e permanentemente moderno do tenentismo de 22, de 24, de 30: seu sentido ético e político de ação renovadora. É o que se salva dos *ismos* quando os *ismos* encontram Oswalds de Andrade e Juracis Magalhães que os salvem: seu sentido de modernidade que é também um sentido de continuidade criadora.

Através dessas aproximações ao assunto creio ter, em parte, sugerido o necessário sobre a distinção a termos em vista entre modernidade e modernismo. O problema me parece que é psicológica e sociologicamente o mesmo em qualquer arte. O mesmo, psicológica e sociologicamente, na arte política que nas artes plásticas, por exemplo.

Em todas as artes os modernistas passam e os modernos ficam. Donde me ter aventurado uma vez a comparar um conhecido sistema de arte política com um conhecido sistema de arte plástica, para ilustração do que seja modernismo em oposição a modernidade em qualquer arte. Nessa comparação é que insisto neste ensaio, dentro, aliás, do critério sociológico de análise das artes plásticas como manifestação da mesma cultura que produz a arte política ou a arte industrial ou a arte da bruxaria, já adotado, em curioso trabalho, por um dos mais notáveis críticos paulistas de nossos dias: professor Sérgio Milliet, no seu *Marginalidade da Pintura Moderna*. Marginais as artes plásticas porque, para o professor Sérgio Milliet, as artes plásticas e a música avançando, nas épocas de transição como a nossa, mais que a economia ou a política, "na ânsia" de encontrarem "a expressão certa do mundo novo", ultrapassariam "o estágio do público, mesmo da elite", perderiam pé, destoariam da "cultura em formação". E ficariam em estado de marginalidade: rejeitadas pela civilização superada e incompreendidas pela civilização nova ou em formação. Enquanto a arte política – depreende-se, creio eu, das palavras do crítico paulista – não seria assim, não conheceria esse conflito, não experimentaria esse drama, pois, segundo o professor Sérgio Milliet, "políticos, economistas, administradores, mesmo os mais avançados, vivem de conluios e de concessões".

Será certo que as artes plásticas e a música se afastem tanto, pela sua intransigência, da arte política, da arte industrial e da arte de administração? Será que estas artes podem ser caracterizadas pelo excesso de concessões em que vivem os políticos, os economistas, os administradores? Ou não sofrerão todas as artes – a música, as artes plásticas, a arte política, a industrial, a de administração (todas elas, para o sociólogo, manifestações de cultura diversas apenas na qualidade, e, por conseguinte, sujeitas, nas épocas de transição, às mesmas aventuras de marginalidade) – os efeitos do mesmo processo de modernização? Modernização nos seus primeiros avanços quase sempre exagerada em modernismo; depois aquietada, porém não estagnada, em sã e criadora modernidade, obtida, parece que invariavelmente, à custa de concessões ou conluios entre o novo e o velho, entre o ímpeto revolucionário e a inércia invencível ou a tradição irredutível, seja esta a que se encontra na política ou na economia, nas artes plásticas ou na música, na dança ou na própria arte da modista. Pois não nos esqueçamos de que há uma parenta pobre das artes mais ilustres, muito amada dos ricos e chamada "moda"; e como lembra um ensaísta dos nossos dias, Júlio Payró, é a moda que particularmente se antecipa em anunciar o que as outras artes exprimem menos visivelmente ou menos escandalosamente: o fim de uma época ou de uma civilização. O começo de outra.

Creio que é antes isto do que a intransigência absoluta de umas artes e a transigência excessiva de outras que se passa mais ou menos com todas as artes em face do processo de modernização. Nas fases de transição de cultura, esse processo parece alcançar a umas artes mais rápida ou violentamente do que a outras, sem deixar, porém, de afetar a todas, de tornar a quase todas instáveis, de a todas alterar em suas formas que, entretanto, nunca se estabilizam em formas inteiramente novas: terminam sempre retendo ou guardando alguma coisa das antigas, por algum tempo consideradas pelos fanáticos do modernismo renovador abomináveis, nefandas, intragáveis, intoleráveis. Um desses fanáticos foi comparado, e muito bem comparado, a Savonarola.

É claro que nem de longe pretendo dar, neste pequeno ensaio, ao assunto imenso, o desenvolvimento que ele merece; nem serei eu o mais competente para fazê-lo. O que aqui esboço é uma simples "nota prévia" que talvez venha a desenvolver um dia em estudo sistemático. Pois o paralelismo do desenvolvimento entre as artes ou as várias manifestações ou exteriorizações artísticas ou quase artísticas de cultura, sendo assunto já enfrentado magnificamente por um mestre da altura do professor Sorokin, tem ainda aspectos virgens a ser explorados ou considerados. E um deles talvez seja esse de a arte política ser menos diversa do que parece, em seu processo de modernização – sempre contrariado pelo de regressão ou de conservação – da arte da dança ou da arte da pintura ou da arte da arquitetura. Aliás, Havelock Ellis consideraria todas essas artes manifestações de uma só: a dança da vida. E o certo é que em todas elas deparamos com períodos de modernismo que são também períodos de fanatismo. Ou de revolucionarismo "heroico", puro, ortodoxo.

O cubismo foi decerto, nas artes plásticas, um desses períodos de fanatismo ou de revolucionarismo "heroico" que na arte política é ainda atravessado pelo marxismo-comunista. Pois este tendo deixado de ser "heroico" na Rússia, ou para os russos, continua a sê-lo para aqueles que, fora da Rússia, ainda a supõem, ou a desejam, em fase heroica de intransigência marxista, de ortodoxia revolucionária, de purismo fanático. É a atitude atual dos comunistas chineses, por exemplo.

Parece que na arte política tais períodos de fanatismo tendem a prolongar-se mais do que nas artes plásticas, sem que deixe de haver semelhança nos seus modos de formação, nos seus métodos de desenvolvimento e nos seus efeitos de ação. Os historiadores do cubismo destacam o fato de revelar ele pontos de contato com a arte sem figura humana de Islã, atribuindo alguns essa afinidade à circunstância de terem sido dois dos seus principais criadores, Picasso e Gris, "filhos da Espanha" que alguém já chamou "inquisitorial e moura". Mas não se esquecem de recordar que o movimento foi étnica e culturalmente heterogêneo nas suas origens, embora principalmente espanhol (elemento representado por Picasso), francês (elemento representado por Braque) e eslavo (elemento representado por Apollinaire). Ora, quase o mesmo se tem dito do marxismo: também ele revela pontos de contato com uma cultura antiga: a hebreia; com um sistema severamente religioso: o dos profetas do Velho Testamento. Ao mesmo tempo agiram sobre sua formação e sobre seu primeiro desenvolvimento elementos nacionais diversos: o alemão, o francês, o inglês, o eslavo. Entretanto, um e outro foram, ou continuam a ser, revoluções internacionais: duas das maiores revoluções internacionais de todos os tempos.

E é interessante, do ponto de vista sociológico, assinalarmos coincidências entre os dois movimentos, isto é, entre suas formas, seus métodos, seus processos de agressão à ordem estabelecida quer nas artes plásticas, quer na plástica social, esta, até certo ponto, obra de arte política. São métodos diversos tanto dos do expressionismo como dos do anarquismo, duas outras coincidências que toleram e até pedem estudo sociológico. Ambos – cubismo e marxismo – surgiram violentos em sua agressão à ordem estabelecida e aos valores dominantes. O cubismo querendo tudo nas artes plásticas reduzido a formas geométricas simples, a formas apenas associadas entre si por um processo mental, a volumes puros, a linhas justas, a exemplos como que didáticos de uma nova gramática da pintura, da escultura, da arquitetura. O marxismo, também: seu primeiro ímpeto foi substituir uma gramática de arte política por outra violenta e inteiramente nova. Cubismo e marxismo apresentaram-se como "científicos", como "matemáticos", como "antirromânticos", quando na verdade seus criadores ou sistematizadores foram como Apollinaire ou como Marx, como Picasso e como o próprio Engels, homens antes românticos que matemáticos, antes poéticos que científicos em sua formação, em seu temperamento, em suas concepções da vida e dos outros homens. O estudo de Marx como poeta está feito magistralmente por um dos maiores críticos do nosso tempo, Edmund Wilson, num ensaio, *Finland Station*, que já recomendei uma vez, em conferência em São Paulo, à melhor atenção dos estudantes paulistas; o estudo de Picasso como outro grande poeta do nosso tempo está igualmente feito, em páginas sugestivas, por Joan Merli – "*Picasso es un filósofo pero también es un lírico*" – e por outro espanhol, Ramón Gomez de la Serna, para quem dentro de Picasso há quatro homens lutando e estimulando-se: "o mudéjar, o mourisco, o universal romano, o espanhol". Esses conflitos de culturas, mais do que de homens, dentro de um indivíduos só, tendem sempre a produzir antes poetas do que lógicos, antes profetas que cientistas puros. Marx, segundo outro dos seus intérpretes mais lucidamente críticos, o professor Lewis Mumford, procurou esconder sua "visão apocalíptica de profeta judeu" sob a aparência de pesquisa severamente erudita dos fatos; e dominou seu esquema antes filosófico, que científico, de sociologia ou de economia política, de "ciência" para "esconder até de si próprio suas profundas solicitações emocionais e sua atitude essencialmente religiosa diante do destino humano". Duas qualidades que dariam àquele esquema semicientífico "o poder de atrair o apoio dos deprimidos e dos desesperados dentre os homens da massa".

Não terá Picasso sido semelhante a Marx neste ponto? Não terá sido um homem para quem o cubismo foi, por um lado, uma herança de cultura islâmica – reatada, atualizada e exagerada por ele no seu aspecto experimentalmente estético – e, por outro lado, um meio de conter-se, e ao seu espanholismo, ao seu fanatismo, ao seu intensismo ibérico, ao seu anarquismo peninsular dentro de cubos disciplinadores, aos quais acabou, entretanto, corrompendo com sua força poética, como um adolescente que corrompesse sua governanta alemã com a força do sexo agressivamente jovem e virgem? Cubos dos quais acabou libertando-se para novas aventuras de personalidade lírica. E tanto em Marx, comunista "científico", como em Picasso, cubista antissentimental, encontramos exemplos de revolucionários que se esquivariam a permanecer fanaticamente dentro dos seus próprios sistemas modernistas. É que um e outro eram grandes demais para serem modernistas. Transbordaram do modernismo. Permanecem modernos. Continuam modernos. Enquanto os sistemas modernistas para cuja criação concorreram mais com seu gênio poético do que com sua inconstante meticulosidade científica são, cada dia mais, sistemas superados, ultrapassados, excedidos por outros sistemas, embora de modo nenhum destruídos ou aniquilados, nem o cubismo por quanto anticubismo se tem levantado furiosamente contra ele, nem o marxismo por quanto antimarxismo se tem inventado para reduzi-lo a pó.

Do sistema sociológico e, ao mesmo tempo, econômico e político, ligado ao nome de Marx e de Engels, parte considerável se acha incorporada, ou em processo de incorporação, às ciências sociais e à engenharia social ou à arte política. Nessas ciências e nessa arte, ninguém hoje pode dizer-se moderno, nem pensar ou agir modernamente, sem ter passado não digo como um adepto – embora não haja mal nenhum na fase de experiência, de prática ou de iniciação marxista por que passe um adolescente mais sôfrego ou inquieto dos nossos dias –, mas como um estudante do marxismo. Pelo estudo do marxismo é que melhor se chega àquela conclusão de Mumford de que nesse sistema o fundamentalmente errado está na rigidez de suas categorias. Uma rigidez de categorias que lembra, seja dito de passagem, o esquemático da concepção cubista da natureza. São categorias segundo as quais, como observa Mumford, as "relações materiais" seriam sempre a causa, e não uma das bases, de todas as relações humanas, fazendo-se confusão constante de "causa" com "base" e exclusão sistemática – exclusão a que não nos autoriza o estudo sociológico das sociedades e das culturas – da base ideal, ou não material, daquelas mesmas relações. Pois o que se sabe hoje é que em qualquer sociedade ou cultura humana os aspectos políticos, artísticos, religiosos de sua vida ou organização nem precedem os técnicos ou os econômicos nem tampouco decorrem passivamente deles. São, como dizem os sociólogos mais modernos, organicamente relacionados.

Outro ponto em que o marxismo foi tão simplistamente modernista em arte política quanto o cubismo nas artes plásticas foi em esperar que, abolida nas sociedades ou, pelo menos, reduzida, a hierarquia que se exprime em classes – espécie de equivalente, na plástica social, da perspectiva na pintura – e aclamado o proletariado "classe única" – "classe única" bem alimentada, bem vestida, bem abrigada – cessariam todos os motivos de luta entre os homens, como se das novas condições de vida não surgissem novos motivos de insatisfação, de inquietação, de luta. Pelo que críticos como o já citado professor Mumford acusam o marxismo de ter caído na mística vitoriana de "*happy end*".

A verdade é que os desenvolvimentos sociais excitados ou estimulados pelo largo emprego da eletricidade nas sociedades mais adiantadas só têm feito, como salienta outro crítico atual do marxismo, o professor Lancelot Hogben, diminuir, nas sociedades que fazem maior uso de eletricidade, a tendência para a proletarização da classe média. Tendência entrevista por Marx como geral e irresistível. O professor Hogben vem demonstrando, em estudos objetivos e inteligentes, que não: o emprego cada dia maior de eletricidade vem exigindo número cada dia maior de peritos, de técnicos, de especialistas nas sociedades britânicas e, por conseguinte, reduzindo, entre elas, a tendência para a proletarização – no sentido de pauperização – da classe média. Esta é que vem se expandindo numa espécie de classe única com várias subclasses.

Nos Estados Unidos é também o que se tem verificado: e ali de forma ainda mais acentuada. É o que mostra Alfred Bingham no seu *Insurgent America*: outro trabalho sociológico que sendo de orientação pós-marxista não é, de modo algum, antimarxista. Recomendo-o aos brasileiros que porventura ainda não o conheçam. Como lhes recomendo os estudos do professor Myrdal sobre a Suécia e o admirável ensaio em que um pensador britânico, o professor John Macmurray – que tive o gosto de conhecer na Universidade de Edimburgo de que foi durante anos professor de filosofia – sobrepõe ao marxismo sistemático ou sectário o que denomina "democracia construtiva" ou "democracia positiva" diversa da negativa, que serial a liberal ou liberalona.

A democracia "construtiva" ou "positiva" do professor Macmurray baseia-se no reconhecimento do fato de que os problemas humanos são hoje principal ou primariamente econômicos: um fato posto violentamente em relevo pela revolução marxista em sociologia, em economia e em política. Daí ser impossível uma democracia econômica, sem que se faça obra de planificação social, tecnicamente centralizada, mas politicamente descentralizada: com o máximo de participação, nesse esforço, do homem comum através do seu município ou da sua comuna. Na revivescência da democracia local ou municipal que, felizmente, é hoje uma das preocupações mais vivas entre os brasileiros empenhados na renovação da nossa vida política e na organização democrática das relações entre os grupos rurais e os urbanos da nossa população, estaria o meio mais simples de se fazer coincidir a democracia política com a econômica, a rural com a urbana. Pois nada nos autoriza a acreditar com Marx que a vida rural seja o que ele considerou, num excesso de modernismo ou de cubismo político, uma "vida idiota" que deva ser sistematicamente substituída pela generalização da estrutura urbana ou metropolitana a todas as áreas de atividade humana. Nesse afã de subjugar de todo ao complexo urbano a natureza – que teria reduzidas suas curvas rurais às retas, aos ângulos, aos cubos urbanos –, o modernismo marxista como que se antecipou ao cubismo picassista, também empenhado no que um crítico alemão, Wilhelm Hansenstein, chamou muito germanicamente de "desnaturalização da natureza pela forma".

Desnaturalização atingida, no cubismo, por uma nova ordem dada à representação plástica das coisas e do corpo humano, quase reduzidos a pretextos para criações geométricas. Por isto André Salmon chamou ao cubismo de "pintura-equação" do mesmo modo que se poderia chamar ao marxismo de "política-equação". Pretendendo servir-se só do cubo, do paralelepípedo, das formas piramidais e da esfera, o cubismo foi, nas artes plásticas, um equivalente do marxismo. Pois este, na arte política ou na engenharia social, procurou ser absolutamente, fanaticamente, rigidamente linear, esquemático, cúbico.

Le Fauconnier, em experiências de pintura cubista do corpo humano, acabou descobrindo um novo ritmo de composição baseado em esquema cúbico-trigonométrico. O mesmo conseguiu Braque. Donde o cubismo ter se tornado o "fanatismo sectário" a que se referem Hansenstein e outros críticos. Hansenstein, porém, vai mais longe em sua análise quase sociológica do fato e comenta que com esse fanatismo "estreitou-se o horizonte" para os pintores que se tornaram fanaticamente cubistas. Mas nunca – adianta ele – "movimento artístico nenhum deixou de ser isso", querendo referir-se a movimentos artísticos revolucionários ou reformadores. E tendo sido o cubismo "uma reação dialética aos neoimpressionistas", como o marxismo fora uma reação dialética aos hegelianistas, não encontrou outro meio de afirmação senão a violência. Ambos foram movimentos fanáticos e sectários violentíssimos. Mas sem esse fanatismo, sem esse sectarismo, sem essa violência, sua revolução teria se limitado a tempestades em copos de água parlamentares ou em vasilhas de lavar pincéis. Pela violência modernista, marxistas e cubistas abriram caminhos para a modernidade em que começamos a viver hoje, tanto nas artes plásticas como na engenharia social ou na arte política. Sem o cubismo, talvez ainda estivéssemos na fase de arranha-céus em estilo gótico ou em estilo mourisco, como os da fase paleotécnica de Nova York; ou na pintura puramente anedótica, costumista, literária, sentimental ou "naturalista" do século XIX. Sem o marxismo talvez continuássemos a pretender resolver os problemas de engenharia social com a democracia liberal ou com o parlamentarismo do século XIX; os problemas da miséria, com a filantropia apenas sentimental.

Com a continuação da violência, porém, e do fanatismo, do sectarismo, do modernismo revolucionário, remédios e médicos teriam destruído o doente antes de lhe curar as feridas. Nas artes plásticas, como na arte política – aquelas revolucionadas pelo cubismo, esta pelo marxismo –, às violências renovadoras sucederam-se acordos, transigências, acomodações, concessões, entendimentos entre o violentamente novo e o imperecível, o permanente, o eterno em todas as artes. Derain, por exemplo, não tardou a afastar-se do cubismo, que o salvara do academicismo decrépito, para aproximar-se do relativo naturalismo ou classicismo em que conseguiu fazer obra já de sabor moderno, mas sem nenhum ranço modernista. Em arte política, já haviam começado a fazer o mesmo, políticos de formação marxista. Políticos que vêm conseguindo, desde os fins do século XIX, conciliar métodos e princípios de sua formação didaticamente marxista com a técnica pós-marxista. Uma combinação de passos de dança livre com movimentos de exercício de ginástica aprendida em colégio. E através dessa conciliação, vêm abandonando eles a rigidez ou a disciplina modernista e tornando-se criadoramente modernos, uns sob o nome de "fabianos" ou "trabalhistas", outros sob a denominação de "socialistas reformistas", alguns até sob a de "socialistas cristãos" ou "solidaristas"; ou mesmo de neomarxistas. Os continuadores desses homens transigentes é que são hoje, não apenas modernos, mas moderníssimos, na arte política de contemporização, enquanto os que se conservam intransigentemente marxistas ou fanaticamente antimarxistas são "modernistas" ou "antimodernistas" superados já por várias gerações de pós-modernistas.

Escreve William Orpen, em *The Outline of Art*, referindo-se principalmente aos cubistas, que seria um erro afirmar-se que, em pintura, as experiências dos extremistas foram experiências sem valor. Tecnicamente eles abriram o caminho para um novo realismo: o realismo moderno que é tão diverso do pré-cubista. E nesse novo realismo, o sisudo crítico de arte britânico pensa que a "estrutura firme" e o "desenho rígido" dos cubistas se combinam com uma verdade e uma beleza de cor que se derivam de inimigos por eles duramente combatidos: os impressionistas ou os neoimpressionistas. O que, sendo exato, como parece ser, indica que, ao contrário da suposição do ilustre crítico paulista de pintura, que é mestre Sérgio Milliet, a modernidade nas artes plásticas, como a modernidade na arte política, se mantém ou se desenvolve, através de transigências, contemporizações, acordos, concessões, entendimentos entre vários ou sucessivos modernismos e o que é indestrutível na tradição clássica.

O que Orpen diz dos cubistas, em relação com a pintura moderna, pode-se talvez dizer dos marxistas, em relação com a política moderna. Eles nos enriqueceram a arte política e a arte da administração com "a estrutura firme" e o "desenho rígido" do seu sistema, sobre o qual se desenvolveu a moderna técnica de planificação. Ora, sem a técnica de planificação não se concebe mais engenharia social. Mas não é só: como cubistas políticos, os marxistas puseram para sempre em relevo a antes deles quase esquecida democracia econômica, sem a qual não se concebe mais organização democrática. Ainda mais: eles tornaram dramaticamente claro o fato – como destaca mais de um sociólogo moderno – de que os métodos e princípios capitalistas, em vez de leis da natureza, são produtos de arte ou de cultura humana, podendo ser, assim, substituídos por outros métodos ou princípios que correspondam melhor que aqueles à natureza humana, em vários de seus aspectos condicionada, embora de modo algum rigidamente determinada, pelas condições técnicas ou econômicas da vida.

Superado o marxismo pelas teorias e experiências de democracia pós-marxista, ultrapassado por elas, excedido por elas, essa superação não nos deve fazer esquecer o fato de que sem a teoria e a experiência marxistas não haveria a atual democracia social: nem a cooperativista nem a experimentalmente socialista nem a planificista. São todas tipos pós-marxistas de democracia que, em vários países, já se apresentam com resultados capazes de nos fazer acreditar no inteiro êxito de avanços verdadeiramente revolucionários no sentido de uma nova e complexa organização das relações entre os homens. Por muito tempo, entretanto, essa nova organização conservará traços marxistas visíveis ou pronunciados, embora unidos a outros traços – inclusive os cristãos – em combinações que Marx não previu. Nem previu nem desejou. Combinações impostas, umas pelos desenvolvimentos sociais de novas condições técnicas que o grande e arguto judeu – tão grande que não caberia hoje em nenhum partido marxista, tão arguto que provavelmente não seria hoje nem leninista nem trotskista – não chegou a entrever ou a considerar, como o largo emprego da eletricidade nas indústrias e na vida das comunidades modernas; outras conseguidas pela arte de conciliação de antagonismos ou de extremismos em que são mestres, ainda mais que os pintores capazes de combinar cubismo com impressionismo, os políticos capazes de combinar materialismo econômico – que, aliás, não deve nunca ser confundido com o materialismo vulgar – com idealismo cristão, parlamentarismo britânico com tecnicismo vebleniano.

E é o que se vem verificando nos últimos decênios e continua a se verificar nos nossos dias, inclusive, como é do conhecimento de todos, dentro da própria Rússia: a superação dos modernismos políticos do século passado e dos começos do atual. A superação do modernismo revolucionário pela modernidade criadora.

Entre os modernismos superados, aquele que venho considerando o equivalente político do cubismo e que, pela sua ação violentamente revolucionária das teorias e dos métodos capitalistas de ocupação e representação do espaço social, foi, a meu ver, o maior de todos: o marxismo. Superação – acentue-se bem – e não destruição. Superação. Conciliação de critérios: principalmente do critério de tradição com o de experimentação. Tal tem sido essa conciliação que desde a vitória do partido trabalhista na Grã-Bretanha já nos podemos considerar, em assuntos de engenharia social, no início de uma dessas fases de modernidade criadora que quase sempre se sucedem aos períodos simplistamente radicais e violentamente revolucionários.

Alguns característicos da fase pós-marxista de teoria e metodologia democrática em arte política e em engenharia social já podem ser reconhecidos. Um deles – a "acumulação sistemática de fatos sociais" –, em que a sra. Helen Merrell Lynd vê, com inteira razão, em livro recente, um dos desenvolvimentos mais significativos na política de transição britânica do liberalismo econômico para o socialismo democrático de hoje – mesmo quando orientado por políticos intitulados "conservadores" –, é de especial interesse para os que se preocupam com o estudo sociológico dos problemas a serem enfrentados e, se possível, resolvidos pela arte política e pela engenharia social dos nossos dias, depois de situados e esclarecidos pela sociologia e pelas demais ciências do homem. Pois sem esse estudo – e sem outros estudos de caráter científico dos mesmos problemas – não se faz obra sólida de organização ou reorganização em sociedades complexas como as modernas, rebeldes a quanto cubismo político, sociológico ou econômico parta do princípio de que sua doutrina linear ou absoluta já é a síntese das sínteses e dispensa novos esforços de análise: a não ser os destinados a confirmações agradáveis do que está escrito em livros como que sagrados, obras de grande profetas ou de grandes revolucionários necessários, mas insuficientes: indestrutíveis, mas ultrapassados.

Há vinte anos, falando aos estudantes de direito de São Paulo, no seu já histórico XI de Agosto, foi este o meu tema. Procurei então alertar a inteligência da gente mais nova do Brasil contra a suficiência doutrinária dos simplistas de qualquer espécie. Continua a ser esta uma das minhas maiores preocupações.

Fique bem claro, entretanto, que não se trata de opor à arte política a ciência política ou à engenharia social a ciência social como se nessa oposição estivesse outra solução messiânica para os problemas da nossa época. Sou dos que de modo nenhum acreditam em política científica; dos que de modo nenhum desejam, na vida pública, a substituição pura e simples do político, que deve ser principalmente um artista ou um engenheiro social, pelo cientista. Esse cientificismo foi um dos característicos do marxismo nos seus dias mais enfáticos na Europa, hoje revividos na América do Sul pelos representantes retardados de uma doutrina já superada em tantos pontos por outras doutrinas. Consideram-se eles os donos de uma "ciência certa" ou da "única ciência verdadeira" com a qual fácil lhes seria concertar todo o mundo e seu pai.

Fora dos marxistas retardatários creio poder afirmar-se que não existe hoje, entre políticos, mística cientificista: aquela mística cientificista que, no Brasil, teve, nos últimos anos do século passado, tão grandes entusiastas: o já lembrado Pereira Barreto, em São Paulo, por exemplo; em Pernambuco, o também já recordado Martins Júnior, modernista de fim de século que foi um verdadeiro lírico na sua crença na "política científica" ao mesmo tempo que na "poesia científica". Fracassou estrondosamente em ambas, para ser recordado hoje pelas boas, excelentes páginas, que escreveu sobre história do direito e pelos bons exemplos que nos deixou de altivez e de honestidade. Mas não é de admirar. Na própria Europa e nos Estados Unidos, houve quem supusesse que depois de Comte ou de Darwin, de Spencer ou de Marx, tudo se resolveria em política e em ciência social através da aplicação aos problemas humanos de conceitos ou métodos de ciência mecanicista. Através do quantitativismo, denunciado vigorosamente por Ritchie e hoje repelido pela melhor ciência social.

Do que parecem estar convencidas as inteligências mais lúcidas que se preocupam com os problemas de organização ou reorganização social é de que tais problemas exigem soluções sociais – soluções sociais, quanto possível cientificamente sociais; mas através de meios políticos que não são, nem podem ser, principalmente científicos, mas principalmente artísticos. Pois o dia do político, que é essencialmente um artista, não passou e talvez não passe nunca. Nem o cubismo matou o artista nas artes plásticas, substituindo-o pelo geômetra, nem o positivismo ou o marxismo destruiu na política a figura do artista político, substituindo-o pelo técnico ou pelo cientista da administração. Como artista, o político é hoje uma figura tão viva, tão necessária, tão moderna, como os melhores dias da Grécia ou da *polis*. Como cientista, é que ele foi um modernista necessário, mas superado. Necessário para trazer à arte política o contato com a ciência, admitido, como está hoje, que sem esse contato a arte política pode degenerar em bruxaria sociológica. O ideal é que o político, o artista político, seja hoje um homem de formação não apenas jurídica ou legalista, mas principalmente científica ou técnica – como foi o caso de Stafford Cripps, químico, o de Henry Wallace, agrônomo, o de Bevin, operário, o de Benes, sociólogo –, mas sem que sua formação científica ou técnica seja sua única recomendação para o serviço público e para a atividade política. Sua principal recomendação para a atividade política deve ser sua capacidade para exercê-la como artista. Ou como político. Pois política é arte, é dança, é ritmo e quem for incapaz de arte, de dança, de ritmo pode passar pela política como um grande modernista revolucionário – violento, duro, hirto; nunca com o vigor e, ao mesmo tempo, a graça de um moderno de todos os tempos que saiba praticar a sabedoria da contemporização. Sabedoria que concorre para fazer os verdadeiros clássicos e os genuínos modernos em qualquer arte.

ENSAIOS DE CRÍTICA DE POESIA

O Brasil é um país de grandes vocações fracassadas para o crime. Não me refiro ao medíocre Virgulino Lampião – que simplesmente matou gente e gado pelos sertões; nem a Jesuíno Brilhante – outro banal matador de pessoas e de bois; nem mesmo ao Cabeleira: assassino de mulheres e avô de papa-figos mais ou menos ingênuos.

Refiro-me a vocações para o alto banditismo – aquele que vai a muito mais importantes tentativas de morte do que a de simples pessoas humanas; como, por exemplo, a tentativa de morte da metafísica por um bacharel do Norte, fato que ocorreu no século passado, na cidade do Recife, capital do estado de Pernambuco, por ocasião de um concurso de filosofia; ou a recente tentativa de morte da poesia, cujo autor, o nacional Augusto Frederico Schmidt, preso em flagrante, teve, entretanto, sua prisão relaxada, diz-se que a pedido da própria poesia. Murmurou-se então que o bandido – maior o crime! – era filho da quase vítima, logo cercada por outros filhos, por sobrinhos, por muitos parentes falsos e verdadeiros e por simples devotos e admiradores. Todos furiosos contra o ingrato meninão redondo que tentara assassinar a mãe.

•

O livro que Otávio de Freitas Júnior dedica à poesia moderna no Brasil – a alguns dos seus aspectos mais característicos – e para o qual teve a ideia singular de pedir com insistência um prefácio meu, como que associando um hipopótamo feio e só a um rebanho de gazelas, ainda mais graciosas em grupo do que sozinhas, mostra que a poesia em nosso país está viva e próspera. Quase tão viva e próspera quanto o próprio poeta e homem de negócios que tentou assassiná-la; que gritou pelas ruas do Rio de Janeiro que a poesia estava morta.

Pelo menos há hoje no Brasil poetas vivíssimos: poetas com aquela "força de transfiguração" a que se refere um deles: um dos mais vivos. Força de transfiguração que onde atua é para resultar em poesia.

O que não existe ainda, para Otávio de Freitas Júnior, é uma poesia brasileira. Talvez, sugere ele, pela falta de intensidade, e do que chama unanimismo, de um espírito brasileiro.

Aqui não sei se o esclarecido crítico da poesia moderna no Brasil está inteiramente com a razão. Por que será necessário unanimismo de espírito para um povo ter uma poesia ou uma arte caracteristicamente sua? Com todo o seu pluralismo de espírito – e de cultura – é que a Alemanha antiga – a de antes do unanimismo perfeito que lhe impôs Bismarck – pôde ter uma poesia tão caracteristicamente alemã quanto a música e quanto a culinária. Sou dos que acreditam – a questão aqui é mais de fé do que de ciência – num espírito brasileiro a se fazer sentir uma vez por outra entre nós – do Sul, do Norte, de Minas; mas sem se deixar apanhar por qualquer médium profissional a serviço do nacionalismo simplesmente político: nem mesmo pelos amadores de aventuras como que espiritistas como extensão de paradas cívicas e demonstrações patrióticas.

Porque com o verdadeiro espírito brasileiro – cuja presença em Machado de Assis, por exemplo, é tão sutil que parece apenas um fantasma inglês – convém não confundir o "espírito de brasilidade" que outra coisa não é – em literatura e em arte – senão a manifestação do "espírito do caboclo" das sessões do espiritismo baixo – no qual o barulho é tudo; e a espiritualidade, nenhuma. Talvez o espírito de brasilidade seja apenas o espírito do "vovô Índio", ao qual o jovem poeta Deolindo Tavares faz muito bem em preferir o próprio santa Claus do norte da Europa e da América. Porque o tal "vovô Índio" é, na verdade, uma das expressões mais insípidas do chamado "espírito de brasilidade". Sou dos que ao "vovô Índio" e ao "papai Noel" preferem, no Natal, o Menino Jesus dos presepes.

Também faço restrições à afirmativa de Otávio de Freitas Júnior de terem os poetas da primeira fase do "modernismo" brasileiro procurado uma integração do lirismo ao espaço e ao tempo. Erro, a meu ver, de cronologia: ou então divergência profunda, entre nós, quanto ao que seja integração do lirismo ao tempo e ao espaço.

Outras divergências nos separam e até antagonismos, alguns dos quais talvez corram por conta da diferença de idade entre o autor dos *Ensaios de Crítica de Poesia* e o autor deste comentário. Diferença de idade que noto, com espanto, ser considerável.

Mas nem essa diferença – tão perturbadora da admiração dos novos pelos velhos, que Barrès, nos seus dias de literato moço e insolente, teve suas razões para não acreditar no sufrágio dos mais velhos; nem aquelas divergências; nem mesmo os antagonismos de formação intelectual e de pontos de vista que às vezes nos separam – me impedem de ser um admirador, creio que sincero, do ainda jovem Otávio de Freitas Júnior. Tão sincero que o excetuo – a ele e a outros para mim de igual talento, sensibilidade ou cultura – de uma geração na qual meu começo de velhice (ou fim de mocidade? O fim de mocidade é que é pior: mais intolerante dos ruídos das mocidades em começo) cuida às vezes descobrir uma espécie de "sexta-coluna" sinistra. "Sexta-coluna" que pela sua ignorância ou pelo seu saber pouco, mas enfático e raramente compensado pelo talento espontâneo, estaria destinada a destruir – pela espionagem, pela traição, pela *sabotage* intelectual – o que a ilustre geração anterior – a minha, naturalmente –, reagindo contra a caturrice, a suficiência ou a rotina dos seus predecessores, fez de bom e de belo; e, ao mesmo tempo, de revolucionário e de original.

A verdade é que nos pontos essenciais me encontro quase sempre de acordo com o jovem crítico de *Ensaios de Crítica de Poesia*. Tanto quanto Otávio de Freitas Júnior e o D. H. Lawrence que ele cita na introdução às suas páginas inteligentes de crítica – introdução às vezes de um sabor esotérico –, vejo na poesia, como qualidade essencial do fato realmente poético, o constante descobrimento de um mundo novo já conhecido e gasto. E com o velho Havelock Ellis – humanista e cientista inglês e também poeta, de quem mestre Agripino Grieco, lamentavelmente equivocado, escreveu um dia que era um simples Mantegazza britânico – sou dos que pensam que não há fronteiras rígidas entre a região da poesia e a região da ciência. Da ciência criadora, é bem de se ver. Se – para voltarmos às palavras de um poeta que é, ao mesmo tempo, um estudioso do fenômeno poético, Murilo Mendes – a poesia é "força de transfiguração", também o é a ciência criadora: aquela ciência como que apocalíptica e quixotesca, tantas vezes próxima do ridículo e do absurdo, que é a mais alta das ciências. Apenas não está completa sem a pedestre, a gramatical, a prosaica, a útil, a que lhe faz as vezes de Sancho Pança. Para Ellis, o próprio Darwin – tido por alguns por cientista pedestre – foi um daqueles transfiguradores que tanto por meio de números como de palavras, de imagens como de sons, dão expressão poética à natureza, à vida, ao homem. Pois só um poeta – pensa Ellis – teria sido capaz de, da simples leitura de Malthus, "conceber a seleção natural como a principal força criadora da infinita sucessão de forças vivas"; ou a teoria de pangênese.

Tanto a poesia como a ciência criadora nos comunicam alguma coisa que é como uma virgindade: virgindade no ver, no ouvir e no pensar. São as duas juntas que desembaraçam o homem de tendência para se tornar convencional ou se endurecer dentro de convenções; para simplesmente soletrar os rótulos em vez de ver as coisas; para simplesmente escutar os ruídos já catalogados do mundo em vez de ouvir vozes novas dentro e fora dos mesmos ruídos.

Lamento que entre os poetas modernos estudados pelo crítico Otávio de Freitas Júnior não estejam alguns de minha predileção e que são, ao mesmo tempo, de uma importância enorme para a interpretação do "modernismo" e do "pós-modernismo" poético do Brasil: Carlos Drummond de Andrade, por exemplo. Ou Augusto Frederico Schmidt. Ou esse extraordinário Cícero Dias – o da fase brasileira – que vá lá que seja desprezado pelos nossos críticos oficiais e mesmo avançados de pintura; mas que merece toda a atenção dos nossos críticos de poesia.

Otávio de Freitas Júnior se refere a ele; mas não conhecendo *Jundiá* – cujo ms. Dias conserva fechado a sete chaves –, apenas alude ao poeta da pintura ao mesmo tempo regionalista e universalista do autor de *Uma Família de Luto*. Pintura na qual o "espírito" brasileiro me parece tão presente quanto o "espírito" da nossa época. O que se verifica também – se não resvalo em erro de interpretação – no romance poético que é *Jundiá*: uma das mais fortes afirmações de poesia moderna no Brasil. E ninguém, dentre os críticos mais novos que conheço, em melhor situação de entusiasmo e de espírito crítico, de compreensão e de sensibilidade, para escrever sobre o poeta de *Jundiá* que Otávio de Freitas Júnior.

REINTERPRETANDO JOSÉ DE ALENCAR

Na literatura de José de Alencar pode-se acentuar um tropicalismo que torna seus romances e alguns dos seus outros escritos literários atraente objeto de estudo para qualquer tentativa de reinterpretação da cultura brasileira como aspecto da civilização que vem sendo denominada lusotropical. Lusotropical, em particular. Hispanotropical, em geral.

Alencar não só produziu sua obra de novelista, contista e cronista empenhado em ser quanto possível brasileiro – e não colonialmente português ou subeuropeu – à sombra do sistema patriarcal brasileiro (que alcançou ainda em sua maturidade), como se revelou, em várias de suas páginas, um tropicalista que, para afirmar-se tropical, não precisou de repudiar sistematicamente na herança lusitana do Brasil senão o que essa herança lhe pareceu importar de imposição aos brasileiros, pelos escritores portugueses mais acadêmicos, de uma condição colonial ou subportuguesa, por ele julgada intolerável do ponto de vista da expressão literária ou da linguagem. Em essência, porém, foi um legítimo lusotropical.

Este o aspecto de sua atividade que se procurará destacar nesta nova tentativa de interpretação sociológica da obra literária do vibrante cearense. Mas para que esse esforço tenha sentido é preciso que se repita o que já foi dito sobre a relação da literatura de Alencar com o ambiente patriarcal – principalmente o patriarcal-rural – da sua época. Com as figuras de brasileiros, especialmente de brasileiras, produzidas por esse ambiente. Ou já tocadas pela emergência de uma nova ordem: mais urbana, mais burguesa e, até, o seu tanto industrial, em vez de simplesmente agrária ou pastoril.

Um crítico e historiador literário português, desde jovem especializado no estudo das letras brasileiras, José Osório de Oliveira, já aplicou à literatura, em páginas sugestivas, o critério geral, por mim esboçado, de interpretação da cultura e da sociedade do Brasil: o critério de que essa cultura e essa sociedade se explicam principalmente como expressões ou resíduos de uma formação processada antes em torno da família patriarcal e escravocrática do que em volta do Estado, da Igreja ou do indivíduo. Antes em volta de casas-grandes de engenho, de fazenda, de estância e de chácara do que de catedrais, palácios de governo e casas de senado ou de câmara.

Com efeito, literatura e arte refletiram e, até certo ponto, continuam a refletir, no Brasil, condições e motivos de convivência principalmente de família; e essa família, a patriarcal e, por longo tempo, a escravocrática ou a desenvolvida à margem do sistema escravocrático. Mesmo quando o artista ou o escritor brasileiro foi ou é um revoltado contra esses motivos e essas condições de vida ou, pelo menos, um inconformado com a predominância delas sobre o Brasil, com a pressão excessiva do poder patriarcal sobre a mulher, o menino, o servo, com a possível deformação do indivíduo pela tutela da família ou pela mística de resultar a maior ou menor dignidade ou importância do homem, de sua origem, de sua situação ou do seu *status* como homem de família; mesmo em tais casos, o familismo transparece da arte ou da literatura coloniais, do século XIX e até dos nossos dias, no Brasil, como a mais poderosa influência à base do que é mais dramático ou mais patético nessa literatura ou nessa arte. O revoltado dizem alguns psicólogos que nem sempre é menos influenciado pelas convenções ou pelo meio, objeto de sua revolta, que o homem docemente conformado com esse meio e essas convenções. Exemplo disso é o fato de serem às vezes os anticlericais mais influenciados pelos padres, objeto do seu ódio constante, do que as beatas ou as pessoas devotadas quase inconscientemente ou só por hábito a estes mesmos padres.

Aplicado ao romance brasileiro do século XIX – precisamente aquele que atingiu com José de Alencar uma de suas culminâncias – esse critério familista, ao mesmo tempo sociológico e psicológico, de interpretação não propriamente literária, mas do fenômeno literário alongado do cultural e do social, parece esclarecer muito aspecto ainda obscuro do assunto; e com o auxílio de uma psicanálise moderada – isto é, de uma psicanálise à inglesa – explicará talvez o paisagismo eloquente – uma das constantes de Alencar – em contraste com a quase ausência de paisagem no romance de Machado de Assis: autor de quem teria chegado a dizer justa e espirituosamente um contemporâneo que sua arte dava a impressão de uma "casa sem quintal".

Com tais sugestões, não se pretende reduzir a crítica ou a história de uma literatura ou, dentro dessa literatura, a obra de um escritor, a ramo de sociologia ou de psicologia social. De modo algum. Gênio e obra literária de gênio pedem compreensão, interpretação e avaliação também literária; e não principalmente sociológica ou psicológica. Ainda há pouco, um crítico inglês, o professor David Daiches, reavivou em páginas lúcidas esse critério de interpretação da obra literária – o principalmente literário; mas sem desprezo pela sociologia ou pela psicologia que explique origens ou descubra raízes da obra ou do autor considerado.

Nestas notas em torno de um José de Alencar que foi, ao mesmo tempo, crítico social, renovador das letras e reformador da língua literária do seu país – e não apenas literato convencional, muito menos beletrista de passo macio, conformado com o meio e satisfeito com as convenções literárias –, o que se sugere é apenas o auxílio que à interpretação específica de uma literatura ou da personalidade de um escritor de gênio ou simplesmente de talento criador ou renovador pode trazer a interpretação sociológica e psicológica da cultura e do meio dentro dos quais se tenha desenvolvido, nem sempre passivamente – às vezes até *à rebours* – o gênio desse escritor ou o espírito dessa literatura. Pois nem escritores nem literaturas se realizam no vácuo; ou num espaço sobrenaturalmente estético ou puramente literário que prescinda de todo do estudo da história como que natural – como diria o mestre dos mestres franceses de crítica literária – desses escritores e dessas literaturas.

E nenhuma história mais natural do homem – ou de uma sociedade – que a de sua vida de família; e esta, em termos crus, é a história do seu sexo. O sexo do indivíduo não apenas biológico, mas social. Sexo mais do que psicanaliticamente compreendido como força ou solicitação espalhada no corpo inteiro desse indivíduo social: da raiz dos seus cabelos, sensível ao cafuné ou ao trinco volutuoso por mão de mulata em cabeça de ioiô ou de iaiá, às pontas dos dedos dos pés aristocráticos, por sua vez vibráteis às comichões provocadas pela extração, às vezes doce como uma carícia sexual, de bichos aí encravados; e não força ou solicitação limitada aos órgãos genitais e desejosa apenas de coito ou de cópula.

Quando a família dominante num meio é a patriarcal e, além de patriarcal, escravocrática, não só o sexo como o indivíduo quase inteiro se forma ou se deforma sob a influência familial. Suas mãos, se são de filho de senhor, tendem a tornar-se duas mãos esquerdas; se são de filho de escravo, duas mãos direitas. Seus pés, se são de filho de senhor, tendem a tornar-se dois pés de moça, mesmo sendo agressivamente viril o resto do corpo; se são de filho de escravo, tendem a tornar-se brutalmente másculos, mesmo sendo pés de moça ou de mulher dengosa. O social deforma no indivíduo o que é ou se supõe natural. Tudo no indivíduo nascido e crescido em meio patriarcal e escravocrático é marcado ou afetado pela sua situação de filho ou de homem de família. Pela sua origem: *status* da família antes mesmo de nascer o indivíduo. Pela presença – ou pela ausência – do pai. Pela presença – ou pela ausência – da mãe. Pela oposição do indivíduo na família: livre ou escravo; senhoril ou servil; filho ou filha; filho primeiro ou filho segundo; o último filho ou filho único. Pelas relações com os senhores ou com os servos, com os parentes, com os estranhos, com os animais, com as árvores: as árvores próprias – da família ou de quintal ou fazenda paterna – ou as da rua, da mata, do alheio. Tudo isso deixa-lhe marca. Tudo – desde o peito da mãe ou da mucama que o amamentou – lhe abre ou lhe aguça zonas de sensibilidade que, no caso do artista ou do escritor, explicam ou esclarecem – ao menos, em parte – o infantilismo de um Raul Pompéia, o erotismo de um Olavo Bilac, o marianismo de um dom Vital, o dom-juanismo de um Maciel Monteiro, o narcisismo de um Joaquim Nabuco, o adolescentismo de um Euclides da Cunha, o necrofilismo de um Augusto dos Anjos, o germanismo antifrancês de um Tobias Barreto, o inconformismo de um Aleijadinho, o paisagismo de um José de Alencar. Esclareçam o antimelanismo abertamente insatisfeito com a sua condição de mulato, de um Lima Barreto, por um lado, e o "arianismo" aristocraticamente superior a questões de raça em seu esforço de descoloração – descoloração protetora e mistificadora da própria pele – de um Machado, por outro lado: um Machado a fingir-se o tempo inteiro de branco fino; o tempo inteiro a bater janelas e a fechar portas contra toda espécie de paisagem mais cruamente brasileira, fluminense ou carioca em suas cores vivas e em suas formas rudes; contra toda arvoredo mais indiscretamente tropical que lhe recordasse sua meninice de rua e de morro, sua condição de filho de gente de cor, de filho de família plebeia, de descendente de escravo negro. Nada de paisagem, nada de cor, nada de árvore, nada de sol. É dentro de casa – e casa, geralmente, grande, sobrado, geralmente, nobre – que Machado, nos seus romances, procura se resguardar das cruezas da rua e da vista também crua dos morros plebeus. Dentro de casa, aristocratizado em personagens de que ele é quase sempre a eminência cinzenta, para não dizer parda, ficticiamente afidalgado por bigodes e barbas de ioiô branco, por lunetas de doutor de sobrado, por títulos de conselheiro do Império, é que ele se defende da memória de ter nascido mulato e quase em mucambo e de ter crescido menino de rua e quase moleque.

Reproduziu o autor brasileiro de *Brás Cubas* o caso famoso de Shakespeare. Também o inglês Shakespeare, tendo nascido plebeu, nos seus dramas, mais de uma vez – e através, ao que parece, do mesmo mecanismo de dissimulação protetora que afasta Machado não só da paisagem, da rua, da praça (com medo, talvez, de ver surgir o "morro" fatal a qualquer instante) como do abolicionismo mais inflamado da época – revela-se desdenhoso da gente comum, das causas populares, dos ambientes plebeus. E, em parte sob a pressão da época unida à do temperamento, em parte por dissimulação do próprio *status*, é quase sempre um retratista de homens e de mulheres nobres dentro de casas ou cenários igualmente nobres.

Do paisagismo agreste e corajosamente tropical no romance de José de Alencar, em contraste com a quase ausência de paisagem, de cor e de trópico em Machado – e na literatura brasileira ninguém mais se fechou às cruezas da paisagem tropical do que Machado, do mesmo modo que ninguém excedeu José de Alencar no gosto e na eloquência de associar ao drama dos homens a exuberância de paisagens brasileiras – talvez se possa dar explicação, se não ortodoxamente psicanalítica, psicológica. Explicação que se junte à social, ou sociológica, para nos esclarecer a abundância de árvore, de mata, de queda-d'água, de cascata, de selva nas principais novelas do cearense, notáveis também pelo fato de nelas virem quase sempre destacadas as cabeleiras fartas das heroínas, numa como ostentação do vigor tropical de mulheres que fossem expressão do viço maternal das selvas, das matas, das águas brasileiras.

Para os psicanalistas, os sonhos com paisagens e árvores ramalhudas têm, do mesmo modo que os sonhos com máquinas complicadas, sentido ou significação sexual muito nítida. Dos discípulos modernos de Freud, alguns chegam a notar nos escritores, pintores ou simplesmente homens de talento que insistem na descrição ou na exaltação de paisagens – o caso brasileiro de Alencar, ao lado do universal, de Chateaubriand – e de máquinas – o caso brasileiro de Santos Dumont, ao lado do universal, de Wells – a revelação de traços ou experiências que tais escritores, ou indivíduos de gênio ou de talento criador, estimariam guardar exclusivamente para si. Nas árvores e nas máquinas eles se refugiaram de decepções em amores ou empresas de recinto fechado, de interior de casa, de corte ou de cidade sofisticada.

O paisagismo exuberante de José de Alencar parece ter sido para o autor de *O Tronco do Ipê* e *Til* precisamente o contrário do que a ausência de paisagem foi para Machado: refúgio contra tristezas, decepções e ressentimentos de vida de corte, de interior de casa nobre ou de sobrado de cidade. Em Alencar, porém, há menos de sistemático – imensamente menos – na preocupação de evitar o romancista, nos seus romances, a glorificação do interior das casas nobres de cidade para só exaltar a floresta, a mata, o arvoredo, o tejupar, do que em Machado no sentido contrário. Quando é preciso falar do interior das casas, Alencar fala. Apenas não é sobre móveis, porcelanas e tapetes que se derrama o óleo de sua melhor eloquência, mas sobre árvores, águas, matas e relvas.

Alencar, todos sabem que sobressai, na literatura brasileira, como paisagista, e, em certo sentido, como ruralista que chegasse a ter alguma coisa de um Thoreau em seu individualismo romântico. São suas páginas de paisagista as que esplendem nas antologias. São elas que, aprendidas de cor pelo brasileiro, na meninice de colégio antigo, cantam aos ouvidos dos velhos com uma riqueza de sons que o tempo não consegue destruir. Riqueza de sons para os ouvidos e riqueza de cores para os olhos. Riqueza até de sabores para esse como que paladar ou para essa como que sensibilidade ao gosto das palavras que faz tantos de nós nos deliciarmos – principalmente na adolescência – com certas combinações de vogais com consoantes como se essas combinações tivessem sabor ou encanto físico.

Acentue-se, porém, mais uma vez, que em Alencar o paisagista não exclui o retratista de interiores suburbana ou ruralmente patriarcais com janelas abertas e portas escancaradas para jardins, pomares, terreiros, senzalas, raramente para ruas, praças ou mercados. O retratista de índias ingenuamente nuas não exclui o pintor de iaiás sobrecarregadas de saias, de babados, de rendas finas, embora os ressentimentos que ele evidentemente guardava de convenções europeias ou católicas de ortodoxia familial como que animassem em sua sensibilidade pendores para aquele nudismo libertário. Ressentimentos que o fizeram buscar, ao que parece, refúgio ou compensação em florestas, em matas, em águas, em cascatas, em árvores; nos domínios meio fantásticos dos brasileiros, para ele autênticos, que eram os filhos das selvas; que eram os índios, filhos livres da natureza; filhos naturais do Brasil; bons e nobres selvagens, independentes das convenções de nobreza de brasão a cinco contos de réis o título; ou de moralidade rigidamente canônica das casas-grandes que dos sobrados. Iracema, Ubirajara, Ceci, Peri, Moacir foram figuras ideais de indígenas com quem ele se aliou contra os brasileiros convencionalmente subeuropeus. Aqueles ressentimentos parecem ter se manifestado, dissimuladamente, no drama *Mãe*, e a propósito de mãe escrava em relação com filho natural, ainda mais que nos romances em que moças ofendidas em seu orgulho ou em sua dignidade de indivíduos ou pessoas – independente do prestígio dos pais ou da riqueza de suas famílias – se vingam de homens ávidos de dotes ou à procura de vantagens econômicas por meio de casamentos de conveniência. Casamentos sobre os quais, mais de uma vez, vencem, nas novelas de Alencar, os casamentos de amor.

Para Machado, quem dissesse amor, dizia – principalmente numa sociedade como a patriarcal e escravocrática do Brasil, na sua fase de transição da família patriarcal para a família romântica: deve-se acrescentar ao romancista meio filósofo – "complicação". Complicação do "natural" com o "social". Complicação do natural com o social de que a causa às vezes era a cor do homem apaixonado por moça branca; ou a condição de filho natural desse apaixonado – causas evitadas pelo escritor inconformado com a sua condição de mulato e quase sempre sôfrego por esconder essa condição.

José de Alencar viu o amor no Brasil do seu tempo como complicação do natural com o social. Ou mais romanticamente do que Machado: como complicação do natural pelo social. Tendo a coragem de enfrentar problemas evitados por Machado. Chegando à crítica social. Revelando o ânimo de reformador de costumes.

Seu paisagismo, seu naturismo, seu indianismo parecem representar todo um esforço socialmente crítico e romanticamente reformador da sociedade; e não apenas literariamente romântico. Esforço só, não: na verdade, quase um sistema no sentido de resolver o brasileiro as complicações do social, voltando ou regressando, quanto possível, ao natural; ou avançando para um social mais próximo do natural. No sentido de resolver o brasileiro as complicações acumuladas em torno do indivíduo por um sistema de família considerado por alguns antinatural nos seus excessos, reintegrando-se no natural. Ou no suposto natural, que era, se não o desenvolvido no meio da floresta, pelo indígena quase nu, o favorecido pela vizinhança da floresta, da mata, do arvoredo, entre brancos ou mestiços mais distantes das convenções de corte ou de cidade.

Puro romantismo literário, esse paisagismo ou esse parapaisagismo? Não: também crítica social. Crítica indireta a todo um sistema socioeconômico: o patriarcal e escravocrático das casas-grandes e dos sobrados. Mas crítica sem rancor nem demagogia. Crítica messiânica na qual uma vez por outra transparece a indignação do homem superiormente lúcido que na política do Império sofreu traições dos apagados e vis, sem ter deixado de ser, além de lúcido, independente nas suas atitudes e quixotesco nos seus rompantes. Um dom Quixote cearense com uma cabeça que lembrava a de frade rebelde, de dom Vital, colada como por engano a um corpo de menino doente, de adolescente franzino, de estudante romântico. E não é à toa ou só por pitoresco que, a propósito de Alencar, lembro dom Vital: homens do mesmo ânimo, brasileiros da mesma região, românticos da mesma espécie, um empenhou-se em defender contra os abusos do paternalismo, então dominante no Brasil, a Santa Madre Igreja, outro, a para ele também santa e também madre ou mãe, natureza. A natureza brasileira: inclusive a raça indígena que foi, na composição social do Brasil, raça principalmente maternal.

Romantismo socialmente crítico – esse, de Alencar – e até político, que se antecipou, a seu modo, na crítica ao sistema socioeconômico ou social em vigor, ao antipatriarcalismo às vezes demagógico que se reflete nas páginas dos "realistas" do feitio de Aluísio Azevedo; e aparece nas de Machado como pura e quase abstrata análise acadêmica. Sem nenhuma "intenção reformista", como inteligentemente acentua da crítica social de Machado o ensaísta Astrojildo Pereira. Sem nenhuma ênfase messiânica. Sem nenhuma eloquência revolucionária.

Eloquência – e eloquência revolucionária – não faltou a José de Alencar nem como político nem como romancista ou escritor: só seu estilo foi quase uma revolução não em copo de água parlamentar ou em taça acadêmica, mas que agitou as próprias águas transatlânticas das relações intelectuais do Brasil com Portugal. Eloquência, a do autor de *Iracema*, antes de exaltação das árvores, dos rios, das paisagens, dos "verdes mares bravios", dos índios quase vegetais na sua natureza também bravia e quase angélicos na sua nudez que de elogio dos homens encartolados ou das mulheres enluvadas da corte e das capitais, quando admitidos à categoria de heróis ou de heroínas dos seus romances.

A não ser quando queria exaltar em homens civilizados, seus heróis, e em mulheres civilizadas, suas heroínas, o natural, que conservavam no seu comportamento e sob seus modos e trajos elegantes, em contraste com o artificial, o postiço, o convencional do comportamento de outros homens e de outras mulheres que só tinham de elegante a aparência. Ou quando desejava valorizar o brasileiro, mesmo de cidade, que se conservasse no seu estado de graça americana ou de pureza nacional – inclusive a maneira mais doce, mais relassa e às vezes mais agreste de falar português que a europeia – em contraste com o brasileiro imitado do europeu: o brasileiro que essa imitação exagerada tornasse antinatural ou sofisticado. Ou subeuropeu, como diríamos hoje.

Daí o gosto com que esse revolucionário social, e não apenas literário, em simpatia até com o que ele próprio denomina "certa emancipação" da mulher de "certos escrúpulos da sociedade brasileira", descreve cenas de interior ao mesmo tempo patriarcal e maternal de casa-grande de fazenda fluminense. É que aí a vida lhe parecia decorrer brasileiramente, em contraste com o europeísmo do interior de sobrados mais afrancesadamente burgueses. O prazer com que descreve velhas chácaras do Rio de Janeiro do seu tempo é igualmente expressivo do romantismo não só literário como social com que o cearense reagiu contra a descaracterização do Brasil rusticamente agrário sob a excessiva influência da nova Europa burguesa, carbonífera e industrial.

De modo que precisamos de estar atentos a esta contradição em Alencar: o seu modernismo antipatriarcal nuns pontos – inclusive o desejo de "certa emancipação da mulher" – e o seu tradicionalismo noutros pontos: inclusive no gosto pela figura castiçamente brasileira de sinhazinha de casa-grande patriarcal. Nenhum tipo de mulher, dona de casa, parece ter sido mais atraente aos seus olhos que o produzido em certas fazendas e em certas chácaras pela tradição ao mesmo tempo patriarcal e rural, maternal e agrária. Seu radicalismo de romântico estava em não desejar a relva brasileira abafada pelo chamado tapete europeu; nem a mulher deformada pela moda cortesã, nem o natural sacrificado ao artificial. Daí, numa de suas páginas, traçar a própria reabilitação do filho natural, tantas vezes vítima do artifício social.

Em *Diva*, ao recordar "a casa do sr. Duarte", é como se exaltasse a resistência da paisagem tradicionalmente brasileira de arredor de cidade à sofisticação da natureza pela influência burguesamente europeia, com jardins franceses: "a chácara coberta de arvoredo estendia-se pelas encostas até as pitorescas eminências de

Santa Teresa". Vista "magnífica", a que se gozava da casa; sombras "deliciosas" as suas; ar puro, o que se respirava naquele alto. O arrabalde – nota o romancista quase esquecido de Diva para recordar a casa do Duarte – "era naquele tempo mais campo do que é hoje". E continua, num dos trechos mais expressivos do paisagismo ou do naturismo que nele venho procurando salientar como um gosto voluptuosamente compensador de desgostos experimentados ou sofridos em recinto, ou dentro de sistema, socialmente fechado: "Ainda a fouce exterminadora da civilização não esmoutara os bosques que revestiam os flancos da montanha. A rua, esse braço mil do centauro cidade, só anos depois espreguiçando pelas encostas, fisgou as garras nos cimos frondosos das colinas. Elas foram outrora, essas lindas colinas, a verde coroa da jovem Guanabara, hoje velha regateira, calva de suas matas, nua de seus prados". Mais: "Límpidas correntes, que a sede febril do gigante urbano ainda não estancara, rolavam trépidas pela escarpa, saltavam de cascata em cascata, e iam fugindo e garrulando conchegar-se nas alvas bacias debruadas de relva". E ainda: "paineiras em flor", "bosques espessos de bambus", "leques de palmeiras vibrados pelo vento". Aí – destacava o romancista depois de toda uma página de exaltação de natureza tão maternal – "nascera Emília e se criara".

E em vez de deixar o leitor concluir ter sido Emília uma espécie de filha natural desse resto de mata braviamente brasileira, ele próprio se antecipa em informar dessas árvores, dessas cascatas, dessas colinas que foram "o molde da alma" da moça, formada antes "ao contato dessa alpestre natureza cheia de fragosidades e umbrosas espessuras" que sob a influência de pai e mãe convencionalmente burgueses. Até penetrar nesses restos de mata ramalhuda e deixar-se moldar por sua natureza ainda bravia, Emília fora "como flor que se planta em vaso de porcelana e vegeta nos terraços". A mãe cuidava poder conservar assim aquela menina tímida e melindrosa: sempre dentro de casa, quando muito no terraço. Mas outra mãe – a natureza brasileira – atraiu Emília ao seu seio. Tomou-a a si. Criou-a como filha: filha natural. O mato passou a não ter segredo para a menina. Sabia ela onde estava "a melhor goiabeira, o cajueiro mais doce e o coco-de-indaiá", de que era "muito gulosa". Trepava nas árvores. Pendurava-se aos ramos. Saltava pelas ladeiras "as mais íngremes".

Diga-se de passagem que o modo brasileiro de Alencar escrever português – um estilo, para a época, escandaloso, pelo que trazia de agrestemente antiacadêmico para a língua literária do Brasil – foi um tanto como Emília, no seu modo de desgarrar-se das convenções paternalmente lusitanas ou europeias para ganhar cores, formas e sons mais maternalmente brasileiros; ou mais naturais, mais nativos, mais tropicais. Em Alencar a língua portuguesa, sem se ter tornado a língua de um grande escritor – nunca atingida pelo romancista cearense – como que adquiriu o que os biólogos chamam vigor híbrido: conservando-se portuguesa, abrasileirou-se, ora arredondando-se em palavras mais do que latinamente doces, ora parecendo língua menos latina que bárbara com zz, yy e ww, vindos do grego, do tupi, do nagô e até do inglês. Pois em Alencar, brasileiro do Ceará casado com filha de inglês, ocorrem anglicismos, para a época, ainda crus, como "doguezinho" e "paquete" e não apenas expressões inglesas como o *"away"* de Byron gritado ao ouvido de um cavalo para correr bem.

É ainda Emília que desenvolve uma das filosofias mais brasileiras e antiburguesas que o paisagismo ou o naturismo romântico de Alencar lhe inspirou: a de que "viver é gastar", esperdiçar a existência como "uma riqueza que Deus dá para ser prodigalizada". Pois "os que só cuidam de preservá-la dos perigos, esses são os piores avarentos". Filosofia antiburguesa que – seja dito, também de passagem – esbocei um dia em conversa com meu amigo José Olympio, pensando que esboçava ideia original a propósito de saúde: que a saúde era valor para ser gasto e não guardado como os avarentos guardam ouro. Até que um mestre de história literária me advertiu: "Há qualquer coisa nesse sentido em Santo Tirso". Mas relendo agora José de Alencar, vejo que antes de mim e do próprio Santo Tirso, quem se exprimiu mais ou menos no mesmo sentido romântico e antiburguês foi José de Alencar.

No que foi coerente com seu romantismo um tanto anárquico no bom como no mau sentido de revolta do indivíduo contra o excessivo poder das instituições ou das convenções sociais. Com seu naturismo sempre oposto ao que fosse excesso de ordenação, regulamentação ou artificialização da vida ou da natureza humana pela família ou pelo governo ou pela Igreja. Pois sendo a natureza mãe mais importante que o pai, do sistema patriarcal, era, também, mais generosa com os filhos; deixava-lhes mais liberdade para viverem; para gastarem a vida e para gastarem-se a si próprios. Para crescerem livres, em vez de constantemente preocupados em se resguardarem de perigos não só para os indivíduos como para a espécie. Inclusive a espécie social: a sagrada família patriarcal.

Não é raro em José de Alencar fazer o autor filosofia romântica, de revolta do indivíduo contra as instituições e convenções burguesas, sob a aparência de quem só fizesse romance ou escrevesse novela. Filosofia de campo e não de gabinete, a sua. Anárquica e de modo algum acadêmica em sua forma. Filosofia provocada por observações de rua e não apenas pelas sugestões de livros estrangeiros.

Em *Lucíola*, é o bacharel em direito que confessa, depois de ter ido à festa da Glória e visto aí, brasileiramente reunidas, "todas as raças, desde o caucasiano sem mescla até o africano puro; todas as posições, desde as ilustrações da política, da fortuna ou do talento, até o proletário humilde e desconhecido, todas as profissões, desde o banqueiro até o mendigo; finalmente todos os tipos grotescos da sociedade brasileira (...) roçando a seda e a casimira pela baeta ou pelo algodão, misturando os perfumes delicados às impuras exalações, o fumo aromático do havana às acres baforadas do cigarro de palha": "É uma festa filosófica essa festa da Glória! Aprendi mais naquela meia hora de observação do que nos cinco anos que acabava de esperdiçar em Olinda com uma prodigalidade verdadeiramente brasileira".

José de Alencar, recorde-se ainda uma vez que, quando quer, descreve com precisão quase de miniaturista, nos seus romances de vida de corte imperial ou de fazenda patriarcal, móveis e adornos do interior das casas – tapetes, jacarandás, jarros, porcelanas, cortinas – e trajos e calçados de homens e mulheres elegantes. Principalmente de mulheres: vestidos, leques, joias, chapéus, penteados, sapatos, sombrinhas. Em *A Viuvinha*, deixa-nos ver Carolina num "alvo roupão de cambraia atacado por alamares de laços de fita cor de palha". Em *Cinco Minutos*, uma mulher procurada e de repente entrevistada pelo herói da novela não deixa de impressioná-lo pelo vestido: "Corri e apenas tive tempo de perceber os folhos de um vestido preto, envolto num largo *burnous* de seda branca, que desapareceu ligeiramente na escada". E quando aparece de novo, é ainda com o rosto coberto por "um chapeuzinho de palha com um véu preto" que a mulher misteriosa se apresenta: através desse mistério sua beleza apenas se faz adivinhar. Sua beleza natural se faz pressentir através do artifício: do véu e da seda do vestido. Esse vestido, fixa-o o olhar do romancista, numa como demonstração de saber enxergar encantos de vestuário burguês e não apenas de formas de corpo de mulher quase em estado de graça.

Mas em *Lucíola*, pela boca de um personagem central, exclama Alencar com exagero romântico: "Não reparo na *toilette* das moças bonitas pela mesma razão por que não se repara na moldura de um belo quadro". Sem se esquecer da forma dos pés das mulheres e mesmo dos homens, para apenas lembrar-se de suas botinas de duraque ou de seus sapatos franceses, destaca principalmente, em heróis e heroínas, característicos brasileiros de forma aristocrática de pé, em oposição à burguesa ou plebeiamente europeia: o famoso "pé-de-chumbo, calcanhar de frigideira" do português de caricatura ou do mascate reinol. De um dos seus heróis – o de *Senhora* – anota que o pé não era pequeno; mas antes que se julgue que fosse um pé burguesmente abrutalhado, chato e feio, de mascate ou taverneiro, salienta que tinha "a palma estreita e o firme arqueado da forma aristocrática". O pé mameluco. O pé brasileiro. O pé parecido com o do ameríndio. De Aurélia – heroína tipicamente alencariana – lembra "os opulentos cabelos": outro orgulho das brasileiras de outrora em face das europeias de cabelo ralo ou raro e das africanas de cabelo encarapinhado. Repita-se, para ficar bem acentuado este traço de simbologia sexual em Alencar, que em suas heroínas – quase sempre brancas, indígenas ou tocadas de sangue indígena – os cabelos parecem ser uma como expressão de vigor e, ao mesmo tempo, de maternalidade ou feminilidade, da natureza tropical que, das árvores, se derramasse pela nudez das sinhás quando naturalmente belas, brasileiramente bonitas. Os cabelos de Aurélia "borbotavam em cascatas sobre as alvas espáduas bombeadas, com uma elegante simplicidade e garbo original que a arte não pode dar, ainda que o imite, e que só a própria natureza incute". Também dos cabelos de Carolina, em *A Viuvinha*, nos diz o romancista que eram "longos"; e que se "espreguiçavam languidamente sobre o colo aveludado como se sentissem o êxtase desse contato lascivo". Fala-nos de outras cabeleiras, de outros pés, de outros encantos naturais e sensuais de forma de mulher brasileira que evidentemente considerava superiores a quantos artifícios as modas europeias pudessem inventar. Seriam sempre artifícios incapazes de fazer nascer nas damas requintadas cabelos tão fartos como o das iaiás simplesmente iaiás do Brasil; e reduzir em inglesas, em francesas, em alemãs, a extensão dos pés, até ficarem do tamanho dos das sinhazinhas.

Esse é um dos pontos em que Alencar mais insiste nos seus romances de vida de corte e vida de fazenda: a superioridade da beleza natural sobre a criada ou inventada pela arte. Não só quanto a pessoas: também quanto a coisas. Os jardins franceses ou ingleses de cidade que aparecem nos seus romances não sobrepujam em encanto os parques naturais que vêm do mato grosso até os fundos das quintas, dos sítios ou das chácaras patriarcais. São os enfeites desses jardins como os dos vestidos de mulher comprados nas lojas francesas da rua do Ouvidor: não conseguem mais do que acentuar a beleza ou o encanto natural das formas de corpo e de paisagem. As formas do corpo das brasileirinhas, que Alencar retrata em geral no verdor da vida e não no esplendor da idade: e dos trechos de natureza também adolescente e como que em formação que descreve, antecipando-se a Euclides nesse gosto por "*beauté du diable*" nas formas das paisagens e não apenas das pessoas.

Em O Tronco do Ipê – romance caracteristicamente de casa-grande aristocrática, com sinhás e mucamas, com ioiôs e negros velhos do tempo da escravidão, com barão, padre e até compadre – contrasta o romancista duas figuras brasileiras de meninas-moças: Alice e Adélia. Alice com alguma coisa de "flor agreste cheia de seiva, e habituada a se embalar ao sopro da brisa ou a beber a luz esplêndida do sol". Adélia com "certo ar de languidez, que se nota nas flores dos jardins, assim como nas moças criadas sob a atmosfera enervadora da cidade".

Quem visse as duas meninas – informa o romancista com aparente imparcialidade – "acharia sem dúvida mais bonita Adélia, porém gostaria muito mais de Alice". É que Alice representava criatura muito mais natural do que Adélia; muito mais em harmonia com a paisagem brasileira; muito mais à vontade no meio das árvores e das águas de uma fazenda rústica: brasileiramente rústica.

Adélia nem mesmo em passeio pelo mato separa-se do seu "leque de aspas de marfim"; e seu pezinho – Alencar raramente se esquece dos pés das mulheres –, "calçado com uma botina de duraque" pisa "a relva ou as folhas com tanta delicadeza como se roçara pelo mais fino tapete". Sinhazinha de sobrado, de casa atapetada, de salão afrancesado de corte. Sinhazinha excessivamente dengosa a cujo excesso de delicadeza cortesã o romancista opõe como seu ideal de mulher, como proteção em figura de mulher de sua filosofia de homem identificado filialmente com a natureza ou com a paisagem brasileira – identificação de filho com sua mãe: a verdadeira mãe – o desembaraço quase de menino, junto à graça já de mulher, de Alice. Uma Alice cujo encanto pelas laranjas, pelos figos e abacates, pelas romãs e goiabas, pelos araçás e pelas uvas, pelas jabuticabas e pelas mangas do vasto pomar da casa-grande não se contenta em ver tanta fruta gostosa pendurada nas árvores, à espera de mão servil do pajem que venha colhê-las para as fruteiras da mesa patriarcal: ela própria quer trepar às árvores e colher as frutas. E escandaliza as negras mais cortesãs: "Nhanhã, isto são modos? Tomara que sinhá saiba", exclama uma. Outra grita: "Onde já se viu uma menina trepar nas árvores? No Rio de Janeiro só quem faz isso é menina à-toa!". O pajem também intervém: "Eu tiro, nhanhã, diga o que quer que eu tiro. Uma moça faceira tem seu pajem para servir a ela". E Adélia, toda sinhá de corte, repara: "Não trepe, Alice, não é bonito; estraga as mãos e pode romper seu vestido".

Diante do que, Alice se resigna a comer os frutos tirados pelo pajem: "Muito menos gostosos do que colhidos por ela própria", comenta o romancista, interpretando enfaticamente o rompante antipatriarcal e antiburguês da filha do barão desejosa de se aproximar da natureza como filha que se aproximasse da mãe para sugar-lhe ela própria o leite; para tirar-lhe os frutos com as próprias mãos. Toma, quase como advogado, o partido da menina revoltada contra os excessos de feminilidade da criação antes cortesã que rusticamente patriarcal de certas meninas sinhás, isto é, finas à moda burguesa, embora ainda patriarcal. Contra os excessos de criação senhorial ou escravocrática que fazia de brancos de sobrado e mesmo de casa-grande figuras sobrenaturais a precisarem sempre dos escravos ou dos pretos de senzala para se comunicarem com a natureza, com a paisagem, com as árvores, com as águas, com os animais.

Era precisamente o que fazia Adélia em face das árvores, das plantas e das frutas do pomar da fazenda: comunicava-se com elas através das escravas. O romancista surpreende Adélia num desses flagrantes de criatura exageradamente artificial: "Quando o pajem Martinho lhe trazia alguma goiaba ou figo, ela, segurando-a na pontinha dos dedos enluvados, voltava-se para a mucama:

– Fará mal, Felícia?

– Deixe ver, iaiá."

A Felícia tomava então a fruta, que cheirava e abria ao meio; comendo uma banda dava a outra a Adélia:

"– Pode comer, iaiá! Está muito gostosa."

É claro que ao indianista de *Iracema* e de *O Guarani* só podiam repugnar esses excessos de sinhazinha de salão. Esses exageros de menina afrancesada com medo de tudo que fosse tropical. O que ele admirava eram as Alices e as Divas que – meninas um tanto meninos, brancas um tanto índias –, sendo de salão, eram também amigas da natureza, da paisagem, das árvores, das cascatas, das águas, dos animais.

Alencar faz de Alice um elogio em que se define, talvez melhor do que em qualquer outro dos seus romances, seu ideal de arte, de vida e de mulher brasileira. Uma arte, uma vida, um tipo de mulher que já se esboçavam, dentro do próprio sistema patriarcal de família rural, embora contrariadas suas expressões mais arrojadas por esse mesmo sistema. Para Alencar, Alice era "a menina brasileira, a moça criada no seio da família, desde muito cedo habituada à lida doméstica e preparada para ser uma perfeita dona de casa. A baronesa não se preocupara com a educação da filha; mas tal é a força do costume que a moça achou nas tradições e hábitos da casa o molde onde se formou a sua atividade". E encantado com aspectos rurais do sistema patriarcal brasileiro – aqueles em que os excessos de poder do pai ou patriarca de casa-grande eram como que corrigidos ou atenuados pela influência das mães – a branca, a índia, a mestiça, a negra e, principalmente, a mãe natureza – Alencar, ainda a propósito de sua querida Alice, repara do tipo de mulher das melhores casas-grandes da época – isto é, a primeira metade do século XIX – que "a civilização europeia já tinha, é certo, polido esse tipo nacional, mas não lhe desvanecera a originalidade".

Fiel ao tipo nacional ou brasileiro, Alice juntava às prendas de sala as de dona de casa rural, entendida não só em doces como em galinhas, ovos, vacas de leite. Enquanto Adélia era "mocinha de maneiras arrebicadas à francesa, cuidando unicamente de modas e do toucador".

Expandindo-se em crítico social, o romancista ao mesmo tempo que retrata, em Alice, as virtudes do sistema patriarcal brasileiro, quando favorecido pelo contato com a "mãe natureza" mais do que com a "mãe preta", exalta na moça a revolta do indivíduo desejoso de ser natural contra os abusos ou exageros do sistema social. Principalmente aqueles exageros de artificialização da mulher ou do branco senhoril em pessoa quase separada da natureza, da paisagem ou do meio tropical pela mediação constante do escravo. Alice não crescera assim. Tornara-se querida tanto da pretalhada da senzala como do gado, das ovelhas, das galinhas da fazenda. Crescera tão brasileiramente que, moça feita, seu Natal continuaria o de Menino Jesus e de presépio dos velhos tempos.

Nada de Natal "enluvado e perfumado como um baile de corte", pensa ela, já sinhá-moça. E vai adiante: procura restaurar na festa tradicional de família brasileira o que vinha caindo no esquecimento, sob a influência de Natais franceses ou ingleses. Procura restaurar o Natal de confraternização da casa-grande com o terreiro, e, por conseguinte, com a natureza, com a paisagem, com o campo. O que provoca a indignação de Adélia: "Prefiro dançar na sala a machucar os pés no chão duro; assim como acho mais bonita uma ária italiana de que os tais descantes", diz a subeuropeizada Adélia. Alice, porém, não se dá por vencida: "São gostos. O teu deve ser melhor que o meu, pois vives na corte e eu sou apenas uma roceira, porém Mário, que veio de Paris, pensa comigo".

É como se Alencar, através dessa Alice ao mesmo tempo tradicionalista e modernista, familista e individualista, tivesse se antecipado à tentativa de renovação da cultura brasileira, sobre base ao mesmo tempo modernista e tradicionalista que foi, em nossos dias, o movimento regionalista do Recife, ao lado do mais grandioso "modernismo" de São Paulo, do qual também uma ala se esforçou pela combinação daqueles contrários. Movimentos que tiveram, evidentemente, em José de Alencar um dos seus melhores precursores. Pois a verdade é que o autor de *Til* a quase todos nós, brasileiros que temos procurado reinterpretar o Brasil, nestes últimos trinta anos, influenciou deste ou daquele modo. Ele foi para alguns de nós uma espécie de avô distante: desses de quem certos jovens se sentem mais próximos do que dos próprios pais. Mário de Andrade, Roquette, Manuel Bandeira, Gastão Cruls, o próprio Oswald de Andrade de *Pau-Brasil*, José Américo de Almeida, José Lins do Rego, Cassiano Ricardo, Rachel de Queiroz, estiveram, em seus esforços de renovação literária do Brasil, próximos desse um tanto esquecido avô intelectual, ao mesmo tempo que distanciados da geração imediatamente anterior à deles, de romancistas, poetas ou escritores. E Euclides da Cunha em mais de um sentido foi um continuador do autor de *O Sertanejo*, *O Gaúcho*, *O Guarani*, cuja influência parece também ter sido considerável sobre o "brasileirismo" de Sílvio Romero, o sertanejismo de Taunay, o caboclismo de Inglês de Sousa.

Ao escrever, ainda adolescente, em língua inglesa, a tese universitária sobre a sociedade patriarcal brasileira no meado do século XIX, em que procurei sugerir que o escravo no Brasil de então era tratado melhor pelo senhor rural que o operário de fábrica na Europa da mesma época, creio ter, inconscientemente, seguido sugestões de um Alencar lido com entusiasmo e até fervor na meninice. Tanto fervor que me lembro de ter colhido então de suas páginas, num caderno quase secreto de garatujas de menino de onze anos, palavras que tinham para mim qualquer coisa de puramente físico e pecaminosamente sensual no seu encanto. Qualquer coisa de fisicamente encantador para os olhos, para os ouvidos e, de algum modo, para o paladar e até para o sexo de um menino sensualmente literário; e não apenas para a sua verde imaginação ou inteligência. De algumas dessas palavras caracteristicamente alencarianas, ainda hoje me recordo; e as mais sedutoras da minha sensibilidade visual de menino desde os onze anos aliteratado e capaz, um tanto à maneira de Huysmans, de deixar de prestar atenção, num concerto de grande pianista, à execução da música, fascinado pela apresentação tipográfica do programa de concerto, foram, mais do que aquelas em que as vogais se sucedem, doces e redondas, inundando-nos os ouvidos como um óleo e como que se dissolvendo neles – névoa, aura, níveo –, as animadas por yy e vv, zz e uu, ll e ff, ii e rr – effluvio, topázio, enflorar, refrangir, electrizar, alumbre, trescalar, aljofrar, fulgor, sylpho, hymeneu, laivo, nupcial, diaphano, zephyro, glycerina, acrysolar, fulvo, pulchro, pulchritude, ogival. Palavras – estas últimas – que pareciam dançar no papel para deleite único, íntimo, secreto, dos olhos do menino a quem elas se apresentavam angulosas e verdemente moças, ao lado das redondas, gordas, maduras e às vezes maternal e ternamente moles, como, a despeito do seu significado, ou de acordo com ele, magoa, gemma, mimo, gozo, colo, coxa, sinhá, mingau, maná. Pois de Alencar pode-se talvez dizer que sem ter propriamente feminilizado a língua portuguesa, ao abrasileirá-la, amaciou-a, quebrando nela excessos de "ãos" e durezas de pronomes sempre autoritária e masculinamente colocados.

Mas voltemos à possível influência de Alencar sobre aquela tese de adolescente com relação a escravos no Brasil. Relendo agora – só agora – um *O Tronco do Ipê*, há quase quarenta anos abandonado, encontro este reparo posto pelo romancista na boca de um personagem de sua particular simpatia: "A miséria das classes pobres na Europa é tal que em comparação com elas o escravo do

Brasil deve considerar-se abastado". Reparo que deveria ter citado naquela tese, ao lado de depoimentos de viajantes estrangeiros. Reparo que provavelmente me deixara marcado o inconsciente animando-me à defesa de ideia tão escandalosa para aqueles brasileiros, ao contrário dos ufanistas, habituados a um Brasil quase sempre atrasado com relação à Europa.

Crítico social do Brasil escravocrático e patriarcal do seu tempo, não era Alencar um maria vai com as outras que se deixasse dominar por uma sistemática oposição a tudo que fosse patriarcal, escravocrático e quase feudal na sociedade brasileira de então para só enxergar belezas de organização social e encantos de cultura na Europa triunfalmente burguesa ou nos Estados Unidos igualmente burgueses nos seus modos nacionais de ser. Seu modernismo não era tanto que extinguisse nele o equilíbrio crítico e o fechasse a qualquer tradicionalismo; nem tampouco que o fizesse contentar-se com o burguesismo triunfante na Europa e na América inglesa.

Pode ter sido a seu modo anglófilo. Discípulo de sir Walter Scott. Cooper talvez deva ser considerado seu exemplo de indianista, mais do que Chateaubriand, de eloquência paisagística. Mas conservou-se sempre de pés firmes sobre o chão brasileiro. Não só o chão ideal das selvas, das matas, das florestas, do seu entusiasmo de naturista lírico ou de paisagista romântico para quem a paisagem foi evidentemente refúgio e compensação maternal de dissabores experimentados nos meios urbanos, no interior dos sobrados, nos recintos atapetados da corte: também o chão dos terreiros das casas-grandes de engenho, de fazenda, de estância. O barro, o massapê, a terra das fazendas e das chácaras nas quais parece ter sentido ainda mais do que Machado de Assis – um Machado quase irmão de Adélia no seu modo esquivo de pisar na terra sempre que descia de casa à rua ou da sala ao quintal, com cautelas de gato a atravessar chão molhado ou enlameado pela chuva do trópico – um aconchego ou uma intimidade brasileira que quase lhe fugia dos pés quando pisava os tapetes dos palácios oficiais e das casas requintadamente burguesas da corte. Não que não soubesse pisar em tapete: sabia. Tomara chá e não apenas chocolate em pequeno. Mas o mundo de sua predileção sentimental era outro. Sua aspiração, ser escritor autônomo e teluricamente brasileiro: aspiração grandiosa em que o olhar clínico, e não apenas crítico, do professor Olívio Montenegro enxergou megalomania.

Para ser verdadeiramente telúrico e autônomo de fato, faltou, na verdade, a Alencar, além do ânimo cearense, nele tão forte, potência artística: a potência de um artista verdadeiramente criador como Villa-Lobos na música ou Euclides da Cunha no ensaio. Alencar quis ser na literatura o que Villa-Lobos veio a tornar-se na música. Não conseguiu, embora ainda hoje deva ser considerado o único romancista que superou no Brasil o calendário cristão, a história sagrada e a história clássica como fonte de inspiração para nomes de meninos. Por causa de Alencar o Brasil se encheu de Peris, de Iracemas, de Ubirajaras. E a verdade é que sua palavra às vezes macia, outras vezes agreste, permitiu-lhe comunicar a flama daquela aspiração a numerosos brasileiros, através de uma das influências mais largas e mais persistentes que já teve no Brasil um escritor leal à sua vocação e fiel à sua condição de intelectual independente. Independente de convenções e de governos, de academias e de institutos. Tanto que nenhum título se grudou ao seu nome: nem mesmo o de conselheiro do Império.

Do mesmo modo que não se acrescentou ao seu nome, como uma qualificação invariável, a condição de escritor que de inacadêmico passou às vezes a antiacadêmico; e de brasileiro, a antilusitano. Não me parece que o romantismo em José de Alencar ou em Gonçalves Dias – os verdadeiros iniciadores de uma literatura brasileira sobre base tropical – tenha se sentido obrigado a ser sistematicamente antilusista – segundo a receita arbitrária de Gonçalves de Magalhães – para ser brasileiro no sentido apolítico de exprimir a identificação do homem com a natureza, com a terra, com os valores tropicais da América decisivamente ocupada pela gente lusitana e caracterizada por essa presença. Donde a possibilidade de poderem tais autores ser considerados tão lusotropicais como foram cronistas do tipo de Gabriel Soares, cientistas da espécie de frei Cristóvão de Lisboa, críticos sociais do feitio de Antônio Vieira, poetas do estilo de Bento Teixeira, Santa Rita Durão, Basílio da Gama e Gregório de Matos, historiadores como Rocha Pita. Também eles podem ser incluídos entre os tropicalistas menores que, na atividade literária, concorreram para dar constância à cultura brasileira como cultura luso-brasileira ou, antes, lusotropical.

As *Cartas sobre a Confederação dos Tamoios*, de José de Alencar, recentemente publicadas pela Faculdade de Filosofia da Universidade de São Paulo, em sua coleção de textos e documentos, com anotações e introdução do professor José

Aderaldo Castelo, são, a esse respeito, particularmente esclarecedoras. O que José de Alencar reclamava de Gonçalves de Magalhães era principalmente – se bem o interpreto – a ausência, no poema melancolicamente fracassado como épico brasileiro, do que poderíamos hoje chamar de tropicalismo: um tropicalismo que desse vigor novo à inevitável lusitanidade de forma literária da *Confederação*, por mais que, dentro dessa forma convencionalmente portuguesa, se agitasse um calculado antilusismo político, circunstancial ou de momento.

Na carta primeira, já se mostrava preocupado Alencar com o fato de faltar ao poema de Magalhães reflexo da luz brasileira: da luz tropical. Da luz e das cores. No seu modo eloquente e às vezes retórico de escrever, exclamava nessa carta vibrantemente crítica o futuro autor de *Iracema*: "Brasil, minha pátria, por que com tantas riquezas que possuis em teu seio, não dás ao gênio de um dos teus filhos todo o reflexo de tua luz e de tua beleza? Por que não lhe dás as cores da tua palheta, a forma graciosa de tuas flores, a harmonia das auras da tarde?". Isto, antes de a "civilização" – isto é, a civilização europeia, carbonífera, industrial, paleotécnica – envolver "a limpidez dessa atmosfera diáfana e pura" – a de um Brasil virginalmente tropical e agreste – no que chama "os turbilhões de fumaça e de vapor", embora – acrescentasse irônico – isto talvez fosse necessário: a luz do Brasil é possível que fosse demasiadamente "forte" para os olhos que chama "humanos" quando parece que queria referir-se aos olhos não só europeus, como dos europeus desacostumados, como artistas literários, à "intensidade" de luz tropical. Pelo menos é como me parece que deva ser interpretada a ironia com que Alencar primeiro se manifesta sobre a ausência de "luz" e de "cores" brasileiras, isto é, tropicais, num poema com pretensões a épico nacional como o de Magalhães.

A própria conclusão da primeira carta crítica de Alencar à *Confederação dos Tamoios* é no que insiste: no fato de para ele, crítico, o sol ser astro diferente do que nas cidades, isto é, no Brasil mais europeizado daquele tempo – simplesmente acordava "de manhã os preguiçosos". Para ele, Alencar, cada raio de sol era "um ciclo em que a imaginação percorre outros mundos, outras eras remotas e desconhecidas". A apologia do sol como centro de um novo sistema literário ou cultural que fosse luso nas suas formas principais de expressão, mas arrojadamente tropicalista em sua busca de valores extraeuropeus. Pois o Brasil – acompanhemos o tropicalista Alencar, agora na sua carta seguida de crítica ao quase nada tropicalista Magalhães –, o Brasil, "o filho do sol, com todo o seu brilho e seu luxo oriental", se, em literatura, se limitasse a poemas nacionais como o do mesmo Magalhães, teria que "ceder a palma à América do Norte", exaltada com tanta eloquência de naturista por Chateaubriand, verificando-se então o que para Alencar era evidentemente um absurdo: o de "as regiões setentrionais" ofuscarem "os raios de meridiano!". Tropicalismo apologético. Tropicalismo sectário. Tropicalismo absoluto. Tropicalismo absoluto de quem considerava não só o sol como a lua do Brasil tropical superiores em beleza aos outros sóis e às outras luas: tanto que uma das suas críticas mais ásperas a Magalhães é a que lhe inspira o aparente desdém de Magalhães pela lua brasileira. Pela lua e até pela mulher; pela mulher tropical que, segundo Alencar, Magalhães, num poema nacional como A *Confederação*, estava na obrigação de exaltar sob a forma de uma "Eva indiana". Indiana – isto é, ameríndia. Ou caracteristicamente, castiçamente, teluricamente tropical.

As mulheres do poema de Magalhães, acusa-as Alencar de incaracterísticas a ponto de poderem figurar ao mesmo tempo num poema brasileiro e num romance árabe, chinês ou europeu, tanto podendo estar cobertas de penas de tucano quanto de vestidos franceses de madame Barat ou madame Gudin. A principal só teria de caracteristicamente brasileiro, isto é, tropical, o nome: Iguaçu. Pois segundo Alencar, Magalhães, na Itália, não achara ideia do que devia ser "a beleza da mulher selvagem e inculta, a beleza criada nos campos...". Donde poder concluir-se que, a seu ver, a literatura que se desenvolvesse no Brasil, como expressão nova de vida e de cultura, devia resultar de vivo e íntimo contato dos poetas e dos escritores com a natureza, com o campo, com a gente nativa que eram, e são, uma natureza, um campo e uma gente tropicais.

Não que ele advogasse um indianismo total. Não se conformava porém – e aqui, no século XIX, o brasileiro Alencar deu relevo a uma tradição vinda de Pero Vaz e de Gabriel Soares: portugueses do século XVI – com o desdém de alguns europeus – no século XIX imitados por vários brasileiros – pelas "raças primitivas" que seriam todas "raças decaídas" sem "poesia nem tradições", a cujas línguas faltassem imagens, sendo seus termos todos "malsoantes e pouco poéticos". Não se conformava com aqueles que pensavam deverem os brasileiros "ver a natureza do Brasil com os olhos do europeu", "exprimi-la com a frase do homem civilizado" e "senti-la como o indivíduo que vive no doce *confortable*". O que ele desejava era uma literatura, e, mais do que isso, uma cultura brasileira, que resultasse de um maior contato do brasileiro civilizado com a natureza, as gentes e os valores rusticamente tropicais. Uma cultura lusotropical – pode-se hoje dizer. De modo que o tropicalismo de Alencar conformava-se em seus traços principais com o tropicalismo desde o século XVI característico da atitude de quase todos os portugueses em contato mais íntimo e mais amoroso, no Brasil, com os trópicos.

O que lhe repugnava era a ideia de alguns sofisticados de não ser a natureza brasileira – ou a natureza tropical do Brasil – "bastante rica para criar ela só uma epopeia". Alencar – se bem o interpreto – enxergava nessa atitude simples incapacidade de verem alguns europeus ou subeuropeus valores épicos naqueles elementos de natureza, de vida e de cultura não consagrados ou aristocratizados em "épicos" pelas tradições literárias da Europa. Entretanto, Bernardin de Saint-Pierre soubera "dar poesia a uma coisa que nós consideramos como tão vulgar": a bananeira. Eram tropicalíssimas bananeiras que cresciam perto da choupana de Paulo e Virgínia "abrindo seus leques verdes às auras da tarde". No Brasil, como as bananeiras crescessem "ordinariamente entre montões de cisco, em qualquer quintal da cidade", ninguém descobria nelas – reparava Alencar – encanto algum, mas somente aspectos ridículos. E o próprio Alencar recorda Buffon que, na sua *História Natural*, fora "um poeta" que fizera "um pequeno poema sobre cada animal, cada ser da criação, ainda mesmo aqueles que nos parecem os mais desprezíveis".

Ora, a Buffon se anteciparam aqueles portugueses que, como Gabriel Soares, sem serem naturalistas, curvaram-se sobre minúcias da natureza ou da vida tropical, em áreas ainda desconhecidas por outros europeus, para nos deixarem em crônicas, roteiros, tratados, informações sobre gentes, animais, plantas, águas, paisagens, minerais, que ainda hoje vivem pelo que nelas há de exato, de honesto, de autêntico e, ao mesmo tempo, de espontaneamente poético. Há "pequenos poemas", do tipo dos que Alencar destaca na *História Natural* de Buffon, em crônicas, roteiros, cartas, notícias que fixam impressões de portugueses dos séculos XVI e XVII de coisas e gentes por eles surpreendidas em terras tropicais: inclusive no Brasil. Sua atitude tendo sido, de início, a de homens que nessas coisas e nessas gentes descobriram ou enxergaram valores a ser aproveitados e assimilados por europeus, e não desprezados ou esmagados por eles como expressões de culturas em tudo inferiores às europeias ou produtos de uma natureza escandalosamente cheia de sol e de cores vivas e com a qual fosse inconciliável o branco civilizado e sofisticado da Europa, explica que em escritores como, no Brasil, José de Alencar, empenhados em contribuírem para o desenvolvimento de uma literatura brasileira independente da academicamente portuguesa, tenha se conservado o mesmo espírito, a mesma atitude, quase o mesmo sentido das relações de valores europeus com os tropicais: o sentido que se pode hoje afirmar ser característico de toda uma vasta, embora dispersa, cultura lusotropical.

ORIGENS E TENDÊNCIAS DO ROMANCE BRASILEIRO

Estudando as origens do romance brasileiro e salientando algumas das suas tendências mais características, o professor Olívio Montenegro o faz como crítico, a quem o que mais interessa é o valor literário do romance ou da novela que analisa; sua qualidade, seu poder de expressão e de interpretação artística da vida.

Ele de modo nenhum pretende fazer obra de história literária, muito menos ser completo ou exaustivo na sua sondagem do novo romance brasileiro: o dos nossos dias. O que fez, num livro que o consagrou um dos mais argutos críticos literários da língua portuguesa, foi escolher certos aspectos do desenvolvimento desse gênero de literatura entre nós e destacar algumas de suas expressões atuais mais significativas; e cortadas a seu gosto, um tanto arbitrariamente talvez, fatias de um assunto tão complexo, exercer sobre elas sua crítica penetrante e às vezes volutuosas, sem indulgências de camarada, é certo, mas sem o exagero contrário: a incapacidade de admirar.

Crítica de livre-atirador no sentido quase literal da expressão, sem compromisso nem obrigação nenhuma de historiador nem de didata, o estudo de Olívio Montenegro constitui entretanto uma contribuição das mais valiosas para o esclarecimento da formação da literatura brasileira, vista através do esforço de alguns dos nossos melhores romancistas para descreverem, representarem e às vezes interpretarem, sob a influência de modelos europeus e de sugestões norte-americanas, um tipo de sociedade e de vida diverso do europeu e diferente do norte-americano, com problemas sentimentais e morais de desajustamento da personalidade ao meio – a meu ver o grande tema do romance ou do drama – caracteristicamente nossos. Caracteristicamente brasileiros no que os sociólogos chamam de "configuração": configuração de cultura nacional ou regional em sua relação com a pessoa humana. Mas universais e humanos em sua essência: apenas à espera de intérpretes capazes de senti-los em sua universalidade e em sua dramaticidade humana, sem sacrifício da expressão regional ou da configuração local.

O talento, principalmente de Armando Fontes, que sem ser nenhum "virtuoso do estilo" – como já salientou, com a sua sagacidade de sempre, Prudente de Morais Neto – é, talvez, dos nossos romancistas modernos, o mais verdadeiramente romancista: natural, como nenhum, na apresentação das figuras e dos fatos, sem prejuízo da dramaticidade, que nele é tão poderosa, impondo-se a despeito das deficiências de técnica verbal e de gosto literário.

Creio que o grande tema do romancista é, como disse acima, o desajustamento da personalidade ao meio; e o seu ponto de vista, antes o da personalidade que o do meio. Sobre essa base me parece que vem se apoiando a melhor tradição não só do romance ou da novela como do drama. Desde os gregos a William Shakespeare. Desde *Dom Quixote* aos romances de Gide ou de Virginia Woolf. Até Wells quando faz de alguns dos seus romances ensaios sociológicos, é sem esquecer a pessoa humana, tão cara a todo bom inglês, conservador ou socialista.

Mesmo sob a tendência para a socialização mecânica da vida que tanto se vem acentuando em nossa época – sendo que em certos países, de forma opressora, violenta e brutal –, não vejo motivo para o romance tornar-se de tal modo objetivo e social a ponto de confundir-se com a reportagem, a documentação, o estudo sociológico e até com a propaganda política ou a apologia do Estado, perdendo de vista a personalidade humana e os aspectos chamados subjetivos da vida e da cultura. Não os perderam nunca de vista os nossos melhores romancistas do passado, embora nenhum se igualasse a Machado de Assis – retratado por Olívio Montenegro num dos capítulos mais felizes do seu estudo – no talento, talvez mesmo capacidade genial, de analisar-se e, mesmo sem o querer, de revelar-se, e de analisar e de revelar o ambiente, através de desajustamentos ou conflitos da personalidade com o meio. Desajustamentos e conflitos apresentados em termos os mais sutilmente artísticos e ao mesmo tempo de uma exatidão humana que tem interessado, por um lado, aos psiquiatras e aos psicólogos, por outro, aos sociólogos e aos historiadores da sociedade brasileira do tempo da escravidão e do Império.

Entre os romancistas modernos do Brasil, vê-se que aqueles aspectos não os perdem de vista Gastão Cruls, Graciliano Ramos, Lúcio Cardoso, Ciro dos Anjos, Otávio de Faria, nem mesmo alguns dos mais interessados no meio nacional ou regional e nos problemas sociais do nosso tempo: José Américo de

Almeida, Amando Fontes, Rachel de Queiroz. Nem eles nem José Lins do Rego nos seus melhores romances, a meu ver aqueles que são justamente "aventuras de personalidade" um tanto no estilo das de Dorothy Richardson, embora influenciados distintamente pelo lirismo sexual de Lawrence e pelo velho Hardy: pelo seu naturalismo à inglesa – tão diferente do francês, de Zola –, pelo seu regionalismo, pelo seu ruralismo. Foram principalmente as influências inglesas que impediram José Lins do Rego de empastar-se numa espécie de Zola paraibano difuso e demagógico.

Parece-me que esses aspectos poderiam ter merecido atenção mais demorada e análise mais simpática de Olívio Montenegro: a personalidade em luta com o meio, no romance brasileiro; a influência inglesa – inglesa e norte-americana – sobre alguns dos nossos romancistas mais ilustres, de Machado de Assis a Gastão Cruls, de José de Alencar a Jorge Amado ou a Érico Veríssimo – este ainda mais penetrado de influências inglesas do que José Lins do Rego. Ninguém mais apto para o trato e a análise de tais problemas de relação e de comparação que o crítico do Recife. Ele reúne à erudição literária a sociológica; e ao conhecimento do romance brasileiro o conhecimento dos romances inglês e norte-americano; e a toda essa austeridade de erudição reúne, ainda, o gosto, o humor, o senso artístico de expressão e ao mesmo tempo um sentido humano da literatura, raros em nossos letrados e raríssimos em nossos críticos, quase sempre uns secarrões como José Veríssimo ou então uns estouvados como Romero. Daí o livro novo e surpreendente de crítica literária que é *O Romance Brasileiro*.

Talvez um pouco por influência do romance inglês, tão sensível ao encanto das paisagens esportivas e claras como ao mistério dos ambientes escuros, densos, pegajentos, impregnados de passado humano, um passado humano concentrado nos sobrados velhos, nos móveis velhos, nas flores murchas, nas louças antigas de família, nos retratos pálidos dos avós, nos cachos de cabelo louro de irmãos mais velhos que morreram anjos, é que se explique o caso de Cornélio Pena e do romance extraordinário que é *Fronteira*. O romance brasileiro, dos modernos, em que a "aventura de personalidade" alcançou entre nós sua expressão mais pungente. Entretanto, Cornélio Pena é daqueles romancistas mais novos do Brasil acerca do qual se fica infelizmente sem saber a opinião de Olívio Montenegro. Cornélio Pena, Marques Rebelo, Mário de Andrade, Oswald de Andrade,

Godofredo Rangel, Lúcio Cardoso, João Alphonsus, Afrânio Peixoto, José Geraldo Vieira, Plínio Salgado, Domingos Olímpio, Ciro dos Anjos e, ainda, Yan de Almeida Prado (Aldo Nei) – o notável autor de *Os Três Sargentos* – e, dentre os mortos, Lima Barreto, são autores de romances que marcaram ou começaram a marcar tendências significativas em nossa vida literária, e que todos desejariam ver analisados, interpretados e situados na paisagem das letras brasileiras por um crítico da lucidez e da sensibilidade de Olívio Montenegro. *Os Três Sargentos*, em que se antecipam certos característicos de *Os Corumbas*, bem que merecia um capítulo inteiro de análise, e não apenas uma referência. É também de esperar que o agudo crítico que é mestre Montenegro se volte para a análise e para a interpretação dos romancistas mais recentes do país: um Guimarães Rosa, um Antônio Olavo, um Mário Palmério, um Permínio Asfora, uma Clarice Lispector e, como romancista, um Luís Jardim.

Trata-se, porém, de um crítico livre-atirador e voluntarioso, que não quer prender-se a obrigações de ordem nenhuma, nem lógica nem cronológica. Um livre-atirador para quem a crítica do romance brasileiro é um pouco como o próprio romance para os melhores romancistas: uma aventura de personalidade. Impossível esperar-se dele a disciplina dos críticos didáticos ou o senso de ordem lógica e cronológica dos historiadores da literatura pura ou da sociedade vista através da literatura.

Parecerá mesmo a alguns que não se justifique a inclusão de um estudo tão sensível aos aspectos chamados "subjetivos" da vida, da arte e da crítica numa coleção como Documentos Brasileiros, que se preza da objetividade entre os seus traços mais característicos. Mas nem o autor do estudo admirável que é *O Romance Brasileiro* deixa de dedicar a atenção devida aos aspectos objetivos da vida brasileira e da personalidade humana, vistas através do romance nacional e de alguns dos nossos maiores romancistas, nem parece ser do programa daquela coleção um objetivismo doutrinário, imperativo, absorvente, pelo qual tudo se devesse interpretar ou explicar na cultura, no caráter e nas tendências do brasileiro. Mesmo assim é lamentável não ter um crítico literário que é também, como o professor Olívio Montenegro, um historiador social e até um sociólogo idôneo procurado relacionar fenômenos aparentemente só beletrísticos como o "romance nordestino" com os seus contextos socioculturais.

Reexaminado hoje, o trabalho do crítico Olívio Montenegro, aparecido, em sua primeira edição, em 1938, presta-se a uns tantos comentários em torno de um problema, ultimamente posto em foco por um jovem e inteligente sociólogo baiano, A. L. Machado Neto: o problema – segundo Machado Neto – de o romance social no Brasil não ter surgido no Nordeste como "um ato gratuito". Ao contrário: teria, como romance social, se antecipado à "ciência social" de que os brasileiros necessitavam sob a forma de uma "redução sociológica" especificamente brasileira como "liquidação do processo colonial". Segundo o sociólogo baiano, "enquanto não havia uma ciência social autóctone, capaz de tematizar o Brasil em termos nacionais, o romance nordestino foi a mais autêntica reação erudita ao subdesenvolvimento do Nordeste e, consequentemente, do desequilíbrio inter-regional".

Engano, e grande, a meu ver, do jovem sociólogo desgarrado na crítica ou na história literária sem antes ter unido, com relação ao chamado "romance nordestino", ao gosto pela generalização o exato saber dos particulares. Pois a verdade é que o "romance nordestino" foi precedido por uma interpretação dinamicamente inter-regional do Brasil, partida do Nordeste, através de ensaios aparentemente só literários. Semelhante interpretação importava em opor o Nordeste ao Rio-São Paulo e o Brasil e, mais que o Brasil, o trópico, à Europa e aos Estados Unidos, um esforço de descolonização e um ânimo de valorização audaciosa do que fosse neles – Nordeste, Brasil, trópico – valor autenticamente regional ou potentemente tropical. Ânimo que se comunicou a poetas e sobretudo a romancistas. É uma pena não ter sido o assunto considerado pelo professor Olívio Montenegro.

UM NOVO CRÍTICO: EDUARDO PORTELLA[1]

Por que escolher-me Eduardo Portella para prefaciador de um livro tão especificamente literário, como o seu *Dimensões*? Aceitando seu convite, tenho que começar por um tanto autobiográfico. Isto para procurar justificar-me ou, pelo menos, explicar-me.

Pois, não fosse a insistência com que críticos literários da responsabilidade de um Antônio Cândido, de um Osmar Pimentel, de um Roberto Alvim Correia, de um Olívio Montenegro, de um Otto Maria Carpeaux, de um Álvaro Lins, de um Moisés Velinho, de um Joel Pontes, continuam a considerar-me pessoa quase de casa nos seus domínios – ao contrário daqueles outros que enxergam, em gente menos ostensivamente literária, simples intrusos ou hereges perigosos nesses mesmos domínios – e não me animaria a aparecer como prefaciador – atendendo a um pedido talvez leviano – no livro de estreia de um crítico literário tão especificamente literário no seu modo de ser crítico como é o jovem escritor Eduardo Portella.

A verdade, porém, é que, por mais intransigentemente severos na sua ortodoxia literária que os Tristão de Ataíde, os Andrade Murici e os Afrânio Coutinho – mestres da crítica literária em nosso país que todos admiramos e respeitamos – se mantenham na atitude de fechar ao prefaciador do livro de estreia de Eduardo Portella as portas daqueles domínios – os ortodoxamente literários – que dependem de sua guarda ou da sua vigilância, no íntimo o mesmo prefaciador não se sente, de modo algum, intruso na literatura do seu país. Escritor ou ensaísta literário é o que principalmente se considera, desde jovem, embora com um lastro de especialidade científica que não repudia nem renega; e que, aliás, em escritor de porte, não prejudicaria, antes valorizaria, a condição de escritor. A Newman não prejudicou a teologia, nem a Huxley, a biologia, nem a Ganivet, a filologia, nem a Santayana, a filosofia, nem a Bertrand Russell, a matemática, nem a Conrad, a marinharia. Sob esse critério, e, dentro, é claro, de limites modestíssimos, é que

---
[1] Prefácio ao livro *Dimensões*, de Eduardo Portella. Rio de Janeiro, José Olympio, 1958.

parece ao prefaciador que deve ser interpretada a "influência" que uma vez por outra lhe é generosamente atribuída em movimentos literários e em renovações artísticas, ainda hoje vivas no Brasil: renovações e movimentos nos quais, se de algum modo chegou a influenciar, não foi decerto como sociólogo ou como homem de ciência, mas como escritor. Essa "influência" há hoje quem a negue com a maior das ênfases; mas não sendo de todo raros os artistas, os escritores, os críticos de responsabilidade que a admitem, é possível que ela tenha havido de alguma maneira remota ou vaga; e que até continue a haver. Para o caso de confirmar-se essa ainda vaga possibilidade é que parece, ao prefaciador, essencial caracterizar-se a possível "influência" – se ela de fato houve – na sua forma exata: isto é, como uma influência de escritor e não como uma atuação didática ou técnica de homem de ciência que estendesse seu especialismo ou seu cientificismo ou seu positivismo a artes e letras, contaminando-as desses e de outros *ismos*. Semelhante contaminação parece não ter se verificado. Em primeiro lugar, pela falta absoluta de cientificismo da parte do suposto cientificista que, na opinião de alguns levianos de hoje, teria procurado fazer de poetas, romancistas, artistas, críticos literários, como ele, ainda jovens, arremedos de sociólogos ou de antropólogos ou de cientistas sociais que apenas se disfarçassem em beletristas ou em artistas. Em segundo lugar, porque os supostos contaminados não se mostram portadores de cientificismo algum. De nenhuma "ciência social" em qualquer de suas formas agudamente perniciosas à literatura ou à arte.

Daí o erro em que têm resvalado, neste particular, críticos brasileiros como ainda agora o sr. Milton Vargas e estrangeiros como Samuel Putnam e recentemente o sr. Fred P. Ellison. Parecem eles supor ter havido da parte do prefaciador uma influência sobre o chamado "romance nordestino" que teria sido influência de "sociólogo", de "cientista social", de adepto ou seguidor de um "positivismo sociológico" que ele, aliás, nunca seguiu; do qual nunca se extremou em adepto; ao qual nunca se inclinou por simples simpatia que fosse. Se se admitir tal influência, foi ela de escritor sobre escritores; de indivíduo não de todo insensível às artes sobre artistas; de analista do passado íntimo e da realidade brasileira menos ostensiva – e por conseguinte também íntima – sob critério antes psicológico – como notou já o crítico Álvaro Lins – do que linear, estatístico ou mesmo objetivamente sociológico sobre analistas literários do mesmo passado e da mesma realidade.

Daí o professor Roger Bastide ter caracterizado esse critério como peculiar ou singular, no seu modo de ser sociológico: o de uma "sociologia proustiana", segundo ele. Com o que têm concordado outros críticos estrangeiros e brasileiros; e recentemente um eminente humanista do tipo que o professor Julian Huxley chamaria científico, o professor Anísio Teixeira, na introdução generosa, mas, ainda assim, crítica, que escreveu para *Sociologia*.

Discriminador, lúcido, perspicaz, mas um tanto sob a sugestão da lenda cinzenta que se vem formando em torno do prefaciador, o crítico paulista Milton Vargas escreveu há pouco do "romance do Nordeste" que "se caracteriza por um interesse de investigação científica do homem brasileiro no seu meio regional" que lhe daria aspecto antes de "investigação científica" que de arte se não fosse – creio interpretar fielmente o agudo, e, segundo suponho, jovem redator da revista *Diálogo* – "um acento de arte inconfundível que lhe é dado principalmente pela intensa poesia da sua crua construção linguística (...)". E resumindo a interpretação um tanto linear de um crítico anglo-americano, mr. Ellison, acrescenta: Quando José Lins do Rego foge ao "intento" – atribuído ao grande romancista por mr. Ellison – de "confirmar as investigações – (sociológicas) de outro indivíduo que teria exercido influência sobre ele, produziria suas obras 'menores'". É o que se lê à página 67 do artigo "O Romance Nordestino", no nº 5, de outubro de 1956, da revista *Diálogo*, de São Paulo, em que o crítico paulista resume e comenta o livro do seu colega anglo-americano.

Mais: do autor de *Bangüê* estaria quase sempre ausente – segundo o crítico anglo-americano, apoiado, segundo parece, neste ponto, pelo paulista – "o interesse psicológico, tais as suas preocupações além de sociológicas, ecológicas". Entretanto, reconhecem os dois críticos em José Lins do Rego a capacidade de "mais do que qualquer dos outros romancistas do Nordeste, aplicar aos seus romances uma verdadeira sabedoria psicológica e filosófica, que muito ampliará o sentido do romance brasileiro e, sem dúvida, trará uma nova grandeza ao tema social nordestino. Desta forma, sem sair do tema regionalista, o romance nordestino poderá atingir um interesse universal real e não exótico, como o fez até agora". Palavras com que me encontro de inteiro acordo.

Talvez se possa acrescentar do romance chamado "do Nordeste" que, não sendo um instrumento ou uma forma de interpretação ou de expressão de vida apenas e especificamente nordestina, mas regional, já vem se tornando, sob esse aspecto, "romance mineiro"; e, nessa sua transferência de uma região para outra, intensificando seus empenhos psicológicos, aliás, de modo algum ausentes em "romancistas do Nordeste" como José Lins do Rego. Aos quais tampouco parece caber o reparo crítico que o redator de *Diálogo* parece estender a todos os "romancistas do Nordeste": o de se entregarem a "apresentações retóricas dos problemas nacionais". Nem esse reparo se ajusta ao autor de *Fogo Morto* nem lhe faz justiça quem o acusar de um "sociologismo" que o romancista nem desenvolveu por conta própria nem absorveu de algum dos seus camaradas mais próximos que fosse um "sociólogo" empenhado em comunicar aos companheiros de geração um "positivismo", um "comtismo", um "sociologismo", um "cientificismo" em que esse próprio sociólogo ou antropólogo não acreditou nunca; do qual nunca foi devoto; nem simplesmente adepto.

Durante anos, note-se desse suposto "cientificista" nem sequer ter revelado aos seus compatriotas sua qualidade de graduado, com grau superior, em ciências políticas e sociais, de universidade estrangeira (ao contrário: deixou durante anos que alguns desses compatriotas lamentassem nele o fato de "não ser formado"); não se apresentou, de volta da Europa à sua província, como "sociólogo", "antropólogo" ou "cientista social"; não versou, nos seus pequenos ensaios então aparecidos em revistas e jornais brasileiros e estrangeiros, temas nem sociológicos nem de antropologia científica. Desde seus dias de estudante em universidades estrangeiras vinha escrevendo tais ensaios para revistas e jornais, quer brasileiros e em língua portuguesa, quer em língua inglesa; e nunca esses artigos foram senão pequenos ensaios, com pretensões a literários e sobre temas psicológicos, humanísticos, artísticos, parafilosóficos. Seus temas e os de algumas conferências que proferiu logo após o seu regresso da Europa foram: o "imagismo", de Amy Lowell (pequeno ensaio em língua inglesa, seguido de conferência em português sobre o assunto); a poesia de Gonçalves Dias (conferência); a poesia de Augusto dos Anjos (ensaio publicado em inglês em *The Stratford Monthly*, revista literária de Boston); críticas ao estilo de Rui Barbosa e ao de Oliveira Lima; críticas ao "cientificismo" de Tobias Barreto e dos seus discípulos; tentativa de interpretação da pintura de Vicente do Rego Monteiro; o expressionismo no teatro e na pintura alemães; Yeats; H. L. Mencken; os então novos poetas anglo-americanos Vachel

Lindsay, Sandburg, Pound e outros; Ernesto Psichari; Léon Daudet; Randolph Bourne; os então novos críticos anglo-americanos (Spingarn, Van Doren, Van Wyck Brooks); Lafcadio Hearn; os Browning; o Greco; os pintores mexicanos; o pintor Figari; Jacques Maritain; Pater; Newman; Hardy; Stevenson; Henry James; Conrad; Melville; Belloc; Huysmans; Bertrand Russell; Arnold Bennett; Santayana; O'Neil; G. K. Chesterton; Joyce; Unamuno; Ganivet; Arthur Symons; os místicos espanhóis; Proust; a nova literatura iídiche (Pinsky, Kobrin etc.).

Foram livros desses autores – e não de cientistas ou de sociólogos – e livros sobre esses artistas, os que o suposto "cientificista" emprestou aos jovens escritores brasileiros que então se aproximaram dele. Durante cinco anos, após seu regresso do estrangeiro ao Brasil, sua influência – se houve alguma – foi toda nesse sentido; e nenhuma no científico ou no sociológico. Foram escritores intensamente psicológicos e introspectivos como os dois Lawrence, Melville, Katherine Mansfield, Joyce, Hardy, Ganivet, Unamuno, que mais se empenhou em tornar conhecidos daqueles seus companheiros de geração: de José Lins do Rego, principalmente, durante os dias mais intensos da amizade que os uniu; e quando, contra os seus pendores didáticos, o suposto "cientificista" concordou em ensinar inglês ao amigo predileto que afastara, já, tanto do panfleto político quanto das seduções do "modernismo" de São Paulo ou do Rio, não o fez para lhe comunicar qualquer saber especificamente científico, mas para que o jovem paraibano se iniciasse numa literatura quase desconhecida então no Brasil. O mesmo com relação ao já então consagrado poeta Manuel Bandeira, que teve o gosto de iniciar não em Giddings nem em Veblen, mas nos novos poetas e críticos em língua inglesa e também nos Browning e em Swinburne e Donne; e de alguns dos quais conseguiu que o poeta brasileiro realizasse traduções em português. Além do que a impressão de seus artigos sobre o poeta Bandeira que resultaria em vir Manuel a escrever por encomenda indelicada do prefaciador, o grande poema que é "Evocação do Recife", não foi senão impressão literária: a impressão de artigos literários – e não sociológicos – sobre temas regionais. Foi também pelo seu arremedo de poema sobre a Bahia, e pela sua conferência literária sobre Pedro II e pelos seus dois ensaios no livro comemorativo do 1º centenário do *Diário*, que o prefaciador mereceu a atenção de João Ribeiro, Tristão de Ataíde, Agripino Grieco, Prudente de Morais Neto; e de Sérgio Buarque de Holanda, por um artigo sobre James Joyce.

A iniciativa de cooperação intelectual, em torno de assuntos regionais, que resultou na publicação de um vasto livro comemorativo do 1º centenário do *Diário de Pernambuco*, em 1925 – livro, infelizmente, impresso em papel ordinaríssimo, devido à sumiticaria dos então proprietários do ilustre jornal –, nada teve de cientificista; como nada teve de cientificista o movimento regionalista, que culminou noutra iniciativa do prefaciador, de cooperação intelectual: o 1º Congresso Regionalista, reunido no Recife em 1926; e no qual foi lido seu manifesto: um manifesto que era ou é a negação mesma de todo cientificismo sociológico ou antropológico. Nem cientificismo nem "positivismo" nem "neopositivismo" sociológico ou antropológico se encontram à base de tais iniciativas, dado o fato de que era uma ciência social, a de quem inspirou, animou ou organizou esses movimentos de renovação, principalmente interpretativa; e, portanto, desdenhou de métodos apenas quantitativos ou somente descritivos de representação da realidade social. Mesmo assim interpretativa, essa sua ciência social nunca foi, nesse seu primeiro período de possível influência sobre jovens depois notáveis pelos seus romances ou pelas suas obras literárias em torno de motivos regionais ou de assuntos intimamente brasileiros, ostensiva; nunca sobressaiu à sua literatura. O trabalho em que então se empenhou quase secretamente – pois foram raros os seus amigos a quem comunicou seu segredo – baseava-se, é certo, em difícil pesquisa tanto histórico-social como antropológica; e teria alguma coisa de sociologia ou de antropologia ou de psicologia interpretativa; mas pretendia ser principalmente literatura. Esse trabalho, que não seria concluído nunca, era uma tentativa de reconstituição da vida ou da figura do menino no Brasil patriarcal: suas relações com a natureza, com a água, com as plantas, com os animais; com a casa; com a mãe; com o pai; com os irmãos; com os avós; com os tios; com o sobrenatural; com as mucamas; com os negros velhos; com os moleques; com a senzala; suas primeiras aventuras de sexo; sua linguagem; seus brinquedos; sua arte; seus estudos; sua religião. Era um empreendimento que se inspirava menos em qualquer sugestão científica ou sociológica que na literatura paraproustiana dos Goncourt; na sua concepção de uma *"histoire intime"* do homem ou da mulher francesa do século XVIII que fosse o que eles chamavam *"roman vrai"*. Essa concepção, o prefaciador, então rapaz de vinte e poucos anos, se aventurara a procurar transferi-la para espaço e tempo brasileiros. O tempo, o cronologicamente compreendido entre o século XVI e o XIX; e o espaço, o mais colorido pela presença do sistema patriarcal de família. A figura, porém, a ser reconstituída e interpretada na sua intimidade máxima era a do menino. E acrescentando ao método puramente histórico de reconstituição de tal figura ou de tal intimidade, o antropológico e o folclórico, reclamados, a seu ver – e nisto se afastando dos ortodoxos do especialista científico daquela época: dos seus próprios mestres da Columbia e de Oxford – pela situação brasileira, o prefaciador supunha poder vir a realizar obra original ou pioneira. Tratava-se de empreendimento de escritor versado em antropologia e em sociologia; e não de antropólogo ou de sociólogo que apenas fosse escritor de modo secundário ou ancilar. Só um escritor conhecedor de modo sistemático das ciências cujas normas ousava desrespeitar, para afirmar-se independente de ortodoxias acadêmicas e desdenhoso dos seus próprios títulos universitários, podia dar-se ao luxo de tais arrojos, então escandalosos; e só anos depois plenamente aceitos em meios acadêmicos e por mestres universitários de ciências sociais. Aceitos em primeiro lugar por mestres da Universidade de Stanford, um dos quais Percy Alvin Martin, informaria o prefaciador, ao recebê-lo em 1931, professor da mesma universidade, que considerava seu trabalho, escrito no Brasil sobre "um século de transição na vida social do Nordeste", equivalente da tese ou dissertação de doutor em filosofia, que lhe faltava para esse grau e para o magistério universitário em universidades da categoria da de Stanford. Grau complementar dos de bacharel e de mestre com os quais fora já consagrado nos Estados Unidos e reconhecido na Europa, por estudos universitários sistemáticos, embora no Brasil se sussurrasse – aliás para seu regozijo de escritor independente a quem os títulos ostensivamente acadêmicos, em vez de favorecerem, podiam comprometer e até prejudicar – que "não era formado". Pois não se compreendia então nos meios acadêmicos brasileiros que alguém fosse formado, se seus estudos não eram de direito, de medicina ou de engenharia.

Só em 1928 o suposto "cientificista" apareceria como "sociólogo": ao aceitar, aliás sem entusiasmo algum, a cátedra de sociologia que então se fundou na Escola Normal do Estado de Pernambuco; e que seria a primeira cátedra de sociologia no Brasil a funcionar acompanhada de pesquisa de campo. Aceitou sem entusiasmo essa cátedra – então disputadíssima por juristas ilustres – não por haver perdido o contato com os estudos sociais nem o gosto por eles, dentro do critério da íntima correlação desses estudos, quando científicos, com os humanísticos, psicológicos, históricos e até filosóficos – critério que já então seguia –, mas por ter adquirido, desde adolescente, horror ao ensino: à rotina pedagógica. E ter, como ideia fixa, apenas esta: ser escritor; ser ensaísta; desenvolver um estilo, como ainda não havia em português, em que o ritmo anglo-saxônio (ele estudara, além de latim, com o pai, anglo-saxão com o professor Homer Caskey, recém-chegado aos Estados Unidos, de Oxford) e o grego (estudara também o seu pouco de grego, tendo chegado a compor nas três línguas) se conciliassem com as tradições latinas da língua portuguesa, dando ao inovador um meio de expressão que correspondesse às suas experiências mais íntimas e mais pessoais. Era também sua ideia fixa ser independente, embora pobre, na atividade mais artística ou humanística que científica, que para ele se afigurava a atividade de escritor. Nessa atividade é que já sonhava então desenvolver uma interpretação talvez tão nova quanto o estilo que procurava para suas aventuras de ideias e de sensibilidade, do homem civilizado – particularmente o ibérico – situado no trópico que começasse por ser uma interpretação da infância desse homem europeu, nascido de novo nos países quentes. O que fez Oliveira Lima – para quem o amigo ainda jovem cometia, por inexperiência de moço, erro enorme, pretendendo fixar-se no Brasil depois de uma permanência no estrangeiro que, a seu ver, tornava o graduado da Universidade de Columbia e íntimo de mestres e estudantes de Oxford e da Sorbonne incompatível com o meio brasileiro – escrever-lhe que, com aquelas suas ideias fixas estava se tornando semelhante a um maníaco que insistisse em patinar em areia seca. O mais absurdo parecia a Oliveira Lima estar na constância dos temas do seu desorientado amigo: temas literários. Seria que, versando-os, supunha possível fazer da crítica literária sua especialidade no Brasil? Ou viver de ser escritor ou ensaísta num meio como o brasileiro? Estava enganado. Entretanto, em 1926, já o autor de *No Japão*, um tanto modificado, enviaria da Alemanha ao moço rebelde aos seus conselhos de velho e de sábio a carta que lhe escrevera, de Lisboa, João Lúcio de Azevedo; e na qual o severo historiador português considerava o então jovem maníaco, com elogios que Oliveira Lima dizia serem raros da parte de um homem como João Lúcio, "escritor". Não se imagina o que esse julgamento representou então para indivíduo tão sem estímulos que o animassem às suas aventuras de escritor em língua portuguesa. Em língua portuguesa havia mestre de literatura que, desde seus dias de estudante, o vinha incitando a aventuras dessa espécie, lembrando-lhe despropositadamente Conrad; mas no meio desses despropósitos, reconhecendo haver, nos seus pendores, o de escritor; e considerando-o o mais saliente. Esse mestre foi A. Joseph Armstrong.

Fatos miúdos, e de interesses aparentemente só biográficos, são aqui referidos com alguma minúcia e muita deselegância, para que o leitor menos avisado não estranhe em livro especificamente literário como o de Eduardo Portella a presença de um prefaciador, julgado por alguns "cientificista"; e antropólogo ou sociólogo cujas relações com as belas-letras brasileiras seriam as de homem apenas de ciência que, através de sua especialidade científica, teria influído, nem sempre saudavelmente, sobre as letras e as artes do seu país ou, pelo menos, da sua região. A verdade é que o prefaciador vê reaparecer nas letras brasileiras mais novas uma preocupação com problemas de expressão artística e, ao mesmo tempo, de interpretação, sob formas mais autenticamente brasileiras, do drama do homem civilizado situado no trópico, que lembram as suas, de há trinta anos; e essa preocupação lhe parece manifestar-se não só na poesia, no romance, no teatro, no conto, nas artes plásticas, na música, como na crítica literária que vem sendo iniciada por jovens escritores como, no Rio de Janeiro, Eduardo Portella, Franklin de Oliveira, Paulo Mendes Campos, Haroldo Bruno, em São Paulo, Milton Vargas, no Rio Grande do Sul, Paulo Hecker, no Recife, Joel Pontes, Renato Carneiro Campos e Luís de França Costa Lima, no Paraná, Temístocles Linhares e Wilson Martins. Crítica que esclarece a obra desenvolvida, no mesmo sentido, no romance, principalmente pelos "mineiros" (Guimarães Rosa, Ciro dos Anjos, Fernando Sabino, Otto Lara, Mário Palmério) e na poesia principalmente pelos "recifenses" (João Cabral de Melo, Mauro Mota, Carlos Pena, Edmir Domingues, Carlos Moreira, Antônio Rangel Bandeira). É claro que esta generalização apenas se refere a jovens dentre os mais jovens, embora "mais jovens" nem sempre em idade biológica: em idade principalmente literária.

Eduardo Portella é jovem pelas duas idades; e há nele uma consciência de responsabilidade tanto de geração como de função literária que o distingue dos irresponsáveis sem lhe abafar o gosto de ser às vezes dionisiacamente moço entre gente apolineamente antiga; ou o prazer pela aventura de ser novo no meio de velhos. Ou renovador entre devotos de tradições cujos valores procura aliás discriminar dos simples arcaísmos.

O quase escândalo de seu aparecimento como crítico literário do apolíneo *Jornal do Comércio* corresponde a esse paradoxo. É ele um moço que sabe desempenhar com mocidade e, ao mesmo tempo, com gravidade funções de ordinário só bem desempenhadas pelos indivíduos já experimentados pelo tempo. Já desbastados pelo tempo dos seus excessos dionisíacos.

O contato, na Europa, com mestres de uma sistemática de crítica literária em que se conciliam precisamente essas aparentes contradições, preparou o jovem Eduardo Portella para vir desempenhar, no Brasil, a função que vem desempenhando com uma mocidade de espírito que não excluiu até hoje a gravidade na preocupação de, nas suas análises e interpretações de autores e livros, ligar o particular ao geral. Essa preocupação ele a vem estendendo, de modo por vezes novo em nosso país, e sempre com inteligência e sensibilidade, à análise de problemas brasileiros de estilo. Isto é, à análise e interpretação de expressões estilísticas de personalidades brasileiras mais artisticamente criadoras. Nessas expressões se surpreendem, na verdade, reflexos – que merecem a análise do crítico literário – de dramas mais ou menos intensos de ajustamento de indivíduos a meios de comunicação que, sendo gerais, tornam-se conforme o maior ou menor vigor estilístico do indivíduo criador ou renovador, mais ou menos particulares, sem entretanto perderem a generalidade na particularidade. Particularidade que pode, aliás, extremar-se em maneirismo ou em preciosismo. É assunto, este, que já tendo sido ferido de modo também novo e inteligente pelo crítico Franklin de Oliveira, em páginas admiráveis sobre o estilo e a linguagem do romancista Guimarães Rosa e pelo professor Moacir de Albuquerque – mestre de língua portuguesa e de literatura brasileira – em análise a que vem cuidadosamente submetendo mais a linguagem que o estilo de outros escritores nacionais, começa a receber de Eduardo Portella a atenção especializada, mais estética que filológica, que até hoje lhe faltou da parte dos nossos críticos especificamente literários. Ainda há pouco destacou ele, a propósito de novo romance brasileiro, estar o romancista de hoje obrigado, no Brasil, a preocupar-se com os aspectos estéticos de sua especialidade: "Neste sentido, o papel da linguagem sobressai com todas as suas exigências". É uma obrigação também dos ensaístas, dos críticos, dos poetas, não se compreendendo que, na reação à retórica acadêmica da qual se libertou já a literatura brasileira, se vá ao extremo oposto em que o escritor deixa de ser escritor pelo modo mais ou menos particularmente seu de exprimir-se, para adotar do jornalismo, do rádio ou do manifesto político modos impessoais e convencionais de linguagem escrita e de estilo oral de narração e de comentário, em que a particularidade se dissolve quase de todo na pior forma de generalidade.

Quando Eduardo Portella recorda do chamado "romance do Nordeste" que "fez o povo voltar-se novamente para a literatura brasileira", toca em ponto importantíssimo relacionado com o problema de linguagem literária; pois é evidente que o jovem crítico reconhece nessa reaproximação de povo com literatura o resultado de uma afinidade de preocupações tornada possível por uma nova forma de linguagem; e essa linguagem, literária. É assunto que o prefaciador quisera ver versado pelo crítico Eduardo Portella de modo exaustivo. Essa nova forma de linguagem parece ter atingido, por vezes, o justo equilíbrio entre o que nela era geral – tomado da boca do próprio povo – e particular – isto é, restituído menos à boca que aos olhos e aos ouvidos do mesmo povo, por escritores que nem sempre se têm limitado à pura técnica da reportagem jornalística ou da sondagem sociológica, isto é, a anotar, registrar ou fixar o visto e sobretudo o ouvido. Tais escritores, quando mais densos, vêm acrescentando ao esforço apenas objetivo de reportagem o interpretativo; e revelando-se nessas interpretações, mais do que naqueles registros, os iniciadores de uma nova linguagem literária dentro da língua portuguesa. Linguagem tão potente que já atingiu Portugal, Angola, Cabo Verde: os seus escritores jovens. Essa linguagem procurou-a em vão, mas não a atingiu nunca em sua prosa – apenas em sua poesia, como em *Noturno de Belo Horizonte* – Mário de Andrade. Atingiram-na, não como simples escritores-jornalistas, mas – ouso sugerir – como estilistas, José Lins do Rego, Antônio de Alcântara Machado, Jorge de Lima, Jorge Amado, Graciliano Ramos; e com menor vigor estilístico – prejudicado exatamente pelas virtudes jornalísticas –, Rachel de Queiroz. São problemas dessa natureza que se oferecem ao estudo especializado do crítico Eduardo Portella, para análises demoradas e minuciosas que ele decerto nos dará, em obras que hão de seguir-se às suas páginas de estreia.

Das suas páginas de estreia pode-se sem nenhum exagero dizer que várias delas são ricas de sugestões novas e fortes; e nenhuma, página inferior ou banal. Nenhuma se mostra prejudicada por uma mesquinharia ou um sectarismo ou um ressentimento. Um crítico literário de qualidades que raramente se combinam – a inteligência, a sensibilidade, o empenho de compreensão vasta, a preocupação pela palavra justa, o gosto pelo saber sério – se anuncia de modo claro e por vezes vibrante – mas nunca retórico – nessas páginas. Pode vir essa nítida vocação para a crítica a um tempo criadora e sistematizada, a fracassar, seduzido o jovem crítico por outros apelos: o meio nacional não se tem mostrado particularmente favorável ao amadurecimento, em completos críticos literários, das vocações mais puras para essa especialidade difícil, áspera, complexa, que têm surgido entre nós. Os Agripino Grieco, os Prudente de Morais Neto, os Álvaro Lins, os Moisés Velinho, os Antônio Cândido, os Sérgio Buarque, os Osmar Pimentel, os Roberto Alvim Correia se acham todos, hoje, mais ou menos encapuçados como críticos literários. Raros os que mantêm alguma fidelidade a essa vocação: os Tristão de Ataíde, os Olívio Montenegro, os Afrânio Coutinho, os Valdemar Cavalcanti, os Sérgio Milliet: este cada dia menos crítico literário e mais crítico de pintura. E nessa especialidade, hoje, talvez, o melhor e mais completo crítico brasileiro.

Os admiradores de Eduardo Portella desejam que não ocorra a mesma traição de clérigo à sua vocação específica, com o estreante que se apresenta em livro tão ricamente sugestivo. Ao contrário: esperam que ele se faça de todo surdo a seduções contrárias à sua vocação máxima com a intransigência de quem se considerasse quase investido de uma missão difícil, mas essencial nas letras do seu país.

A PROPÓSITO DE PINTORES E DAS SUAS RELAÇÕES COM A LUZ REGIONAL

O Brasil está com alguns pintores novos – uns mais, outros menos, novos – que não são nem acadêmicos no mau sentido nem puros improvisadores; e sim artistas honestamente experimentais que procuram realizar-se, e realizar seus projetos de arte "diferente" através de esforços sistemáticos de pesquisa. O que os torna merecedores de um particularíssimo apreço da parte dos que desconfiam dos puros improvisos e estimam a arte em que se junte à espontaneidade o estudo.

Pois em arte nenhuma isso de improvisação simples e absoluta resulta noutra coisa senão em sucessos fáceis e transitórios. Não está na improvisação o corretivo ao mau academismo. Ainda há pouco, em inteligente artigo, o crítico Willy Lewin recordava, a respeito do assunto, opiniões do grande pensador inglês moderno que foi Whitehead. Inclusive sua própria confissão de ter escrito um livro, aparentemente obra de improviso, como resultado de muitos anos de luta com o assunto: luta dissimulada, mas luta.

Outra coisa não é a pesquisa, quer científica, quer artística, quando cientista e artista são homens de alguma imaginação criadora. Sem essa imaginação é que estudo, experimento, experiência passam a ser apenas exercícios aridamente acadêmicos, ou técnicos; e infecundos. A imaginação criadora aplicada à pesquisa explica os triunfos obtidos no plano mais alto da criatividade, por um Picasso; e no mesmo plano, ou em planos mais modestos, por vários dos mais significativos artistas não só do nosso tempo como de outras épocas. E magnificamente por Da Vinci.

Daí só podermos nos regozijar com o fato de ter o Brasil de hoje tanto na pintura como noutras artes – na literatura, no teatro, na arquitetura – centros em que a pesquisa vem, não matando a espontaneidade, mas sobrepondo-se à pura improvisação. Vários são os pintores mais caracteristicamente brasileiros que se destacam, ou começam a destacar-se por essa orientação de trabalho.

•

De mestre Mário Pedrosa é um artigo no *Jornal do Brasil* em que cavalheirescamente pretende defender outro mestre – Cândido Portinari – do que considera injustiça da minha parte contra o grande pintor brasileiro. Mas essa suposta defesa, escreveu-a Pedrosa turvado pela emoção. Daí talvez o artigo, prejudicado por numerosas incorreções, que intitulou de "Sociólogos *versus* pintores".

Em primeiro lugar, não é exato ter eu, quando moço, iniciado um "movimento literário" no Recife que tenha sido um movimento "tradicionalista" ao mesmo tempo que antimoderno. Ao chegar, em ano já remoto, ao Recife, não dos Estados Unidos, como afirma o brilhante, mas impreciso Pedrosa, mas da Europa, a orientação que procurei opor aos "ismos" então em voga em nosso país foi a de valorizar ao mesmo tempo estes aparentes contrários: região, tradição e modernidade.

Quanto à primazia que se pretende para o Recife em assuntos de pintura moderna no Brasil, não é – como supõe o ainda inexato Pedrosa – a de ter o Recife sugerido apenas "assuntos brasileiros" aos então jovens pintores brasileiros, mas muito mais do que isto: a modernização de técnicas da apresentação de tais assuntos. A substituição de quadros por murais.

Não se diz que o pintor Portinari não tenha sido, como pintor, o iniciador do que o ilustre esteta que é mestre Pedrosa chama de "muralismo moderno brasileiro". O que se afirma é ter partido do Recife a sugestão no sentido de iniciar-se no Brasil, com assuntos brasileiros, tratados com amplitude social e dando-se relevo ao homem de trabalho – inclusive o mestiço – essa espécie de muralismo. Primazia já reconhecida por um historiador e crítico de arte que se esmera em coar e peneirar os fatos antes de generalizar sobre eles: o professor Robert Smith.

Outro ponto ferido com incorreção pelo distinto esteta paraibano é o problema, levantado não por mim, mas pelo eminente sociólogo francês, professor Roger Bastide, de vir sendo o sul do Brasil uma região de "vanguarda" em arte e noutras atividades; e o norte, uma região apenas "conservadora". Generalização que me parece precária.

Daí já ter eu lembrado renovadores brasileiros da pintura que têm sido homens do Norte ou do Nordeste como Emílio Cardoso Aires, os irmãos Rego Monteiro, Luís Jardim, Cícero Dias, Lula Cardoso Aires, Francisco Brennand, Aluísio Magalhães. Continuo a pensar assim e a insistir no fato de que esses renovadores têm realizado obras notáveis de renovação, menos por influência do Rio ou de

São Paulo, sobre eles, que pelo seu contato direto com a Europa e com os Estados Unidos: contato através do Recife.

O caso das relações de Picasso com Cícero Dias, por um lado, e por outro, um Cândido Portinari, é assunto delicado. Sei que a preferência de Picasso por Cícero Dias é um fato que o ilustre esteta não deve pôr em dúvida.

Mas não desejo nem devo insistir neste ponto. Se a ele aludi, foi para dar relevo ao que há de grave na omissão de um nome como o de Cícero Dias numa obra como a de mestre Roger Bastide.

Quanto às palavras um tanto rudes, do distinto esteta paraibano radicado há anos no Rio, referindo-se ao mestre francês – "uma vez que o sociólogo se meteu a falar de nossa pintura e a interpretá-la etc." – mostram que o ilustre Pedrosa continua a ser intelectual estritamente sectário, para quem certos assuntos só podem ser versados pelos membros de uma seita de requintados no trato dos mesmos assuntos. Daí ignorar haver uma sociologia de arte que permite a um sociólogo da categoria de Roger Bastide tratar, como sociólogo, de pintura e de pintores, sem ser um metediço ou um intrometido numa especialidade que só como especialidade requintadamente estética pertence apenas aos estetas. Ou somente aos críticos de arte.

Recebi um dia desses de São Paulo um retalho de jornal com interessante artigo do sempre mestre S. M.: desta vez pedagogicamente indignado com certa opinião de outro mestre – Cícero Dias – acerca das relações entre pinturas e luz: luz regional. E também ao pobre de mim atribui o mestre paulista afirmações sobre o assunto que se o eminente crítico de artes e de letras se desse ao trabalho de examinar de perto, seria obrigado a concluir que não são de modo algum afirmações, mas sugestões: algumas até sob a humilde, embora inquieta, forma de perguntas. E parece que pelas convenções ainda em vigor o bom e velho ponto de interrogação continua a exprimir dúvida, curiosidade, indagação. E quem indaga não "endossa". Não afirma. Não pontifica. Quem interroga – busca, procura, investiga.

Para mestre S. M., não há relação absoluta entre "regiões ensolaradas" e "pintura luminosa". E creio que tem inteira razão neste ponto. Aliás, todos os meus desajeitados escritos sobre assuntos de relação entre natureza e cultura, entre meio físico e dinâmica cultural, trazem a marca de antigo repúdio, em mim confirmado por algum estudo de campo desde os dias de moço e não apenas por indagações de gabinete realizadas em idade já madura, a qualquer doutrina mais rígida de determinismo. Inclusive o determinismo ecológico.

Dentro desta atitude, entretanto, me parece legítimo admitir-se que, ao contato com certas situações culturais, a qualidade de luz de uma região favoreça, de modo particular, nessa região, o desenvolvimento da pintura, em geral; e de certo tipo de pintura, em particular.

Referindo-se à Espanha, por exemplo, críticos de arte dos melhores da Europa têm salientado o fato de que sua luz, e não suas cores – sua luz e não suas cores, note-se bem – é que tem feito dos pintores espanhóis precursores de arte moderna: inclusive no emprego de cinzentos iluminados, "*gris cendrés*", em Greco, "*argentés*" em Velázquez. De Velázquez chegou a escrever Arman Jean, em página célebre, que conseguira pintar verdadeiros "hinos à luz".

Da influência de Velázquez sobre pintores europeus sabe-se que foi imensa, no sentido de uma técnica de iluminação, por ele, ao que parece, desenvolvida em estudos, pesquisas, buscas provavelmente estimuladas no grande peninsular – um tanto português e não apenas espanhol em sua "raça" e em sua cultura – pela luz das Espanhas.

Aliás, o próprio mestre S. M. admite que a arte sendo, como é, "expressão de emoções", a luz pode "ocasionalmente provocá-las". No caso da pintura espanhola, talvez se deva admitir que a luz é que vem dando constante ou recorrentemente a essa pintura sua marca mais característica. Encontra-se predominância da técnica da iluminação (porventura resposta de pintores vários, através de várias épocas, e não de um só, num momento único, ao mesmo desafio de luz: a luz peninsular) não apenas no Greco e em Velázquez, como em Goya. Este chegou a dizer que na natureza "não existe cor", do mesmo modo que "não existe linha". Haveria apenas "sol e sombras".

É claro que a paixão pela luz pode surgir em pintores nascidos e criados em climas nevoentos, através de desajustamento de artistas aos seus meios. Nem sempre o artista é um ajustado ao seu meio físico. Nem sempre as condições do seu meio físico explicam sua pintura. Ou seu sentido de cor. Ou mesmo de forma. Assim se explica também o fato de pintores e poetas brasileiros se sentirem seduzidos por bruma, neve, gelo da Suíça, lua de Londres, luzes de Paris como característicos de paisagens para eles ideais ou messiânicas. E pode-se perfeitamente admitir que um brasileiro se afirme artista brasileiro na pintura de tais exotismos. Não será fácil, mas é possível semelhante afirmação de brasileirismo pela forma, a despeito da substância exótica.

É notável, porém, que um Cícero Dias, depois de vinte anos de Paris (onde vem sendo considerado por mestre Picasso um artista de notáveis recursos), conserve sua fidelidade a um verde tropical que só se define na sua plenitude iluminado pelo sol ou pela luz de Pernambuco. Luz por um cientista alemão – Konrad Guenther – considerada diferente não só das luzes da Europa como de outras luzes dos trópicos.

Talvez seja injusto mestre S. M. quando afirma que o Recife com toda a sua luz propícia dá apenas dois ou três artistas de valor (Lula, Aluísio Magalhães, Cícero Dias), acentuando com uma suficiência que os fatos não parecem confirmar que os pintores de Pernambuco "emigram para São Paulo, ainda que sem luz, ou Paris". Não conheço caso algum de pintor nascido e criado pintor em Pernambuco que não tenha emigrado para São Paulo ou em busca de ambiente ideal para sua arte – ambiente culturalmente ideal que compensasse no emigrado a perda do ambiente ecologicamente ideal. Cícero Dias foi para Paris. Precederam-no nessa associação do Recife com Paris, Emílio Cardoso Aires, Fédora, Vicente e Joaquim do Rego Monteiro, Rosa Maria – que estudaram com mestres parisienses. Francisco Brennand – um dos melhores pintores jovens do Brasil e homem do Recife – e Aluísio Magalhães estudaram em Paris e, como Fédora, voltaram ao Recife e à luz (para eles estimulante, embora não determinante de pintura) de Pernambuco, onde Brennand e Fédora residem e trabalham.

Teles Júnior foi profundamente ecológico em sua arte e em sua vida de homem do Recife. Manuel Bandeira (pintor), Lula Cardoso Aires, também, seguem seu exemplo. Preferem eles, para sua arte, a luz de Pernambuco às luzes do Rio ou de São Paulo.

UM PINTOR BRASILEIRO FIXADO EM PARIS

Embora o nome de Cândido Portinari tenha alcançando repercussão mundial, a arte dos pintores brasileiros não chegou ainda a ser considerada expressão tão característica da cultura que se vem desenvolvendo na América portuguesa – e com os seus pensadores, seus artistas, seus cientistas, seus místicos, seus políticos procurando interpretar essa mesma América em termos universais de pensamento, de arte e de ciência – como a música dos Villa-Lobos e a arquitetura dos Niemeyer. Os pintores brasileiros continuam, aos olhos de europeus e, principalmente, de anglo-americanos, parentes melancolicamente pobres de compositores e de arquitetos. Os pintores, os escultores, os romancistas, os políticos, os ensaístas, os próprios pensadores e cientistas, com uma ou outra rara, raríssima exceção; um ou outro cientista como Manuel de Abreu; um ou outro ensaísta e ao mesmo tempo pensador como Euclides da Cunha.

Serão eles, pintores brasileiros, assim tão pobres, em relação com aqueles seus já consagrados e até glorificados parentes – os compositores e os arquitetos? Serão eles tão inferiores aos compositores e aos arquitetos que não mereçam a atenção já despertada tanto na Europa como nos Estados Unidos pela pintura mexicana?

Talvez não. Vários são os modernos pintores do Brasil que se apresentam como intérpretes nada desprezíveis da paisagem brasileira. Da paisagem e das várias formas e cores de homem e de mulher, de adolescente e de criança, que a miscigenação vem criando nesta parte tropical do mundo, para regalo precisamente deles, pintores; embora para deleite, também – deleite de outra espécie – dos antropólogos.

A Cândido Portinari – tão notável pelos seus retratos como pelos seus painéis – podem ser acrescentados não só alguns dos seus predecessores no desenvolvimento da moderna pintura de interpretação do Brasil de que ele se tornou mestre – Tarsila do Amaral, por exemplo, Emiliano Di Cavalcanti, os irmãos Rego Monteiro – como vários dos que, homens da sua geração e jovens de gerações mais novas, o vêm excedendo, por vezes, uns em audácias de modernidade –

experimentos valiosamente técnicos – outros, em triunfos de profundidade no que se refere àquela interpretação: a de formas e cores de paisagens e a de formas e de tipos nacionais. Tipos mestiçamente brasileiros. Dentre esses, podem ser mencionados Pancetti, Guignard, Lula (Cardoso Aires), Francisco Brennand, Aluísio Magalhães, Manabu Mabe, Caribé, Mercier. São, porém, legião. Ao Brasil de hoje não faltam bons pintores, embora a esses bons pintores faltem ainda aqueles que, excedendo Cândido Portinari em imaginação criadora, se imponham ao estrangeiro por um vigor incomum de criação a um tempo poética e sistemática em torno de assuntos, também a um tempo originalmente brasileiros e amplamente universais em seus apelos ou em suas formas.

Há em todos eles – os bons pintores modernos do Brasil, alguns dos quais talvez estejam para destacar-se dos seus companheiros por aquela combinação nova de virtudes – um afã de interpretação do Brasil em termos pictoricamente modernos que os torna inconfundíveis como expressões de uma mesma geração de artistas e de uma mesma geração de brasileiros. Mas há em cada um deles um intérprete a seu modo do que no Brasil é o que Camões chamaria "vária cor". Vária cor e vária forma.

Mesmo porque representam muito brasileiramente formações étnico-culturais diversas. Vêm não só de regiões diferentes como de condições socioeconômicas distintas. Um é filho de imigrante japonês; e japonês na sua própria estilização artística e moderna de temas brasileiros. Três ou quatro vêm de famílias patrícias do velho Norte agrário do país: a região dos hoje decadentes engenhos de açúcar e dos hoje quase de todo desaparecidos sobrados patriarcais de Salvador, do Recife, de Olinda, de São Luís do Maranhão. Enquanto Pancetti nasceu rústico e cresceu pobre: simples marinheiro, até. E tendo sido, como Portinari, filho de imigrante italiano, ao contrário de Portinari – sempre muito burguesmente correto e muito puritanamente monogâmico na sua vida de família ainda que com tendências platônicas a revolucionário de extrema esquerda – viveu grande parte da sua vida entregue a doces e tropicalíssimas aventuras de amor com mulatas e negras da Bahia. A mesma Bahia que seduziu, absorveu e quase recriou à sua imagem o brasileiro de origem argentina que é Caribé.

É curioso que só nos últimos anos, Salvador, pela própria sedução exercida pelos seus arcaísmos coloniais sobre os pintores mais novos, venha se destacando como centro de pintura moderna no Brasil. O que se deve, em grande parte, a essa atração que seu ambiente, sua paisagem, a graça de suas mulheres – tanto as mestiças, do povo, as famosas baianas de xale e de turbante, como as sinhás finamente, dengosamente aristocráticas – vem exercendo sobre pintores, chegados a Salvador de outras partes do Brasil, e até do estrangeiro; e sobre artistas baianos ainda jovens.

Mas não só essa irradiação do pitoresco baiano, suscetível de ser captado em termos supranacionais de expressão, pela pintura moderna, tem agido a favor do desenvolvimento, em Salvador, de uma nova consciência, ao mesmo tempo baiana e moderna em assuntos de pintura. Também a vem favorecendo a universidade. E quem diz, hoje, Universidade da Bahia diz um reitor, mais do que qualquer outro, no Brasil, sensível às responsabilidades de uma universidade moderna para com as artes: a da pintura, a da escultura, a da arquitetura, a da música, a do teatro. Todas as chamadas "belas-artes". Compreende-se assim que Salvador seja a terceira cidade brasileira a organizar museu de arte moderna – iniciativa patrocinada pelo próprio governo do estado e através da qual a Bahia se junta ao Rio de Janeiro e a São Paulo, onde já existem museus de pintura, tanto moderna como clássica, que se situam entre os melhores do continente americano.

Para tanto vem sendo valiosíssima a contribuição de um particular notável pelo espírito público: o até há pouco embaixador do Brasil, em Londres, e por algum tempo senador da República, Assis Chateaubriand – jornalista famoso pela sua cadeia, espalhada pelo Brasil, de jornais e de estações de rádio e de televisão e que, sendo um assombroso homem de ação, é também um indivíduo sensível como um príncipe italiano da Renascença às graças da criação artística: principalmente as da pintura. Várias são as obras-primas de pintura moderna que hoje se encontram no Brasil, adquiridas na Europa por esse extraordinário Assis Chateaubriand. E com isto e com a obra educativa realizada pelos museus de pintura moderna e por algumas das escolas de belas-artes existentes no país, muito se tem desenvolvido no público brasileiro o gosto pelos pintores modernos; e entre os artistas jovens, a inclinação para se exprimirem – e interpretarem paisagens e tipos brasileiros – com aquelas audácias novas de traços e com aqueles arrojos também novos de cor que não implicam, necessariamente, se alhearem os pintores, de sua terra ou de sua gente, para se tornarem supranacionais por cálculo ou por sistema.

Não só no Rio e em São Paulo, nem apenas na Bahia e em Minas Gerais – não nos esqueçamos do pintor europeu Mercier, convertido ao catolicismo pela mediação plástica de Minas Gerais –, vem se desenvolvendo no Brasil uma pintura moderna em grande parte sob sugestões regionalmente brasileiras de forma, de cor e de luz: também no Recife. Aliás é o Recife, no Brasil, por tradição já longa, uma cidade de pintores. Foram águas e árvores do Recife e dos seus arredores que o pintor holandês Franz Post principalmente pintou no Brasil, quando aqui esteve no século XVII, acompanhando o conde Maurício de Nassau. Cidade muito clara, talvez a luz do Recife venha sendo um estímulo particular aos pintores. Foi recifense Teles Júnior: um dos melhores paisagistas brasileiros do fim do século XIX e do começo do XX. Recifense, o talvez genial Emílio Cardoso Aires. E em fixar com traço quase sempre já moderno aspectos ou sensações do Recife se têm especializado já nos nossos dias, além dos irmãos Rego Monteiro – e sem contarmos o exato, meticuloso, e no desenho conservador, admirável, Manuel Bandeira – Luís Jardim, Aluísio Magalhães, Ladjane Bandeira, Reinaldo, Elezier Xavier, Baltasar da Câmara, Mário Nunes. Note-se do Recife que, mais do que a capital da Bahia ou do que as cidades antigas de Minas Gerais, foi a cidade brasileira que mais prendeu à sua luz, à sua forma e à sua cor o russo, hoje brasileiro, Ismailovitch, que conta entre os seus melhores trabalhos de pintor os mucambos do Recife por ele amorosamente surpreendidos à beira de mangues e entre coqueiros, quer em flagrantes de uma pobreza quase docemente franciscana, quer de "apagada e vil" miséria semelhante à de certos burgos do Oriente. Também do Recife é uma das pintoras modernas do Brasil que mais se destacam pelo que nela é – como nas romancistas inglesas – combinação de realismo com o senso poético da vida: Rosa Maria de Barros Carvalho, discípula por algum tempo de Cândido Portinari e superior a esse mestre admirável em imaginação poética. O que lhe falta – e que em Portinari é virtude exemplar – é aquela disciplina quase ascética no trabalho que o artista verdadeiramente criador precisa de ter igual ao artesão; e que não é virtude comum nem entre pintores nem entre artistas de outras especialidades na América chamada "latina".

Uns poucos dos modernos pintores brasileiros, em vez de absorvidos ou reabsorvidos pela Bahia e seduzidos pelas cores baianas – como Pancetti, Caribé, Célio Amado – ou retidos no Recife pela também sedutora luz recifense – o caso de

Lula Cardoso Aires e de Francisco Brennand –, têm sido absorvidos na sua arte, nos seus motivos e até, em grande parte, nas suas pessoas – como tantos dos seus predecessores do século XIX – por Paris. Pela Europa. O caso de Joaquim do Rego Monteiro. O de Vicente do Rego Monteiro. O atual, de Cícero Dias.

Entretanto, alguma coisa nesses *déracinés* retardatários se tem conservado irredutivelmente brasileira. É o caso, principalmente, de Cícero Dias.

Daí o escritor Jorge Amado pretender promover muito breve uma exposição desse pintor brasileiro, há vinte anos residente em Paris, no interior da Bahia: em Feira de Santana. Para o que me convoca, dada minha condição de velho amigo de Cícero, com possível influência não sobre sua pintura – sempre muito pessoal –, porém sobre seus motivos de vida e talvez de arte, nos dias em que decidiu fixar-se no Recife e dedicar-se a uma pintura entre lírica e elegíaca de Pernambuco. O Pernambuco das casas-grandes, dos sobrados e dos engenhos, por um lado; o da plebe negroide ou africanoide, por outro. Mas, sobretudo, o da fusão desses dois aparentes contrários numa síntese particularmente brasileira. Democraticamente brasileira. Coloridamente brasileira.

Cícero Dias para sempre se identificou, naqueles dias decisivos de formação da sua personalidade de homem e de artista, com um dos Brasis mais profundamente brasileiros dentre os que formam hoje o Brasil total a ser completado agora pela jovem Brasília como um dente de ouro entre os dentes naturais de uma mestiça de outrora. Identificou-se com esse Brasil, confraternizando com a sua gente do povo. Vivendo – ainda que indivíduo de origem aristocrática, filho de senhor de engenho, neto de barão do Império – no meio dela. Participando das suas danças, das suas festas, das suas angústias, dos próprios ritos ainda secretos – e por algum tempo perseguidos pela polícia – dos seus restos de religiões africanas.

Daí, ainda hoje, depois de vinte anos de Paris, Cícero Dias ser ainda, como pessoa e mesmo como pintor – pintor abstracionista! –, alguém que se conserva sensível às suas raízes brasileiras e se faz compreender por brasileiros até do interior.

A arte de Cícero Dias não é nenhuma intrusa nem em Feira de Santana nem em qualquer outra cidade do interior brasileiro. Os encarnados e os verdes da pintura de Cícero vêm de tão dentro do Brasil que diante deles nenhum brasileiro, por mais do interior que seja, se sente diante de simples garatujas de um estranho ou de puros caprichos de um esteta sofisticado.

São cores, as dessa pintura, que sozinhas exprimem aquele Brasil que um poeta de Paris, Eluard, descobriu haver tão inconfundivelmente em Cícero quanto a Espanha em Picasso. Pois ultimamente Cícero Dias vem sendo mais notado pelos críticos franceses que pelos brasileiros.

Picasso e Cícero são, com efeito, dois dos mais modernos e dos mais universais pintores que atualmente trabalham em Paris. Nenhum deles, porém, deixou de ser da sua terra ou da sua região. Nenhum deles deixou de se comunicar, depois de fixado em Paris, com aldeias como as de Castela ou com feiras como a de Santana, para apenas se fazerem compreender pelos turistas elegantes que do mundo inteiro vão ver arte moderna, ainda quente de nova, em requintadas feiras internacionais como a de Bruxelas ou a de Leipzig.

É que há em Cícero Dias, como em Pablo Picasso, além de um artista, um homem com raízes que vão ao fundo de terras e de passados regionais. E essas raízes o prendem de modo particularmente amoroso a uma terra e a um povo sem o tornarem incapaz de se comunicar, como artista e como homem, através de Paris, com outros povos e com outras terras; e de desenvolver uma arte autenticamente universal em seu poder de comunicação e vibrantemente moderna em sua técnica de expressão.

Como o Cícero de mil novecentos e vinte e tantos, o de hoje continua da sua terra e do seu povo, sem que isto o venha impedindo de ser um dos pintores brasileiros de mais pura universalidade de expressão e de mais arrojada modernidade de técnica: uma modernidade que, nele, nunca parou em qualquer modernismo sectário. Que não cessou até hoje de ser modernidade. Mas nem essa sua modernidade nem aquela sua universalidade fizeram secar em artista tão complexo e, ao mesmo tempo, tão simples, sua condição de brasileiro de província, nascido e crescido numa das regiões também mais complexas do Brasil: aquela em que, na gente, mais se veem misturado ao sangue europeu o do indígena e o do africano; e nas artes, nos costumes, nos alimentos, à cultura vinda da Europa, a encontrada nas populações nativas e a trazida da África pelo negro. Um negro hoje brasileiríssimo; e cuja presença constante na pintura de Cícero marca nesse artista, nascido ainda em casa-grande de engenho, sua capacidade de identificação amorosa com a gente, outrora escrava, a quem o Brasil deve tanto do que é mais brasileiro na sua música, na sua cozinha e, através não só de Cícero como de Cândido Portinari, de Di Cavalcanti, de Lula Cardoso Aires, na sua pintura.

Desde o fim do século passado que houve vozes como a do bravo Sílvio Romero que se levantaram para clamar pelo valor do negro como elemento essencial não só de trabalho, como de arte, dentro da civilização brasileira. Mas essa valorização só veio a ser realizada com um sentido menos de complacência da parte de brancos para com negros que de consciência integralmente brasileira da participação africana no desenvolvimento da civilização brasileira, pelo movimento regionalista. O qual, tendo partido do Recife, em 1924, ainda hoje é, sob novos aspectos, uma força de renovação e de criação dentro não só das artes – inclusive a literatura – como de outras atividades brasileiras de cultura.

Foi ao contato das ideias e dos métodos de ação aparentemente contraditórios, desse movimento, empenhado em prestigiar regiões e tradições brasileiras, capazes de sugerir a artistas e intelectuais, jovens e experimentais, desejosos de se libertarem de uma já esterilizante sujeição colonial à Europa ou Estados Unidos novos rumos de criação e novas formas de expressão aos – rumos e formas que, sendo regionais, fossem nacionais, e, sendo brasileiras, fossem também universais, além de modernas –, que Cícero Dias, a princípio influenciado pelo "modernismo" de Graça Aranha, sentiu que esse "modernismo" e o de São Paulo, sozinhos, não correspondiam, senão superficialmente, ao seu temperamento e à sua formação. Uma formação que, profundamente brasileira, era também particularmente regional e particularmente tradicional. Num temperamento que, sendo o de um experimental, seduzido pelo novo e pelo moderno, não deixava de ser o de um lírico.

Adquirindo um novo sentido de expressão, e uma nova consciência de personalidade, Cícero começou a desenvolver-se, no seu *atelier*, num velho sobrado do Recife, num dos mais originais pintores modernos da América, à base de uma maior reaproximação com as paisagens, os mitos, as artes populares, as terras e, sobretudo, as populações rústicas, negroides, ligados à sua meninice. Nisto, sua reorientação se processou de modo muito semelhante à do escritor quase da sua idade, apenas um pouco mais velho, de quem no Recife se tornou amigo fraterno: José Lins do Rego.

Compreende-se, assim, que desde os seus primeiros triunfos como artista renovador da pintura brasileira, já depois de glorificado pelo Rio e de aplaudido por São Paulo, e de consagrado por Paris, Cícero Dias venha insistindo em expor seus quadros à gente da sua materna cidadezinha de Escada; em se conservar em contato com o que no Brasil é região, província, povo, campo; em querer a compreensão, para os seus encarnados e os seus azuis, não só do público das capitais, como do público de feiras como a de Santana, que é um público nascido e criado, como o próprio artista, dentro do que no Brasil é mais Brasil.

A arte de Cícero Dias, hoje tão jovem e tão cheia de imprevistos como no seu amanhecer – embora necessitada de uma reaproximação íntima do pintor com o Brasil –, é das que mais confirmam, com o que nela é matinal, o vigor, ainda de modo algum esgotado, daquele movimento partido do Nordeste, mas não sectariamente nordestino no seu modo de ser regional, que vem concorrendo há trinta anos para dar ao Brasil e ao mundo, com a pintura desse artista admirável e com outras interpretações plásticas do trópico brasileiro, romances também telúricos nas suas bases e ao mesmo tempo universais nos seus apelos; ensaios e poemas igualmente assim telúricos nas raízes e universais nas projeções; e prestigiando, com igual sentido de universalização, mas sem repúdio nem à terra materna nem às origens ibéricas (e quase sempre mouriscas), ou às procedências africanas do que no Brasil é mais brasileiro – um brasileiro, é claro, suscetível de enriquecer-se com bons e valiosos acréscimos italianos, germânicos, sírios, poloneses, israelitas, japoneses. Não só pintura e literatura, porém: também criações de músicas, de culinária, de arquitetura, de móvel – a estilização da rede ameríndia, por exemplo – de penteado, de trajo, de adorno pessoal.

São criações que, de regionais, vêm se tornando potentemente universais, através de uma sempre desejada consagração nacional, que represente antes harmonização de diferenças que simples e simplista estandardização, de norte a sul do país, de estilos de vida brasileiros. Pois a força do Brasil está nessa sua capacidade de ser um só sendo também uma variedade de Brasis, que se completam pelos seus diferentes modos de ser uma vasta civilização moderna, desenvolvida por gente em grande parte mestiça, em clima ou em ambiente em grande parte tropical. Uma reabilitação ao mesmo tempo do mestiço e do trópico. Sem ser uma arte dirigida, a pintura de Cícero Dias é das que espontaneamente exprimem essa reabilitação, cheia como está, nas suas várias fases, de cores quentes e de formas novas, de mulheres, de animais e de paisagens: as recalcadas por uma civilização arrojadamente mestiça e pioneiramente moderna em espaço tropical. São cores e formas que hoje esplendem na pintura dos ainda mais que Cícero tropicais Lula Cardoso Aires e Francisco Brennand.

Para a definição da cultura assim tropical e assim mestiça do Brasil, em termos aparentemente apenas regionais, mas sempre potencialmente universais – sobretudo agora quando, passada a época dos grandes imperialismos nórdicos, os trópicos e os povos de cor situados nos trópicos começam a ser ativa e não passivamente meio mundo –, ninguém contribuiu de modo mais vigorosamente pioneiro que Cícero Dias. Sua contribuição nesse sentido vem sendo a de um artista cujo gênio não se cansa da aventura de inovar. Nem se cansa dessa aventura nem se descuida da necessidade de aprimorar-se. Daí continuar jovem na sua arte, sendo já mestre na sua técnica.

No momento em que se cogita de uma exposição de seus quadros em Feira de Santana, seus companheiros mais antigos de campanhas no sentido de fazer-se de arte, de literatura e de cultura, no Brasil, em vez de bizantinice de estetas ou requinte de acadêmicos ou capricho esotérico de antiacadêmicos expressão de vida a que não falte a presença dos brasileiros mais teluricamente brasileiros das várias regiões do país, podem reafirmar sua convicção de ser essa arte, a literatura, a cultura capaz de dar ao homem, em geral, e ao brasileiro, em particular, sua mais elevada condição humana. Uma condição humana. Uma condição que para ser plenamente humana no que nela for geral não precisará nunca de deixar de ser regional nos seus particulares.

Sob tal aspecto, Feira de Santana não é menos importante, como antecipação brasileira de uma cultura mais plenamente humana que a de hoje, que a grandiosa Brasília, cuja arquitetura urbana, arrojadamente moderna, é um dos maiores orgulhos dos brasileiros. Mas Brasília, sozinha, não nos resguarda, aos brasileiros, do moderno que, ao primeiro descuido, se torne modernice; nem do universal que pretenda ser a negação pura e simples do regional. É necessário que as Feiras de Santana completem Brasília; e a completem pelo que nelas é, além de realidade particularmente regional, passado do chamado "útil" ou "utilizável"; que semelhante passado existe ao lado do desprezível, além de inútil.

Realidade e passado dessa espécie não faltam às cores inconfundivelmente brasileiras da pintura atual de Cícero Dias, depois de terem nutrido o desenvolvimento dessa sua pintura de substâncias impossíveis de ser inventadas, em torres das denominadas de marfim, pelos estetas desdenhosos de povo, de massapê, de terra roxa, de negro, de índio, de mestiço, de fumo de rolo, de acarajé, de mocotó, de sarapatel, de xangô, de candomblé, de açaí.

LULA CARDOSO AIRES: UMA INTERPRETAÇÃO INTEGRATIVA DE HOMENS E COISAS BRASILEIRAS

De outro notável pintor moderno do Brasil se pode destacar que acontece ser, tanto quanto Cícero Dias e Francisco Brennand, brasileiro de Pernambuco: Lula Cardoso Aires. E brasileiro de Pernambuco em cuja pintura essa sua condição regional se exprime, não através de um sectário e ostensivo regionalismo, mas de um ânimo como que nominalista, sobriamente nominalista, franciscanamente nominalista, de atenção pelos particulares, mesmo modestos, que lhe permite ser, ao mesmo tempo, muito da sua região e muito do Brasil; muito do Brasil e muito da sua época. Mais do que isto: muito da sua arte, independente tanto de sua condição apenas nacional como do seu modernismo: supranacionalmente. Supramodernisticamente. Pois é, do mesmo modo que Brennand e do que Dias, moderno sem ser estreitamente modernista.

Compreende-se assim que sua arte – sobretudo a sua arte de muralista: tipo de pintura ligada cada vez mais à arquitetura, em que já é considerado por alguns críticos e por vários arquitetos o mais completo mestre brasileiro de hoje – seja das que mais vem atraindo a atenção de estrangeiros, interessados pelo que, na moderna pintura do Brasil, é interpretação de uma natureza e de uma gente em que, cada dia mais, se encontram um tipo de homem e um tipo de paisagem integrados um no outro – interpenetrados. Simbióticos, chegam a dizer alguns.

Da pintura de Lula Cardoso Aires se pode, com efeito, afirmar que é, na sua interpretação do Brasil, uma pintura integrativa, na qual, cada dia mais, formas de homens e formas de cores aparecem sob o aspecto de sua integração em formas de outra espécie. Em formas que deixam de se distinguir pelo que nelas é distintamente humano com relação ao especificamente inumano, ou puramente natural em relação com o puramente cultural, para se apresentarem caracterizadas por uma terceira sistemática de expressão – a integrativa – de vida em conjunto.

Ou antes, de coexistência integral que se poderia resumir um tanto arbitrariamente nisto: brasileiro civilizado e trópico dominado. Dominado menos pela técnica desse homem civilizado que pelo seu amor ao mesmo trópico e pela sua compreensão dos particulares que o caracterizam.

À expressão dessa simbiose, Lula Cardoso Aires não chegou de repente. E sim aos poucos. Experimentando. Pesquisando. Estudando.

Com Cândido Portinari e com Francisco Brennand, ele pertence ao número de modernos pintores brasileiros que são um tanto artesãos no seu modo de ser artistas. Que estudam. Que trabalham. Que experimentam. Que recebem sugestões vindas de outras artes e até de filosofias e de ciências vizinhas dessas artes para as assimilarem à sua arte particular, específica, ciosa de, como arte, exprimir um artista: uma personalidade estilizada em artista.

Fogem os artistas assim complexos das improvisações brilhantes e dos triunfos fáceis. E não se envergonham desse seu esforço duro, paciente, honesto, para quererem ser, ou parecer, angélicos na sua inspiração e mágicos nas suas realizações.

A arte de Lula Cardoso Aires vem sendo uma aventura no tempo – toda uma sucessão de experimentos, dos realistas aos abstracionistas, que se exprimem nos arrojos de síntese da sua pintura atual, depurada tanto de folclore e de anedota como de *ismos* subeuropeus e apoiada em estudo intenso e honesto dos homens, dos animais e das coisas de sua região – e um constante apego a essa mesma região, da qual nunca se desprendeu como pessoa nem como artista. Nessa contradição está uma das mais fortes características da arte de Lula; e só a compreenderá quem acompanhar o desenvolvimento do artista, por um lado, como uma aventura no tempo que o tem levado a formas de vigorosa modernidade, por outro lado, como uma rara fidelidade ao espaço brasileiro que sua arte vem interpretando.

Nenhum artista, nenhum poeta, nenhum pensador, ninguém a cuja obra se possa associar a ideia de criação ou de criatividade, é um só, do princípio ao fim de sua vida. Ao contrário: é múltiplo dentro do tempo através do qual se estende sua existência; e com a sua existência, sua experiência da qual em grande parte depende a obra que realiza.

Lula Cardoso Aires é ainda um homem de meia-idade; mas já múltiplo no seu passado de artista. Com várias fases de experimentação criadora que se derivam de várias fases de experiência da vida e de perspectiva do mundo por ele atravessadas desde a meninice.

Pois desde menino é artista. Desde menino procura o seu meio congenial de expressão. Desde menino garatuja e pinta, não a esmo ou à toa, mas à procura desse meio.

Conheço-o desde esses seus começos. Senti desde então no meninão gordo, redondo e rico, em quem os aduladores do pai – naqueles dias chamado "rei do açúcar" – enxergavam um artista já indiscutível, se não um talento certo, uma vocação nítida para a pintura. Mas um talento e uma vocação que corriam o risco de degradar-se sob aquela melíflua adulação. Degradar-se com os triunfos fáceis não só de ilustrador – sendo ainda um rapazote – de revista elegante do Rio como sobretudo de cenógrafo – "o mágico da cor", diziam os cartazes anunciando seus painéis decorativos de comédias de Procópio Ferreira. Também à falta de estudo sistemático, disciplinado, de uma arte que raramente se deixa dominar pelos improvisadores.

Esta a primeira fase de Lula Cardoso Aires. Tem de significativo o seguinte: que naqueles painéis para cenários de teatro já se ensaiava o futuro muralista. Pode ser caracterizada como a aventura de um menino rico com vocação para a pintura que correu o perigo de parar no diletantismo das ilustrações para revistas elegantes, das caricaturas às vezes espirituosas de figuras então em evidência, dos cenários brilhantemente coloridos para teatro, das garatujas irresponsáveis, fáceis, improvisadas. Ilustrações, caricaturas e garatujas muito aplaudidas por um pequeno grupo de gente bem do Rio e do Recife. Lula, porém, venceu esse risco.

É que o adolescente rico teve, ainda no Recife, um mestre de pintura que de algum modo lhe retificou essas tendências para a improvisação fácil. Chamava-se Heinrich Moser, era alemão e deu alguma disciplina à formação artística de Lula. Segundo o próprio Lula, Moser se destacava como artesão: "um grande artesão". E no seu *atelier*, o futuro pintor, antes de sua viagem à Europa, "passava dias inteiros, vendo e aprendendo". Moser compunha então vitrais para igrejas e pintava painéis para festas de carnaval. Foi ele que encarregou o discípulo de compor os primeiros painéis que Lula pintou para um carnaval elegante do Clube Internacional do Recife: clube já ligado ao nome de outro Cardoso Aires – Emílio – artista admirável cujo sucesso no estrangeiro muito impressionou a imaginação do seu primo ainda menino. Pois é de Emílio uma verdadeira obra-prima em aquarela: um "*bal masqué*" no Clube Internacional do Recife.

De volta da Europa – onde muito o seduziu o "purismo", então em voga –, Lula teria outro mestre quase tão disciplinador quanto Moser; e mais didático, mais acadêmico que o "grande artesão". Um autêntico professor de pintura que muito se esmerou em fazer que o aluno se inteirasse de toda a difícil gramática da sua arte. Esse professor autêntico foi Carlos Chambelland.

Lula era já rapazote quando acompanhou a família à Europa, numa daquelas doces viagens de recreio ao então chamado "velho mundo" que hoje quase não se repetem. Levava para o seu contato com a Europa a preparação técnica que lhe dera mestre Moser. De maneira que diante dos museus europeus de pintura não se sentiu de todo desorientado. Essa viagem não foi para ele apenas de recreio. Foi também de observação; de contato com novas tendências na pintura; com artistas amigos de seus primos, irmãos de Emílio – então já desaparecido tragicamente – residentes em Paris.

Note-se, porém, que o então gordo, quase obeso, Lula Cardoso Aires, de quem o médico Waldemar Berardinelli não tardaria a fazer o indivíduo normalmente corpulento que é, não foi adolescente de boa saúde. Nem adolescente nem menino. Dessa vez, porém, teve que voltar da Europa ao Brasil por motivo de doença não nele, mas na pessoa do seu irmão Maurício.

O menino, em Lula, foi quase sempre doente e quase sempre necessitado de médicos. O que se menciona aqui porque é possível que, menino sadio de todo, jovem plenamente vigoroso e livremente esportivo, Lula tivesse feito da arte de pintar um simples passatempo de moço rico; e se deixado atrair de tal modo pelos regalos mundanos que tivesse se abandonado aos chamados prazeres fáceis até aburguesar-se num desses pequenos arremedos sul-americanos do rei Faruk, tão nossos conhecidos.

Aconteceu, porém, que mal saído Lula da adolescência, o pai – o romântico João: um homem de negócios com uma bela cabeça de Lloyd George e uns atrevimentos quase de um novo Disraeli para um meio e um tempo que não eram propriamente nem a Grã-Bretanha nem a época vitoriana – desequilibrou-se; e honesto, como era, sentiu-se obrigado a mudar de estilo ou regime de vida. Foi então que fez, a contragosto, do filho artista coadministrador de usina de açúcar:

a usina que João Cardoso Aires adquirira em ano para ele ainda farto; mas que se tornara o único meio de uma possível restauração das finanças da família. Essa restauração não se verificaria senão em parte: o velho João morreria quase pobre e deixando aos filhos reduzida fortuna.

A experiência de vida no interior agrário de Pernambuco, em velha área de cana-de-açúcar, onde se encontram algumas das últimas casas-grandes dos melhores dias pernambucanos de esplendor, essa foi valiosíssima para Lula e para a sua arte: uma arte para a qual já abrira perspectivas novas o contato do jovem e até então convencional burguês de sobrado rico do Benfica com os organizadores do Primeiro Congresso Afro-Brasileiro do Recife – comigo e com Cícero Dias, principalmente. Com a pintura, que muito o impressionou, de Cícero Dias. Mas também com os *xangôs*, os *maracatus*, os *cabocolinhos*, a arte popular – sobretudo a de bonecos e vasilhas de barro – que aquele congresso revolucionário procurara valorizar e opor à imitação, pelos artistas brasileiros, de temas e técnicas de artistas europeus.

Sei que há hoje críticos de estética – de belas-letras ainda mais do que de belas-artes – para os quais a crítica dessa espécie só se deve preocupar em apreciar ou julgar os puros valores estéticos, desprezando no artista ou na sua arte quanto seja biográfico ou histórico ou sociológico. Talvez se exagerem esses críticos, assim ortodoxos no seu esteticismo como que quimicamente puro. Um artista raramente se revela de todo apenas na sua arte. Para haver uma exata compreensão dessa arte é preciso que ela nos seja apresentada como um desenvolvimento tanto no espaço como no tempo sociais. Por conseguinte, biográfica, histórica e até sociologicamente. Não se compreende a pintura de Picasso sem que se conheça a sua aventura africana e o que essa aventura significou para o grande espanhol: um espanhol por suas raízes ibéricas mais predisposto que outros europeus a tal aventura.

A arte de Lula Cardoso Aires é das que muito se deixam esclarecer pelo que nela tem sido desenvolvimento num espaço e num tempo especificamente culturais, além de sociais e naturais. Esse espaço e esse tempo tendo agido sobre o artista, com uma constância raramente interrompida, provocaram nele uma profunda identificação com a gente e a paisagem da sua terra. Também com a sua época: uma época de renovação social e de experimentação artística. Mas sem que essa identificação tenha significado para ele puro folclorismo; ou simples modernismo; ou submissão tal às sugestões vindas da arte popular ou da paisagem regional ou dos *ismos* europeus que sua arte tenha parado em simples reprodução dessas sugestões ou mera repetição desses modelos.

Sua fase de residência no interior de Pernambuco foi para ele decisiva no sentido de aproximá-lo de fontes telúricas, populares e folclóricas de inspiração, até torná-lo um íntimo dessas fontes, por outros conhecidas apenas turisticamente. A documentação fotográfica que então reuniu ele próprio com paciência quase germânica – influência de Moser? – de casas, paisagens e sobretudo de tipos característicos de homem, de mulher e de criança, surpreendidos na intimidade do seu cotidiano, do seu trabalho nos canaviais e das suas danças de dias de festa, do seu fabrico de figuras de cerâmica e de louça de barro e fixados na variedade sugestiva do seu mestiçamento, é qualquer coisa de notável. Ao valor artístico se junta, nesse documentário, talvez único, no Brasil, o interesse antropológico.

Lula desenhou então "realisticamente", como ele próprio recorda numa nota autobiográfica em trabalho que escreveu sobre suas relações com um amigo recifense que lhe teria dado orientação regionalista à sua pintura, "os bichos fantásticos do *bumba meu boi* criados pela imaginação popular". Além dos *urubus*, das *emas*, dos *sapos*, dos *cavalos* e dos *bois*, que eram uma imitação da realidade, havia *bichos* inteiramente criados pela imaginação como o *bicho foiará*, que era a humanização da vegetação local, o *jaraguá*, alma do outro mundo dos animais representada por caveiras de burro, de boi, de cavalo com mantos pretos enormes sugerindo mortalhas, a *caipora*, com uma urupemba na cabeça, uma saia para baixo e outra para cima amarrada sobre a urupemba formando um x. "A forma simplificada da *caipora* é muito frequente na minha pintura atual", informa o pintor, que acrescenta: "esta forma, que pode parecer unicamente geométrica ou concreta, teve o seu ponto de partida na *caipora do bumba meu boi*. Todas as formas abstratas da minha pintura atual têm o seu ponto de partida principalmente nas figuras do *bumba meu boi*. As formas pretas alongadas são as mortalhas dos jaraguás, as ovais são as máscaras de cabaço usadas pelas *Margaridas* ou bailarinas, as sugestões de pássaros-pretos são os *urubus* e as linhas irregulares tão usadas nas composições como elemento dinâmico são as fitas que enfeitavam os chifres dos *bois*, as varas do vaqueiro *mateus* e as pastoras dos antigos pastoris".

Mais tarde, em 1943, faria Lula uma série de quadros do *bumba meu boi* com pretensões surrealistas certamente influenciado pelo "mistério noturno desta representação que era iluminada apenas por uma pequena luz de carbureto até que aparecessem os primeiros raios de sol que davam entrada ao *boi* que morria logo depois e era cercado pelos *urubus* fantásticos". E ele próprio salienta, nessa nota autobiográfica, que viria a pintar tudo isto, depois de passar por "várias etapas desde o desenho realista à inteira libertação do realismo, visual, utilizando as formas reais como ponto de partida para a estilização das formas aparentemente abstratas das minhas composições mais recentes". O mesmo aconteceria com as figuras do carnaval recifense; com os *maracatus*, os *cabocolinhos*, as *damas dos blocos*. Enfim, a sua pintura aparentemente abstrata seria o resultado de uma longa série de observações sistemáticas da realidade regional. Seus próprios mal-assombrados teriam, como formas, base regional.

O que nos faz pensar em palavras de Picasso: "Não há arte abstrata. Deve-se sempre partir de alguma coisa. Depois, pode-se remover tudo que seja traço de realidade. Já então não há perigo algum (para a realidade) porque a ideia do objeto terá deixado uma marca indelével".

É imenso – repita-se – o documentário fotográfico recolhido por Lula Cardoso Aires, não só no interior de Pernambuco como no Recife, naquela sua fase de pesquisa da realidade regional. Muitos os seus desenhos e as suas pinturas inspirados nas cerâmicas e noutras artes populares. No Recife, surpreenderiam – repita-se – os últimos tipos – rainhas e figuras menores de *maracatus*, de *cabocolinhos* e de *bumbas meu boi* – dos carnavais ortodoxamente populares e genuinamente folclóricos da capital de Pernambuco. Carnavais espontâneos e livres, que a intervenção, de governos e federações com objetivos aparentemente turísticos, mas, na verdade, políticos, viria adulterar, tornando-os uns pobres carnavais dirigidos. Documentando-se sobre tais assuntos e também sobre móveis e imagens de santos de casas-grandes e de sobrados antigos e aprofundando-se desse modo sistemático e com um vigor de método e de ordem talvez adquirido de mestre Moser, no conhecimento da região, Lula Cardoso Aires preparava-se pela pesquisa e pelo estudo para a sua grande obra de interpretação arrojadamente artística – acima de preocupações didaticamente etnográficas e de propósitos pedagogicamente folclorísticos – do Nordeste brasileiro. Interpretação por um lado da gente do povo mestiça em fase de transformação, por outro, da gente senhoril em decadência, da área brasileira mais antiga e mais característica de cana-de-açúcar.

Foi também uma fase de apuramento de técnica a serviço de motivos de arte regionais. Mas uma fase que tinha de ser superada pelo artista, sempre desejoso de estender a área da sua criatividade sobre a de puro conhecimento dos seus temas e de simples apuramento da sua técnica. Também desejoso de extrair da matéria regional por ele honestamente dominada – e sempre presente na sua arte – o máximo de universalidade compatível com essa regionalidade persistente: a tal "marca indelével" de que fala Picasso. Aquela que a abstração não mata nem faz desaparecer das criações de um artista. O verde pernambucano, brasileiro, da atual pintura abstracionista de Cícero Dias, por exemplo. Ou o toque de trópico úmido que caracteriza as composições abstratas de Aluísio Magalhães.

Semelhante superação vem se verificando em Lula Cardoso Aires, desde o seu regresso da usina ao Recife. Desde a sua fixação em Boa Viagem, em *atelier* instalado na sua próxima residência à beira-mar, que a sua arte vem sendo um domínio do artista sobre a matéria cruamente regional e sobre a técnica convencionalmente realista da reprodução de figuras e paisagens regionais.

O que assinala mais expressivamente a atividade artística de Lula Cardoso Aires desde que se instalou em sua já famosa casa de Boa Viagem – fase também marcada pela sua iniciativa, continuada depois, sistematicamente, pelo artista Augusto Rodrigues, de aceitar crianças como alunos de pintura: uma pintura livre, espontânea – é a sua especialização na arte do mural. Não se improvisou muralista. Através de esforço duro e forte é que acabou dominando essa difícil técnica até exprimir-se, como se vem exprimindo, em murais que já se tornaram clássicos, sob a forma de dominação da pintura épica. Os murais vieram com efeito revelar na sua arte um novo aspecto: o aspecto épico. Não que esse épico signifique o convencionalmente heroico – de todo ausente da pintura de Lula. Nem é esse o mais moderno conceito do que seja épico. Seus murais são épicos pelo que sugerem de luta cotidiana do brasileiro contra obstáculos ao seu desenvolvimento; pelo que evocam de confraternização de homens e mulheres de raças diversas e cores diferentes; pelo que valorizam das formas e das cores do Recife – cidade crescida à custa de tanta dor que nenhuma, no Brasil, a excede em martírio.

Deve-se ao professor P. M. Bardi a exposição que em 1960 marcou a consagração de Lula Cardoso Aires como um dos maiores pintores modernos do Brasil pela crítica e pelo público de São Paulo. O professor Bardi vem orientando de modo por assim dizer pambrasileiro sua atividade, em São Paulo, de lúcido renovador dos meios de contato do público paulista com os artistas plásticos; com as obras de arte pictórica; com os analistas e intérpretes dessas obras e desses artistas e do que tais obras e tais artistas significam para o conjunto de uma cultura e de uma civilização como a brasileira. Não importa que sejam esses artistas, esses analistas e esses intérpretes, paulistas ou brasileiros de outras províncias ou estrangeiros seduzidos pelo Brasil. É uma orientação, a do professor Bardi, que interessa de maneira particularíssima ao sociólogo da arte, voltado precisamente para o estudo desses meios de contato do público com artistas. Considerável, como é, a atividade do professor P. M. Bardi noutros dos seus arrojos de atividade inteligente e corajosamente renovadora, nenhum desses arrojos é excedido em importância pela nova sistemática que ele vem criando, no Brasil, especialmente em São Paulo, de relações do público com artes e artistas; e mercê da qual se realizou a referida exposição de um pintor pernambucano personalíssimo na sua arte criadora; e por isto mesmo desprezado pelos estetas sectariamente abstracionistas tanto de São Paulo como do Rio. Foi também por iniciativa do professor Bardi que eu próprio, a convite do Instituto de Arte Contemporânea, por ele orientado, e presidido então pelo depois chanceler Horácio Lafer, proferi há dois anos, no Museu de Arte de São Paulo – admirável realização de Assis Chateaubriand –, uma série de conferências sobre sociologia da arte aplicada principalmente à situação brasileira. Conferências pioneiras: as primeiras, sobre o assunto, que foram proferidas no Brasil e talvez na América do Sul.

O professor Bardi vem assim realizando, mais do que ninguém, hoje, no Brasil, uma obra não só necessária, como essencial, de aproximação entre público e artistas, entre as artes e outras expressões de uma cultura ou de uma civilização, que é uma obra independente de qualquer sectarismo estético ou de qualquer particularismo geográfico. Ele vem fazendo de São Paulo um centro não só de renovação artística paulista, com os valores paulistas postos em relevo diante do público, mas de renovação artística da cultura brasileira, em geral, com os valores de outras províncias atraídos a São Paulo e daí revelados ao público de todo o Brasil, para benefício de toda uma larga cultura nacional e até continental.

À arte representativamente brasileira de hoje, ninguém mais atento que o professor P. M. Bardi. Daí nenhum esforço maior que o seu no sentido da valorização dessa arte, venha ela de onde vier. Afinal, é a arte que no Rio e em São Paulo procuram, quando chegam às metrópoles brasileiras, os estrangeiros mais argutos, encontrando-a em artista que, como Lula Cardoso Aires e Francisco Brennand, vêm realizando, no Recife, obra de significado universal e atualíssima no tempo social; mas sobre a base de profunda experiência regional vivida e até sofrida pelos próprios artistas.

Impossível desconhecer-se o fato de que a condição de italiano de P. M. Bardi lhe tem dado uma nítida superioridade sobre a maioria dos estetas e críticos do sul do Brasil, na sua maneira de considerar os valores, as contribuições e as iniciativas de indivíduos e grupos originários do norte do país ou aqui radicados. Enquanto até intelectuais e estetas nortistas, depois de triunfantes no Rio ou em São Paulo, tendem a desprezar, quando escrevem livros que os organizam, tais valores, contribuições e iniciativas – por exemplo: o que houve de pioneiramente modernista no movimento regionalista do Recife iniciado em 1923 –, o professor Bardi não se esquece nunca de procurar retificar tais desprezos. Seu entusiasmo pela arte e pela obra de Lula Cardoso Aires exprime de modo significativo o sentido amplo que ele dá ao seu esforço de revelação e de valorização das artes e dos artistas mais caracteristicamente brasileiros. E dentre os modernos pintores do Brasil, caracteristicamente brasileiros na sua arte, nenhum excede Lula Cardoso Aires em autenticidade. Nenhum é mais brasileiro do que ele no seu modo de ser moderno. Nenhum o iguala no vigor que dá à pintura de mural, quer como artista de ânimo por vezes arrojadamente épico, quer como artesão, senhor quase absoluto desse gênero dificílimo de pintura em harmonia com a arquitetura.

A PROPÓSITO DE FRANCISCO BRENNAND, PINTOR, E DO SEU MODO DE SER DO TRÓPICO

Há artistas que são pura, rigorosa e até sectariamente artísticos. Vários são os Mallarmés que têm pretendido fechar a arte – inclusive a literária – dentro de uma tal sistemática de pureza que o artista – inclusive o literário, assim fechado – não se exprimisse senão com fins puramente artísticos; e através de meios de expressão, além de exclusivamente artísticos, especificamente artísticos, com relação a esta ou àquela arte em particular.

Não deixam de ter eles suas razões para se extremarem no purismo e no especialismo em que se extremam. Existe, na verdade, o perigo de se deixarem, artes e artistas, invadir e subjugar por motivos de tal modo extra-artísticos de atividade aparentemente artística, que a arte, assim aberta, se torne uma mistificação de arte. Em alguns casos, até antiarte. Pois há um ponto em que o artista, deixando de ser principalmente artista, corre o risco de tornar-se um antiartista pelo relevo que toma, na sua obra, sua política ou sua religião, seu patriotismo deliberado ou seu cosmopolitismo sistemático.

Em Francisco Brennand não estamos diante de nenhum desses extremos. Ele não é nem purista da sua arte, por força desse purismo, levado a qualquer forma de abstracionismo, nem um indivíduo que se sirva de tal modo de sua arte para fins extra-artísticos que, com esses fins, siga qualquer espécie de "realismo" ou de "figurativismo", do tipo imposto pela Rússia soviética aos seus artistas. O que há em sua pintura é uma arte específica – a da pintura – que não se fecha, entretanto, no afã de ser específica ou no empenho de ser pura, ao contato com outras artes, das quais possa receber sugestões artísticas. O que há nele – se acerto em minha interpretação desse artista tão complexo que não há exagero em enxergar-se em sua arte um empenho proustiano de busca de infância e, através da infância, das raízes totais do artista: inclusive as que prendem sua sensibilidade à natureza vegetal e animal de sua região – é um pintor para quem a pintura não sendo, por um lado, uma atividade à parte da sua vida, mas, ao contrário impregnada dela, não se amesquinha nunca, por outro lado, dentro dessa mesma vida, num simples meio de expressão do que seja sua política ou sua religião.

Do poeta Murilo Mendes ouvi uma vez, em Roma, quando juntos visitávamos, na cidade por excelência católica do mundo, o cemitério protestante onde repousam os restos de alguns dos maiores poetas da língua inglesa, que era católico e se considerava poeta. Mas repugnava-lhe ser considerado "poeta católico". Não: o que ele era era poeta e católico. Nunca fora nem era "poeta católico".

De Francisco Brennand pode-se dizer o mesmo: é pintor e dada sua particular sensibilidade a motivos católicos de arte – os santos populares do Nordeste do Brasil, principalmente –, suponho eu, católico; mas não pintor católico. A maneira entre medieval e moderna, entre barroca e personalista, por que interpreta tais assuntos, não faz dele, de modo tão simples, um pintor católico. Como não é pintor socialista nem pintor realista nem pintor isto nem pintor aquilo. E sim, supremamente, pintor. Supremamente artista. Mas artista que tem predileções, interesses e até compromissos fora da arte, em geral: religiosos, filosóficos, ideológicos. Pintor que, fora da especialidade artista que segue, tem interesses artísticos: pela cerâmica, por exemplo. Desses interesses e desses compromissos, alguns se refletem na sua arte. Ele os vem assimilando à sua especialidade artística. Mas sendo sempre supremamente artista e, como artista, supremamente pintor. No que não se requinta é em artista puro nem em pintor que, para ostentar seu especialismo artístico, se fechasse a todo contato com outras artes e se extremasse num meio de expressão que, de tão especializado, se tornasse esotérico ou sectário.

Há em Francisco Brennand um artista que é a negação de quanto purismo possa levar o purista ao esoterismo ou ao preciosismo; ou o artista a membro de uma casta asceticamente artística sem ligação volutuosa, sensual, nem com a vida nem com a natureza; nem com os homens nem com os animais e as plantas que o cercam; nem tampouco com as interpenetrações de formas e de cores de homens, de animais, de plantas das quais o artista mais potente ou mais amplo pode desenvolver novas interpretações de conjuntos de natureza e de vida de que ele próprio se sinta parte. Conjuntos mais líricos ou mais dramáticos em suas sugestões, quando assim complexos, do que quando discriminados cientificamente em seus vários elementos. Francisco Brennand despreza um tanto essa espécie de discriminação para dar-se quase todo àquelas sugestões, com uma disponibilidade que tem alguma coisa de franciscano. Alguma coisa de walthmaniano. Pois é uma pintura, a sua, que contém, como a do poeta célebre, multidões: multidões de sugestões. Mais do que isto: é uma pintura na qual o humano se exprime como continuação do animal e do vegetal com que coexiste na mesma região, sob aspectos inter-relacionados de forma ou de cor. Dentro da mesma região, da mesma natureza, como parte da mesma vida, embora cada pessoa, cada animal, cada planta tenha, para Francisco Brennand, o seu caráter ou a sua particularidade.

É dentro desse conjunto de particulares que está permanentemente o artista de modo algum impessoal que é Francisco Brennand. Ele não é dos que procuram fazer arte objetiva, escondendo-se atrás de composições geométricas. Francisco Brennand é, dentro da tradição hispânica a que pertence, um pintor autobiográfico que, sem ostentar sua pessoa ou exibi-la na sua arte, resvalando num personalismo exagerado, não a abafa nem a sufoca pelo terror, hoje convencional, em certos meios, ao subjetivismo ou ao autobiografismo. Sua pintura vem se desenvolvendo como um desenvolvimento da sua pessoa em relação com a sua terra e com a sua época. Biograficamente, portanto. Autobiograficamente – para empregar-se a palavra exata.

Nele a pessoa desde o fim da adolescência que é personalidade: personalidade crescentemente criadora. Tem ele hoje um sentido próprio do que sejam suas relações com sua terra e com sua época. Viajou o bastante para que se apercebesse do que, na sua terra, é diferente de outras terras e do que, nela, é semelhante a essas mesmas terras. Já viveu o bastante e já estudou o bastante do passado brasileiro, em particular, e do humano, em geral, para se aperceber do que no tempo breve, curto, que um brasileiro ou um homem moderno, individualmente, vive é insignificante em comparação com o que ele pode viver através dos valores que escolha, para seu proveito, de outras épocas, assimilando-os quanto possível à sua pessoa e à sua arte; e projetando-se, assim enriquecido, sobre o futuro. É o que Francisco Brennand tem feito bravamente. É o que vem fazendo experimentalmente. Daí seu apego à sua terra, ou a sua ternura pela terra, ser profundo sem ser sectário: sectariamente regionalista ou mesmo telurista. Daí seu sentido de expressão artística ser moderno sem ser modernista.

G. K. Chesterton, escrevendo sobre a arte de pintar do seu compatriota Watts, destacou daquele honesto vitoriano que seu principal característico fora considerar, saudável e lucidamente, a vida como um todo. É o que explica ter se guardado do esteticismo em que resvalaram alguns artistas ingleses do fim daquela época, a reagirem contra os extremos vitorianos de moralismo ou de utilitarismo nas artes com outro extremo: a chamada "arte pela arte". A essa espécie de arte Chesterton chamou "ultratécnica"; e sua negação da arte associada à vida e a outras formas de cultura lhe pareceu semelhante à cirurgia que, num requinte também ultratécnico, se esmerasse em ser pura operação cirúrgica, com o operador desprezando o indivíduo operado como um todo: um todo vivo e não morto. Complexo. Inter-relacionado.

Talvez os vitorianos se exagerassem ao associar a sua arte – inclusive sua literatura – a um sentido ético de vida. Mas não – pensava Chesterton – em associá-la à vida, através do que um vitoriano ilustre chamou ele próprio de "razão imaginativa". Razão, sim; mas imaginativa ao ponto de ter se tornado, nos artistas mais representativos daquela grande época de cultura britânica, poética. Poética no próprio Darwin. No próprio Huxley. Mas, por outro lado, racional no próprio Newman – um místico. Racional e até científica no próprio Browning.

Ninguém mais diferente, na sua técnica de pintor, de um vitoriano, que o brasileiro de segunda metade do século XX Francisco Brennand. Mas não creio desviar-me para o absurdo, ao procurar interpretar-lhe a personalidade de homem alongado complexamente em artista, encontrando nele e no seu modo de ser pintor alguma coisa de saudável e lucidamente vitoriano. Alguma coisa que talvez esteja no que nele me parece corresponder à ideia de *"imaginative reason"* de Matthew Arnold; e que se revela na própria casa onde Francisco Brennand mora com a família nos arredores do Recife; e na qual o escritor John dos Passos descobriu, quando a visitou, há poucos anos, um misto de austeridade e de graça, tendo se deliciado tanto com os móveis como com a paisagem dominada ou disciplinada de algum modo pela casa; e admirado o fato de ali vir trabalhando quase sem boêmia, mas não sem imaginação poética, um dos maiores pintores modernos do Brasil.

Quase sem boêmia, porém não sem a imaginação poética mais da arte dos boêmios que da dos artistas racionalmente metódicos nos seus trabalhos, é a arte de Francisco Brennand. A arte de um artista de todo consciente da sua arte. Severamente estudioso dela. Artesão. Mas, ao mesmo tempo, dado a arrojos romanticamente experimentais. Arrojos, esses, sempre à base do que nele é saber ou conhecimento dos clássicos e dos mestres, é certo. Porém arrojos e românticos.

Viajado pela Europa, suas viagens não o reduziram a um simples aprendiz de mestres europeus, incapaz de pela imaginação e pela razão procurar para sua pintura de formas e cores tropicais um sentido também tropical de expressão de vida, de natureza e de homem. Expressão dele próprio. Arte – repita-se – autobiográfica. Arte mergulhada na infância do artista: essa infância que é sempre a base do que há de mais autêntico num criador, seja qual for sua forma de criação. É o que Francisco Brennand vem fazendo. É como ele vem se autobiografando. E, através de sua autobiografia, revelando de sua gente e de sua terra multidões de cores e de formas regionais, brasileiras, tropicais, ignoradas em algumas das suas relações umas com as outras; e que só poderiam ter sido descobertas por alguém que à capacidade de analisá-las racionalmente no seu todo juntasse a de reconstituí-las e interpretá-las imaginativamente, poeticamente, em sínteses desse todo assim previamente analisado.

É como um pintor de sínteses que Francisco Brennand vem se afirmando um dos maiores pintores modernos do Brasil. Curioso que ele seja de Pernambuco. Porque de Pernambuco é também Lula Cardoso Aires. De Pernambuco, Cícero Dias. De Pernambuco, Aluísio Magalhães. De Pernambuco, outros pintores, mais jovens, do Brasil, caracterizados pelo mesmo empenho de exprimirem em sínteses suas reações a Pernambuco, ao Brasil, ao trópico.

Por que tantos, de Pernambuco? Será que a luz – luz especialíssima que tanto impressionou, pelos seus efeitos de equilíbrio, pela sua claridade ou pela sua capacidade de projetar-se em variedades de cor, o pernambucano Joaquim Nabuco, o paulista Eduardo Prado, o alemão Konrad Günther – vem atuando como um estímulo, entre indivíduos com a vocação para a pintura, a uma nova espécie de tropicalismo, em que a eloquência excessiva nas cores começasse a ser moderada por uma reinterpretação do trópico como claridade, como nitidez, como lucidez, como harmonia, até; e não como desvario quase carnavalesco de impressões? É possível. Em Francisco Brennand, o melhor crítico da sua pintura – Ariano Suassuna – já descobriu um sentido de harmonia na luz e nas cores que o situa na mais sábia tradição dos antigos pintores do Mediterrâneo sem que por isto – acrescente-se a Ariano Suassuna – Brennand deixe de ser, nos seus arrojos experimentais, um tropicalista. Um artista em idílio com uma natureza diferente da europeia.

A verdade é que em Francisco Brennand se vem desenvolvendo um pintor que, mais do que um puro intérprete de sua província ou de sua região, começa a ser um novo intérprete do trópico: de um trópico úmido cuja especialíssima luz é um desafio aos pintores e à sua capacidade de desenvolverem novas técnicas de captarem essa luz, nos seus vários efeitos sobre formas e cores, libertando-se, assim, tanto de técnicas especificamente europeias como de técnicas convencionalmente tropicalistas. Novas técnicas de captação de luz tropical, tal como se apresenta em certas partes umidamente tropicais do mundo: um tanto diferentes das áridas e não apenas muito diferentes das temperadas.

Há críticos de pintura para quem são duas as principais atitudes dos pintores para com a luz que sua arte procura captar em suas telas ou em seus painéis. Uns pintores se empenhariam em captá-la como um brilho sobre as figuras ou as coisas pintadas. Outros, em captá-la como um brilho através dessas figuras ou dessas coisas. Um brilho semelhante ao fulgor que ilumina as imagens nos vitrais góticos.

Em tais atitudes talvez se exprimam mais do que técnicas de arte com relação à luz: filosofias de vida do artista. Seu sentido de relações de homem com as formas e com as cores que o rodeiam através do modo por que a luz, segundo ele, intervém nessas relações: brilhando sobre formas e cores, segundo uns; através delas, segundo outros. O primeiro, um sentido talvez exclusivamente, ou quase exclusivamente, estético. E com tendências a impressionista. O segundo, um sentido, além de estético, religioso. E antes expressionista que impressionista.

Francisco Brennand vem captando a luz do trópico úmido, nos seus quadros e nos seus painéis, de um modo que escapa a qualquer dessas definições absolutas. Observam-se, no que ele pinta, efeitos de uma luz inconfundivelmente tropical que dá um brilho estético às formas e às cores pintadas. Mas que parece por vezes ir além: e atravessar poeticamente, religiosamente até, essas formas e essas cores, revelando de pessoas e de coisas intimidades que de outro modo não apareceriam; e intensificando nelas significados que, sem isto, não seriam, talvez, notados. Em vez de apenas avivar bizarrices – do ponto de vista europeu – de forma, e exotismo –

do mesmo ponto de vista – de cor, seu tropicalismo vai além: busca intimidades dentro de excessos de luz que, por serem excessivamente luminosos, escondem muitas delas. Donde a importância da pintura de Brennand como uma série de revelações de intimidades escondidas dentro dos excessos de luz tropical. Um modo especialíssimo, personalíssimo, paradoxal, até, o seu, de ser tropicalista. Mas tropicalista ele é. Um dos maiores, um dos mais intensos, que tem havido na história das relações da arte com o trópico.

O problema das relações do pintor – do pintor, do escultor, do arquiteto – com a luz regional é um dos mais intimamente ligados à pergunta: até que ponto é a arte independente das condições regionais de meio físico e de meio sociocultural em que se desenvolve ou em que se desenvolve o artista?

Da mais nova teoria de luz dos físicos modernos dizem os seus intérpretes científicos que veio mostrar que as cores se apresentam diferentes conforme condições de luz não só regionalmente diversas como tecnicamente distintas: conforme a sua qualidade de luz de sol, de luz elétrica e de luz de candeeiro a óleo. Dessas condições diferentes de luz pode servir-se, em sua pintura, um pintor que não se afaste nunca do lugar onde nasceu: de qualquer delas, puras; ou de duas ou três, combinadas.

Pode ele também ver as cores da figura humana ou as formas das paisagens conforme condições de luz regionalmente diversas; e adotar dessas condições a que corresponda mais harmoniosamente tanto ao seu temperamento como às suas afinidades de cultura com esta ou com aquela condição ou tradição regional: a das suas principais raízes ou não. Pode ir além e combinar, numa pintura híbrida, luz, formas e cores de uma região com as de outra, dando predominância àquela com que estiver mais empaticamente identificado.

Foi o que fez Gauguin. Também o que fez Amrita Sher Gil com relação à Índia, com cuja luz se identificou sem, entretanto, ter deixado de levar da Europa para a sua pintura alguma coisa de inconfundivelmente europeu.

Mais: o que realizou George Keyt em seus experimentos no Ceilão não só de penetração de material europeu pela luz tropical – resultando esses experimentos em novas transparências de cores – como de combinações de formas ovoides, caracteristicamente orientais, com as triangulares, especificamente europeias. Experimentos interessantíssimos para o Brasil e para os artistas brasileiros, sem que, entretanto, deles venham tomando conhecimento nossas escolas de belas-artes, tão passivamente subeuropeias na sua orientação e no seu ensino.

Recordados há pouco por um crítico de arte indiano em revista do seu país, publicada em língua inglesa, os recentes experimentos indianos em cores relacionados com a luz do trópico talvez alcancem entre nós alguma repercussão. Para eles já se vinha voltando há anos minha atenção: desde o meu contato, em Bombaim, com os trabalhos de jovens pintores indianos, com alguns dos quais se parecem hoje evidentes as afinidades ou, antes as coincidências, de experimentos de Francisco Brennand. Contato acompanhado de longas conversas sobre o assunto com o então arcebispo católico de Bombaim e, depois cardeal, da Índia: um indiano – Monsenhor Gracias – em sua origem, goês; e profundamente interessado, naquela época, em problemas de pintura de ponto de vista semelhante ao meu. Isto é, desejava o então arcebispo Gracias o encontro, no Oriente, de estímulos europeus modernos, quer de técnica, quer de arte, com condições tropicais de meio físico e de tradição cultural, para desse encontro resultarem novas interpretações e até abstrações de formas e de cores de homem e de paisagem. Precisamente o meu velho empenho. O que fez que comemorássemos nossa coincidência de ideias fumando, em Bombaim, charutos baianos, dos fabricados exclusivamente para os amigos por Lauro Passos; e dos quais eu, graças ao bom Lauro, levara alguns para o Oriente.

Recordando tais conversas, sob uma luz – a de Bombaim – parenta da do Brasil, penso na crença dos antigos no *genius loci*. Haveria, para cada região, um deus ou um grupo de deuses. Esses deuses tornariam sagrada a região sob sua guarda: a região e o seu *ethos*. Apenas a esse *ethos* o bárbaro poderia aderir, identificando-se com deuses, que, regionais, não deixavam de ser universais; nem de acolher indivíduos de procedências estranhas. Precisamente o que faria a Espanha regionalmente castelhana com El Greco que, adventício, veio a ser, por empatia, intérprete profundo da luz não só física como metafísica de Castela; e realizar obra decisiva de interpretação de luz e de *ethos* particularmente regionais; e, ao mesmo tempo, tão universais nas suas sugestões como – diria mr. Herbert Read – *Oresteia* e *Antigone*, dentre obras consideradas clássicas; e *Wuthering Heights*, dentre as classificadas por alguns como românticas.

Para mr. Herbert Read – a quem se devem páginas tão inteligentes sobre o assunto –, a identificação entre um artista e uma região só se verifica quando o artista não apenas *sente* como *realiza* fisicamente, sensualmente, o que na região é físico, além de ser *ethos*. Tal impregnação quase sempre inclui, nos pintores que se aprofundam em regionais, sendo também criadores de obras universais nas suas sugestões, a adesão a uma luz que corresponde ao seu modo não só físico como ético de ser artistas. Por isto, talvez, é que o crítico inglês se refere a *"shining lights that make our common glory, each in a local shrine"*.

CIVILIZAÇÃO, RELIGIÃO E ARTE

O nominalismo não fez senão preceder, no plano filosófico, o critério representado, no plano sociológico, pelos modernos métodos de análise de sociedades e de interpretação do homem social que à generalização ou à universalização arbitrária de sínteses baseadas numa só experiência – a de um único tipo de civilização – opõem a necessidade de um conhecimento múltiplo do mesmo homem social: o de suas várias civilizações ou o de suas várias culturas; o de suas várias situações socioculturais; o dos seus vários tempos; o de seus vários ritmos; o de suas várias relações com a natureza.

Impressionou-me há alguns anos, nos meus contatos com o Oriente e com a África, o erro que, a meu ver, vem sendo cometido, em várias dessas áreas, por alguns dos representantes não só protestantes como até católicos do cristianismo, entre as populações não cristãs, das mesmas áreas, ao identificarem tais europeus e quase europeus, nessa representação, o cristianismo com um tipo de civilização que é apenas uma civilização há séculos cristianizada – em parte cristianizada: a europeia ou ocidental. Trata-se de uma identificação arbitrária que só tem feito prejudicar o cristianismo: religião cuja universalidade, sendo plurirregional, não deve ser reduzida à expressão do pretendido valor universal de estilos e de instrumentos europeus de civilização, alguns de duvidosa capacidade de universalização; ou válidos apenas na sua região ou na sua área ecológica. Desse risco é que se aperceberam os nominalistas, com relação a princípios tidos por universais, de ciência, por europeus e ocidentais, antes mesmo de terem conseguido estender seu conhecimento de certos problemas de física, da realidade europeia e outras realidades.

Daí o interesse considerável, para a história da expansão do conhecimento científico de europeu a verdadeiramente universal, da chamada Escola de Sagres, na qual madrugou, dentro do cristianismo, o esforço no sentido de ligar-se ao saber do europeu o saber de outros povos; ao saber adquirido por europeus no estudo da região europeia – de suas sub-regiões frias e temperadas – o saber desenvolvido pelos estudiosos de outras regiões, através do estudo ou da análise dessas outras regiões.

Mais do que isto: ao incorporar a famílias portuguesas os primeiros jovens trazidos da África negra à Europa por portugueses ou por europeus, o infante dom Henrique estabeleceu entre portugueses a supremacia do critério cristocêntrico de organização social sobre o etnocêntrico, abrindo o caminho para um universalismo plurirregional até então prejudicado, na Europa cristã, pela exaltação, nos símbolos religiosos da Igreja – os anjos, por exemplo – dos valores étnicos europeus, como se fossem valores universais. Compreende-se que depois da Escola de Sagres tenham aparecido nos altares cristãos anjos e santos e até madonas, Meninos-Deus e Cristos, pardos, amarelos, morenos. Viria essa arte multicor, pluriétnica e plurirregional, marcar ou assinalar a verdadeira universalidade da Igreja ou do cristianismo: uma universalidade plurirregional.

Mas será sempre a arte esse instrumento de aproximação e de paz entre homens de raças, de classes, de castas ou de civilizações diferentes? Sempre, não digo. Em muitos casos temos que admitir que sim: a arte tem concorrido para desmanchar entre homens e até entre civilizações antagonismos aparentemente inconciliáveis. Isto, a arte ou o artista tem conseguido pelo modo de reunir em novas formas de beleza ou em novos estilos de expressão elementos não só de classes como de civilizações diversas. Tal o caso da música primitiva ou popular que sob o gênio de um Villa-Lobos se tem elevado, no Brasil, a música nacionalmente brasileira e até universal em suas sugestões artísticas, aproximando, dentro da cultura brasileira, o que é civilizado do que é primitivo; e aproximando a cultura brasileira de outras culturas modernas. Tal o caso da pintura chamada "cusquenha", no Peru, em que à arte inca juntou-se a hispânica, produzindo uma terceira arte que vem servindo para aproximar inimigos: o inca, do europeu; o homem tropical, do homem hispânico; o homem de cor, do homem branco; o adorador do Sol, do devoto de Cristo. Essa aproximação de inimigos através da arte operou-se sob um cristianismo que deixou de ser puro agente de uma civilização invasora para tornar-se também expressão, mercê de esforços missionários, de uma civilização além de invadida, oprimida. E expressão, sobretudo, da harmonização daquela civilização adventícia com um meio, natural e humano, para ela novo e, sob certos aspectos, hostil: o meio tropical.

Lembremo-nos do seguinte: que a civilização europeia, completada hoje pela anglo-americana, é uma civilização que não tendo se originado no trópico se sente estranha em regiões tropicais; e que até hoje não conseguiu estabelecer-se em sua pureza em qualquer área tropical. O tropicalista Marston Bates, no seu *Where Winter Never Comes* (Nova York, 1955), admite, à página 82, que se considere a América Latina tropical o único exemplo de transplantação em larga escala de cultura europeia para o trópico; mas uma transplantação em que elementos não europeus de cultura vêm resistindo à sua absorção pelos elementos europeus. A tal ponto que o mesmo tropicalista é de opinião que se possa apresentar essa América Latina tropical como demonstração da tese de que a civilização europeia em sua forma pura não é adaptável aos trópicos. E aqui Marston Bates se revela de acordo com aqueles que há anos sustentam tese mais ampla: a de que a variante europeia de civilização não deve ser considerada a civilização de modo total ou exclusivo. E ele próprio admite da civilização latino-americana que ela se apresenta mais interessante naqueles espaços ou naqueles lugares em que mais se vem processando a fusão de elementos nativos com os europeus, como se tem verificado na arte mexicana. Ou na arte brasileira.

Justamente neste particular – e aqui insisto em considerar problema já versado noutro dos meus ensaios – é que a alguns de nós parece estar a superioridade do processo de colonização portuguesa ou hispânica – ou hispanocatólica – sobre outros processos de colonização europeia, em que se tem verificado a tendência, ou o esforço sistemático, ou de impor a populações ou a regiões tropicais a civilização europeia, como a civilização fora de cujos estilos – inclusive, no plano de artes, como a do vestuário, a da arquitetura, a da vida escultural – só haveria exotismo, esquisitice, excentricidade – ou de deixar a essas populações o direito absoluto de viver à parte das adventícias, como sobrevivências exóticas em espaços na superfície europeizados. É o que se tem feito, por exemplo, na União Sul-Africana, com a consequência de não apresentar essa civilização europeia transplantada para a África e aí conservada em estufa sociológica nenhuma arte que caracterize nem sua situação extraeuropeia no espaço físico, nem sua persistente condição europeia em ambiente não europeu. Do ponto de vista artístico, talvez não haja hoje civilização mais estéril. Nem mais insípida ou inexpressiva. Para o antropólogo da cultura ou o sociólogo da arte, essa esterilidade talvez se apresente como viva revelação do fato de que dificilmente se verificam manifestações artísticas em grupos a que falte contato íntimo com seu meio físico, que inclua a intimidade sexual com os nativos desse meio, através da qual se desenvolvam outras intimidades. Pela mesma falta de intimidade, não tanta, mas quanta, da parte do inglês com relação à Índia, por ele dominada durante três séculos, explica-se sociologicamente não se ter desenvolvido nem uma arte nem uma civilização profunda ou integralmente anglotropical. Tampouco existem civilizações holando ou francotropicais, a despeito de longas permanências de holandeses e franceses não só na África como nos trópicos asiáticos. E o motivo parece estar sempre no fato de não se terem verificado nas relações desses europeus com os trópicos intimidades que, à base de uma intimidade sexual profunda, capaz de estabilizar-se em famílias organizadas, tenham desabrochado em artes simbióticas como as que vêm desabrochando em espaços não europeus marcados pela presença hispânica. Artes simbióticas que ao seu valor de artes juntam, pela sua condição ecológica, o valor de felizes realizações hispânicas.

Considere-se – já o lembrei noutro dos meus ensaios – a alpercata ou a sandália ou o chinelo, por exemplo, que em alguns desses espaços tem se afirmado em manifestação de arte simbiótica, com a adaptação de elementos europeus aos não europeus. É hoje ponto tranquilo entre os tropicalistas que a sandália ou a alpercata é ideal para os trópicos, evitando seu uso a doença chamada de "pé de atleta", quase sempre associada ao uso de meia e sapato em climas quentes. É assunto versado na obra coletiva organizada por L. H. Hewburgh, *Physiology of Heat Regulation and the Science of Clothing*, publicada em 1949 em Filadélfia.

Como é ponto tranquilo entre eles o repúdio às calças compridas do homem de formação europeia – e hoje até da mulher – em climas tropicais: climas que pedem antes o uso de túnicas, togas, vestes soltas, às quais uma arte ecologicamente tropical do trajo poderia dar uma variedade de formas e de cores combinadas, impossíveis no caso das calças compridas. O mesmo parece certo de xales, mantos, véus para a proteção da cabeça contra excessos do sol: tão usados pelos povos tropicais antes de lhes terem sido impostos chapéus ou adornos europeus de cabelo. Ao uso, por povos tropicais, de tais mantos ou xales, e ao seu desconhecimento de chapéus europeus, está associada a sua arte de penteado, que entre alguns desses povos assumiu grande desenvolvimento e se afirmou em numerosos valores simbólicos de condições de sexo, casta, idade, tribo, cultura, a ponto de através deles ser possível ao antropólogo identificar origens culturais diversas de grupos etnicamente semelhantes. O mesmo se pode dizer da tatuagem de ventres, braços, peitos, entre alguns desses povos tropicais, para os quais esses adornos sobre a própria carne, às vezes com intenções simbólicas, substituem adornos de vestes ou de trajos: trajos entre eles supérfluos ou indesejáveis, por motivos ecológicos.

No Brasil, país tropical de formação hispanocatólica, vem se verificando considerável aproximação de homens de origens étnicas e culturais diversas, através das oportunidades que, dentro dessa formação hoje prolongada em desenvolvimento nacional, lhes têm sido dadas, para se exprimirem em artes compostas, nas quais se têm interpenetrado influências várias: a do europeu, a do ameríndio, a do africano. Isto não só no plano das chamadas "belas-artes" como no das artes práticas cotidianas, menores. Não só no plano da música, por exemplo, como no da culinária. Da feijoada brasileira, chamada completa, por exemplo, não há exagero em dizer-se que, sendo expressão de uma arte composta, com alguma coisa de europeu e outro tanto de africano e de ameríndio em sua composição e em sua harmonização de sabores como que contraditórios, é também exemplo da força com que a arte, erudita ou popular, ilustre ou humilde, pode concorrer, quando composta sob um sentido feliz de combinação até de contrários, para a paz, a cordialidade, a aproximação entre os homens.

Não nos esqueçamos de que a harmonia que caracteriza a convivência brasileira deve-se, em grande parte, a métodos de catequese em que no Oriente e na América missionários franciscanos, jesuítas e outros religiosos da Igreja de Roma, ao contrário dos de algumas das seitas protestantes – digo de algumas, porque entre os protestantes tem havido *Quakers*, dos quais se pode sem exagero dizer que são quase franciscanos à paisana – esmeraram-se em aproveitar dos indígenas quanto lhes parecesse valioso para o cristianismo, quer neles próprios, quer nas suas culturas ou nas suas civilizações tropicais. O que nem sempre se verificou sem a oposição da parte de alguns puristas para os quais o catolicismo devia conservar-se intransigentemente europeu em meios não europeus. Na cidade de Salvador, em que o esforço dos jesuítas se antecipou ao dos franciscanos na catequese dos nativos e na propagação do cristianismo na América, tiveram os padres da companhia – insisto aqui em ponto já ferido noutro dos meus ensaios – quem, dentro da própria Igreja, os repreendesse asperamente, porque aos meninos brancos e órfãos, vindos de Lisboa, permitiam "cantar todos os domingos e festas, cantares de Nossa Senhora ao tom gentílico e tocarem outros instrumentos que estes bárbaros tocam e cantam quando querem beber seus vinhos e matar seus inimigos". No México, sabemos que essa censura foi feita principalmente aos franciscanos, por permitirem a indígenas cristianizados louvar a Deus e aos santos através de suas velhas danças e de suas velhas músicas.

Entretanto, franciscanos e jesuítas, assim procedendo, procederam de acordo com antiga orientação da Igreja, dos dias em que os "bárbaros" não eram os nativos de terras tropicais, mas os das terras frias da Inglaterra ou do norte da Europa. Era aos missionários de Roma entre esses "bárbaros" alvos e ruivos que o papa Gregório I recomendava – quantas vezes tenho insistido em evocar exemplo tão expressivo! – que não lhes destruíssem os templos e os ritos, mas substituíssem nesses templos e ritos o paganismo pelo cristianismo. Que continuassem os anglos a sacrificar animais nas suas festas, mas não em holocausto a deuses, e sim para, alimentação dos homens que fossem sendo convertidos à fé cristã. Era a sabedoria da Igreja a antecipar-se à moderna ciência do homem: aos antropólogos sociais e sociólogos de hoje que entendem ser essa a maneira mais eficaz de agirem os civilizados entre primitivos. Nada de destruição total do que seja primitivo, mas a substituição tão somente da substância chamada bárbara pela civilizada, conservando-se formas, ritos, técnicas, artes indígenas. Deixando-se aos não europeus o direito de juntar suas vozes, no tom que lhes for próprio, às vozes dos europeus, na glorificação de Deus, da Virgem e dos santos.

Assim se faz e se tem feito nas áreas de formação hispanocatólica e esta tem sido e é a política de assimilação da Igreja. Assim tem sido o cristianismo quase sempre aplicado à difícil arte das relações de europeus com não europeus: admitindo-se uma variedade de vozes dentro da unidade cristã. Pois é uma unidade que de modo algum deve significar exclusividade de civilização europeia ou de primado absoluto de arte europeia sobre as artes não europeias. Variedade de vozes, de cores, de gostos, de danças, de alimentos, de materiais de construção, contanto que sejam todos postos a serviço do homem; e, acrescentados às tradições europeias da Igreja, postos a serviço do cristianismo. Variedade que esplende de modo forte e belo na música dos Villa-Lobos, na poesia dos Jorge de Lima, na pintura dos Cícero Dias, no romance dos Jorge Amado, na arquitetura dos Lúcio Costa e hoje no teatro cristão e, ao mesmo tempo, brasileiro, além de regional como nenhum, de Ariano Suassuna. Não digo o mesmo da pintura, sob vários aspectos admirável, de mestre Cândido Portinari, porque a essa pintura, quando executada como pintura religiosa ou cristã para igrejas católicas situadas no Brasil e destinadas a multidões brasileiras, tem faltado universalidade ou catolicidade neste ponto: em acrescentar aos anjos convencionalmente louros, da tradição puramente europeia de arte cristã, anjos fardos; em acrescentar a Nossas Senhoras convencionalmente ruivas, Nossas Senhoras brasileiramente morenas, pardas, pretas, amarelas.

A Exposição de Arte Missionária que em 1951 se realizou em Lisboa não foi um acontecimento apenas estético ou somente religioso: foi principalmente um como laboratório que ali se tivesse instalado para estudos de antropologia cultural e até de sociologia da cultura. Inclusive da sociologia da arte.

Tendo percorrido essa exposição lentamente e com olhos de estudante já antigo de sociologia e de antropologia, o que nela aprendi equivale quase a um curso na ainda jovem especialidade sociológica que é a sociologia da arte. E creio que das melhores universidades da Europa e das Américas, deveriam ter ido, naquele ano, grupos de mestres e de estudantes a Lisboa estudar sociologia da arte e sociologia da religião numa exposição que, aliás, só por equívoco foi apenas estética, para uns; ou de caráter quase exclusivamente religioso, para outros. O que ela principalmente me pareceu foi isto: uma demonstração de que a arte cristã vem concorrendo para a paz entre os homens.

Uma das suas virtudes principais foi a de ter exposto raízes da diversidade, ao mesmo tempo que da unidade, do homem, através de obras de arte africanas, asiáticas, ameríndias, marcadas pela transculturação: provocadas pelo desafio cristão levado por povo europeu a povos não europeus. Esse povo europeu, o português: um português menos hieraticamente católico e mais plasticamente cristão que o castelhano ou que o francês ou que o italiano, para só compará-lo com outros católicos da Europa latina.

Interessantíssimo foi, na verdade, o fato de nos ter sido dado a observar, na Exposição de Arte Missionária de Lisboa, efeitos, em artes plásticas, da transculturação, em áreas onde o missionário ou o cristão foi principalmente o português. Pois do português se deve dizer e repetir que, do ponto de vista sociológico, foi antes cristocêntrico que etnocêntrico, no comportamento e nas atitudes que primeiro o definiram ante aqueles povos. Cristão, primeiro, português depois, talvez se possa dele dizer em generalização que admita, é claro, exceções; e sem de modo algum pretender-se para o sentido cristocêntrico da presença portuguesa entre povos pagãos qualidade ou virtude superiormente ética: apenas desvio do etnocentrismo particularista, em suas intransigências nacionais, em que se têm extremado outros europeus, para um cristocentrismo capaz de arrojos de flexibilidade em sua maneira de orientar os contatos do português com não portugueses de nascença ou de raça; do europeu com não europeus; do civilizado com os chamados "bárbaros".

O fato de o padrão português ter sido uma cruz entrelaçada ao escudo nacional – símbolo, como alguém já destacou, também ostentado pela gente lusitana que se entregou desde o século XVI à conquista de outras gentes, nas suas famosas caravelas – é significativo. Nenhum outro europeu empenhou-se em tais conquistas dando tanto relevo ao aspecto missionário do seu esforço conquistador e colonizador; e esse relevo não foi só ostensivo como real. E de tal modo impressionou os povos não europeus como expressão de um afã superiormente religioso ou espiritual da parte do lusitano com relação a esses mesmos povos, que, ainda hoje, um historiador-sociólogo indiano como Panikkar contrasta essa atitude portuguesa com a indiferença holandesa pela gente oriental, exaltando o fervor missionário português e interpretando a indiferença holandesa – por outros interpretada como tolerância em assuntos de religião – como desprezo pela situação espiritual dos não europeus.

Pode-se atribuir a esse afã religioso ou a esse empenho missionário grande parte da arte mista que por mais de quatro séculos se vem desenvolvendo em áreas não europeias marcadas pela presença portuguesa. E dessa arte mista se pode dizer que tem sido, pelo fato mesmo de vir sendo mista, e não imperialmente europeia, um instrumento de paz entre europeus e não europeus. Um instrumento de integração de não europeus num cristianismo realmente universal ou universalista, ao mesmo tempo que regional ou regionalista.

Já houve quem observasse que, sob o entusiasmo missionário, o português, onde encontrou artes diversas das tradições europeias de gosto e de estilo e até bárbaras ou apenas intuitivas, nas características de concepções plásticas vindas de tempos remotos, em vez de considerá-las sempre idolatria ou paganismo nefando, procurou converter sem violência aquelas concepções plásticas ao uso cristão. Houve exceções: casos em que o português agiu inquisitorialmente neste particular como, por algum tempo, em Goa e contra os indianos. E inquisitorial foi também a atitude de alguns dos missionários portugueses da Companhia de Jesus no Brasil em relação com artes ameríndias, em contraste com a atitude de alguns dos missionários franciscanos e espanhóis no México em relação com artes astecas e dos próprios jesuítas com relação a artes chinesas. Mas não falta apoio à generalização de que a tendência da parte do cristão português foi quase sempre não simplesmente para tolerar artes pagãs, mas para acrescentar ao cristianismo concepções de expressão artística diversa da europeia.

Pode-se ir mesmo ao extremo de admitir, como mais de um apologista do esforço missionário português tem proclamado, que, com relação à arte, o português, nas áreas não europeias marcadas por sua presença, foi um missionário ou um cristão que procurou converter ou atrair à fé cristã os não europeus, sem cometer a imprudência de procurar destruir nos artistas ou artífices nativos os chamados "dotes plásticos", diferentes em cada povo. E sempre que houve esse afã de destruição de artes nativas, sabemos que houve guerra se não quente, fria, entre europeus e não europeus, dispostos a abraçar um cristianismo que não significasse para eles o repúdio às suas artes, às suas danças, à sua música, aos seus alimentos, aos seus trajos, às suas redes, aos seus estilos de casa e aos seus materiais de construção, para que tudo isso fosse abandonado e substituído por artigos importados da Europa ostensivamente cristã; mas, na realidade, antes mercantil do que cristã em algumas de suas atitudes aparentemente religiosas.

A filosofia ou a ética de semelhante atitude portuguesa poderia ser hoje resumida, segundo um estudioso português da história da arte, como havendo implicado sempre não dever a iluminação do espírito ou do sentimento humano por uma nova fé "contrariar os aspectos exteriores da arte nem exigir dela [arte] senão outra substância", isto é, outra substância temática. Foi como ilustração viva da constância dessa filosofia ou dessa ética antes cristocêntrica que etnocêntrica nas relações do português com povos não europeus – quase todos situados nos trópicos – que a Exposição de Arte Missionária, de 1951, me pareceu ter sido um acontecimento de interesse sociológico ainda maior que o estético ou o religioso. Um curso de sociologia da arte – repita-se – sob o aspecto de uma aliás grandiosa exposição aparentemente só estética ou só religiosa. E não só de sociologia da arte: também de sociologia da paz – da paz através da arte.

Uma constante, nas reações de diferentes povos não europeus, e quase todos tropicais, à atitude portuguesa, impressiona mais do que qualquer outra o observador: a tendência para cada um desses povos reinterpretar o cristianismo segundo concepções plásticas que às vezes se chocam frontalmente com a portuguesa, em particular, e com a europeia, em geral, constituindo-se numa como afirmação de que, para eles, o cristianismo, tal como lhes foi transmitido pelos portugueses, não é de modo algum religião de europeus que, adotada por eles, não europeus, deveria se exprimir em arte copiada da dos europeus: arte subeuropeia.

O fato de o português, por ter se comportado nos trópicos de modo antes cristocêntrico que etnocêntrico, haver conseguido despertar através de artes, como as plásticas, às vezes vibrantemente sociais em suas expressões, tais reações, da parte de não europeus, constitui uma antecipação a atitudes que só agora outros europeus procuram adotar em relação com povos não europeus: uma antecipação que vem do fundo de quatro séculos. E uma antecipação de que o português dominado um tanto morbidamente pelo complexo de ser, desde o século XVIII, um povo social e mentalmente retardado entre os demais povos europeus – o que é exato sob vários aspectos, mas inexato sob outros e importantes aspectos – não se vem de modo algum apercebendo. A verdade, porém, é que é uma antecipação que lhe dá uma modernidade que outros europeus buscam agora com lamentável atraso.

Um aspecto de transculturação de valores europeus ou cristãos, entre povos não europeus, através de artes mistas ou vigorosamente híbridas na substância e na forma ou só na forma ou apenas na substância, não pôde ser documentado, por motivos evidentes, pela Exposição de Arte Missionária, de 1951, em Lisboa: a colaboração da escultura com a arquitetura em obras ou monumentos levantados pela gente lusitana no Ultramar. Desse aspecto daquela transculturação pude me inteirar em contato direto com tais monumentos, dos que sobrevivem no Oriente e na África: principalmente na África Oriental.

Sabe-se por um dos maiores historiadores da arte portuguesa, Virgílio Correia, cujos *Estudos de História da Arte* (1953), referentes à pintura e à escultura, vêm sendo publicados pela Universidade de Coimbra, que na Europa, durante a

Idade Média, a colaboração do escultor na obra do arquiteto foi "assombrosa". E é esse mesmo historiador que à página 64 desse seu ensaio atribui ao relevo que a escultura decorativa tomou no século XVI em certas obras de arquitetura levantadas no Portugal europeu "um influxo indiano", a seu ver, revelado na "preocupação do recamo miúdo". A união da escultura decorativa oriental com a arquitetura estruturalmente ocidental, levada pelo português da Europa ao Oriente, tomou relevo em edifícios não só monumentais, como médios construídos desde o século XVI no Oriente.

Talvez venha dessa união de escultura decorativa de gosto oriental com uma arquitetura estruturalmente ocidental – embora essa própria estrutura o português a tenha adaptado a condições não europeias, principalmente tropicais, de clima, de luz, de ecologia, valendo-se, ao que parece, de lições por ele aprendidas com o mouro desde dias remotos – o desenvolvimento, no Brasil e no próprio Portugal, da utilização em frontões e portas de igrejas e não apenas na decoração do exterior ou do interior de palácios, de motivos florais e zoomórficos inspirados na natureza tropical: abacaxis, palmas, leões. Poderia tal utilização de formas e cores dos trópicos em arte cristã ser incluída entre as evidências de ter sido quase sempre o português, em seu modo de ser cristão fora da Europa, um cristão com acentuadas tendências para o franciscanismo. Isto é: para a confraternização do homem com a natureza, mesmo sendo o homem, europeu, e a natureza, não europeia; mesmo sendo o homem um europeu formado em terras de clima mais frio que quente e a natureza, a expressão de um clima constantemente quente e, para alguns europeus, infernal; povoado por gentes escuras e animais estranhos, identificados pelos mais etnocêntricos entre os cristãos europeus, com as forças do mal ou do Demônio; e por conseguinte, inimigos natos dos Cristos, das Virgens, dos santos e dos anjos louros e ao mesmo tempo dos animais docemente associados, nas legendas cristãs, a essas figuras sumamente belas e absolutamente virtuosas. Animais como o jumento, o carneiro, o galo, o boi. De modo que a utilização na arquitetura cristã, pelo português, de motivos zoomórficos aparentemente anticristãos, parece ter representado, da parte do mesmo português, arrojo franciscano estendido a animais e vegetais não europeus. Talvez esteja aí um dos aspectos mais interessantes da arte luso tropical da igreja que se seguiu às primeiras conquistas pelo luso de terras tropicais. Um dos aspectos mais interessantes dessa arte quando considerada de ponto de vista sociológico; ou quando considerada como arte de aproximação entre povos diferentes e de contemporização entre civilizações antagônicas: de interpenetração de culturas, sob outros aspectos, hostis. O caso da arte mudéjar antes de ser o da cusquenha.

    A arte assim compreendida ou assim praticada tem sido e é um instrumento de paz entre os povos que outras forças tendem a separar em brancos e pretos, em brancos e amarelos, em brancos e pardos, em orientais e ocidentais, em europeus e não europeus; e nada mais interessante do que encontrar hoje quem viaja pelo Oriente cristianizado pelo português Nossas Senhoras não só pretas como trajadas à moda oriental; Cristos retintamente negros e com todos os característicos somáticos do negro, sua nudez tocada de tangas também africanas; ou madonas amarelas e de olhos orientalmente oblíquos; Santos Antônios pardos; São Franciscos indianos. Quando o cristão africano ou oriental se sente bastante cristão para identificar o Cristo ou a mãe de Jesus com a sua cor, com a sua raça, com o seu trajo indígena, podemos estar certos de que na área onde se verifica tal identificação do não europeu com o cristianismo, a arte cristã está desempenhando um papel importantíssimo no sentido de estabelecer relações profundas de paz entre povos étnica e culturalmente diferentes.

    Um dos erros de muito cristão e até de muito missionário católico em terras pagãs tem sido este: o de se considerarem propagandistas menos de um cristianismo capaz do máximo de universalidade através do máximo de plasticidade, de variedade e diversidade nas suas expressões de cultura – inclusive de arte – que de um cristianismo superiormente europeu, intransigentemente gótico, culturalmente medieval, associado não só ao branco da pele e ao louro do cabelo dos europeus como às suas estilizações artísticas de Deus, dos santos, dos anjos: São Josés sempre de barbas ruivas, Meninos Jesus sempre de olhos azuis, Nossas Senhoras sempre de face cor-de-rosa, anjos sempre albinos; e todos vestidos de túnicas gregas e de togas medievais; penteados à europeia; adornados com adornos europeus. Semelhante arte nunca foi principalmente cristã quando pretendeu estender-se assim europeia a povos não europeus: foi imperialmente europeia. Foi racista. Foi burguesa. Foi imperialista. E em vez de uma arte de paz, que conciliasse o não europeu com o europeu, foi uma arte animadora de preconceitos: preconceitos de superioridade da parte de europeus para com não europeus; preconceitos de inferioridade da parte de não europeus, em face de europeus cujo cristianismo se apresenta aos olhos de povos pardos, amarelos, pretos, vermelhos, através de uma arte identificada de modo absoluto com brancos, louros, albinos. Pois branco sendo Jesus, alva Nossa Senhora, louros os anjos bons, aos povos de cor não restava senão se identificarem, em esculturas e pinturas, com os anjos maus e escuros, os demônios pretos, os satanases vermelhos.

Por que – perguntei a mim mesmo na África, quando percorri grande parte dela em 1951 e 1952 – tantas seitas de protestantes africanos, pretos ou negros, não só separadas das seitas dos brancos como hostis aos brancos? Por vários motivos, sem dúvida. Um desses motivos, com certeza, este: o de não poderem levar os nativos coisa alguma de seu – de artisticamente seu – para o culto de Deus segundo os ritos protestantes, intransigentemente europeus, de holandeses, de ingleses e de outros europeus reformados. Enquanto o catolicismo, mesmo onde não se tem aberto tanto quanto o catolicismo português ou hispânico, aos nativos e às suas artes, quase nunca se tem ouriçado na África em religião de brancos separados das gentes de cor, não só na sua parte social como na estética: na estética do seu culto.

Há cerca de meio século, um jesuíta francês, visitando a Bahia, notou que o culto baiano ao Menino-Deus podia parecer pouco ortodoxo a um católico europeu, mas na verdade era um culto efusivamente cristão. É que – pode-se acrescentar ao padre Joseph Burnichon – na arte associada a esse culto e a outros cultos cristãos, no Brasil, a cultura africana se vem juntando à europeia, para a glorificação de valores espirituais que não são nem europeus nem africanos, mas universais; e como valores universais, passíveis de glorificações regionalmente diversas em suas expressões artísticas. É através dessa diversidade de expressões artísticas sem sacrifício da unidade de espírito de culto a Deus e a Cristo que a arte cristã vem concorrendo para a paz entre os homens; e destruindo, talvez mais do que qualquer outra força, os antagonismos, entre esses povos, que se exprimem em artes exclusivamente a serviço da autoglorificação de raças, classes, castas, ideologias políticas, sistemas econômicos, que se julguem superiores, imperiais ou messiânicos.

O REFLEXO DO NOMINALISMO NAS ARTES HISPANOTROPICAIS

Sou dos que pensam que o nominalismo franciscano favoreceu, como nenhuma outra influência, a preparação científica dos europeus, em geral, e dos portugueses, em particular, para as descobertas das quais resultaria aquela expansão; e dentro daquela expansão, o desenvolvimento de uma cultura que venho denominando lusotropical, pela simbiose que ela parece representar – inclusive nas suas formas artísticas – do europeu, em geral, e do português, em particular, com o trópico. É essa também a opinião, recentemente manifestada, do eminente jurista e humanista professor Pontes de Miranda.

Desejo acentuar, neste novo ensaio sobre o assunto, o fato de que também se derivou em parte do nominalismo – filosofia desenvolvida pelos franciscanos e que opôs, desde Occam, o particular ao universal, o concreto ao abstrato, e ouso até dizer, o especificamente regional ao abstratamente geral – uma concepção de arte, entre europeus, que tornaria possível o reconhecimento, pelo europeu, nos trópicos, de artes regionalmente diversas em seus estilos, em suas substâncias e em seus modos de ser artes, das artes convencionalmente europeias. O contato maior dos europeus, depois do século XV, com populações não europeias tropicais, parece ter mostrado a esses europeus, de modo decisivo, ser precária a ideia de uma arte única nas suas formas de expressão de uma humanidade indivisível ou individida.

A reação, de inspiração se não direta, indiretamente, nominalista ou franciscana, a tal ideia, teria se manifestado, na filosofia da arte (filosofia que, por algum tempo, fez as vezes de uma ainda nebulosa sociologia da arte) contida naquelas páginas do alemão Alberto Dürer em que esse pintor genial sustentou não haver necessariamente conexão entre a beleza e a chamada "simetria" ou "proporção universal". Eram duas revoluções, sob a aparência de uma só, que se manifestavam no trabalho de Dürer. Uma, contra aquela suposta universalidade; outra, a de que o artista plástico, pelo seu saber empírico, tinha o direito de opinar em assuntos que durante séculos foram, na Europa, exclusividade dos mestres, não dessas artes concretas, mas das aristocraticamente abstratas e teóricas, chamadas "liberais".

Da revolução no sentido de se reconhecer no artista plástico um novo tipo de mestre em artes, pode-se dizer que o iniciador foi Miguel Ângelo ao reclamar para a arte do desenho a dignidade de fonte da qual se derivariam todas "as formas de representação" e, por conseguinte, segundo ele, todas as ciências. É que com a observação empírica, a observação do particular, do concreto, do visível, estimulada pelo nominalismo dos franciscanos de Oxford, se valorizara consideravelmente a arte do desenho. E com a valorização da arte do desenho, se valorizara o arquiteto, o pintor, o escultor, o puro desenhista, a ponto de se tornar possível o aparecimento de um livro como o de Vasari, de biografias – e a biografia significativa então, depois da estátua, o máximo de glorificação de um homem – de arquitetos, pintores e escultores por ele considerados "famosos". Para um eminente historiador da arte, o professor Horace Kallen, com essa glorificação, iniciada por Vasari em correspondência com um pendor característico da época, verificou-se notável alteração no modo de serem estimados os artistas plásticos; e essa alteração teria importado na paridade de tais artistas com os cavaleiros, os guerreiros, os clérigos, os doutores e mestres em artes liberais: mestres tão altamente estimados pela sociedade medieval, que chegaram a ter, em certos meios, privilégios de condes.

Voltemos a Dürer para salientar o fato de que, viajando pela Itália e por outras regiões da Europa, chegara a considerar as linhas de desenho menos como geometricamente estáticas do que como organização dinâmica de forças físicas a recortarem suas formas no espaço. Não havia, assim, uma beleza universal sempre a mesma, e sim – pode-se talvez concluir das suas observações de discípulo de mestres hieráticos desnorteado pela realidade viva, dinâmica, vária, da qual seus próprios olhos surpreenderam expressões particulares – uma beleza regionalmente condicionada pelas "grandes diferenças" por ele notadas em diferentes regiões europeias. Não tardaria, aliás, a aparecer, na Espanha, outro pintor com ideias próprias acerca de sua arte e das relações dessa arte com outras artes: El Greco. Pintor para quem o desenho tinha menos importância do que a cor; e cujo senso de proporções, não se conformando com as convenções italianas, levou para a arte espanhola alguma coisa de bizantino, que talvez tenha influído sobre a fusão da arte europeia com a ameríndia dos incas, na arte sacra chamada "cusquenha".

Foi já sob esses novos critérios das relações de suas artes com o espaço – ou com os espaços – vários em suas condições de influência sobre as obras de arte, que o europeu estabeleceu contatos duradouros com os trópicos. Por conseguinte, com espaços cujas condições de clima, luz, vegetação, não poderiam deixar de influir sobre aquelas artes, juntamente com o que havia de artístico nas civilizações ou culturas encontradas entre povos ou populações tropicais.

Mas não só com o que havia de especificamente artístico nessas civilizações ou culturas tropicais com as quais as europeias ou as ibéricas entraram em relações de dominadores em face de dominados: também com o todo social; com o complexo psicossocial ou sociocultural atingido por essa dominação. Ao estudioso de sociologia da arte interessa, na análise ou na consideração de contatos entre grupos humanos de que resultem novas expressões de arte, mesmo sob o aspecto de deformações ou perversões do ponto de vista das artes das populações dominadas, a visão de conjunto desses contatos, para que se possa então precisar quanto possível o rumo das novas expressões de arte: as alteradas pelas relações entre dominadores e dominados como foram as que caracterizaram os contatos de hispanos com povos tropicais em diferentes partes do mundo.

À base de observações diretas feitas no Peru, no Paraguai, no Oriente e nas Áfricas portuguesas, em comparação com observações igualmente diretas feitas na América do Norte, e no Oriente e na África, em áreas de colonização diferente da ibérica nas quais o europeu se defrontou também com populações e culturas não europeias, ouso sugerir curvas de harmonização entre as culturas de dominadores e dominados que parecem indicar o máximo de harmonização, através de novas expressões de arte, nas relações de hispanos, particularmente de portugueses, com tais populações; e o mínimo, nas relações de anglo-saxões e holandeses, com populações do mesmo tipo. Anglo-saxões e holandeses na sua maioria protestantes.

Interessante é tomar-se para base desse confronto o material artístico representado pela arte religiosa influenciada pelo cristianismo levado a essas populações não europeias pelos dominadores europeus. Ele se apresenta quase sempre insignificante entre populações dominadas por europeus do Norte: talvez pelo fato, em grande parte, de ser esse europeu protestante e o protestantismo não se ter mostrado tão bom veículo de transculturação artística quanto o catolicismo;

mas devido também ao fato de o dominador ibérico ter juntado ao seu ânimo de dominação o fervor religioso de catequese de um modo intenso que não foi característico do protestante: sempre social e culturalmente mais distante dos povos dominados que o católico; e menos disposto do que este a viver nos trópicos vida diferente da burguesa e europeia.

Não se pense, porém, que as artes, como novas expressões de vida em consequência de relações de dominadores com dominados, de europeus com não europeus, não acusam, nas áreas tropicais marcadas pela presença hispânica, reações de angústia dos dominados aos dominadores. Vamos encontrar essas reações em imagens religiosas que nas formas são equivalentes de formas europeias de representação artística do Cristo, da Virgem, dos santos, mas que se têm tornado, em vários casos, expressões de conteúdos psicossociais ou socioculturais novos – causados pelas relações entre dominadores e dominados. Expressões não europeias e até antieuropeias, sob o aspecto de umas como alianças secretas entre os dominados, adaptados, ora às suas substâncias religiosas ou socioculturais, pré-europeias, ora às suas emoções, angústias, necessidades de desabafo, criadas pela condição de dominados, por vezes oprimidos ou explorados pelos dominadores. Não parecem ter outro sentido os Cristos indo-hispânicos do Peru. Neles, ou se exagera, nas representações do Crucificado, sua condição de mártir, de sofredor, de vítima cheia de feridas, de sangue e de pus, através de uma como identificação, como já insinuou um etnólogo peruano, o meu amigo professor Luís Valcárcel, do *"pueblo indígena"* com *"el Divino Redentor"*; ou se faz dessas representações motivo de *"sátira religiosa"* ou de *"cáustica ironia"* contra os dominadores europeus de não europeus. Atitude que em ensaio já antigo, anterior aos estudos do professor Valcárcel, salientei que fora a do Aleijadinho em várias das suas esculturas em que os europeus são caricaturados em figuras antipáticas ao lado de santos e profetas simpáticos ao artista: isto é, ao homem, dentro do artista responsável pelas suas antipatias ou pelas suas simpatias.

O Aleijadinho foi talvez a maior expressão artística que o complexo ecológico, ao mesmo tempo que sociocultural, denominado lusotropical, produziu até hoje, só parecendo igualá-la, nos nossos dias, sob o mesmo critério de expressividade, a arte de Villa-Lobos e a dos arquitetos do tipo de Lúcio Costa, de Oscar Niemeyer e de Henrique Mindlin. É curioso que a arte portuguesa nos trópicos não tenha se manifestado na mesma época, com igual vigor de interpretação social, na pintura. O que talvez se tenha verificado em virtude de não ter havido nunca da parte de duas culturas, dentre as mais importantes ou mais atuantes na formação brasileira – a judia ou israelita e a moura ou islâmica –, grandes estímulos à representação em traços e cores, sobre telas ou tábuas, da natureza e da figura humana, enquanto esses estímulos se fizeram sentir mais fortemente, quer da parte da Igreja evangelizadora, quer da parte das culturas tropicais encontradas pelo colonizador nos trópicos, do Oriente à África e da África à América, a favor da escultura, isto é, da representação da natureza e, sobretudo, da figura humana, em pedra, madeira, marfim e noutros materiais. Em ligação com essa arte "maior", tem se manifestado uma tendência nada desprezível para o português desenvolver nos trópicos uma arte utilitária de trajo ou de revestimento da figura humana segundo condições de clima, de vida, de trabalho, de lazer em áreas tropicais, que talvez venham a constituir uma das grandes contribuições ao mesmo tempo artísticas e higiênicas da civilização lusotropical para o bem-estar humano. No século XVII o português já se trajava na Índia de modo tão semelhante ao indiano que escandalizava os ingleses. Não nos devemos esquecer que se hoje é corrente entre ocidentais civilizados o uso de pijamas, camisas por fora das calças, quimonos, sandálias, xales, turbantes, penteados de mulher substitutos de chapéus, pela sua elaboração artística – o português foi um pioneiro desses tropicalismos de algum modo artísticos, a ponto de na sua própria escultura sagrada os ter tolerado, estimulado ou sugerido desde dias remotos.

Destaque-se, da pintura, que só nos nossos dias vem se tornando artisticamente expressiva e social e culturalmente importante no Brasil como arte simbioticamente lusotropical. Entretanto, teve no Brasil holandês uma das suas primeiras manifestações nos trópicos; a qual, por este motivo, muito nos interessa sob o critério do que nessa expressão artística foi reflexo de circunstâncias sociais e de cultura, diferentes das predominantes na formação lusitana e católica do Brasil. Refiro-me a Franz Post.

Diz-se dos quadros pintados por Franz Post em Pernambuco que sua luz "aterrou" – é a expressão de um intelectual brasileiro que estudou na Holanda a repercussão das pinturas brasileiras de Post sobre os holandeses – os europeus. Através da sua tentativa de captar no Brasil e do Brasil a luz diferente da europeia, que aqui encontrou, o pintor holandês teria criado, segundo alguns dos seus críticos, o que um deles, Argeu Guimarães, chama "obra única, fora dos sistemas convencionais em voga"; e, assim fazendo, teria se comportado – acrescente-se a Guimarães – mais como um português capaz de afastar-se das normas europeias de trajo, alimentação, habitação, recreação, para integrar-se nos trópicos, do que como um europeu do norte da Europa. Tentando captar a luz do trópico é que Franz Post teria pintado, em Pernambuco, verdes diferentes dos europeus.

Regressando à Europa, continuou a pintar paisagens e figuras brasileiras; mas sem resistir à moda da época, na sua terra europeia, que era a chamada "doença do azul". Sob a influência dessa moda, passou a pintar de memória, ou sobre apontamentos, paisagens brasileiras descaracterizando os verdes tropicais em azuis norte-europeus. Verificou-se assim a reabsorção do europeu que o trópico já ocupado por portugueses afastara da Europa, pela Europa intolerante de qualquer exceção não europeia.

Também merece relevo o fato de que Franz Post não se aventurou a pintar a mata tropical do Brasil, com a sua variedade desconcertante de verdes: contentou-se em fixar dela, como observa Guimarães, "nesgas de arvoredo", "árvores isoladas", "moitas discretas", isto é, fragmentos de mata que pudesse dominar com "a sua técnica do pormenor, com o seu desenho escrupuloso na minúcia". Técnica e desenho, apurados no espaço holandês – o espaço de um país pequeno, frio, sombrio; e incapazes de alcançar o complexo da mata virgem numa imensidade de espaço escandalosamente claro, luminoso e vibrante de luz como a do Brasil. Mesmo assim, quem hoje vê os quadros de Franz Post nos museus europeus, ao lado das pinturas europeias da época, sente que o pintor holandês do século XVII levou do Brasil para a Europa alguma coisa de inconfundivelmente brasileiro, que a sua arte de pintor de segunda ordem teve a moderada coragem de fixar contra as convenções ou as modas europeias de colorido de paisagens e de técnica de pintura. Mas esses brasileirismos, muito discretos. À formação de Post faltava o toque nominalista que o predispusesse ao livre gosto por valores não europeus e tropicais de vida, de paisagem e de cultura. Poderemos destacar, no caso de Franz Post, um exemplo do choque entre aquelas convenções europeias e situações – as tropicais – novas para um pintor: exemplo que ilustra a força dos elementos socioculturais que condicionam um artista, limitando sua liberdade de interpretação do exótico, do diferente, do inédito. São limites que de ordinário só os artistas de gênio ultrapassam, podendo-se dizer do trópico, da sua luz e das suas cores, que apenas no século XIX entrou de modo triunfal na pintura europeia, precedido pela sua romantização, na literatura; pela idealização, desde Montaigne, do selvagem das terras quentes no chamado "bom selvagem". Destaque-se dos verdes de Pernambuco que fizeram Post pintar árvores diferentes das europeias, em pinturas quase sempre anedóticas ou quase anedóticas, que vêm sendo há anos objeto de paciente pesquisa da parte do pintor Cícero Dias no sentido de sua redução a cores que, em pinturas abstratas, tenham este poder evocativo: o de sugerirem, como puras cores, verdes de canavial, de cajueiro, de mangueira, de mar de litoral; e, mais recentemente, objeto de esforço igualmente sistemático da parte do pintor Aluísio Magalhães no sentido da redução desses elementos de paisagem – a paisagem do trópico úmido – a formas e cores típicas, extremamente simplificadas. O que mostra que mesmo na pintura abstracionista há quem faça regionalismo, que é uma expressão em arte, de apego a formas, cores e valores com que particularmente se preocupa o sociólogo, pelo que neles é fusão de arte com sociedade, cultura e natureza regionais em suas formas, ao mesmo tempo, mais concretas e mais plasticamente capazes de interpenetrações, até formarem todos, além de biossociais, socioculturais.

Quando há anos escrevi do Brasil que era um arquipélago de regiões de cultura e de natureza, e não os "sertões" de Euclides nem o "inferno verde" de Alberto Rangel nem os "pampas" de Simões Lopes Neto, meu amigo, o compositor Villa-Lobos, foi dos que mais vivamente concordaram com essa sugestão. A tal ponto que me propôs tentarmos juntos uma interpretação do Brasil segundo esse critério, ele dando a música, eu, as palavras. A aventura talvez se chamasse "arquipélago brasileiro". Mas pareceu projeto ou mesmo sonho.

O fato, referido aqui pela primeira vez, pois vinha guardando segredo desse plano de colaboração de escritor com compositor, por sugestão do compositor, é expressivo. Mostra que têm razão os críticos para os quais a força e autenticidade da música de Villa-Lobos dependem do seu contato com o que um deles, Antônio Rangel Bandeira, em seu recente *Espírito e Forma*, chama de "fontes vivas" da música brasileira: "fontes vivas" que não são senão forças regionais de natureza e cultura interpenetradas, do modo que represente interpenetração de natureza e cultura regionais, o decantado "verde dos canaviais" ou o ainda mais célebre verde dos "mares bravios" do Ceará ou o vermelho úmido do massapê. A "lindeza superficial" e sem raízes do *Concerto nº 4*, de Villa-Lobos, para piano e orquestra, com o qual o grande compositor quis fazer, segundo esse seu crítico, "obra universal de saída", é fracasso que Rangel Bandeira atribui a esse precipitado universalismo de que Villa-Lobos vem vigorosamente se corrigindo, para não tornar a fazer obra em conflito com "a essência da sua *verve* criadora". É que – observa ainda o crítico Rangel Bandeira – "sem Brasil, Villa-Lobos perde a força". E para Villa-Lobos o Brasil não é um todo abstratamente político, mas toda uma realidade humana, cultural, paisagística, telúrica, luminosa, climática, complexa sob a forma de regiões que se completam na sua comum, embora desigual, tropicalidade.

Não pretendo dar opiniões técnicas sobre a música do autor de *Bachianas*; mas uma velha amizade, baseada em também antiga compreensão mútua, me permite dizer alguma coisa da sua personalidade de artista genuinamente criador. Nele, ainda mais do que em Cícero Dias, a criatividade se apurou na interpretação do Brasil como complexo tropical. Nossas afinidades vinham daí – isto é, desse critério de interpretação do Brasil; e se algum dia realizarmos em colaboração a obra de interpretação proposta por ele, tal esforço se realizará à base de afinidades que podem ligar homens ou artistas de especialidades diversas, contanto que lhes seja comum, não direi sempre o gênio criador em sua plenitude, mas aquilo que Dilthey chamava de "poder de reconstrução [da realidade] pela imaginação"; e essa reconstrução através da seleção de tipos que sejam sínteses ou símbolos de realidades difusas e até confusas; e que se tornem mais intensamente reais, depois de reduzidas as realidades dispersas a sínteses ou a símbolos. O caso de Hamlet, quando passou de figura histórica a personagem de drama shakespeariano. O caso de Mona Lisa, quando passou de mulher de carne a mulher recriada em imagem artística, tocada de mistério psicológico, por Leonardo da Vinci. O caso dos fidalgos espanhóis alongados, com igual senso de mistério psicológico, em símbolos da fidalguia espanhola pela arte de El Greco. O caso de Antônio Conselheiro recriado por Euclides da Cunha em tipo ou símbolo de toda uma cultura-natureza regional. O caso de Vitorino, de José Lins do Rego, do qual o próprio romancista quis fazer – e fez – um dom Quixote dos canaviais brasileiros do Nordeste. O caso do Negrinho do Pastoreio, na interpretação poética e quase religiosa que lhe deu o gênio de Simões Lopes Neto. Em todos esses casos, note-se que há assunto para análise do processamento de transformação da realidade social difusa em sínteses artísticas: análise do ponto de vista da sociologia da arte. Hamlet, Mona Lisa, os fidalgos de El Greco, Antônio Conselheiro, Vitorino Carneiro da Cunha, os artistas os retiraram de situações ecológicas e sociais que pediam sínteses artísticas através das "reconstruções" a que se refere Dilthey. Reconstruções baseadas em experiência viva do artista com complexos de que são retiradas as imagens típicas; ou num poder tal de empatia da parte do artista para com os tipos que escolhe para símbolos que é como se tivesse havido experiência viva do mesmo artista com relação à vida vivida por outro indivíduo a que sua arte conseguisse dar imortalidade artística através de síntese ou simplificação desse indivíduo em valor simbólico. O mesmo acontece quando as imagens simbólicas em vez de fixarem, em sínteses, indivíduos típicos são representações de grupos ou de sociedades ou de regiões inteiras, consideradas não em sua realidade difusa, mas em sua tipicidade selecionada, compreendendo-se assim o que há de processo artístico na reconstrução dos sertões do Nordeste com os sertões de Euclides da Cunha; ou dos pampas simplesmente pampas do Rio Grande do Sul nos que a arte de Simões Lopes Neto tornou mais reais que a realidade – como diria Cocteau através de um processo de reconstrução dessa realidade difusa em sínteses e em símbolos concentrados, por meio de intensificação de traços típicos ou característicos, assim das paisagens como dos grupos humanos e das suas instituições: traços semelhantes aos alongamentos da figura do homem espanhol que na pintura de El Greco atingem exageros quase caricaturais que são também exageros encontrados em personagens de romances de Dickens, de Melville, de Eça, de Huysmans; no teatro, na escultura e na pintura dos expressionistas.

O que hoje, no Brasil, há de artisticamente sugestivo, em imagens e até em palavras como "sertões", "verdes mares", "casa de caboclo", "verdes canaviais", "bagaceira", "massapê", "barro vermelho", "terra roxa", "baiana", "balangandã", "gaúcho", "sertanejo", "corumba", "matuto", "casa-grande", "mucambo", "candomblé", "cangaceiro", vem de reconstruções por artistas – José de Alencar, Taunay, Joaquim Nabuco, Machado, Afrânio Peixoto, Jorge Amado, Lopes Barreto, José Américo, José Lins do Rego, Amando Fontes, o Lima Barreto cinematografista – dessas várias partes da realidade natural e sociocultural brasileira, tornadas esteticamente significativas por processos de seleção do que, nelas, esses artistas descobriram de típico, de simbólico, de representativo. Realizando tais descobrimentos e seleções, esses artistas realizaram obra que interessa à sociologia da arte, pois tais reconstruções se fizeram todas à base de profunda identificação, efetiva ou empática, do artista, com o social, com o cultural, com o socioecológico. Nunca no vácuo. Nunca por simples mágica do criador que criasse em sentido absoluto: criação que não existe em arte, do próprio Shakespeare sabendo-se que foi um quase plagiário e de artistas brasileiros como José de Alencar, Carlos Gomes, Simões Lopes Neto, Euclides da Cunha, José Lins do Rego, Mário de Andrade, que muito se valeram de material histórico, social, folclórico, etnográfico, já recolhido por outros ou descobertos por eles próprios. Por conseguinte: de particularidades concretas e regionais. Pelo que sua arte – do mesmo modo que, nos nossos dias, a arte brasileira de um Guimarães Rosa e de Ariano Suassuna, para só falar nesses dois novos – é uma arte que confirma o que na filosofia nominalista desenvolvida pelos frades de São Francisco é valorização do particular, do vário, do regional, como base do mais autêntico universalismo a que possa aspirar qualquer civilização ou qualquer arte; mas sobretudo qualquer civilização ou qualquer arte que seja cristã nos seus principais motivos de orientação e de expressão, sem subordinar esses motivos aos interesses de uma classe, de uma raça ou de uma região que se julgue a si mesma imperial.

Recordemo-nos de que, na época que condicionou o início da formação, nos trópicos, de civilizações hispanotropicais, filosofia, ciência e arte eram, nas civilizações ocidentais da Europa, mais intimamente inter-relacionadas do que hoje, nas mesmas civilizações. Explica-se assim que a ideia dos "particulares" posta em relevo pelos nominalistas se projetasse sem demora não só na ciência como nas artes europeias: inclusive na atitude do europeu para com as artes de outros povos.

A ideia aristotélica de unidade absoluta do homem e do seu espaço, a filosofia desenvolvida principalmente em Oxford, mas também em Paris, por franciscanos e pelo catalão Lulio em Paris, em Majorca e Montpellier, sob a sedução da África e, talvez se possa dizer, do trópico mais colorido pela presença árabe, vinha opondo critérios mais plásticos; e segundo o franciscano Occam, mestre formado em Oxford, os universais não tendo "existência real", eram objetos de um conhecimento apenas abstrato.

De modo que para filosofia assim plástica e como que já regional e até situacional em seu conceito das substâncias, distintas das formas, em que Scotus via projetar-se Deus, era possível o que, na filosofia aristotélica rigidamente compreendida e hieraticamente aplicada a problemas de espaços e tempos em relação com o homem, se apresentara como quimera ou, no sentido literal da palavra, utopia: isto é, fantasia fora ou independente de espaço, desde que *topia* significa, em grego, lugar. Donde utopia querer dizer "nenhum lugar" ou "nenhum espaço" e tópico ser palavra que significa "lugar" ou "espaço": espaço, lugar ou região em que se situa ser ou coisa ou substância. Daí Occam ter desenvolvido *jus gentium* ideias de adaptação de normas ideais a condições imperfeitas de desenvolvimento humano, admitindo diferenças regionais nesse desenvolvimento; e Lulio, à base, evidentemente, do pensamento de Santo Agostinho, de que tanto se impregnou o franciscanismo, ter defendido métodos de penetração das regiões islâmicas pelo cristianismo que importavam em assimilação, pelos cristãos, e a formas cristãs, de várias substâncias islâmicas.

Não nos esqueçamos do que se diz no *Esmeraldo de Situ Orbis*, de Duarte Pacheco Pereira – obra cuja importância foi há pouco destacada, em conferência proferida no Recife em torno de tema franciscano, pelo professor Pontes de Miranda –, acerca das objeções da ciência oficial do século XV a projetos de descobertas marítimas dos portugueses, dos quais se pode dizer que foram em parte inspirados pela filosofia experimental dos franciscanos. A essas objeções – uma delas a de que "as partes do equinocial eram inabitáveis pela muito grande quentura do sol" – respondeu o rei dom Manuel que era pela experiência que se alcançavam as raízes da verdade. E como em sua corte mantinha dois aparentes bobos que não eram senão dois críticos ou dois caricaturistas ou quase dois Eças de Queirós com a liberdade de alvejar com suas sátiras os acácios, pomposos na sua erudição, como outros na sua fidalguia, que talvez não faltassem à corte daquele rei – rei orientado por eminências literalmente pardas –, é possível que rei, sábios e bobos tenham sorrido desde o fim do século XV dos discípulos de Pomponius Mela mais seguros de serem as partes do equinocial "inabitáveis pela muita quentura do sol". Um historiador de língua inglesa, especializado no estudo do passado português, o padre Sidney R. Welsch, recorda à página 10 do seu *South Africa under King Manuel* (Cape Town e Johannesburg, 1946) que essas resoluções sobre empresas marítimas, tomou-as o rei dom Manuel em sala forrada de azulejos: orientalismo que desde o século XIV os portugueses haviam trazido de Marrocos, substituindo nos desenhos decorativos – acrescente-se a Welsch – à maneira de Lulio e dos franciscanos, os arabescos dos árabes por plantas e animais; e em seguida por cenas bíblicas e históricas. Em tais substituições vê Welsch o contraste entre o que se tornara então a mentalidade estagnada dos maometanos e a vivacidade dinâmica da mentalidade do português, atenta a novas ideias e a novos mundos. Isto numa época em que parece ter se verificado a fecundação dessa mentalidade, pela filosofia experimentalista animada pelos franciscanos.

José de Acosta, jesuíta meio espanhol, meio português e homem de estudo mais franciscano que dominicano em sua ciência ou, pelo menos, em sua filosofia dos particulares em face dos universais, diria que, ao conhecer as Índias, no século XVI, sorrira de Aristóteles e da sua doutrina, ao verificar que no lugar e no tempo em que, segundo Aristóteles, o homem deveria arder como um fogo, ele, Acosta, e seus companheiros, haviam experimentado frio. Daí ter se confirmado no grande jesuíta ibérico, de formação ou orientação filosófica antes franciscana que dominicana, e antes particularista ou regionalista que indiscriminadamente universalista, o critério de que, experimentada a vida na "linha equinocial" de modo contrário ao preestabelecido arbitrariamente pelo universalismo de Aristóteles, era preciso associar ao saber derivado da "*doctrina de los antiguos filósofos (...) la verdadera razon y cierta experiencia*" que o confirmassem ou retificassem. Atitude semelhante teria na Índia outro hispano de orientação filosófica evidentemente franciscana; e como que continuador de Ramon Lulio em sua atitude para com civilizações não europeias: Garcia de Orta.

A Acosta e a Garcia de Orta atribui o eminente pensador português Antônio Sérgio, numa de suas páginas mais sagazes, a virtude de terem dado relevo, em nossa língua e dentro da cultura ibérica (depois deles empobrecidos por longo período de mau abstracionismo), "à observação direta". Exóticos, diz mestre Sérgio: tropicológicos e, principalmente, tropicais, talvez se devesse dizer com maior precisão; e associando-se não só a obra de Acosta e a de Garcia de Orta como a de todos aqueles hispanos – frades, médicos, lavradores – que desde o século XV foram retificando a doutrina dos filósofos antigos pela observação direta de regiões novas, várias delas tropicais; e, em vez de infernais, como ensinara Aristóteles, habitáveis ao europeu do Sul pelas suas principais condições de natureza e de vida. Tais hispanos como que franciscanamente lançaram as bases de uma tropicologia ou ecologia tropical, completada por uma antropologia atenta a situações do homem diversas das europeias: ecologia que já se vai constituindo em ciência do trópico, tendo dentro de si um hispanotropicologia especial e uma especialíssima lusotropicologia.

Foi experimentando a vida nesses espaços desconhecidos pelos europeus que espanhóis e, sobretudo, portugueses, predispostos por uma formação ou orientação filosófica particularmente tocada, ao que parece a alguns de nós, pela influência dos franciscanos de Oxford e de Paris – influência que teria sido considerável no país de Santo Antônio e do papa João XXI –, ousaram intensificar suas dúvidas em torno de afirmativas de autores antigos e de exageros doutrinários de um universalismo precipitado; e desenvolver um saber, além de crítico, experiencial: experiencial, experimental e, ouso até dizer – repito – regional e situacional. Mais do que isto: existencial. Precisamente o saber franciscano, acusado por alguns de panteísta, isto é, de ser um saber em grande parte aprendido da natureza regionalmente diversa em vez de ciência aristotelicamente uniforme. Empírico no bom sentido hoje corrente entre brasileiros: sentido pejorativo e oposto de tal modo ao corrente, na moderna língua inglesa, que temos nesta palavra um dos casos atuais mais interessantes de conflito semântico.

As civilizações hispanotropicais foram beneficiadas, nos seus começos, por um saber empírico que foi principalmente um saber de frades: de frades franciscanos e outros frades. E de terceiros, discípulos e adeptos dos capuchos: talvez dos frades missionários os que mais se deixaram atrair pelos trópicos.

NOTAS SEM LEI NEM REI

Pergunta-me um jornalista se em meus estudos não tenho sacrificado a preocupação com os problemas do dia a excessivo interesse pelo passado. Pelo "tempo morto".

É pergunta deveras interessante. Mas não se esqueça o jornalista de que convém ao homem moderno corrigir-se, à boa moda hispânica, da tendência para separar de modo demasiadamente rígido o seu presente do seu passado e do seu futuro. Separação difícil de ser seguida pelo homem que não se deixe seduzir demasiadamente pelo tempo que passa: o tempo jornalístico.

O homem civilizado, ao contrário do homem primitivo, está sempre à espera de alguma coisa – por conseguinte comprometido com o futuro; e sempre a recordar-se de alguma experiência – por conseguinte comprometido com o passado. Não há um presente absoluto na vida de qualquer um de nós. Do mesmo modo, ninguém é capaz de evocar, em livro de memórias ou em autobiografia, um passado de todo separado do seu presente ou do seu futuro.

Creio mesmo que a autobiografia ou o livro de memórias precisa de se deixar impregnar, como o romance inglês de vanguarda está se impregnando, de um sentido einsteiniano de tempo-espaço que dê variedade de métodos de indagação e de pontos de vista à sua unidade de interpretação ou, antes, de revelação. Atingida essa variedade, será um tipo de expressão extremamente complexo, que talvez ultrapasse, quando literatura – e não simples depoimento de interesse apenas psicológico, sociológico ou histórico –, o romance, a peça de teatro e a poesia em seu modo de ser drama e em sua maneira de ser interpretação ou revelação da realidade naquilo que alguns filósofos de hoje chamam "a realidade na sua figura completa": aquela que de ordinário só o homem já velho pode contemplar na vida por ele longamente vivida e nas vidas dos que foram seus contemporâneos em diferentes fases de uma mesma existência.

Estamos vivendo uma época em que romancistas como Gide e, notoriamente, poetas como Spender e até filósofos e místicos como, nos últimos 15 anos, Berdiaeff e Santayana vêm buscando na autobiografia sua forma talvez máxima de expressão não só como homens, porém como poetas, como pensadores e como escritores. E talvez o mesmo esteja acontecendo nas modernas letras brasileiras, nas quais a presença de um escritor como Gilberto Amado vem ganhando cada dia maior importância literária com a publicação dos seus livros de memórias.

Note-se bem o que digo: importância literária. Para este gênero de literatura – a autobiográfica ou o livro de memórias –, há hoje, entre nós, uma receptividade e uma compreensão que não havia há cinquenta anos.

Joaquim Nabuco foi acusado de narcisista e de vaidoso por ter ousado publicar um livro discretamente autobiográfico como é *Minha Formação*. Ainda há hoje, no Brasil, um preconceito contra o escritor que fala de si mesmo, que se confessa, que se analisa, que está sempre a autobiografar-se não por simples vaidade, mas para extrair de sua experiência pessoal verdades das que Eliot considera "significativas" em plano superior ao estritamente pessoal.

É um preconceito, esse, que apenas existe hoje da parte dos críticos mais convencionais ou mais caturras. O brasileiro culto já sabe estimar no escritor honestamente autobiográfico – mesmo quando não escreve autobiografia ostensiva – um escritor que sem se separar do tempo por ele vivido – do que é vivo nesse tempo morto, como diria talvez Eliot – procura revelar-se e interpretar-se sem falsas modéstias, por um lado, nem vaidades convencionais, por outro, através de revelações e interpretações pessoais capazes de se tornarem "impessoais" e, por conseguinte, literatura da mais alta. São escritores cada dia mais necessários à busca, por um povo ou por uma geração, da sua verdade regional ou temporal, dentro da verdade verdadeiramente universal e de sempre que precisa de se alimentar dessas várias verdades. Como se vê a pergunta do jornalista sobre minha atitude para com o passado me leva a uma resposta quase pedante; e tão longa que quase resulta num pequeno, ainda que desajeitado, ensaio.

Mas o jornalista foi além: à pergunta sobre o passado acrescentou outra: sobre minha atitude para com o "problema religioso". Qual a minha atitude atual para com a Igreja?

Creio poder dizer que minha atitude para com o problema religioso se assemelha antes – dentro da modéstia dos meus limites, é claro – à de um Unamuno ou à de um Berdiaeff – inquietos até o fim da vida – que à de um Maritain: o

Maritain que da inquietação passou, ainda moço, ao neotomismo. Não estou hoje mais próximo da Igreja Católica do que há vinte ou há trinta anos.

Tampouco me encontro tão afastado dela que seja indiferente à sua vida ou ao que há de vivo no seu passado: principalmente ao seu passado associado ao passado brasileiro. Ao passado, ao presente e ao futuro brasileiro. O que explica ter já publicado um livro intitulado *A Propósito de Frades*, de franca simpatia não só pela Igreja Católica de Roma como pelos seus frades: "regulares" para os quais, mais do que para os "seculares", o tempo morto se confunde, na sua vida e na vida da Igreja, com um tempo sobrenaturalmente vivo.

•

"Pensa o conferencista que desenvolvida uma arte hispanotropical ou lusotropical corresponderá ao ideal de beleza europeu, greco-romano ou clássico?" Essa pergunta me foi feita por um ouvinte, após uma de minhas conferências sobre sociologia da arte, no Instituto de Arte Contemporânea, de São Paulo.

Evidentemente, não vejo no desenvolvimento de uma arte hispanotropical, ou lusotropical, uma expressão de cultura que se esteja processando em correspondência com o ideal chamado clássico de beleza. Nem me parece que a esse "clássico", por mais respeitável ou venerável que o consideremos, deva se procurar adaptar passivamente a arte nova que resulte, ou já esteja resultando, de encontros ou de interpenetrações de civilizações, verificados, juntamente com a miscigenação, numa escala não suspeitada ou imaginada na época em que a civilização grega ou romana era a civilização; e os demais povos não passavam de "bárbaros".

Tal critério, empalidecido sob o impacto de insurreições de "bárbaros" nas artes, na literatura, na filosofia, no direito, vem, entretanto, orientando entre europeus o critério acadêmico, ocidental, de classificação um tanto simplista de valores de arte em "clássicos" e "românticos": "românticos" significando "bárbaros". Não me parece que, diante desse simplismo, povos etnicamente e culturalmente mais não europeus que europeus, embora de modo algum antieuropeus – antes continuadores, sob vários aspectos, das civilizações europeias em espaços não europeus – devam se envergonhar de ser "românticos", em vez de "clássicos" naquele sentido convencional. Ao contrário: podem se orgulhar até do seu neorromantismo com relação, por exemplo, ao que seja beleza da figura humana, que, evidentemente, sob um critério amplo, ecumênico, de arte, não deve ser um critério uno, porém plural. Pluralismo estético ou, antes, artístico, desde que a arte, considerada antropológica ou sociologicamente, é mais que puro estetismo.

Como destacou uma vez o filósofo inglês Alfred North Whitehead, a função da arte não é apenas exprimir beleza. Menos ainda – acrescente-se a Whitehead – um tipo estritamente étnico ou etnocêntrico de beleza. Também a verdade – pensava Whitehead e com ele estamos de acordo, vários estudiosos de problemas de sociologia da arte – pode ser exprimida por meios artísticos. Para Whitehead, não produzia reação forte no ouvinte ou no espectador ou no experimentador de uma obra de arte, a criação artística a que faltasse o que ele chamava "um elemento de verdade"; *"an element of truth"*. É que, a seu ver, numa criação artística se deve ver também o resultado de uma necessidade básica, da parte de um homem ou de um povo, para exprimir alguma coisa experimentada por esse homem ou por esse povo, de um modo particularmente intenso.

Pela sua integração nos trópicos, pela sua simbiose com culturas ou civilizações não europeias dos trópicos, pela miscigenação que tem feito de grande parte do seu ser europeu um ser também ex-europeu – mas não um antieuropeu – em quem à visão europeia da natureza e do mundo, dos outros homens, outras visões se têm acrescentado, enriquecendo, alterando, intensificando a europeia, mais, talvez, do que deformando-a, o hispano e, principalmente, o lusotropical, é hoje um grupo humano e o portador de uma cultura composta, animado, como grupo humano e como cultura composta, da necessidade de exprimir em arte experiências só por ele, lusotropical, atravessadas; ou nas quais somente ele está atual ou pioneiramente imerso ou mergulhado, de corpo e alma, podendo assim autobiografar-se, também pioneiramente, em artes que traduzam novas experiências humanas e novas aventuras de ordem cultural. Digo pioneiramente porque a meu ver outros europeus seguirão o ibérico em seus métodos de integração nos trópicos, dessa integração devendo resultar novas experiências de arte. O caminho para essa integração, aberto pelo hispano, particularmente pelo português, já está sendo seguido por outros europeus, no Brasil. É o que estão fazendo os Portinari, os Menotti, os Meyer, os Cruls, os Schmidt, os Moog, os Niemeyer, os Guarnieri: brasileiros de procedências não hispânicas que, em arte, vêm se comportando hispano ou lusotropicalmente. Trata-se de um expressivo exemplo da predominância, na criação artística ou na expressão literária, do que é cultural nos homens – sociologicamente cultural – sobre o que neles é étnico: biologicamente étnico. O caso, expressivo como nenhum, de El Greco.

•

Muito sugestivo o artigo publicado há pouco numa revista de São Paulo, em que se diz do grande escritor russo Anton Tchecov – cujo centenário de nascimento foi há pouco comemorado – que, branco, neto de escravo também branco, foi na sociedade russa do seu tempo um equivalente psicossociológico de mulato na sociedade brasileira de feitio patriarcal escravocrático. E mais: que em sua obra se surpreende um pungente "brasileirismo", a que não faltaria "atualidade". Pois sua peça *O Cerejal* – sugere lucidamente o autor do artigo aparecido recentemente em São Paulo – poderia desenrolar-se numa fazenda brasileira de café assim como *As Três Irmãs* poderia acontecer num engenho também brasileiro de açúcar.

O autor do artigo é dos que reconhecem terem sido a fazenda paulista de café e o engenho de açúcar do Norte expressões do mesmo complexo socioeconômico brasileiro. Transregionalmente brasileiro. Mais: encontra no Brasil alguma coisa da Rússia: uma espécie de Rússia americana.

Em ensaio publicado em ano remoto – 1925 – sugeri precisamente isto: a afinidade da situação social brasileira com a situação social russa de antes da Revolução Bolchevique. Daí ter criado, para caracterizar o Brasil, a expressão: "Rússia americana". "A Rússia americana que somos", escreveu no Brasil, desde 1925, um observador ou analista da situação brasileira, em ensaio de jovem que não deixou de influir em brasileiros não só mais moços como mais velhos do que esse ensaísta um tanto ousado nas suas ideias, embora poucos tenham confessado até hoje, de público – o caso de um ou outro José Lins do Rego – o fato de haverem recebido, assimilado e desenvolvido de vários modos tal influência, partida de um provinciano de vinte e poucos anos quase desconhecido no Rio e em São Paulo.

Mais: com relação ao conceito de sermos uma "Rússia americana" houve no Rio um crítico ilustre que, anos depois de aparecido aquele ensaio, pretendeu atribuí-lo a um carioca que, depois de 30, estreou brilhantemente no ensaio e, depois, no romance. Mas não foi tarefa difícil de sherlockismo intelectual estabelecer-se precedência do ensaísta de província sobre o do Rio. Era evidente, claro, inegável.

Aliás, o ensaísta de província, ao apresentar outro dos seus ensaios – este publicado no Rio – ao leitor nacional, comparou sua inquietação de brasileiro, que fizera os estudos universitários no estrangeiro, sem nunca deixar de preocupar-se, nem nos Estados Unidos nem na Europa, com o Brasil, à inquietação dos estudantes russos do período pré-bolchevique. Continuava, portanto, em 1933, a pensar, como em 1925, na afinidade da situação brasileira com a russa; e ele próprio comparava-se aos "estudantes russos" mais inquietos.

No artigo sobre Tchecov que acaba de aparecer numa revista de São Paulo, essa afinidade é posta inteligentemente em relevo a propósito do que o autor desse lúcido comentário à obra do escritor russo chama não só o "mulatismo" como o "brasileirismo" do mesmo escritor russo. Diz-se no artigo: "A força centrípeta das metrópoles causando o êxodo rural, a cegueira das *élites*, as revoltas de estudantes, tudo do Brasil de hoje, está na obra de Tchecov". E mais: "Nós vivemos aqui o tempo que ele viveu na Rússia e ele reagia ao seu tempo como a maioria dos brasileiros reage ao nosso". Daí parecer ao autor do artigo, que serve de assunto a esta crônica, ser Tchecov um daqueles escritores estrangeiros que o moderno teatro brasileiro "poderia renovar para o mundo inteiro".

Não sei se o "moderno teatro brasileiro" está já em posição de renovar escritores como Tchecov "para o mundo inteiro". Aqui talvez haja algum exagero da parte do descobridor do "mulatismo" e do "brasileirismo" de Tchecov quanto às atuais possibilidades do nosso teatro.

Não há dúvida, porém, que é um teatro, o brasileiro, que vem se desenvolvendo de modo notável nos últimos anos: desenvolvimento que importa num maior contato do público nacional com uma arte capaz de influir sobre esse público no sentido da ampliação não só da sua cultura como da sua convivência social. E sendo assim, à representação de autores da terra impregnados de sugestões folclóricas, regionais, telúricas – o caso de Ariano Suassuna –, é bom que se acrescente a de estrangeiros que, como Anton Tchecov, tragam ao brasileiro de hoje interpretação de tipos e de situações de seus países em épocas às quais se assemelha a atravessada atualmente pelo Brasil. E com essa interpretação, sugestões de outra espécie, capaz de completar, em vários pontos, as vindas do nosso próprio passado e das fontes regionais, populares e folclóricas da nossa cultura.

Nada de nos fecharmos a essas outras sugestões. Nada de pretendermos ser, no Brasil, uma cultura e uma língua exclusivamente lusitanas, clássicas ou sequer latinas. Predominantemente lusitanas, ibéricas e latinas, para que assim nos resguardemos da anarquia na língua e na cultura e na própria condição política de nação, sim. Exclusivamente, não.

Daí não me parecer senão saudável que brasileiros de origem germânica se empenhem pela representação, no Brasil, de autores de dramas que façam traduzir ao português. E que o mesmo façam, com valores literários e artísticos das suas terras de origem, brasileiros de origens italiana, síria, japonesa, israelita, polonesa. Assim fazendo, concorrerão para que a cultura brasileira se enriqueça, em sua parte artística, com estímulos e sugestões de outras procedências, além da ibérica ou latina.

•

Até onde um escritor que escreva para o grande público, sobre assuntos sérios e difíceis, pode reduzir a apresentação desses assuntos a uma linguagem tal que, sendo uma espécie de peixe sem espinha para o leitor, não se extreme em pirão para desdentado ou papa para bebês, incapazes do menor esforço de mastigação? Aí está um problema cada dia mais atual: à medida que cresce o número de leitores de livros que, sendo sobre assuntos sérios e difíceis, não se destinem apenas a especialistas ou a requintados.

Pois o escritor que procura o contato com o grande público nem sempre é um vulgarizador: às vezes são criações, e não vulgarizações, que ele destina – o caso de um Bertrand Russell, de um Ortega y Gasset, de um Roger Caillois – a essa espécie de público. E o faz, exigindo do leitor que seja capaz de mastigar as palavras, das quais o autor retirou as espinhas sem, entretanto, as ter reduzido a mingau para nenê. Ou a pirão para boca de velho.

Quem me faz pensar no problema é um crítico anglo-americano, não do meu português, mas do meu inglês: o inglês em que escrevi um livro sobre as modernas civilizações tropicais, há pouco aparecido nos Estados Unidos e na Inglaterra. Diz o crítico, num jornal de Nova Orleans, que o livro contém matéria de interesse – ideias e fatos – para os sedentos de conhecer assunto tão atraente. Mas estaria escrito numa linguagem demasiadamente salpicada de "termos sociológicos" para excitar o apetite *"general reader"*.

Não tem sido precisamente essa a opinião da maioria dos críticos que se têm ocupado do mesmo livro. Nem é o que parecem indicar as cartas de leitores – representantes de sua majestade, o *"general reader"* – que me têm comunicado, de várias partes do mundo de língua inglesa, suas reações às ideias – várias delas talvez novas, algumas porventura originais – de *New World in the Tropics*.

Linguagem-papa, essa não é, de modo algum – nem pretende ser – a de nenhum dos meus ensaios, nem em inglês, nem em português. Creio mesmo que alguns dos escritores brasileiros, que me têm honrado com seus comentários generosos ao que gentilmente consideram meu "estilo", vêm destacando excessivamente o aspecto "dengoso" – segundo o meu amigo Ledo Ivo – ou caracterizado por "vogais moles" – segundo o também meu amigo Franklin de Oliveira – do mesmo estilo, de todo desprezando o que nele talvez haja por vezes, se não de incisivo, de áspero: contradição observada inteligentemente por mestre Roberto Alvim Correia. É que não faltam ao que escrevo neologismos; e com esses neologismos, alguma coisa de irredutivelmente científico, e até eruditamente pedante em contraste com a busca de uma simplicidade de expressão contrariada pelo horror ao simplismo ou à vulgaridade: busca e repúdio que são talvez a minha maior tortura. Como deixar de empregar, um ensaísta, em ensaios do tipo dos meus, a palavra "empatia", que, aliás, suponho ter sido o primeiro a transpor do grego ao português? Ou expressões como "supranacional", "transnacional", "paleotécnica", "neotécnica"? Ou verbos como "tropicalizar"?

E o que faço em português, procuro fazer em inglês. Com esta imensa desvantagem, porém: em inglês, cuido às vezes usar a expressão mais simples quando estou empregando a menos simples. Isto pelo fato de à minha formação de neolatino as palavras inglesas de origem latina se apresentarem, por vezes, traiçoeiramente, aos meus olhos e aos meus ouvidos, como as palavras mais simples quando essa virtude pertence aos seus equivalentes anglo-saxônicos.

Estudei o anglo-saxão com um mestre especializado nessa matéria em Oxford. Cheguei a redigir em anglo-saxão do mesmo modo que em grego. Mas nem assim curei-me do vício latino no meu pobre manejo da língua inglesa.

Esse o possível pedantismo que parece ter encontrado no meu inglês o crítico de Nova Orleans. E que ele atribui a "sociologismo" quando talvez devesse referir-se a "latinismo".

•

Ao mesmo tempo que perdia um dos meus melhores amigos no Brasil – Gastão Cruls – chegava-me a notícia de ter falecido inesperadamente em Portugal o mais completo, o mais intenso, o mais leal, o mais puro dos meus amigos portugueses. Chamava-se Pedro Moura e Sá.

Era quase desconhecido no Brasil. No próprio Portugal, só o conheciam aqueles que, em Lisboa, em Coimbra, no Porto, acompanham de perto a vida intelectual menos ostensivamente literária e menos exuberantemente jornalística de um país quase tão falho quanto o Brasil de meios de expressão para os seus pensadores mais sutis e para os seus críticos mais discriminadores.

Embora homem de uma vida pessoal extremamente simples, quase franciscana, Pedro Moura e Sá tanto tinha de sutil nas ideias e nos gostos quanto de discriminador nos julgamentos ou nas interpretações das obras de arte, de literatura e de filosofia que atraíam sua atenção ou sua curiosidade. Daí ter desaparecido sem deixar um livro em que se exprimisse sua inteligência completada por uma sensibilidade que só não deve ser denominada fradiquiana, por ter sido de todo autêntica: sem nada de artificial nem de postiço nem de esnobe.

Lembro-me, entretanto, do entusiasmo com que me falou de Pedro Moura e Sá o grande pensador existencialista que é Gabriel Marcel, quando nos encontramos, numa manhã, para mim memorável, no castelo de Cerisy, na França. Era a Pedro – dizia-me Marcel – que devia um conhecimento de Portugal livre de afetações literárias. E fora Pedro que o fizera ler meus livros, como necessários a esse conhecimento e ao conhecimento do comportamento do europeu em face do trópico e do Oriente. Não havia na Europa – pensava Gabriel Marcel – um homem mais autêntico no seu modo de ser, como intelectual, analítico, que se conservasse, ao mesmo tempo, em Portugal, o mais admirável dos intuitivos na sua sensibilidade aos aspectos não intelectuais da vida.

Era assim Pedro Moura e Sá. Também eu, simples brasileiro, devo a Pedro e aos seus amigos, os Martins Pereira, e aos seus quase irmãos de Setúbal o conhecimento de aspectos da vida ou da existência portuguesa que sem as suas sugestões esclarecedoras teriam decerto me escapado. Um desses meus encontros com a vida mais intimamente portuguesa, que Pedro, mais do que sugeriu, promoveu – um encontro com um moleiro, tocador de concertina –, está fixado por outro escritor português, admirável de lucidez, Luís Forjaz Trigueiros, numa de suas melhores páginas.

Sorrio às vezes de supostas retificações ao que tenho escrito de Portugal e dos portugueses, por brasileiros que me supõem mais turístico do que eles nas minhas impressões de uma gente e de uma paisagem, em tantos dos seus aspectos, difíceis de ser surpreendidos nas suas verdades mais íntimas. Ignoram serem impressões discutidas, retificadas, corrigidas, nas minhas muitas conversas com Pedro Moura e Sá e com os Martins Pereira – todos apolíticos em suas atitudes e por isto mesmo acima dos critérios estreitamente sectários de julgamento da situação portuguesa, pelos quais se têm deixado seduzir – ora num sentido, ora noutro, algumas das mais altas inteligências críticas de brasileiros, alguns exclusivamente lógicos no seu modo de ser críticos; outros, prejudicados pelo ódio ideológico, irmão do ódio teológico de outros tempos.

Não foi só Gabriel Marcel que encontrou em Pedro Moura e Sá seu melhor iniciador em assuntos mais íntima e sutilmente portugueses: também Ortega y Gasset. E outra vez sou devedor ao meu admirável amigo, agora morto, pelo modo por que aproximou europeus já gloriosos de um simples brasileiro: dessa vez o autor de *España Invertebrada* que, aliás, já descobrira o brasileiro ainda jovem, que eu era em 1936, em Buenos Aires, tendo sido o primeiro dos grandes escritores de língua castelhana a recomendar a tradução imediata de um dos meus ensaios para a sua língua, ainda hoje imperial como língua literária. Foi, entretanto, através de Pedro e dos Martins Pereira que se intensificou o interesse de Ortega y Gasset pelos escritos em que eu vinha procurando interpretar no Brasil um "homem situado" que, por ser situado não deixava, segundo Ortega, de ser "o homem visto sob um novo aspecto". É curioso – dizia-me a propósito Pedro Moura e Sá – que "enquanto no Brasil há quem insista em ver nos seus ensaios pura história e pitoresca etnografia, grandes mestres europeus como Marcel e Ortega vão além e descobrem neles, não só sociologia, como uma antropologia filosófica que pode ser considerada existencial".

Era com essa generosidade, no caso, mais de amigo que de crítico, que Pedro me defendia, às vezes quase zangado, de umas tantas restrições da parte de brasileiros e de portugueses, acentuando o que enxergava de sentido universalista nos meus pobres trabalhos. Porque nele o apego a Portugal não prejudicou o sentido universalista da vida: nem o hispano contrariava o europeu. Era um europeu consciente da superioridade da cultura europeia sobre as outras não por virtude do homem europeu, mas pelo fato de ter se encontrado na Europa toda uma variedade de influências que, cruzadas, interpenetradas, teriam resultado naquela superioridade.

Não concebo Lisboa sem Pedro Moura e Sá. Sem a sua presença, sem o seu sorriso, sem a sua ternura de homem sempre trajado austeramente de preto, mas, na intimidade, talvez o melhor dos humoristas que houve em Portugal desde a morte do visconde de santo Tirso.

Não concebo Lisboa sem a sua amizade: uma amizade que era na verdade uma constelação de amizades. Que incluía os Martins Pereira, os Pina, os Forjaz Trigueiros. Que era todo um ambiente, toda uma atmosfera, toda uma orquestra de vozes amigas, de sensibilidades afins, de ânimos fraternos, sem que isso significasse monótona uniformidade de sentir ou de pensar. Ao contrário: harmonia de contrastes, de discrepâncias, de desacordos. Pedro, modesto, tímido até, sempre de luto como que de pai ou de mãe, de esposa ou de filha, e com alguma coisa de um Proust tocado por um *humour* que faltou ao francês, era quem reunia essa orquestra, quem a dirigia, quem a animava.

Sem ele, Lisboa é, para mim, uma cidade tão incompleta quanto o Rio, sem Gastão Cruls. Mas a sina de quem envelhece e, no envelhecer, vê-se como que roubado de amizades insubstituíveis é esta: viver num mundo crescentemente incompleto. Desfalcado. Mutilado.

Será que Pedro Moura e Sá deixou um diário? Diário sistemático, não creio que fosse homem para escrever, anotando experiências dos seus dias quase sempre marcados por aventuras quando não intelectuais, psicológicas. Arremedo de diário, talvez tenha deixado; e nele, anotações de leituras e impressões de conversas, fixadas por alguém que sabia ler e sabia ouvir, como poucos portugueses do seu tempo. O que não quer dizer que não soubesse escrever e não tivesse a arte de fazer-se ouvir.

•

Mais de uma vez tenho salientado o fato de não ser a Bahia intelectual de hoje a mesma do tempo do exagerado culto à retórica: culto que veio a culminar na excessiva devoção, da parte até de baianos dos mais ilustres, ao que havia de menos apreciável no grande Rui – o verbalismo antes rococó do que barroco em que às vezes se extremava nos seus discursos o autor das bem menos ramalhudas *Cartas de Inglaterra*.

À Bahia intelectual de hoje corresponde, ao contrário, uma das *élites* brasileiras mais sóbrias de palavra e mais temperantes na expressão de seus sentimentos ou de seus ideais. Não só isto: é uma *élite* constituída principalmente por intelectuais, homens de letras, juristas, professores, médicos, sacerdotes, jornalistas, que se requintam em ser precisos no que escrevem em livros e jornais e até no que dizem em discursos, conferências, preleções universitárias. Nada mais sem sentido, atualmente, do que a frase "deputado baiano" para designar o retórico, o exuberante de palavra, o verbocionante.

Foi-se o tempo em que a própria Faculdade de Medicina se distinguia, em Salvador, como um centro de retóricos ou como foco de declamadores, aliás brilhantes; e se fazia notar pelo esplendor teatral dos seus concursos, nos quais a ciência era de ordinário sacrificada à eloquência. Daí o escândalo do concurso Froes da Fonseca: um quase asceta da palavra que conseguiu se impor aos aplausos de doutores em medicina mais ou menos viciados nos excessos de oratória. Sinal de que, sob essa paixão de oratória, havia, nesses próprios doutores, o respeito pela ciência criadora, mesmo que o representasse um tartamudo, incapaz, como o anatomista Froes, de brilhos verbais.

Essas reflexões me ocorrem a propósito de recentes trabalhos do professor Aloísio de Carvalho Filho. São eles: *Machado de Assis e o Problema Penal* e "O Processo Penal de Capitu", este incluído no volume *Machado de Assis*, publicado pela Imprensa da Universidade da Bahia, dirigida pelo professor Pintor de Aguiar.

São dois ensaios admiráveis que primam não só pelo que neles é estudo, pesquisa, interpretação lúcida da obra de Machado por um mestre de direito penal como pela elegante sobriedade de palavra, pela precisão, pela concisão que caracteriza as páginas desse mestre castiçamente baiano; desse intelectual que pouco tem vivido fora da sua materna Bahia, desse homem de letras que não apurou sua frase em contato com outros meios, mas resistindo, dentro dos próprios muros de sua velha e ilustre cidade, a um culto – o da frase eloquente – de modo algum inseparável da cultura ou da inteligência baiana. Pois à tradição Rui se opõe, desde dias remotos, a tradição Teixeira de Freitas – esse raro sábio, saído da Bahia, cuja figura, quase ignorada pelo brasileiro de hoje, o professor

Luís Viana está na obrigação de reconstituir com a sua ciência e de interpretar com a sua arte de biógrafo. Aliás, quando me refiro ao professor Luís Viana, do mesmo modo quando me refiro ao professor Pinto de Aguiar – economista ilustre, tanto quanto esse outro notável baiano que é mestre Rômulo Almeida – ou ao professor Anísio Teixeira ou ao romancista Jorge Amado, cito outros bons e claros exemplos de intelectuais baianos de hoje que se distinguem pela nitidez da palavra, pela sobriedade da frase, pelo modo antieloquente de escrever. O caso, também, do professor Aliomar Baleeiro. Do romancista Herberto Sales. Do romancista Rui Santos. Do professor Nelson Sampaio. Do professor Hélio Simões. Do ensaísta Péricles Madureira. Do jovem e já notável sociólogo Machado Neto. Do antropólogo Tales de Azevedo. Do médico-sociólogo Caldas Coni. Do também sociólogo Guerreiro Ramos. Isto sem nos esquecermos de Adonias Filho, e de Wilson Lins e de Godofredo Filho que primam, entre os escritores literários do Brasil de hoje, pela precisão da palavra e pela graça da expressão.

O professor Aluísio de Carvalho encontra na obra de Machado "ideias penais" e principalmente intuições em torno de problemas de "psicologia criminal", que o colocam entre os escritores cuja literatura "não raro confirma, não raro antecipa", o que a ciência ensina ou vem a sistematizar. Pois "lidando com a psicologia criminal", a literatura – e aqui o mestre brasileiro segue Arturo Majoda – tem alcançado por vezes "superioridade sobre as ciências empíricas, que os próprios homens de ciência – médicos e juristas – são os primeiros a proclamá-lo".

O professor Aluísio de Carvalho destaca dos romances e contos de Machado que neles não ocorrem "situações ou soluções desabridas". Só uma vez o artista-psicólogo admirável que foi Machado teria transigido "com a violência, para remédio de desavenças matrimoniais". Sucedeu no conto "A Cartomante".

Ainda neste particular, Machado teria se distinguido pelo equilíbrio, pela temperança e por uma como antieloquência que se compreende venha seduzindo a inteligência de baianos de hoje como o professor Aluísio de Carvalho e o crítico Afrânio Coutinho. Pois os intelectuais baianos de hoje são a negação viva, no Brasil, do culto exagerado da eloquência e da ênfase. Negação que chega a ser vivíssima num professor Aliomar Baleeiro, a despeito de sua imensa admiração pelo, na verdade, grande Rui. E a transparecer nos ensaios do acadêmico Pedro

Calmon, a despeito do que, em alguns deles, continua a ser sobrevivência de frase redondamente oratória.

Ninguém exige do escritor brasileiro de formação baiana que renuncie, no seu modo de escrever, à tradição da frase com maior tendência a latinamente gorda do que a anglo-saxoniamente ascética: tradição castiçamente baiana. Tradição essencial à conservação da língua portuguesa no Brasil como língua principalmente latina. O que encanta nos escritores baianos de hoje é o fato de virem sabendo juntar a essa tradição um ritmo moderno de frase e um sentido atual de expressão que lhes permite ser, como Aluísio de Carvalho, precisos e até científicos na análise de problemas literários sem deixarem de ser latinos no seu gosto pelas frases musicalmente bem construídas.

•

Por que congressos universitários que reúnam, no Brasil, críticos literários e críticos eminentes, não só do país como do estrangeiro? Por que congressos de crítica literária que sejam também de literatura comparada?

Devem tais congressos ser considerados luxo, e luxo insolente, numa terra notável pela pobreza e, mais do que isso, pela miséria, de muitos dos seus habitantes, como é o Brasil? Pensam alguns que sim. Mas talvez se revelem exagerados no seu pragmatismo.

À primeira vista parece tratar-se, na realidade, de um absurdo. Por que gastar-se, num país pobre, dinheiro público com tal espécie de gente – críticos literários? Para que, num país ainda rude e economicamente subdesenvolvido, como o Brasil, crítica literária?

Mas semelhante argumento, para ser perfeitamente lógico, deveria estender-se a quanto fosse literatura, arte e até ciência, que não produzisse valores, além de úteis, imediatos, concorrendo para diminuir o horror da pobreza dos pobres e da miséria dos miseráveis. Estariam apenas nesse caso os folhetos de festas populares, os mamulengos, a medicina tornada possível pelas instituições pias ou de assistência: literatura, arte e ciência úteis pelo alívio imediato que levam aos pobres e até aos miseráveis. Não se compreenderia que o Estado ou a nação gastasse parte mínima, que fosse, do seu dinheiro, com professores que apenas ensinassem aos seus alunos literatura francesa ou pintura de paisagens ou música clássica; ou com pesquisadores médicos que estudassem doenças num plano apenas platonicamente científico, sem sequer resolverem, de modo súbito e efetivo, o problema da extinção da esquistossomose no Brasil.

A verdade é que o Brasil é devedor de bons e valiosos serviços aos seus críticos literários: aqueles que vêm concorrendo para aguçar nos brasileiros uma consciência dos valores literários, complementar da própria consciência nacional: Sílvio Romero foi um desses críticos. José Veríssimo foi outro. Outro foi Araripe Júnior.

Dificilmente se compreende o desenvolvimento de cultura brasileira no todo já complexo que é hoje sem a atuação, o estímulo, a orientação desses homens aparentemente inúteis que contribuíram para que poetas, ensaístas, teatrólogos, romancistas, dessem adequada expressão literária a anseios da parte de um povo desorientado, confuso, contraditório que, em grande parte através da arte e da literatura, vem adquirindo consciência de si mesmo. Não há brasileiro culto, dentre os que hoje dirigem jornais, orientam escolas, governam estados, presidem ministérios, representam o Brasil no estrangeiro, comandam serviços públicos, indústrias, forças armadas, que não se reconheça devedor ao grande crítico e historiador literário que foi Sílvio Romero de lições inesquecíveis de bom e honesto brasileirismo: o "são brasileirismo" de que falava o insigne sergipano formado no Recife.

Nenhum desses brasileiros cultos tem o direito de desdenhar da crítica literária ou dos críticos literários. Pois na realidade não há cultura nacional que se desenvolva construtivamente, autenticamente, honestamente, quando lhe faltam Sílvios Romero, Josés Veríssimo, Olívios Montenegro, Tristões de Ataíde, Álvaros Lins, Antônios Cândido, Afrânios Coutinho, Prudentes de Morais, Sérgios Buarque, Eduardos Portela, Adonias Filho, Robertos Alvim Corrêa, Osmares Pimentel, Renatos Carneiro Campos, Wilsons Martins, Temístocles Linhares. Isto para me referir apenas a alguns daqueles escritores do Brasil, que vêm se especializando, quase por sucessão apostólica, em trabalhos ou atividades sistemáticas de crítica literária. E através desses trabalhos e dessas atividades, concorrendo para o desenvolvimento, no nosso país, de um gosto pela análise, de um empenho pela interpretação de artistas às vezes desorientados sobre si próprios, de um pendor para a comparação de valores literários, que são atividades indispensáveis ao desenvolvimento de uma literatura. São aliás trabalhos, os dos críticos, que podem tornar-se, sendo os críticos indivíduos de talento ou de gênio criador, literatura tão genuína e tão nobre como a que se apresente sob outro aspecto. O caso de Nietzsche. O clássico, de Sainte-Beuve. O de Walter Pater. O de um Baudelaire tão notável pela sua obra crítica como pela sua obra poética.

•

A Universidade do Recife, atualmente orientada por um médico que é também um professor de belas-artes e um amigo das chamadas "letras humanas", não cometeu desatino nem praticou desvario reunindo na velha capital do Nordeste um congresso de críticos literários e de crítica literária que foi também, dentro dos seus limites e a despeito das suas mesquinharias, um congresso internacional de literatura comparada; e quem diz literatura comparada diz compreensão internacional. Diz internacionalismo da melhor espécie: tão necessário ao mundo de hoje. A literatura – escrevia há pouco, numa revista dos Estados Unidos, *The CEA Critic*, um professor de universidade daquele país – não pertence aos literatos; não é propriedade particular deles. Pertence aos homens. Pertence a toda uma sociedade: aquela que se exprime nessa literatura e que, até certo ponto, se orienta por essa literatura.

O mesmo se pode dizer da crítica literária: ela é uma forma de esclarecimento e de orientação de gosto, de sensibilidade e de cultura de todo um povo; e não apenas recreio bizantino de um reduzido número de esnobes ou de acadêmicos. Sílvio Romero – o maior dos críticos literários que o Brasil já teve, o autor de uma monumental *História da Literatura Brasileira* que renovou súbita e profundamente a cultura nacional – nada teve nem de esnobe nem de acadêmico: era um homem profundamente humano. Um brasileiro da cabeça aos pés. Sua crítica literária, mais do que a de qualquer outro crítico, concorreu para aproximar o brasileiro das fontes populares e até rústicas de sua arte e, particularmente, de sua literatura.

Anos depois de Sílvio, Tristão de Ataíde concorreu notavelmente para libertar o escritor brasileiro do mau academismo e para integrá-lo, através do chamado "modernismo", na sua língua viva, nos estilos correntes de vida, seus e da sua gente, no seu cotidiano. No mesmo sentido foi a ação dos iniciadores do hoje quase sempre esquecido movimento regionalista do Nordeste: um movimento que se estendeu, com ímpeto renovador, a vários aspectos da vida brasileira, partindo desta simples verdade: a de toda genuína cultura ser inseparável da vida.

Homens assim ligados à vida, à atualidade, ao cotidiano, às constantes, às tradições essenciais de um povo não podem ser de modo algum considerados vãos literatos, com os quais nada tenha que ver um Estado ou uma nação. Eles são, através de sua difícil e complexa especialidade, instrumentos, ao mesmo tempo, de coesão nacional e de compreensão internacional.

Mais: lembremo-nos de que o moderno surto literário dos Estados Unidos, prepararam-no críticos além de literários, sociais – Van Wyck Brooks e H. L. Mencken, entre eles –, lucidamente ligados aos valores essenciais de uma nova cultura nacional, que eles contribuíram para libertar da excessiva submissão às culturas europeias em que vinha se eternizando. Hoje, os russos soviéticos estão a fazer chegar seus foguetes à Lua – brilhantes arrojos de ciência e de técnica nos quais já superaram os anglo-americanos. Mas não conseguem produzir um Hemingway nem um Faulkner; muito menos, um Van Wyck Brooks.

É que a alfabetização da gente russa – triunfo apenas quantitativo, tão admirado por certos sul-americanos – vem se fazendo um tanto à revelia daqueles valores qualitativos de cultura que não florescem em países sem crítica e sem críticos da vida nacional: críticos sociais, críticos de ideias, críticos literários, críticos de arte. Os grandes líderes russos soviéticos começam aliás a sentir a necessidade, na sua admirável Rússia, dessa espécie de crítica e desse gênero de críticos, ao lado dos insignes cientistas, técnicos, engenheiros, militares, que concorrem para a grandeza apenas material daquela nação-império.

Não há hoje pensador ou sociólogo, antropólogo ou psicólogo idôneo, voltado para o estudo de problemas atuais de educação, que não considere necessário opor-se ao furor tecnicista que vem prejudicando a cultura do homem moderno, um humanismo capaz de conciliar-se com as exigências ou com as solicitações de uma época inevitavelmente técnica nas suas principais tendências de desenvolvimento e econômica, nas suas principais preocupações de organização social. Mas que não deve deixar-se desumanizar nem pelo tecnicismo absorvente nem pelo economismo com pretensão a imperial.

Contra os excessos de um e de outro, está o homem moderno obrigado a opor aquele sábio humanismo que o reintegre nas melhores tradições não só do saber como da sabedoria, quer ocidental, quer oriental. E para a valorização deste humanismo, muito poderá contribuir a crítica literária que seja, além de estética e filológica, filosófica e até sociológica, não nos seus principais objetivos, mas nas implicações de sua atividade a um tempo analítica e orientadora.

•

Portugal e o Brasil perderam há pouco um poeta tão querido pelos brasileiros como pelos portugueses. Chamava-se muito lusitanamente Antônio: Antônio Correia de Oliveira; e residia, também muito lusitanamente, numa quinta: Esposende.

Foi poeta muito da sua gente e muito da sua terra. Nunca se deixou prender por escolas, muito menos por qualquer seita literária. Seu lirismo era o castiçamente português a que nós, brasileiros, continuamos particularmente sensíveis. Daí não terem faltado a Antônio Correia de Oliveira admiradores e até entusiastas brasileiros.

Por sua vez, Antônio Correia de Oliveira se sentia ligado ao Brasil por um afeto todo particular: o de português com alguma coisa de brasileiro no próprio sangue. O caso de tantos portugueses não só da Europa como do próprio Ultramar. Pois se Portugal colonizou o Brasil, o Brasil vem também, a seu modo, colonizando Portugal, isto é, fazendo-se presente no sangue, nas tradições de família, nos gostos culinários, de numerosos portugueses, uns nascidos no Brasil, outros aqui educados na infância, ainda outros crescidos em Portugal sob a influência de uma avó ou de uma mãe brasileira.

Para Antônio Correia de Oliveira, o Brasil existia, real e liricamente, tanto quanto Portugal. Lembro-me dos versos que me dedicou quando em 1952 fui recebido do modo mais fraterno pelos intelectuais do Porto. Ele próprio recitou esses versos comovidos e belos sobre o Brasil. Eu apenas servi de pretexto para que ele os escrevesse. Deu-me o autógrafo que um colecionador de papéis raros deve ter hoje consigo, indevidamente, no seu arquivo.

Desde os dias dos meus primeiros contatos com Portugal – quando fui apresentado, nos pátios da Universidade de Coimbra, por Manuel da Silva Gaio, a Eugênio de Castro, então no seu mais vivo esplendor – que eu conhecia e admirava Antônio Correia de Oliveira. Mas só em 1952 cheguei a conhecê-lo, além de pessoalmente, na intimidade: a ele e a Teixeira de Pascoais. E foi como se fôssemos velhos amigos.

Tinha alguma afinidade com Pascoais. Mas nenhuma com Eugênio de Castro. Castro era muito mais um artista do que um lírico; um europeu mais do que um português; e em Coimbra representava uma literatura requintada, fina, distante e até desdenhosa das aldeias. Enquanto Pascoais e Correia de Oliveira eram poetas que se nutriam dessa fonte lusitaníssima de sugestões líricas: a aldeia; a saudade da aldeia; o apego à aldeia; o regresso à aldeia.

Não se sentia bem senão no Porto ou nos arredores do Porto; no norte de Portugal; na sua região; perto de São Pedro do Sul. Podia viajar por outras terras; visitar outras gentes; atravessar o Atlântico para conhecer de perto o Brasil. Mas sempre antecipando o sabor do regresso à sua província, à sua região, à sua quinta.

Pertencia ao número de portugueses com profundas raízes a prendê-los a uma província ou a uma aldeia ou a uma quinta. Seu lirismo foi todo o de um homem prolongado por tais raízes num ser verdadeiramente telúrico. Paris teria sido para ele um tormento, se fosse obrigado a fixar-se com requintes fradiquianos no meio das melhores elegâncias parisienses; e proibido de voltar à sua quinta ou à sua província. O homem teria se tornado nele um ex-homem e o poeta, um ex-poeta. Esta foi uma das marcas mais profundas da sua lusitanidade: a incapacidade de renunciar um poeta à sua província e um homem, à sua aldeia, para artificializar-se de todo num cosmopolita intelectual ou num homem inteiramente do mundo.

•

Do México – do *Fondo de Cultura* – me pediram intelectuais ilustres umas palavras sobre Alfonso Reyes. Sobre aquele extraordinário Alfonso Reyes que, para nós, seus amigos brasileiros mais íntimos, era simplesmente don Alfonso; e que faleceu há pouco, no seu país, depois de ter chegado a ser para europeus, tanto quanto para americanos de todas as Américas, um dos maiores ensaístas que jamais escreveram na língua espanhola. Um dos mais sábios, um dos mais sutis, um dos mais plásticos, embora à plasticidade de um moderno ele juntasse a gravidade de um clássico.

Não faz muito tempo que recebi um bilhete de don Alfonso. Um bilhete afetuoso: agradecia-me o artigo que, a pedido de estudantes mexicanos, eu escrevera a seu respeito para um revista universitária do México. Para uma edição especial dessa revista de jovens em homenagem àquele de seus mestres que mais os encantavam pela graça do espírito e pela atualidade do saber, próximo como se conservava don Alfonso da mocidade e das suas inquietações.

Não que fosse um adulador de jovens. De modo algum. Havia em don Alfonso um não sei quê de fidalgo espanhol requeimado, mas não deformado, pelo México, que o impedia de ser um adulador fosse de quem fosse: de velhos apolíneos ou de moços dionisíacos; de academias ou de governos; de jornais ou de jornalistas. Era altivo sem ser enfático na sua sobranceria.

Uma altivez de modo algum ostensiva guardava-o de fáceis fraquezas em que têm resvalado, já no outono da vida, outros intelectuais, homens públicos, sábios, artistas. O caso, entre nós, do severo Artur Bernardes, já no fim da vida, vítima da tentação da popularidade. O caso, também no Brasil, de Graça Aranha.

Nunca don Alfonso soube o que fosse cortejar qualquer força capaz de fazê-lo, moço ou já depois de velho, saborear outra popularidade ou experimentar o gosto de outra glória, senão a popularidade ou a glória que lhe coubesse por direito de conquista acrescentado ao de nascença. Não nascera para a larga ou ruidosa popularidade – que na língua espanhola tem sido sobretudo nos países americanos – a dos Blasco Ibáñez, a dos Vargas Vila, a dos Ingenieros, enfáticos, teatrais e efêmeros. Não o seduzia a conquista das glórias que se alcançam mais através de meios extraintelectuais que pelo puro esforço da criação literária ou da meditação filosófica. Daí ter se limitado a sorrir quando se esboçou um movimento a favor de seu nome para o prêmio Nobel. Sorriu e considerou o esforço da parte de alguns amigos e de alguns admiradores em prol do seu nome uma iniciativa simplesmente quixotesca. E tinha razão de sorrir desse movimento que, na verdade, nunca chegou aos ouvidos dos juízes suecos.

É do sorriso de don Alfonso que eu mais me lembro ao recordar sua figura de homem, além de superior pelo espírito e pelo saber, suavemente bom. Era um sorriso capaz de exprimir o que nele havia de irônico; de traduzir o seu *humour* de intelectual sofisticado; de trair o seu desdém de aristocrata sóbrio pela mediocridade espalhafatosa. Mas nunca se extremava num sorriso amargo; ou numa expressão de ressentimento contra os triunfadores que ele julgasse banais. Havia sempre em don Alfonso alguma coisa do homem simplesmente bom que não se deixava abafar nem pela sutileza do espírito nem pelo requinte do saber de homem de letras.

No artigo que escrevi para a revista de estudantes mexicanos sobre o seu grande mestre, agora desaparecido e então ainda vivo, recordei os nossos dias de fraterna camaradagem no Rio de Janeiro, quando don Alfonso, embaixador do México, no Brasil; e eu, um desocupado que apenas tentava escrever um livro. Recordei nossas excursões pelos arredores da cidade. Nossos longos passeio a pé. Nossos arremedos de alpinismo por morros ainda ásperos. Nossos banhos de mar em praias ainda rústicas.

Quem o visse assim rudemente esportivo dificilmente o conhecia sob a elegante casaca de embaixador, a cumprimentar senhoras decotadas com o seu melhor sorriso de mexicano culto e a sua melhor graça de latino sutil. Era um homem múltiplo. Sabia fugir da rotina diplomática e ser, entre amigos mais moços do que ele, alegre como um rapaz. Sabia ser galante nos salões. Sabia ser grave entre políticos. Mas era meditando ou escrevendo ou conversando com dois ou três íntimos do seu particular afeto, sobre assuntos de literatura ou de arte, que don Alfonso se revela plenamente feliz.

•

Quando estiveram no Recife os embaixadores da Grã-Bretanha no Rio de Janeiro, um dos seus maiores empenhos foi o de conhecerem as igrejas e os mosteiros antigos do Recife e de Olinda. E tendo visitado Apipucos – desde o Rio que, por intermédio de amigo comum, comunicaram-me que viriam a Apipucos –, mostraram o desejo de que eu os acompanhasse na visita a algumas dessas igrejas e desses mosteiros.

O embaixador sir Geoffrey Wallinger é bem um representante daquela diplomacia britânica, entre clássica e romântica, entre a tradição austera de Salisbury e o exemplo de Disraeli – o mais "*colourful*" dos diplomatas europeus da sua época – que parece continuar a ser, sob todos os aspectos, a mais sábia das diplomacias. A mais sábia na sua política e a mais sábia na arte das relações simplesmente pessoais do diplomata com a gente do país onde exerce suas funções. Com a gente, com a arte, com a cultura, com as tradições, com o folclore.

Por ser clássica, sem deixar de ser romântica, é que tal diplomacia tem tido a seu serviço homens como o romântico capitão Burton, por algum tempo cônsul de S. M. B. no Brasil: tradutor de José de Alencar para o inglês e autor de um dos melhores livros em língua inglesa sobre o Império de Pedro II. Não só no Brasil como no Oriente e na África, Burton viajou por algumas das regiões tropicais então mais fechadas ao europeu; e fixou suas impressões em páginas a que não faltam as virtudes literárias de um precursor de Lawrence da Arábia.

No caso do embaixador Wallinger, completa-o a embaixatriz, lady Wallinger, que, sob o nome de Stella Ziliacus Wallinger, é uma escritora autêntica, autora de um livro admirável pelo que nele é poder de análise fina, sutil e arguta da personalidade humana. Livro que se intitula *Six People and Love*. Só uma mulher o poderia ter escrito. Só uma cosmopolita a quem não faltasse o sentido inglês do realismo: o realismo poético.

A sir Geoffrey e a lady Wallinger encantaram os conventos franciscanos tanto do Recife como de Olinda; a vista do alto da Sé; o sobradinho mourisco da rua do Amparo; a igreja do Carmo. Mas seu maior entusiasmo foi pela igreja de São Pedro dos Clérigos do Recife.

Alguém lhes dissera que foi igreja desprezada pelos recifenses – que desde 1880 guardaram sua melhor admiração para a pomposa basílica de Nossa Senhora da Penha, levantada pelos capuchinhos – até que, mais de meio século depois, recém-chegado da Europa e empenhado em reinterpretar valores recifenses de arte, em particular, e de cultura, em geral sob um novo critério, um recifense, durante cinco anos estudante no estrangeiro, como que redescobriria a igreja maria-borralheira. E a destacaria como a melhor das igrejas de Pernambuco, fazendo-a fotografar, sob vários aspectos, por Ulisses Freire, e desenhar, primorosamente, por Manuel Bandeira. Esse recifense, lady Wallinger me afirmou que sabia quem era. Confirmei. E disse-lhe que era essa – essa como que redescoberta de São Pedro dos Clérigos – um dos meus maiores orgulhos.

Lady Wallinger congratulou-se comigo, dizendo-me que não era para menos: tratava-se, a seu ver – e sir Geoffrey também pensa assim –, de uma das mais belas igrejas que ela, conhecedora de tantas igrejas europeias – conhecer igrejas é um dos seus maiores empenhos quando viaja –, jamais contemplara. Duvidava de que, no Brasil, houvesse, no gênero, monumento superior à igreja de São Pedro dos Clérigos do Recife. Ela, pelo menos, não vira nenhuma.

O embaixador e lady Wallinger percorreram a igreja de São Pedro dos Clérigos com o mais amoroso vagar, quase se esquecendo do tempo. Não havia dúvida: a velha igreja recifense conquistara mais do que o entusiasmo, o amor, de dois lúcidos conhecedores europeus de arquitetura religiosa.

UMA ESTÉTICA DA MISCIGENAÇÃO

Foi um brasileiro sutilmente afrancesado que, uma tarde, conversando comigo em Paris, disse de Portugal: "Gosto de Portugal porque é uma terra de gente simples, onde um europeu pode descansar da Europa e um americano, repousar da América".

Engano do afrancesado. Portugal não é, tão simplesmente assim, uma terra de gente simples que sirva de fácil e doce sanatório aos cansados dos excessos de intelectualismo europeu ou dos exageros de ativismo americano. A sua gente é menos simples do que parece. Mais altiva do que aparenta. Chega a ser complexa como é complexa sua cultura. Os antropólogos sabem disto. Os etnógrafos, também. E os sociólogos e os psicólogos talvez conheçam o fato melhor do que ninguém: a não ser aqueles padres mais argutos, senhores de segredos de confessionário capazes de explicar contradições no comportamento de povos latinos e católicos. Segredos de que os sociólogos apenas se apercebem.

Há, ou tem havido, ativismo excessivo em muitos portugueses como há, ou tem havido, intelectualismo exagerado em vários dos mais influentes dentre eles. Estes dois exageros têm levado não só portugueses ilustres, como o próprio Portugal mais ostensivamente português em suas expressões ou atitudes, a grandes e às vezes perigosas aventuras. Aventuras de inquietação e aventuras de ação demasiadamente intensa; ou morbidamente sôfrega de resultados imediatos ou grandiosos.

Unamuno, há quase meio século, descobrindo o "trágico" no *ethos* português, notou o número de suicidas ilustres em Portugal: um número impressionante. Tão impressionante – acrescente-se a Unamuno – como o número de suicidas, indivíduos médios, em países de estabilidade, do progresso técnico e da quase perfeição social da Suécia.

E se aos suicídios puros, por tiro de pistola ou de revólver no ouvido ou no peito, acrescentássemos em Portugal os quase suicídios, por excesso de gosto ou de volúpia na ação fulminante, ainda mais surpreendidos ficaríamos. Dom Sebastião foi como acabou: quase se suicidando, não por acídia, mas pela volutuosa sofreguidão em realizar-se não apenas como indivíduo, mas como português e até como Portugal: o rei era o Estado, era a nação, era o povo que ficaria séculos à espera da sua volta. Nos nossos dias, Sacadura Cabral e Duarte Pacheco sucumbiram do mesmo modo: impacientes por uma antecipação de efeitos do seu esforço de portugueses ardentes. Antecipação que deve ser considerada negação violenta de toda a prudência, de toda a paciência, de toda a pachorra, de toda a rotina, de toda a continuidade de ação vagarosa ou lenta dos velhos de Restelo que ainda hoje se benzem ou fazem o pelo-sinal, ao ruído de um avião mais rápido ou de um automóvel mais veloz.

Sei que o brasileiro afrancesado, se ainda fosse vivo – foi talvez o último dos brasileiros requintada e plenamente afrancesados nas suas qualidades e nos seus defeitos –, poderia rebater-me: "Mas v. está a argumentar com portugueses excepcionais".

Não estou. Nem quanto ao ativismo nem mesmo quanto ao intelectualismo ou ao abstracionismo. Não é normal, na composição de um povo, só o que é numeroso ou maciço. Também o que é influente através de gerações, correspondendo por essa constância de influência a uma solicitação nacional também constante.

E através de gerações, vários portugueses têm pecado, e pecam ainda hoje, em seu comportamento de homens influentes no meio, na política ou na cultura nacional, por excesso de um intelectualismo nem sempre saudável: desde o intelectualismo aristotélico do frei João de Santo Tomás ao criticista de Guilherme Moniz Barreto; ou desde o intelectualismo afrancesado de Diogo de Gouveia ao germanizado, de Antero. Um intelectualismo que tem assumido expressões diversas: ora, com jesuítas do porte de Vieira, a sutileza ou a argúcia de configuração teológica e, ao mesmo tempo, pragmática (tão profusa nos velhos tempos em que os estrangeiros reclamavam do governo de Portugal estar a sua diplomacia ou a sua política nas mãos dos frades: eminências pardas ou cinzentas a que os mesmos estrangeiros preferiam às figuras vistosamente militares ou coloridamente fidalgas de políticos seculares); ora a sutileza ou a argúcia jurídica dos Joões das Regras, tão importantes em épocas decisivas para a Nação ou para o Estado português: épocas dominadas por figuras aquilinas de grão-doutores; ora o racionalismo ou o logicismo ou o abstracionismo de intelectuais quase puros que às curvas e aos altos e baixos da realidade pretendem opor seu modo linear de considerar os fatos e as paisagens sociais e de resolver os problemas nacionais. De onde alguns daqueles conflitos que dramatizam a vida portuguesa aparentemente tão simples aos olhos dos simplistas; tão repousante e tão calma, a ponto de alguns a considerarem clínica.

Para os ativistas – outros que têm dramatizado e até vulcanizado a vida lusitana –, os fatos e os problemas portugueses e até humanos pedem outra atitude ou outro tipo de solução igualmente radical: a atitude ou a solução que despreze o tempo nacional e não apenas nivele os altos e os baixos do espaço físico e do espaço social. Atitude salientemente representada em nossos dias pelo já referido engenheiro Duarte Pacheco; ele próprio mártir da sua política de antecipação violenta ao ritmo como que ecológica e sociologicamente normal, dentro do qual as formas sociais e físicas de paisagens como a portuguesa tendem a modificar-se ou alterar-se.

Esse intelectualismo e esse ativismo vulcânicos – ativismo às vezes como que instintivo e tão forte em simples homens do campo que, emigrando para o Brasil, encontram-se de repente, em face de espaços novos para seus olhos e para seus pés de pioneiros, em situação de renovadores dinâmicos do próprio Brasil, como em técnicos anglicizados, germanizados ou americanizados em sua ciência – são responsáveis pelo muito que há e tem havido de aventura e também de inesperado, de imprevisto, de surpreendente – de louco, como pareceu a Oliveira Martins – nas atitudes e realizações portuguesas na Europa e no Ultramar. Se tais excessos não levaram ainda Portugal, pela mão de um Albuquerque ou de um Pombal, de um dom Sebastião ou de um Teófilo Braga – abstracionista típico que chegou a ser presidente da República – à situação de inteira ruína ou de plena glória, é que ativismo, intelectualismo, abstracionismo, teologismo, positivismo, cientificismo, americanismo, francesismo, germanismo, anglicismo são, e têm sido, em Portugal, influências diversas na substância, mas constantes na forma – a ativista, por um lado, a intelectualista, por outro –, moderadas por outras constantes, porventura invencíveis em sua capacidade de estabilizar o comportamento português e de retificá-lo nos seus excessos ou desvios. Teríamos então que considerar as tendências – tão portuguesas – à inércia, à rotina, à continuidade, à ordem, à regularidade, à conservação da ordem estabelecida, com olhos de quem considerasse tendências, até certo ponto, saudáveis. E se saúde é, num povo, equilíbrio, a saúde social portuguesa seria a combinação daquele ânimo que impele uns portugueses aos riscos da aventura, aos extremos de ação, à solução brilhantemente intelectual ou arrojadamente neotécnica de problemas nacionais, com o sentimento que resguarda Portugal desses extremos pelo apego, às vezes exagerado, de outros lusitanos – e às vezes dos próprios aventureiros em certos momentos decisivos de sua vida ativa –, à tradição, à repetição, à rotina. E é claro que esses dois extremos em muitos portugueses, dos mais castiços, se equilibram, produzindo indivíduos ao mesmo tempo arrojados e prudentes.

Verdadeira essa dualidade de tendências contraditórias no povo português – espécie de estado de guerra civil, do ponto de vista sociológico, e guerra civil nem sempre fria ou morna, como entre outros povos, mas às vezes quentes e até flamante –, enganam-se os que enxergam em Portugal um sanatório: refúgio para os cansados de um intelectualismo e de um ativismo, nunca experimentados pela gente portuguesa, demasiadamente simples para sofrer de complexos. Quer dos sociológicos, quer dos psicológicos.

A verdade é que se Joyce tivesse escrito não *Ulysses*, mas *Ulyssea* ou *Olysipo*, teria encontrado em Lisboa – a suposta cidade de Ulisses –, talvez mais do que em Dublin, contradições de natureza humana capazes de encher um dia, aparentemente simples, da vida de um lisboeta, de complexa dramaticidade não só de corpo como de alma. Pois Lisboa engana os turistas com sua aparência de cidade simples ou docemente pitoresca. Parecendo ser só subúrbio e não ter centro sofisticado ou verdadeiramente urbano à maneira das grandes cidades ocidentais, ela guarda em sua especialíssima civilidade alguma coisa de mouro e de africano, outro tanto de judeu e não apenas de asiático, que acrescenta à sua condição de cidade europeia certo ânimo sutilmente cosmopolita dentro da aparente rusticidade provinciana ou da ostensiva ingenuidade suburbana.

Não é fato desprezível o ter atraído Lisboa não só a curiosidade como o amor sempre lúcido do amigo francês de Joyce que traduziu *Ulysses* para a língua francesa. Que interpretou *Ulysses* para a inteligência e a sensibilidade dos latinos. E na complexa capital de Portugal – a velha *Olysipo* que certa mística ulissiana pretende derivar de Ulisses, talvez por ter chegado a escrever-se arrevesadamente Ulyscippona antes de aquietar-se o nome da doce cidade em Lisbona ou Lisboa –

Valery Larbaud encontrou, do mesmo modo que encontraria em *Ulysses*, problemas de linguística carregados de uma riqueza e de uma sutileza de sentidos sociais que se deliciou em procurar detectivamente descobrir. Não só sentiu furioso desejo de despir uma varina, para ver-lhe completamente nu o corpo que adivinhou branco, bom e belo através do trajo oriental, misterioso e refolhudo, conservado através de séculos, como surpreendeu no fado – para tantos ouvidos, tão simples – "uma prosódia extremamente complicada", que de igual modo lhe atraiu a curiosidade de especialista em decifrar, através das palavras, mistérios de psicologia europeia.

O que Lisboa proporcionou a Valery Larbaud de fino *"divertissement philologique"* foi também – pode-se observar acerca da significativa permanência de Larbaud em Portugal – uma aventura de descobertas psicológicas e sociológicas, quase igual à que lhe proporcionaria a interpretação de *Ulysses*: descobertas através de palavras na aparência simples, na verdade, complexas. Palavras enriquecidas, como os homens, como as mulheres, como as casas, como os móveis, como os alimentos, pela experiência lusitana na Ásia, na África e na América. Enriquecidas de sentidos que as palavras europeias parentas das portuguesas, suas próprias irmãs latinas, não adquiriram dentro da sua castidade ou pureza europeia. Isto aconteceu com tão grande número delas que daria um estudo, a análise do alongamento de sentido que certos verbos portugueses adquiriram no Oriente ou na África ou no Brasil, destacando-se dos seus parentes espanhóis, italianos, franceses, como de parentes pobres. Processo a que se assemelharia – seja notado de passagem – o do autor irlandês de *Ulysses* ao pretender, deliberada e exageradamente, alongar de sentidos novos as palavras inglesas, acrescentando-lhes o resultado de experiências humanas em outras línguas e regiões. Olysipo ou Ulyssea precedeu *Ulysses*, neste particular. Só que o enriquecimento de Ulyssea – da sua língua, da sua cultura, da sua paisagem, hoje tão complexas e tão ricas de diversidade – fez-se através de longo tempo e como ação ou pressão coletiva sobre o indivíduo: o indivíduo intelectual ou artista ou simplesmente comum.

Quando Valery Larbaud – latinista e linguista, além de escritor – encontrou neste trecho da *História de Portugal*, de Oliveira Martins – "Todo o luxo da época se acumulara no palacete misterioso e maravilhoso: as talhas douradas, os mosaicos da Itália, os xarões [com x] da Índia, os móveis de ébano embutidos de marfim, os espelhos de Veneza, os crystais [com y], as cambrayas [também com y], as rendas, as pratas e ouros, as franjas pesadas, as estofas de melania e as sedas adamascadas que revestiam as paredes" – evidência de ser a língua portuguesa, com seu não sei quê de "estranho" e "nostálgico", uma das mais belas e mais sonoras – talvez a mais bela e a mais sonora – no que se refere à descrição de objetos de luxo e de matérias preciosas, foi por se ter apercebido da complexidade de cultura ou do passado lusitano. Uma complexidade que torna o edifício verbal dos portugueses semelhante ao seu estilo manuelino de arquitetura. Ambos se apresentam marcados por alguma coisa de exuberante, de mestiço, de contraditório que vem da aventura ou da experiência ultramarina: uma experiência que juntou ao passado europeu dos lusitanos outros passados – o oriental, o chinês, o indiano, o africano, o americano, o atlântico –, dando a algumas das palavras portuguesas aquele alongamento extraeuropeu que também se surpreende em suas principais manifestações de arte, de culto religioso, de liturgia social, esteticamente enriquecidas por uma estética da miscigenação que do plano biológico se estendesse ao sociológico.

De liturgia social porque a cortesia lusitana, da qual se deriva a brasileira, é também manuelina; é expressão, como a língua, de uma miscigenação estética; tem alguma coisa de zumbaia indiana a animar-lhe as curvaturas e os passos quase de *ballet* oriental; salamaleques, abraços, palmadas nas costas, exuberâncias asiáticas, floreiros e graças tropicais; um abuso de "vossa excelência", de "excelentíssimo senhor doutor", de "excelentíssimo senhor professor doutor", de "excelentíssima senhora dona", que são expressões arcaicamente europeias requentadas ao calor de um Oriente ainda até há pouco, amigo e até devoto dos títulos que consagrem nos homens seu saber ou sua erudição, como o de *Pandit*, na Índia; que exaltem suas posições oficiais, como o de rajá; que recordem suas superioridades sociais de mandarins ou de brâmanes.

E o que sucedeu a gestos e passos de cortesia sucedeu a palavras portuguesas ligadas ao comportamento das pessoas ou ao seu trajo ou ao seu conforto ou ao seu transporte ou à sua relação como o espaço físico ou social. Palavras que tendo ido ao Oriente – ao Médio e ao Extremo – ou ao Ultramar, com os primeiros ultramarinos, de lá voltaram à Europa, diferentes. Umas arredondadas, outras alongadas. Todas aumentadas pelo acréscimo de um novo sentido ou de um novo sabor ao europeu ou ao simplesmente hispano-árabe. Palavras como "grumete", "dengue", "saudade", "resgate", "casta", "sertão", "jasmim", "caravela", "alpendre", "bodum", "alpercata", "bodoque", "entrudo", "bailadeira', "gentio", "engenho", "bazar".

A estas palavras, acrescentam-se as trazidas das várias partes do Ultramar pelos indivíduos que regressavam a Portugal. Que regressavam não os mesmos homens só de aldeia ou só de Lisboa ou do Porto ou de Évora, mas outros homens, com novas solicitações, desejos, conhecimentos, sentimentos, experiências, a que correspondia um novo vocabulário e não apenas um novo modo de empregar velhas palavras. Muitas palavras orientais, africanas, americanas, tropicais foram incorporadas à língua que cedo teve que passar de reinol a imperial. De europeia a mundial. De lusitana a lusotropical. Que de súbito se tornou no Oriente e na África "língua franca". Daí terem-se acrescentado a palavras antigas as a princípio exóticas "caravana", "palanquim", "zumbaia", "tanga", "mandarim", "canja", "batuque", "caju", "azuago", "mandioca", "chocolate", "harém", "bambu", "quinino", "pagode", "chá", "rajá", "mameluco", "teteia", "caboclo", "sinhá", "iaiá", "bogari", "launim", depois tão portuguesas que, sem elas, o nosso idioma seria hoje um idioma manco.

Se estas palavras tornaram-se vivas na língua portuguesa e essenciais à expressão portuguesa, misturando-se às palavras latinas, acrescentando-se às hispano-árabes, combinando-se com elas, concorrendo, com hibridismos vigorosos, para a expansão de um novo edifício verbal e de uma nova estrutura de cultura – a lusotropical –, como imaginar alguém o homem português um homem simples e tranquilo, dentro de tanta contradição e de tanta ebulição? Como imaginar-se sua cultura – uma cultura ainda hoje a ferver de contradições não de todo aquietadas ou conciliadas – clinicamente repousante para o indivíduo cansado do ativismo americano ou do intelectualismo europeu? Esse edifício – ainda inacabado – e essa estrutura – ainda em formação – não teriam sido possíveis sem um ativismo e um intelectualismo tais da parte do português que o tornassem capaz de uma coragem única e até louca – suicida, mesmo – de dissolução; e de uma obra de amorosa assimilação do exótico que nenhum outro europeu realizou até hoje, igual ou sequer semelhante, nos trópicos. Mas para ter sido possível tanto arrojo experimental foi preciso ter havido o velho de Restelo a conter ou moderar excessos de aventureirismo.

Há, não há dúvida, alguma coisa de macio, de repousante, de mulher, na paisagem, na vida e na própria língua cheia de "inhos" do português. Daí esse coxim repousante que o Portugal das quintas e aldeias oferece às cabeças inquietas dos seus filhos pródigos e de estrangeiros também pródigos e inquietos como Beckford, que têm buscado refúgio num Portugal de rotina, de inércia, de repetição de velhos gestos ancestrais de semear, de lavrar, de dançar, de rezar aos santos, de rogar praga aos inimigos, com que nas aldeias e nos campos os portugueses mais obedientes do velho de Restelo defendem-se dos perigos da dissolução do seu passado e do seu caráter, na aventura ultramarina ou tropical.

Sem essa aventura e aquela rotina, não teria havido Portugal nem continuaria a haver hoje português sob tantas formas e sob tantas cores e em tão diversos espaços. Pelo gosto só da rotina, o português teria obedecido ao velho de Restelo e permanecido em Portugal um bom e passivo subeuropeu. Um subsuíço que em vez de relógios, bombons e leite condensado fabricasse seu vinho e enlatasse sua sardinha e seu azeite. Teria obtido nota alta em comportamento daqueles historiadores-moralistas do século XIX que julgaram tão severamente as aventuras – para eles, moralistas, loucuras – dos homens dos séculos XVI e XVII e do próprio século XVIII, como dom João V. Mas não teria semeado o que semeou pelas quatro partes do mundo. Nem estaria hoje apto a começar a colher o que semeou tão amorosa e às vezes tão boemiamente, mais através de suas aventuras que de política calculada ou sistemática – de "sistema" que se possa rigorosamente denominar "sistema português" de colonização – no Oriente, na África, na América, nas ilhas do Atlântico. De modo que, enquanto ingleses e holandeses, calculistas e metódicos, tendo semeado ventos de furor, e ao mesmo tempo de sistemática imperial por esses mesmos espaços, colhem hoje tempestades na Ásia e na África, o português é, no Oriente, em Moçambique, na Angola, na Guiné, em São Tomé, em Cabo Verde, na América, menos um povo imperialmente europeu que uma gente já ligada pelo sangue, pela cultura e pela vida a povos mestiços e extraeuropeus. Daí os próprios africanos dividirem os homens em "europeus", "africanos" e "portugueses", como eu próprio verifiquei em conversa com um preto do Congo Belga que me pediu dinheiro para – dizia ele em português, no meio do seu francês – "matar o bicho".

Aí está a força do português: sua principal condição de permanência num mundo como o dos trópicos e o do Oriente, que se deseuropeíza e repele os últimos jugos imperiais de europeus sobre suas populações de cor. O português não é, castiçamente, nem europeu nem imperial. À sua qualidade de europeu juntou-se de início sua condição de povo arabizado, israelitizado, orientalizado, predispondo-o a aventuras de amor sob o signo da chamada "Vênus fosca".

Permitiu-lhe a dualidade étnica e de cultura de sua formação confraternizar com os povos orientais, africanos, americanos que foi sujeitando ao seu domínio, através de uma superioridade de técnicas de guerra, de transporte, de comércio, de produção que representava confluência de técnicas diversas, vindas de culturas várias; e não exclusividade ou singularidade europeia de cultura. Porque esse povo, portador de um cristianismo às vezes militante e bravo na defesa ou no resguardo da pureza teológica desse mesmo cristianismo, nunca foi igualmente intransigente em sua ortodoxia de raça ou de cultura europeia. Sempre – ou quase sempre – mostrou-se disposto a transigir com esta ortodoxia – a de sangue, a de raça, a de cor –, embora mais de uma vez se tivesse extremado na defesa da outra – a mais abstrata: a da fé ou de doutrina teológica ou ritual católico. Defesa intransigente de ortodoxia católica que raramente incluiu com igual ardor a da moral cotidiana.

Os velhos versos populares

> A minha alma é só de Deus
> O corpo dou eu ao mar

bem poderiam ter sido alterados, à luz da experiência ou do comportamento português no Ultramar, para

> A minha alma é só do Cristo
> O corpo é do Ultramar.

E foi. O corpo do português tem sido quase sempre mais do Ultramar do que da Europa. Mais da África ou da Ásia do que do Minho ou das Beiras ou de Trás-os-Montes ou de alguma aldeia para onde sua velhice de rico e mesmo de nababo tantas vezes tem voltado, já incapaz de emprenhar mulher europeia ou de fazer filho europeu. Por mais cristãmente minhota ou trasmontana que se conserve sua alma, por mais fielmente devota que continue à Nossa Senhora de aldeia ou de vila que se habituara a adorar menino, seu corpo de macho vigoroso vem se multiplicando em corpos pardos, roxos, amarelos, morenos; em novas formas e novas cores de figura humana, no Oriente, nas Áfricas, na América; e a esses corpos vem comunicando sua qualidade de português ou transmitindo sua alma de cristão. Não os abandona nem os renega nem os despreza como a filhos de coito, social e teologicamente danado. Ao contrário: vem quase sempre sabendo amá-los e cristianizá-los e os batizando em nome do Padre, do Filho e do Espírito Santo como também vem cristianizando as mães africanas, asiáticas, ameríndias, por ele igualmente aportuguesadas, quase sempre, na alma e, até certo ponto, nos modos de adornar, vestir e tratar o corpo. O que se vem refletindo nas artes e na literatura dos povos assim, lusitanamente, integrados na civilização europeia e, principalmente, na cristã, sob o aspecto de consequências não só de interesse sociológico como de significação estética: através de uma verdadeira estética da miscigenação; de toda uma série de novas combinações, entre os homens e nas coisas, nas plantas e nos alimentos, de forma e de cor, de gesto e de ritmo, de aroma e de paladar.

ARTE, LITERATURA E SOCIOLOGIA: EM TORNO DO PROBLEMA DA INTERPRETAÇÃO DA VIDA E DA ARTE COMO FORMAS

Por que o estudo da sociologia, sob o aspecto de uma sociologia da arte, nas escolas de belas-artes? Ou o da sociologia da literatura nas faculdades de letras? Não viria tal estudo perturbar a autonomia do estudante de belas-artes como artista? Ou a do estudante de belas-letras – escritor em potencial?

É subentendendo-se a relativa independência do artista ou do escritor do que seja estritamente científico, imperialmente científico, que se sugere sua iniciação em estudos antropológicos e sociológicos. Particularmente numa sociologia da arte, num caso, da literatura, noutro, que o ponha em contato com o que há de sociológico na arte ou na literatura: nas suas formas. Pois se é certo que para alguns estudiosos de assuntos artísticos, em arte, a forma é o objeto principal de estudo, para outros tantos estudiosos de assuntos sociológicos, em sociologia, a forma social seria o objeto principal de consideração propriamente sociológica. Um ponto de contato nada desprezível.

Já noutro ensaio recordei aquele reparo de Focillon – no seu ensaio *Vie des Formes*: "O fato artístico e o fato social apresentam um caráter comum; um e outro são eminentemente formais e o método sociológico por excelência uma morfologia" – comentado pelo professor Roger Bastide; e ao qual se pode acrescentar o parecer de Frobenius de caberem tanto as formas de vida como as de arte no conceito lato de "estilo" ou de "contorno da existência". As formas de arte seriam uma parte das formas sociais. Mais: daquelas "formas orgânicas" que no seu *Growth and Form*, sir D'Arcy Thompson pretende não serem peculiares aos seres vivos, embora – pode-se talvez acrescentar a sir D'Arcy – se mostrem capazes de influir sobre os homens como seres sociais e como criadores de arte em que predominem retas ou curvas, cubos ou círculos.

É sob esse critério que se pode hoje considerar, dentro de um complexo de civilização transnacional, uma arte, também transnacional, como característica dessa civilização. E que deva ser estudada, não em separado, mas em conjunto, considerando-se a predominância das suas semelhanças sobre suas diferenças. Um estudo assim orientado nos levará a uma melhor compreensão e a uma mais exata interpretação da arte cusquenha do Peru em confronto com a do Aleijadinho no Brasil, por exemplo; da música de Villa-Lobos em confronto com a dos modernos compositores mexicanos; das igrejas antigas da Bahia em confronto com as de Goa e as de Lima. Isto por haver entre elas – entre as suas formas e mesmo entre as suas substâncias – relações especialíssimas de parentesco ecológico e, ao mesmo tempo, cultural. Afinidades particulares. Expressões de um sentido comum de vida. Inclusive de um sentido comum de beleza. Sob o aspecto de uma clara preferência por predominâncias de forma e de cor.

Um assunto muito discutido por filósofos e sociológicos é a relatividade da beleza sob a forma de obra de arte. Temos que admitir a distinção, estabelecida por Dessoir, entre "filosofia do belo" e "filosofia da arte".

É principalmente o que Dessoir chamava "filosofia da arte" – distinta da do "belo", na arte e na natureza – que se relaciona com a sociologia da arte, na consideração, por critérios diferentes, do lugar e da função da arte na experiência humana. Dessoir foi, neste particular, um adversário de Croce.

O assunto vem versado por Listowel, no seu *A Critical History of Modern Aesthetics*, do qual existe desde 1954 tradução espanhola sob o título: *Historia Crítica de la Estética Moderna*. Livro interessantíssimo.

De Max Dessoir – cuja residência em Berlim me lembro (pura recordação sem importância) ter visitado em 1931, apresentado a esse ilustre alemão, então já velho e no esplendor de sua glória, por um dos seus melhores amigos – saliente-se ter sido um crítico às vezes áspero do seu rival italiano, Benedetto Croce, a quem muito germanicamente negava valor como "pensador sistemático". É que lhe repugnava o "expressionismo" de Croce, isto é, a identificação, em arte, de "intuição" com "expressão"; e não sabendo sobrepor-se à ideia alemã de que fora da sistemática germânica não existe filosofia, principiava por negar ao italiano qualidades de filósofo, antes de combater seu "expressionismo".

No assunto, entretanto, não nos toca entrar nestas considerações em torno da relatividade de beleza, não tanto no campo especificamente crociano, de beleza intuída ao mesmo tempo que exprimida, como no daquelas obras de arte mais sujeitas, como exteriorizações de cultura – cultura no sentido sociológico de cultura – a influências socioculturais e ecológicas de ambiente; e nas quais se vêm definindo tipos e épocas de civilizações. Condicionadas por influências socioculturais e ecológicas, essas obras de arte constituem para alguns negação de uma "beleza natural" que a rigor não existiria desde que a natureza, sem o homem e sua visão artística ou cultural, das pessoas e das coisas, dos animais e das plantas, seria simplesmente aestética. Os valores estéticos seriam todos relativos. E a pressão social de caráter econômico que sofreriam as obras de arte chamada aolicada, obedeceria a normas que sir Herbert Llewellyn Smith chegou a denominar *the economics of air production*. Haveria uma "adequação" da obra de arte – arte aplicada – a condições econômicas do grupo apreciador e utilizador da mesma espécie de obra de arte e, através de custo de produção, de esforço e de materiais artísticos, por um lado, e de poder aquisitivo do referido grupo, por outro.

Não é preciso, entretanto, que se chegue a esse extremo do economismo para admitir-se a influência de meio físico, de condições étnicas e de ambiente sociocultural sobre o que, nas obras de arte – inclusive nas de literatura – do mesmo modo que na figura humana e na natureza, se considere beleza. Essa influência é suscetível de ser sociologicamente apreendida e identificada. À medida, porém, que o mundo se torna mais e mais um mundo de raças e culturas interpenetradas, a tendência é para a sua redução e para o aumento de uma universalização do sentido ou do conceito do belo.

O problema adquire atualidade no momento em que uma jovem japonesa é escolhida, como expressão de beleza feminina, miss Universo. As reações contra tal julgamento estão mínimas ao lado dos aplausos. Sinal de que para o Ocidente uma mulher bela, segundo o critério oriental de beleza feminina, já pode ser considerada uma mulher universalmente bela. O fato é significativo. Significativo quanto à crescente superação de certos particulares, relativos a formas e cores, por certos universais. Superação que, entretanto, tem limites como que ecológicos, difíceis de ser anulados por uma universalização de caráter apenas sociológico.

Há quem pense, como o professor Eliel Saarinen, no seu *Search for Form* (Nova York, 1950), que na busca de forma se exprime de modo mais característico a vitalidade de uma cultura; e por forma ele quer dizer forma artística. Sendo assim, há sinais de vitalidade nas modernas culturas lusotropicais: principalmente na brasileira. Na arquitetura, na arte de jardim, na pintura, na culinária, na própria literatura e não somente na música brasileira. Todas elas vêm buscando, nos últimos anos, formas que correspondem à integração de valores europeus com valores tropicais. Pois esses novos jogos de relações entre substâncias, à sombra de formas derivadas, várias delas, das clássicas, parece exigir não a destruição dessas formas, mas sua renovação: a sua recriação constante, persistente, ativa.

Para o professor Saarinen – voltando a esse moderno teórico da arte, cuja contribuição para a sociologia da arte me parece extremamente valiosa –, a busca de forma só é fecunda em resultados quando há criatividade, isto é, capacidade, além de desejo, gosto, alegria, de criar, da parte dos que a buscam. Ausente a criatividade, assim compreendida, do esforço artístico, a busca de forma se torna pura simulação, assemelhando-se à arte folclórica quando, de criadora em suas variantes de forma tradicional, e regional se amesquinha artisticamente, embora se engrandecendo comercialmente, em indústria de *souvenirs* feitos às vezes de encomenda por adventícios sensíveis apenas ao que há de mais exterior ou superficial, no pitoresco das regiões e de suas tradições populares. Exemplo expressivo dessa desvalorização da arte folclórica, dentro dos seus limites, criadora, pela atividade que se especializa no fabrico de *souvenirs* regionais, temo-lo sob nossos olhos: o exemplo oferecido pela arte popular de cerâmica em certos meios rurais de Pernambuco.

A arte é por alguns teóricos de arte definida como criação em espaço: definição que coincide com o critério regional e até regionalista de arte. Daí as formas de arte se alterarem com concepções humanas de espaço, não só físico como social, a concepção japonesa tendo produzido, por exemplo, o jardim japonês, caracterizado sociologicamente pela intimidade, e que é uma como miniatura de jardim, como lembra o professor Saarinen; enquanto a arte babilônica de jardim tendia ao jardim grandiosamente público, dentro de outra concepção de espaço, a qual se assemelharia à romana. É o professor Saarinen quem destaca da moderna concepção de espaço, dominante entre as sociedades civilizadas de hoje, que é uma concepção dinâmica, em contraste com a grega, a chinesa e a medieval, que eram estáticas, podendo-se acrescentar a esse analista de fenômenos de arte assim no tempo como no espaço, que as concepções romana e árabe marcaram zonas intermediárias entre a concepção estática e a dinâmica, que se refletem em manifestações de arte como a de aquedutos, a de pontes, a de adornos funcionais de cavalos e cavaleiros.

Se aplicarmos às civilizações que hoje se desenvolvem em áreas tropicais o conceito de relação de suas manifestações de arte com suas concepções de espaço, talvez cheguemos à conclusão de serem concepções antes dinâmicas que estáticas, de tal modo favoráveis se apresentam as condições tropicais de clima e de luz às artes que sejam extremamente plásticas. Se é certo que mesmo fora das áreas tropicais, se busca hoje o máximo de contato com a natureza e de exposição ao ar livre nas residências, por vir se acentuando uma concepção dinâmica de espaço sob o estímulo de vários fatores de ordem cultural em sua influência sobre a arquitetura, a pintura, a escultura – uma dessas influências sendo a crescente democratização social dos espaços – tal pendor só pode intensificar-se nos trópicos, favorecendo o desenvolvimento da arte dos jardins ligados a blocos de residências coletivas, a arte dos murais de azulejos no exterior dos edifícios, a arte das esculturas públicas, os concertos e as exposições de quadros ao ar livre, o teatro, as danças, os jogos artísticos também ao ar livre.

No sentido de virem concorrendo para uma dinamização de espaços que vem significando também a tendência para aos próprios espaços temperados se adaptarem, quanto possível, as relações do homem com a natureza, favorecidas pelo clima e pela luz tropicais através de artes glorificadoras desse clima e dessa luz, é que até artistas europeus dos últimos setenta ou oitenta anos podem ser classificados como paratropicais em suas concepções de espaço. Não só pintores como Gauguin, Degas, Van Gogh, como escritores: os dois Lawrence, Hudson, Rimbaud, Stevenson, Melville, Lafcadio Hearn, o próprio Conrad.

Já não pode ser dito hoje do inglês que do trópico só levou para a Inglaterra o gosto pelo banho, o pijama e um pouco de teosofismo. A Inglaterra sofre hoje, dentro dos mais sagrados dos seus muros, o impacto de artes tropicais que se exprimem num maior ou mais livre à vontade de trajo, num maior uso de cores vivas no trajo e na decoração das casas, num maior gosto pelas aventuras do paladar em torno de quitutes tropicais, possíveis agora em numerosos lugares tanto de Londres como de Nova York, Amsterdã, Paris. Também num maior gosto por músicas e danças dionisiacamente tropicais.

Talvez não esteja longe o dia de se tornar Londres um novo centro de modas masculinas, dentro de sua já tradicional predominância nessa arte: centro de modas masculinas para os trópicos. A concepção de espaço da parte do inglês vem se tornando crescentemente dinâmica, à proporção que seu etnocentrismo estático vem declinando. Ele já não é hoje o europeu para quem o único espaço verdadeiramente civilizado era o constituído pelas ilhas britânicas, física, social e culturalmente. Admitindo outras civilizações, começa a admitir que dos trópicos venham até ele valores de cultura, inclusive valores de arte, que possam combinar-se com seus anglicismos. Nessa atitude é que o precedeu o português ou hispano. Dessa atitude é que o brasileiro pode considerar-se herdeiro de uma tradição hispânica, particularmente favorável ao desenvolvimento, no Brasil, de um conjunto de artes que, sendo europeias, sejam também tropicais, através de novas combinações de formas e de cores. Inclusive com relação ao trajo.

Já existe tentativa, nesse sentido. Mas tentativa isolada, aventurosa, romântica, de um paulista que talvez seja o único paulista de hoje com alguma coisa de genial: o maior dos paulistas pela visão, pela sensibilidade, pela cultura artística. Refiro-me a Flávio de Carvalho. O fato de conservar-se ele até hoje figura um tanto cômica e até ridícula aos olhos dos brasileiros, mostra que é difícil ao pioneiro, ao renovador, ao experimentador, evitar o ridículo, quando aparece isolado e só. Não o evitou Villa-Lobos, quando sua música brasileira, impregnada ora de ternura, ora de violência tropical, primeiro feriu ouvidos convencionalmente europeus. Não o evitaram Cândido Portinari e Cícero Dias quando das primeiras exposições de suas pinturas. Se dele escaparam Lúcio Costa e Oscar Niemeyer, é que seus arrojos apareceram sob proteção oficial: a do ministro Gustavo Capanema. É que está faltando a Flávio de Carvalho: um Gustavo Capanema à sombra de cujo prestígio oficial se sistematizem seus esforços de renovador artístico e científico do trajo do homem civilizado, conforme exigências do meio tropical.

Um Gustavo Capanema que também prestigiasse o estudo, por brasileiro, de formas africanas de danças completadas por preferências africanas de cor, em seus *ballets* rústicos, assim como de formas ameríndias de danças, que nos permitisse desenvolver, no Brasil, sobre bases mais sólidas que as apenas intuitivas, um estilo brasileiro de *ballet* necessariamente ligado àquelas duas influências; e não apenas à ibérica, sob vários aspectos, decisiva. Foi o que Serge Lifar pretendeu realizar em 1939 em colaboração comigo; e tendo João Alberto como seu patrono. Assunto pelo qual conservo até hoje um particular interesse.

Em algumas das fotografias que eu trouxe de uma longa viagem de estudo ao Oriente e à África, estão flagrantes de danças dionisíacas que, em certos grupos étnico-culturais da Guiné, que tive a oportunidade de visitar, são, como entre os manjacos, danças de adolescentes. Esses adolescentes também se dão a jogos-danças com alguma coisa de capoeiragem na sua violência; e a extremos de tatuagem de ventre nas mulheres entre meninas e moças.

Foi-me dito dos adolescentes desse grupo, na Guiné, que, assim dionisíacos, quando reprimidos nas suas danças e jogos-danças violentos, extremavam-se em aventuras noturnas em que o roubo de gado e o rapto de mulheres e o próprio homicídio de indivíduos de outros grupos não eram raros. Por conseguinte, mocidade transviada. Já os mancebos de outros grupos tendem a ser apolíneos nas suas danças como nas suas artes; e os fulos, ao que parece, intermediários entre esses extremos. O mesmo é certo de saracoles e mandingas, cujo comportamento mais apolíneo que dionisíaco parece estar associado a seus trajos islamizados.

Entre os fulos, da Guiné, há figuras de dançarinos individuais semelhantes aos nossos palhaços de circo pela sua habilidade em momices e caretas. Mais apolíneos que dionisíacos se revelam outros indígenas africanos de grupos étnico-culturais que visitei, como os de Huíla, na Angola. Mas é característico ser o comportamento apolíneo ou a expressão apolínea nas artes mais evidente em grupos orientais, principalmente hindus – como os que visitei, tendo também os ouvidos cantar, dançar e rezar nos seus pagodes. Na Índia há um contraste com essa tendência apolínea da parte dos hindus no abuso dionisíaco de foguetes, bombas como as nossas, de São João, fogos de artifício. São expressões dionisíacas muito das suas festas, sob outros aspectos, apolíneas. É notório o apuro na arte dos fogos de artifício entre certos orientais, neste particular seguidos, hoje, por portugueses e brasileiros.

É curioso verificar-se que certos orientalismos foram adotados pelos portugueses pelas suas formas, cores ou expressões apenas artísticas: quase sem os seus significados religiosos ou mágicos ou especificamente sociais: o de definição de castas rígidas, por exemplo. Além dos fogos de artifício, foram adotados os dragões de pedra ou de louça nos portões de chácaras para guarda ou resguardo das casas contra os espíritos maus, as plantas, empregadas com os mesmos fins magicamente profiláticos em jarros ou umbrais de jardim (que na Índia, institucionalizados como arte religiosa e doméstica, se encontram tanto nas casas nobres como à frente dos simples mucambos), os palanquins ou machilas, que outrora definiam, entre hindus, pessoas de casta alta, e alguns dos quais, abertos – os suriapanos – tinham alguma coisa da nossa rede de transporte, que foi pelos portugueses introduzida, para esse fim, na Angola, com as formas brasileiras, mas sem a simbologia brasileira de cores.

Interessante será o estudo do novo tratamento artístico que a rede, levada pelo português do Brasil para a África, recebeu de mãos africanas, como interessante é observar-se como certas formas cristãs de arte, ligadas aos símbolos máximos do catolicismo, receberam, ou vêm recebendo, no Oriente e na África, um tratamento artístico através do qual se nota a tendência para essas formas se harmonizarem com artes tradicionalmente ligadas à vida, à cultura, à ecologia orientais e africanas. Viajando pelo Oriente e pela África, minha atenção fixou-se em vários desses casos de transculturação.

No convento de São Francisco de Assis, de Goa, mostrou-me o cônego Costa, no museu lapidário que ali existe, um conjunto de esculturas cuja base é uma figura nua de feitio oriental, sobre a qual se apoia a Família Sagrada vestida. Vi um altar indonésio no qual só o símbolo da cruz é, como arte simbólica, adventício: tudo o mais é arte oriental antiga adaptada a uma nova função. O mesmo é certo de alguns dos paramentos de culto católico, bordados a ouro, que vi na basílica da chamada Velha Goa, com arabescos orientais decorando símbolos católico-romanos.

O que, entretanto, me impressionou particularmente foi o gosto da parte de artistas africanos e orientais em tratarem o Cristo crucificado como um mártir ou Deus sempre sofredor, sempre nu e de tanga, identificado mais com eles, homens nus, sofredores e de tanga, em sua maioria, do que com os europeus ou ocidentais, tantas vezes opressores de nativos ou de gente de cor. O que se nota também num Cristo do Amazonas, admiravelmente ecológico, que figurou na Exposição de Arte Sacra de Lisboa em 1951.

O mesmo se nota numa Nossa Senhora esculpida em Timor, que vi na mesma exposição: nua da cintura para cima, os peitos livremente de fora, com o Menino Jesus nu nos braços. Veem-se no Oriente numerosos santos católicos, de marfim, esculpidos por artistas orientais, em trajos orientais; e até Nossas Senhoras, como a indo-portuguesa do século XVII, pertencente ao conde de Nova Goa, surgem-nos em trajos orientais e com o aspecto de mulheres do Oriente.

Diante dessa tendência, saudavelmente cristã, da parte de artistas orientais e africanos para com imagens ou símbolos de um sagrado que do plano etnocêntrico deve ser elevado o mais possível ao cristocêntrico, é de estranhar que, no Brasil, país de população em grande parte, se não mestiça, morena, artistas como mestre Cândido Portinari insistam em só pintar Cristos, Nossas Senhoras e anjos, louros, ruivos, alvos, nórdicos, caucásicos. Temos, é certo, os nossos louros – tantos deles, brasileiríssimos. Eles têm direito a aparecer na nossa arte e em nossa literatura, as louras a vencer concursos de beleza e a merecer versos apologéticos, os louros a figurar entre os brasileiros mais elegantes, sob a forma de heróis de romances ou de torneios esportivos. Nada, porém, de, na arte sacra – ou em qualquer outra arte – desprezarmos os morenos, para nos fecharmos numa representação exclusivamente arianista do sagrado, como se o próprio Deus dos cristão devesse ser sempre um Senhor alvo e louro; e não um Deus ao mesmo tempo branco e preto, alvo e moreno, louro e amarelo.

Este é ponto a ser considerado cuidadosamente pela sociologia da arte ou da literatura que pretenda ser uma ciência esclarecedora de suas relações com o sagrado e com o humano, com a cultura e com a natureza. Principalmente em países, como o Brasil, situados inteira ou quase inteiramente em espaços tropicais; e povoados, em grande parte, por gente mestiça cujas formas e cujas cores e cujas preferências por formas e cores nem sempre correspondem – nem precisam de corresponder – às consagradas pelos clássicos europeus.

A LÍNGUA PORTUGUESA: ASPECTOS DE SUA UNIDADE E DE SUA PLURALIDADE NOS TRÓPICOS

Há uma sociologia da linguagem que me dei já ao luxo intelectual de invocar no próprio parlamento brasileiro, quando ali se discutiu, no meu tempo de deputado, com menos ciência que veemência, o problema da chamada "língua brasileira". Era eu então deputado por Pernambuco, não pela vontade de qualquer partido político, mas por imposição da mocidade universitária. Por conseguinte, com responsabilidades especialíssimas de ordem intelectual, dentro daquela casa de representação nacional. Não tinha o direito de, nem de leve, resvalar para a demagogia, em assuntos relacionados com a dignidade intelectual do Brasil, como é o problema da definição sociológica de sua língua: a portuguesa, que é hoje também a língua de milhões de outros indivíduos, espalhados em áreas, tanto como a brasileira, portuguesas nas formas mais características da sua cultura. Áreas quase todas tropicais. E as áreas tropicais, sabemos estarem atualmente em foco pelas suas possibilidades de desenvolvimento econômico, ao lado dos obstáculos que oferecem à civilização, isto é, a civilização puramente europeia. É um aspecto do assunto – o ser hoje a língua portuguesa a língua de um considerável conjunto de populações de cultura predominantemente lusitana espalhadas em áreas principalmente tropicais – que lamento não ter sido considerado pelo erudito Barbosa Lima Sobrinho, no sugestivo ensaio que acaba de publicar sobre problema tão complexo.

O fato de virem se desenvolvendo no Brasil, como em partes do Oriente e da África marcadas pela presença portuguesa, valores a que nenhum sociólogo ou antropólogo objetivo negaria a qualidade de civilizados, parece mostrar que não há incompatibilidade entre civilização e trópico. E aspecto particularmente expressivo dessa crescente consolidação de valores civilizados – embora de modo algum ortodoxamente europeus: nem tal coisa se compreenderia senão como obra-prima de artifício sociológico – nas áreas tropicais marcadas por aquela presença, é a também notável expansão da língua portuguesa, como a língua conveniente, e até talvez se deva dizer, essencial, às populações tropicais das mesmas áreas; como língua geral ou supranacional das populações dessas áreas, sem prejuízo da conservação, para fins particulares, das suas sublínguas regionais ou tribais.

É uma língua, a portuguesa, que já se tornou a de toda uma vasta comunidade – a lusotropical – com características que a vêm destacando cada dia mais das línguas simplesmente neolatinas, pela crescente tropicalização de suas vozes, dos seus sons, do seu modo de corresponder a estilos e a conveniências próprias de populações de várias origens étnicas e culturais integradas em países quentes, dentro das normas de interpenetração ou de tolerância que tornam possível uma *pax* lusitana, diferente da romana e principalmente da britânica.

É de um livro recentíssimo publicado em Paris e obra do professor Marcel Cohen – *Pour une Sociologie du Langage* – esta caracterização sociológica de língua: "(...) *on parle de* langue *pour le langage d'un grand tout qui sent sa cohérence en regard de l'étranger* (...)". Precisamente o caso da língua portuguesa como língua hoje binacional de um grupo de povos – os que formam o complexo lusotropical de civilização – em relação com os estrangeiros. Sendo assim não se compreende movimento algum no sentido de amesquinhar-se língua assim geral, partindo-se a língua portuguesa em duas, três ou quatro sublínguas: uma delas a que se denominasse brasileira.

Que haja diversidade dentro da língua portuguesa, compreende-se. Semelhante diversidade é própria de toda língua falada por milhões em áreas nem sempre contíguas. E neste particular é vasta a matéria – problemas ao mesmo tempo linguísticos e sociológicos – que se oferece à análise daqueles que, dentro da sociologia, se especializam em estudos de sociologia da linguagem. Daí a importância atribuída por pioneiros desses estudos, como o professor Cohen, às influências da "vida social" sobre os "fatos linguísticos"; e eu acrescentaria ao professor Cohen, se tivesse autoridade para tanto, que dentre essas influências deveriam talvez ser destacadas, pelo seu caráter específico, as que denominaria regionalmente condicionadas. Assim, não o clima em si, mas o modo social de vida condicionado por este ou aquele tipo de clima pode ter sobre a língua falada por populações situadas em clima muito frio ou muito quente repercussões nada desprezíveis: assunto a que os linguistas vêm fazendo referências em numerosos trabalhos, mas não parece ter sido até agora considerado, por antropólogo cultural ou sociólogo, do ponto de vista particularmente sociológico do que se poderia chamar uma ecologia sociocultural da linguagem. Estudos a que não poderiam conservar-se alheios os analistas que se ocupam com os problemas de estética da linguagem.

De tal ponto de vista se aproxima, é certo, H. L. Koppelmann, citado pelo professor Cohen, que recorda a interessantíssima classificação daquele mestre, de linguagens, segundo condições materiais de existência humana em sociedade: as "línguas confidenciais", de sons discretos, impostas pela existência em casas demasiadamente próximas umas das outras; as "línguas de interior", faladas desassombradamente no interior de casas de paredes grossas; e as línguas faladas ao ar livre, como em geral a dos pescadores; e quase sempre caracterizada pela predominância de vogais.

A esta última classe talvez devesse ser filiada, pelas suas predominâncias de caráter ecológico-social, a língua portuguesa: predominâncias que teriam sido fornecidas de início pelos contatos da população lusitana com o mar; depois pela sua expansão principalmente em áreas ou espaços tropicais, propícios aos sons indiscretos, às vogais escancaradas, talvez aos próprios "ãos". É assunto que está a pedir estudo especializado em que à pesquisa linguística se junte a sociológica ou antropológica, ambas sob critério ecológico. Ou seja: sob o critério de considerar-se o que nas constantes da língua portuguesa em diferentes áreas – quase todas tropicais – tem sido a ação do trópico, não por si, mas através dos modos regionais ou ecológicos de vida ou de existência ou coexistência que vem favorecendo.

Na reunião de 1957 do Instituto Internacional de Civilizações Diferentes – consagrada à consideração e ao estudo de problemas de pluralismo étnico e cultural –, um dos assuntos versados pelos membros do instituto foi o das línguas em relação com a coexistência de duas ou mais culturas e etnias, dentro de uma nação ou de uma comunidade. E neste ponto foi-me possível destacar naquele conclave de sábios, da língua portuguesa, que, no Brasil, tendo atravessado um período de coexistência com a tupi, terminou por ser a única língua pré-nacional, antes de ser a nacional, sem que o tupi tivesse sido atingido por opressão étnica ou cultural, caracterizada pela violência sistemática. O que se verificou foi a generalização, nos Brasis, da língua portuguesa pela conveniência geral das várias populações da América colonizada por portugueses; e essa conveniência devida àquela superioridade a que se referiu uma vez Unamuno com relação a valores que de regionais se tornam nacionais. O caso da língua castelhana na Espanha.

Unamuno sustentava haver entre as populações regionais, inclusive no tocante às suas sublínguas, superioridades e inferioridades *"parciales respectivas"*. E sem ser castelhano, reconhecia *"la superioridad de la lengua castellana sobre el vascuence, como instrumento cultural (...)"*. É que desejava que seu *"pueblo vasco"* se assenhoreasse de tal modo da "língua castelhana" que pudesse vir a *"influir en el alma de los pueblos todos de lengua castellana, y mediante ellos en el alma universal"*. Acerca do que não deixou de lembrar exemplo muito expressivo: *"Es un hecho sabido que el poeta que pasa por el mas genuino representante del alma escocesa, Burns, no cantó en el dialecto de los antiguos escoceses, dialecto que en las montañas de Escocia agoniza, sino en un dialecto escocés de la lengua inglesa"*.

Por meio da língua portuguesa e através dos Gonçalves Dias e dos José de Alencar é que se manifestou a presença, na literatura romântica neolatina, daquela parte mais ameríndia da população brasileira que, pelo gosto de alguns indianófilos, deveria ter feito da língua tupi sua própria língua literária. Houvesse se verificado tal persistência do tupi entre nós, brasileiros, e essa sua literatura teria se extremado em simples curiosidade. A tendência que prevaleceu, de absorção do tupi pela língua portuguesa, sem que esta tivesse deixado de acolher um número considerável de indianismos, parece ter sido a melhor solução cultural para o Brasil, onde a língua portuguesa vem se enriquecendo com numerosas outras infiltrações: a africana, a italiana, a alemã, a síria, a polonesa. Talvez exista um linguajar de descendentes de alemães no Rio Grande do Sul que se prestasse a uma tentativa joyciana de língua literária teuto-brasileira, através de experimentos de estética linguística que fossem ali empreendidos por um novo Guimarães Rosa. Mas experimentos de alcance mínimo no Brasil e fora do Brasil. O natural é que aconteça em países como o Brasil, em que a língua nacional – a portuguesa – é uma língua plástica, que não se fecha a infiltrações saudáveis. Daí os Meyer, os Moog, os Menotti, os Bopp, os Grieco virem se exprimindo em língua brasileiramente portuguesa, à qual vêm acrescentando sua experiência regional de filhos de alemães e italianos. Mas filhos de alemães e de italianos integrados num ideal de vida e de convivência, desenvolvido pelo português em contato íntimo com o trópico: com a sua natureza; com suas populações. Antes plástico que hierático esse europeu menos etnocêntrico que todos os outros europeus nos seus modos de tratar com não europeus, tem sabido realizar obra notável de integração da sua civilização com as culturas em vigor entre as populações não europeias, já senhoras de muitos mistérios da natureza tropical. Esse domínio cultural do homem sobre a natureza diferente da europeia se fez através de uma língua em que a natureza estranha passou a ser definida, caracterizada e até interpretada de modo vivo e às vezes exato, graças a considerável assimilação de indianismos pela língua dos adventícios: os portugueses e seus descendentes nascidos nos vários Brasis. E essa assimilação, com resultados de caráter estético que só têm feito enriquecer a língua portuguesa, como língua literária.

Quando me refiro ao ideal de vida desenvolvido pelo português em contato assim íntimo com o trópico, não posso esquecer-me das páginas recentes em que um intelectual português residente há anos no Brasil – o professor Agostinho da Silva – sugere que, a partir do século XVII, começou a haver, no Brasil, para muitos portugueses, um "Portugal ideal" em contraste com o "Portugal real". São páginas merecedoras da melhor atenção brasileira, as que o autor de *Reflexão à Margem da Literatura Portuguesa* consagra a esses dois Portugais, dos quais o "Portugal ideal" teria se desenvolvido principalmente no Brasil, com Antônio Vieira e Alexandre de Gusmão, com Pero Vaz e Pero Lopes. Poderia ter acentuado o erudito português que com a mística ou a política desse "Portugal ideal" desenvolveu-se nos Brasis – ou no Brasil – uma língua portuguesa que se abriu, como talvez nenhuma outra, das europeias, ao "*saber de experiência feito*" de não europeus já integrados em espaços e ambientes tropicais. E aqui me encontro de novo em assunto hoje de minha predileção que é o de ter a civilização portuguesa deixado de ser apenas europeia, primeiro sob a sugestão, depois sob o impacto, do trópico: impacto que vem atingindo em cheio a língua portuguesa. Inclusive a sua estética. Sua forma. Suas predominâncias de formas e até de cores.

Deve ser destacado o fato de que ultimamente vêm aparecendo em nosso país trabalhos de jovens pesquisadores voltados para problemas de sociologia da linguagem. Dois desses trabalhos constam do nº 1 (1957) dos *Estudos de Sociologia*, publicação da Faculdade de Ciências Econômicas da Universidade de Minas Gerais, e intitulam-se, um, "Notas sobre a Sociologia da Linguagem", de Carlos

Pinto Correia, outro, "Símbolo e Sinal. Linguagem", de Roberto Carvalho Matos. No primeiro refere-se o pesquisador ao "regionalismo mineiro" – que é atualmente, em literatura, com o escritor Guimarães Rosa, o mais vivo criador dos regionalismos brasileiros e aquele que melhor ilustra o fato de ser o regionalismo no Brasil uma força ainda em plena expansão – como "dos mais típicos", dentro do "contexto brasileiro", do ponto de vista da sociologia da linguagem. Destaca a obra, na verdade admirável, do mesmo Guimarães Rosa como "um testemunho não só das particularidades vocabulares dos mineiros, como ainda dos sistemas de vida e estruturação das sociedades rurais de Minas" para admitir, mais adiante, ser "importante fator de influência nos estados do Sul" – isto é, de influência sobre a língua e a literatura – "a imigração"; e recorda a esse respeito expressiva página de Mário de Andrade, à qual bem poderia ter acrescentado testemunho ainda mais expressivo: o de Antônio de Alcântara Machado.

Interessante trabalho, na verdade, o iniciado pelo jovem pesquisador mineiro a quem ouso lembrar a conveniência de continuar suas investigações, deslocando a área de variações regionais de língua e de expressão literária, do simples "contexto brasileiro" para o lusotropical; e acrescentando aos fatores de influência, a vizinhança de povos de outras línguas ou o impacto atual da língua inglesa sobre a portuguesa, não só no Oriente e na África, como na América, isto é, no Brasil. É sugestão que ouso também fazer aos jovens baianos que, em instituto ligado à Universidade da Bahia, se voltam com crescente entusiasmo para o estudo filológico dos problemas de língua e literatura portuguesa, ao qual tantas vezes é conveniente acrescentar-se o estudo sociológico; e, à base deste, o estudo da estética da língua lusotropical que é a portuguesa, do Brasil, do Oriente e da África portuguesa.

Pois é evidente que a linguagem daqueles escritores de hoje que, sendo brasileiros e até internacionais na sua repercussão, são também regionais nos seus ambientes e nas fontes de sua arte de expressão – o caso de um Guimarães Rosa depois de ter sido o de um José Lins do Rego, o caso de um Mário Palmério depois de ter sido o de um Afonso Arinos 1º, o caso de um Érico Veríssimo depois de ter sido o de um Simões Lopes Neto, o caso de um Jorge Amado depois de ter sido o de um Aluísio Azevedo – precisa de ser estudado pelo filólogo e considerado pelo esteta, com o auxílio do sociólogo. Através da linguagem deles e da de outros escritores como Monteiro Lobato, Rachel de Queiroz, Carlos Drummond de Andrade – um Drummond que, sem ser escritor de ficção, vem se afirmando, ao lado de Gilberto Amado, um dos maiores prosadores brasileiros dos nossos dias e, na verdade, de todos os tempos – é possível que se chegue à conclusão de ter se processado no português do Brasil, em relação com o de Portugal, "ruralização" semelhante à *"ruralisación"* observada pelo professor Amado Alonso no espanhol da América em relação com o da Espanha: tese que vem defendida por esse mestre admirável em El Problema de la Lengua en América. Essa ruralização, se ocorreu no Brasil, teria se verificado dentro da influência atribuída por alguns de nós ao complexo sociocultural "casa-grande & senzala", na formação do brasileiro: inclusive na sua formação linguística.

Por aí se explicaria a erupção, naqueles escritores mais expressivamente brasileiros – ainda agora, em Guimarães Rosa – do que o professor Amado Alonso, tratando do espanhol da América, considerava "rasgos arcaicos", em relação com o espanhol que se urbanizou ou poliu na Europa. É que na sociedade rural do Brasil – nas suas várias ilhas socioculturais – teria se conservado dos colonizadores dos séculos XVI e XVII um português que se tornou "arcaico" para as áreas urbanizadas, quer de Portugal, quer do Brasil; mas que, através de escritores que culminaram em Euclides da Cunha, depois de terem se antecipado em Antônio Vieira e, principalmente, em José de Alencar, se vem valorizando numa prosa de eruditos com alguma coisa de telúricos: num português mais brasileiro, isto é, mais ligado a experiências especificamente brasileiras, que o desde aqueles séculos em processo de evolução urbana, acadêmica, europeia. Ou subeuropeia: o caso da prosa de brasileiros excessivamente acadêmicos e, ao mesmo tempo, urbanos, no seu modo livrescamente castiço e quase sempre artificial de escrever a língua portuguesa. O caso de toda uma legião de escritores corretos, mas sem vigor telúrico, no nosso país: escritores nos nossos dias representados por um Tristão da Cunha, correto ao extremo do requinte, mas inexpressivo do ponto de vista da expressão de uma terra ou de um ambiente não só extraeuropeu como tropical.

Do extremo de urbanização escapou, no Brasil, o urbanista Machado de Assis pelo que havia nele de genial: o gênio de escritor abriu os ouvidos desse carioca não de todo típico no seu modo de ser urbanista a vozes vindas das províncias, das serras, das fazendas. Em livro recente, *Ao Redor de Machado de Assis*, o escritor

Magalhães Júnior lembra, no capítulo "Machado de Assis e os Clássicos Portugueses", ter sido Machado quem introduziu, na língua portuguesa e na literatura brasileira, a palavra "caipora"; e ainda quem pediu um lugar no nosso léxico para o vocábulo "paternalismo" – tão sobrecarregado (pode qualquer de nós acrescentar ao escritor Magalhães Júnior) de sugestões rurais e ao mesmo tempo patriarcais. Além do que, o português de Machado está salpicado de outros brasileirismos rurais como "iaiá" e "mecê".

Daí ser um português, o do autor de *Quincas Borba*, de certa maneira colorido por influências brasileiras, direta ou indiretamente rurais e provincianas. Sua própria matéria dramática, retirou-a Machado de um Brasil escravocrático e patriarcal; e por conseguinte rural e provinciano nas bases do seu sistema de convivência, tendo a "corte" por simples cúpula.

Cúpula, inclusive, do seu sistema de comunicação verbal: da sua língua desenvolvida em português do Brasil mais nos campos que nas capitais. Mais nos vários Brasis rurais – pastoris e sobretudo agrários – que no por muito tempo relativamente tênue Brasil urbano: o representado a princípio pela capital da Bahia – a cidade do padre Antônio Vieira e, depois, de Rui Barbosa – e de certa altura em diante, pelo Rio de Janeiro – a cidade de Machado de Assis; e por algum tempo, no plano especificamente cultural, pelo Recife: a cidade de Joaquim Nabuco.

Cidades – todas essas – constantemente influenciadas pelos sistemas rurais – o nacional ou os regionais – de convivência e de cultura, de que foram metrópoles antes condicionadas, do que imperiais. De modo que de tais sistemas rurais desceram sobre as cidades, suas metrópoles regionalmente condicionadas, sucessivas ondas de ruralização da língua portuguesa: da própria língua. Guimarães Rosa, com todos os seus arrojos experimentais, continua, neste particular, José de Alencar e Afonso Arinos; Simões Lopes e José Lins do Rego; Monteiro Lobato e Alcides Maia; José Américo de Almeida, Rachel de Queiroz e Jorge Amado.[1]

---

[1] Algumas das sugestões, aqui esboçadas, foram apresentadas pelo autor aos estudantes de língua e literatura portuguesas da Universidade da Bahia, em conferência proferida em novembro de 1957, a convite do professor Hélio Simões, no Instituto de Estudos Portugueses da mesma universidade; outras, em conferência proferida em maio de 1959, na Universidade do Brasil, sob a presidência do reitor Pedro Calmon.

O *DIÁRIO ÍNTIMO* DE LIMA BARRETO[1]

Meu amigo, o crítico Francisco de Assis Barbosa – a quem se deve uma biografia de Lima Barreto que é também excelente retrato do Rio de Janeiro mais ligado à vida de desajustado dolorosamente vivida pelo autor de *Policarpo Quaresma* –, pede-me algumas palavras de introdução para o *Diário Íntimo* deixado por esse homem do trópico com alguma coisa de russo dos gelos em sua vocação de escritor de romances ao mesmo tempo sociais e introspectivos. Aqueles romances em que os sofrimentos do autor se confundem com os dos personagens.

Justifica o crítico seu pedido com a alegação de vir eu concorrendo para o que chama a "valorização" em nossa literatura – não só nas belas-letras como nas outras: nas feias, mas às vezes fortemente literárias, isto é, a literatura vinda da sociologia, da antropologia ou da história – dos diários íntimos, das memórias confidenciais, das autobiografias ou confissões corajosamente indiscretas. E lembra o que considera minha responsabilidade direta na publicação do *Diário Íntimo* do engenheiro francês Louis Léger Vauthier, das *Memórias de um Senhor de Engenho*, de Júlio Belo, das *Memórias de um Cavalcanti*, de Félix Cavalcante de Albuquerque e Melo; e indireta, no aparecimento de várias outras páginas do mesmo sabor, entre elas as *Memórias*, de Oliveira Lima, e o próprio *Menino do Engenho*, seguido de *Doidinho*, de José Lins do Rego. Pois foi realmente sob estímulo meu que o escritor José Lins do Rego voltou-se para seu passado íntimo de menino, para suas aventuras de adolescentes. Assunto – a evocação e análise não de uma meninice só, mas de várias, que constituíssem sob a forma de verdade simbólica, a meninice brasileira – que eu próprio pretendi versar num livro que fosse uma "história da vida de menino no Brasil"; e que foi um propósito secreto só revelado a dois ou três amigos, um deles o poeta Manuel Bandeira.

Não escrevi esse livro que sonhei escrever e para o qual cheguei a reunir muito material colhido em arquivos e bibliotecas. Escreveu-o a seu modo e magnificamente o meu querido José Lins, através de processo também muito seu de autobiografia disfarçada e às vezes deformada em romance.

---
[1] Introdução ao *Diário Íntimo* (na edição das *Obras Completas* de Lima Barreto, dirigida por Francisco de Assis Barbosa). São Paulo, Brasiliense, 1956.

Em compensação verifico pelo *Diário Íntimo*, de Lima Barreto, que escrevi a meu modo o livro que ele mais desejou escrever, segundo apontamento de 1903 com que abre o mesmo diário, só agora publicado: "No futuro escreverei a história da escravidão negra no Brasil e sua influência na nossa nacionalidade". Ideia que vem mais tarde especificada:

> (...) registro aqui uma ideia que me está perseguindo. Pretendo fazer um romance em que se descrevam a vida e o trabalho dos negros numa fazenda. Será uma espécie de *Germinal* negro com mais psicologia especial e maior sopro de epopeia. Animaria um drama sombrio, trágico e misterioso como os do tempo da escravidão. Como exija pesquisa variada de impressões e eu queira que esse livro seja, se eu puder ter uma, a minha obra-prima, adiá-lo-ei para mais tarde. Temo muito pôr em papel impresso a minha literatura. Essas ideias que me perseguem de pintar e fazer viver a vida escrava com os processos modernos do romance e o grande amor que me inspira – pudera! – a gente negra, virá, eu prevejo, trazer-me amargos dissabores, descomposturas que não sei se poderei me pôr acima delas. Enfim, "*une grande vie est une pensée de la jeunesse réalisé par l'âge mûr*", mas até lá, meu Deus, que de amarguras! que de decepções! Ah! Se eu alcanço realizar essa ideia, que glória também! Enorme, extraordinária e – quem sabe? – uma fama europeia.

E muito caracteristicamente: "Se eu conseguir ler esta nota daqui a vinte anos satisfeito, terei orgulho de viver! Deus me ajude!".

Não realizou Lima Barreto, de modo específico, seu sonho de "obra-prima", nem sob a forma de história, como a princípio pretendeu, nem sob o aspecto de romance em que depois desejou adoçar aquela tarefa na verdade áspera. E talvez lhe faltasse sistema de estudo ou critério de pesquisa que lhe permitisse elaborar livro tão difícil e complexo, como uma história da escravidão entre nós, certas como são as palavras do inglês Whitehead sobre as relações da imaginação criadora com o conhecimento sistemático dos fatos: "*Fools act on imagination without knowledge; pedants act on knowledge without imagination*". Pelo que parecia ao grande filósofo moderno e professor das Universidades de Cambridge e Harvard que a função das universidades era unir nos homens "imaginação" e "experiência" sob forma, quanto possível, sistemática.

A Lima Barreto faltou formação universitária ou seu justo equivalente: o conhecimento que reuniu sobre os assuntos de sua predileção vê-se pelo seu diário íntimo que foi um saber desordenado e como ele próprio boêmio. No romancista mulato o poder de observação dos fatos era quase sempre agudo; mas quase nenhuma sua assimilação desses fatos em saber sistemático. E só o que os ingleses chamam *"imaginative grasp"* não basta para que um historiador realize obra de reconstrução imaginativa que precise de basear-se, como o ensaio histórico, sobre o conhecimento dos fatos. Do mesmo modo que este conhecimento puro, sem aquela penetração nos alongamentos psicológicos que dão aos fatos sua realidade mais viva e mais íntima, não basta para dar às páginas do pesquisador de um passado ou às do analista de uma atualidade social, a vitalidade que as faça sobreviver em história ou viver em síntese, vida diferente dos livros ou ensaios da simples documentação: a história ou a sociologia ou a antropologia que é também literatura, como entre nós o Velho Senado (evocado por Machado de Assis em um dos seus momentos de historiador como que perfeito); o dom João VI reconstituído por Oliveira Lima; o Maçangana revivido por Joaquim Nabuco; a Rondônia imortalizada por mestre Roquette-Pinto.

Inédito de Capistrano de Abreu, recentemente lido por ilustre pesquisador que é também devoto dos métodos de investigação histórica seguidos pelo mestre cearense, indica que Capistrano pretendeu igualmente considerar no passado brasileiro a influência da escravidão sobre a formação da nacionalidade. Teria ele tido, sagaz como era, a intuição de haver essa influência se processado – como recentemente se vem demonstrando ter se processado – sob a forma de choque – choque e interpretação – entre os valores europeus conservados nas casas-grandes e os africanos nem sempre degradados nas senzalas. Intuição que foi também a de outro historiador, mais antigo que Capistrano: Abreu e Lima. A verdade, porém, é que tais intuições foram vagas: o contexto da obra de um e de outro historiador nitidamente o indica. E a realidade representada por aquele antagonismo de modo expressivamente simbólico – a ponto de poder traçar-se o seu estudo sob a forma de um complexo social que parece dar aos fatos simplesmente fatos o seu máximo de possibilidades psicológicas e sociológicas – só nos nossos dias vem sendo captada em páginas que Lima Barreto foi talvez quem mais sonhou escrever. Foi ele quem mais se aproximou de tais possibilidades de revelação e interpretação de vida, de realidade, de natureza humana, tal como essa natureza ou essa realidade foi condicionada no Brasil pelas relações entre senhores e escravos, ainda mais do que entre brancos e gente de cor ou entre europeus e africanos. Excedeu neste particular a Aluísio Azevedo e a Graça Aranha.

Pode-se mesmo afirmar, à base do seu diário, que a ideia de um livro que fosse uma reconstituição do Brasil patriarcal e escravocrático foi quase ideia fixa em Lima Barreto. Assim ao anotar, a 1º de fevereiro de 1908, as impressões colhidas em São Gonçalo, não se esquece de pormenorizar que as "colunas e varanda de parapeito", em velhas casas antigamente rurais, e agora suburbanas, recordam-lhe "a escravatura e o sistema da antiga lavoura". Mais do que isto: olhando aquelas casas e aqueles caminhos lembrou-se de "minha vida, dos meus avós escravos...". Particularmente da avó materna, Geraldina, e de suas origens: cria de uns Pereira de Carvalho de São Gonçalo do Cubandê. E numa anotação muito característica do seu modo de juntar ao critério introspectivo, autobiográfico, pessoal, de interessar-se por fatos e paisagens brasileiras, o sentido vagamente sociológico desses fatos e dessas paisagens, repara ter visto pelo caminho "uma grande casa solarenga, em meio de um grande terreno cercado por um forte muro de pedra e cal". Casa-grande em abandono e já em ruínas. O que o faz refletir sobre o fato de que "a grande família", de cuja escravatura saíra sua avó, "tinha se extinguido". A sua, vinda da senzala, continuava. Espécie de vingança biológica, de descendente mulato de escravos de eito sobre brancos finos e dengosos de casa-grande.

Em janeiro – a 29 – do mesmo ano, ele anotara: "É triste não ser branco". Isto depois de haver observado fisionomias de marinheiros norte-americanos que andaram então no Rio de Janeiro: homens da tripulação da vasta esquadra de "perto de quinze navios grandes e não sei quantas torpedeiras e *destroyers*" que visitou naquele ano o Brasil; e de ter descoberto entre essas fisionomias, "algumas lindas", "saxônicas", que lhe lembraram "reproduções dos quadros dos pré-rafaelitas". Tomado de um entusiasmo como que de mulato a vingar-se – nova vingança biológica – dos brancos simplesmente locais – os descendentes dos senhores ou donos portugueses de seus avós escravos – chega a confrontar esses brancos imperfeitos com os outros e perfeitos – brancos branquíssimos e quase angélicos: "Nunca vi nas mais lindas mulheres brancas daqui o tom doce de uma fisionomia de marinheiro que me caiu sob os olhos". Aliás, chamei há anos a atenção do professor Roger Bastide, quando esse sociólogo francês deu-me a honra de visitar-me em Apipucos, para o fato de parecer-me o germanismo fanático de Tobias Barreto uma espécie de vingança de mulato contra os brancos brasileiros, em particular, e latinos, em geral, que eram aqueles cujo contato direto teria trazido ao sergipano maior número de ressentimentos: exaltando os brancos, a seu ver branquíssimos, completos, perfeitos, da Alemanha, e considerando, junto deles, inferiores brancos a seu ver, imperfeitos, da Europa latina, e do Brasil, Tobias como que se compensava do fato de não ser branco simplesmente latino ou apenas brasileiro. Mais ainda: pelo conhecimento de algum modo aos dólico-louros – estes, sim, brancos perfeitos.

Encontra-se no diário íntimo de Lima Barreto a expressão de uma atitude em que parece manifestar-se igual sentimento de vingança de um mulato todo o momento consciente de sua situação desvantajosa de mulato escuro, contra os brancos seus compatriotas, a cujas fisionomias escreve faltar "a limpidez" das "fisionomias saxônicas". Acrescenta dessas fisionomias "saxônicas': "Há alguma coisa de primitivo nelas, de um primitivo sem selvageria, um sentimento do além, do desconhecido, visto por anjos delicados".

Em 1905, ele sagazmente anota: "É curioso comparar a maneira com que Debret pinta os negros e os brancos. O ponto de verdade dos dois...". Nota que infelizmente não desenvolve e que entretanto parece implicar um interessantíssimo critério, semelhante ao pirandeliano, de verdade múltipla – ou apenas dupla – aplicada à realidade conforme a sua aparência étnico-social. Ou conforme suas projeções étnico-sociais.

Em nota de 1904 já se antecipara em observar: "O que é verdade na raça branca não é extensivo ao resto; eu, mulato ou negro, como queiram, estou condenado a ser sempre tomado por contínuo". Entretanto, não ensinava Broca que "a educação embeleza, dá enfim outro ar à fisionomia"? Por que então ele, homem de alguma instrução, a despeito de "mulato ou negro", comunicava aos estranhos a impressão de ser "contínuo" ou indivíduo cultural e socialmente inferior? Seria – parece ocorrer-lhe a ideia – que a condição biológica não se deixava alterar no seu caso, em particular, e no dos negros e mulatos escuros, em geral, pela sociológica? A verdade, porém – indica-o outra de suas anotações – é que Lima Barreto se sentia distanciado, pela instrução superior, da gente de cor do Brasil de sua época: incapaz de transformar a "simpatia literária" pela mesma gente "em vida comum" com ela. Era assim um desajustado a sofrer constante e intensamente de seu desajustamento de mulato pobre. Pobre e obrigado, pela sua condição econômica, a ser, em grande parte, sociologicamente homem de cor: sem oportunidade de transformar-se em mulato sociologicamente branco como, na sua mesma época, o igualmente negroide evidente – embora bem mais claro de pele do que Barreto – Machado de Assis. Ou como o quase negro Juliano Moreira, médico ilustre casado com alemã branquíssima.

O fato de o tomarem os estranhos por "contínuo" quando ele era homem instruído, e não mulato ou pobre qualquer, deve ter concorrido para que se acentuasse em Lima Barreto a "simpatia literária" pela gente de cor; e também para que essa simpatia assumisse nele aspecto de interesse sociológico, ao mesmo tempo que introspectivo, em torno de assunto que o tocava na própria carne de descendente de escravo: de escravo e de negro africano.

Daí se encontrar no seu diário, em registro do ano de 1905, esta significativa confissão: "É um estudo que me tenta, o do serviço doméstico entre nós". Isto a propósito de uma notícia de jornal em que se contava a história de certa menor, Claudomira, vinda do interior para a "casa de uma família residente à rua Nova nº 2-D" na cidade do Rio de Janeiro. "Impedida de sair à rua, desde que aqui chegou, vive essa desventurada sob o jugo dos seus verdugos. De tudo a vizinhança sabe. Desde as primeiras horas da manhã já se ouve, como lúgubre matina, as lúgubres pancadas do açoite!". Era a escravidão doméstica a sobreviver em semiescravidão em plena capital do Brasil no ano de 1905.

Entretanto, Lima Barreto reconhece com a maior honestidade intelectual que "há e houve sempre entre nós um grande sentimento liberal, com certas restrições, em favor do negro". E sem se deixar seduzir pelos exageros do determinismo econômico, observa, numa das páginas mais sugestivas do seu diário íntimo, ter a lei de 13 de maio resultado em grande parte de uma convicção nacional que "vinha de longe": desde 1822, encontravam-se nos "nossos governantes" expressões de "vergonha" e "desazo" com relação ao trabalho escravo.

Por todo o diário íntimo de um Lima Barreto reponta com frequência a insatisfação de saber-se esse homem de sensibilidade quase de moça, descendente de escravo e de negro africano, sem que essa insatisfação fosse nele compensada –

como parece ter sido compensada em Machado de Assis: um Machado de Assis que chegou a ser no Brasil do seu tempo branco para todos os efeitos – pela convicção de ser "inteligente, muito e muito!". Ao contrário: sentia-se às vezes Lima Barreto pouco ou nada inteligente. "Mulato, desorganizado, incompreensível e incompreendido" julgava que a única coisa capaz de enchê-lo de satisfação seria "ser inteligente muito e muito!". Seria ter a certeza de possuir inteligência assim excepcional ou mesmo gênio. Gênio literário.

Faltou-lhe essa certeza. Faltou-lhe o estímulo – talvez se devesse dizer a justiça: justiça social – de uma crítica esclarecida que prestigiasse nele o intelectual, autor, desde a mocidade, de livros que hoje o situam entre os romancistas mais significativos do Brasil. Sob o calor do prestígio intelectual, compensador de deficiências de prestígio social, é possível que seu desajustamento tivesse sido atenuado, adoçado, talvez contido; e não chegado, como chegou, a extremos às vezes trágicos. Ele foi uma espécie de personagem de romance russo desgarrado nos trópicos; e para quem só a natureza bruta destas terras de muito sol e muita cor crua foi algumas vezes angelicamente azul: toda azul. Como na manhã de fevereiro que recorda numa de suas notas de 1905: "azul diáfano. Tudo azul... O rolar das carroças é azul, os bondes azuis, as casas azuis. Tudo azul".

Tudo azul: menos o tratamento que recebeu da maioria dos homens. Tratamento cruel, um tanto por culpa sua e outro tanto por culpa do que há ainda de inumano na natureza chamada "humana" sob o impacto, no Brasil do seu tempo e no de hoje, de preconceitos menos de raça do que de classe.

O MUNDO DO ROMANCE

O professor Temístocles Linhares realizou em ensaio, sugestivamente intitulado *Introdução ao Mundo do Romance*, obra sólida de estudioso que sabe comunicar sua curiosidade e sua ciência a leitores e não apenas a alunos. As virtudes didáticas – pois a *Introdução* é principalmente um livro didático – de perspicaz esclarecimento e lúcida exposição do assunto são completadas, no ensaio do ainda jovem, mas já ilustre, mestre, por um ânimo literário talvez mais raro que a palavra nítida, entre os professores de literatura.

Creio que a nenhuma outra atividade didática se aplica com maior justiça do que a esta – o ensino de literatura – o reparo humorístico de Shaw: "Quem sabe fazer, faz; quem não sabe fazer, ensina". Ensina ou faz que ensina, poderíamos acrescentar em português, num jogo de palavras impossível na língua inglesa.

Muitas vezes "ensina" literatura o incapaz não só de fazê-la ou sequer de esboçá-la, mas de apreciá-la. Mais de um desses incapazes procuram, então, vingar-se dos capazes, de mil e uma maneiras, umas ostensivas, outras tão sutis que escapam ao observador superficial. O que sucede também em outras matérias: os incapazes de criar procuram vingar-se dos capazes através de um ensino deformador dos valores triunfantes. Poderia alguém retificar Shaw e dizer desses falsos mestres: "Quem não sabe fazer, finge que ensina".

O professor Temístocles Linhares é homem de letras autêntico. A atividade de pedagogo honesto não lhe serve de compensação à incapacidade de comunicar-se com um público menos involuntário que o de sala de aula, em colégio ou faculdade de artes liberais.

Daí seu livro ser ao mesmo tempo honestamente didático e provocantemente literário. De professor e, ao mesmo tempo, de ensaísta: ensaísta que conhece por experiência, e não apenas de oitiva, a arte de escrever. De intelectual que tem hoje no Brasil numerosos leitores voluntários de seus escritos, além dos ouvintes, talvez nem todos voluntários, de suas lições, numa das melhores universidades do país.

Seu livro, escreveu-o com entusiasmo e até fervor pelo assunto. E o assunto é, com efeito, sedutor.

Embora haja exagero em dizer-se da nossa época que é "a do romance" como a Idade Média foi "a da catedral", a verdade é que o romance apresenta-se hoje como o mais imperialista dos gêneros literários. De tal modo, porém, vem sendo moderado ou contido no seu furor expansionista pela invasão que vêm sofrendo as belas-artes da parte da sociologia, da psicologia, da economia, da filosofia, da política, que esse imperialismo – o do romance –, visto de perto, talvez se revele apenas aparente. Ou mais de forma que de substância.

Somos uma época caracterizada, isto sim, por uma intensa interpenetração dos gêneros literários, em particular, e das expressões da cultura humana, em geral. O ensaio moderno é menos puro que o antigo e às vezes tão tocado pela oralidade, outrora só do romance, que chega a parecer um novo gênero. Mais impuro é também o romance que em Aldous Huxley, por exemplo, parece disfarce ou dissimulação de ensaio filosófico e até de dissertação científica. O professor David Daiches vai ao extremo de negar a Aldous Huxley a condição de romancista para só exaltar nele o ensaísta.

Mas não é certo que desde Zola e dos Goncourt verifica-se essa penetração do romance pelo ensaio e até pelo estudo histórico ou sociológico, com o romance a servir, numerosas vezes, apenas de veículo ao "documento humano" ou ao inquérito psicológico ou ao pensamento sociológico ou, como em Meredith, à crítica social? Não é certo que o romance, para triunfar como forma literária, tem tido mais de uma vez de admitir profunda renovação de conteúdo: tão profunda que sua substância se confunde hoje com a da biografia, a da história, a da psicologia, a da sociologia, a da memória, a da filosofia, a da crítica social? Que isto se verifica até na obra monumental de Proust?

Se se admitir – como alguns admitem – que as formas de cultura duram mais que as substâncias, o romance pode terminar sobrevivendo às suas substâncias atuais. E servindo para revelar aspectos ignorados da natureza humana, melhor do que o atual estudo chamado "rigorosamente científico", mas na verdade apenas estatístico, das sociedades e do homem.

O que não devemos é glorificar-lhe o domínio absoluto que hoje parece exercer sobre a literatura como se fosse o de um conquistador napoleônico. Não é. Sua supremacia é antes a de uma forma de expressão literária que admite, mais facilmente do que as outras, a presença, na literatura, de numerosos elementos extranovelescos e extraliterários, tão característicos da época atual como o próprio romance: o sociólogo, o psicológico, o econômico, o político, a crítica ou a filosofia social. Mantém-se o romance em situação de domínio como as formas constitucionais de governo monárquico conservam-se em alguns países: reinando – apenas reinando – sobre os demais gêneros literários. Reinando sobre esses gêneros, sem propriamente governar a literatura moderna: uma literatura penetrada de sociologismo, de psicologismo, de historicismo, de politicismo até na poesia.

O romance é que tem revelado em face dessas penetrações – algumas fecundantes de um território já muito gasto por uma como erosão como é o da literatura apenas estética – maior plasticidade ou maior flexibilidade que outros gêneros literários. Daí ser hoje um "império" ou um "mundo". Mas um "império" ou um "mundo" formado por uma espécie de união de gêneros, cada um conservando qualquer coisa de república quase independente dentro da aparente submissão absoluta a um monarca que reina, mas não governa.

Não governa porque o que é poético nuns romances – ou contos que sejam pequenos romances – é quase sempre poesia insolúvel como a de Katherine Mansfield, e não principalmente romance; o que é psicologia conserva-se quase sempre psicologia, como naqueles romances mais sutis de Henry James que parecem escritos com a colaboração do irmão William, psicólogo com alguma coisa de romancista. Raro o romance que domine esse material nem sempre novelesco ou romanesco a ponto de sujeitá-lo de todo ao seu puro domínio ou às suas duras leis. O que se verifica quase sempre é acomodação, interpenetração, confederação de elementos diversos sob a forma de romances, que se intitulando, uns, autobiográficos, outros, psicológicos, ainda outros, históricos ou policiais ou sociais, são, na verdade, expressões de um gênero cujo imperialismo inicial – se é que chegou a haver imperialismo másculo e absorvente da parte do romance em relação com os demais gêneros literários – tornou-se igual ao imperialismo apenas cenográfico do império britânico dos nossos dias: uma espécie de *commonwealth*. Uma *commonwealth* que é, na verdade, um mundo. Ou pelo menos, metade de um mundo. Mas não um império como nos dias da rainha-imperatriz Vitória.

Metade da literatura ocidental talvez se exprima hoje em romance. Mas raro o romance moderno que seja apenas romance: quase todos se ligam a outras expressões não só de literatura como de cultura ocidental. Adquirem assim um como vigor híbrido que lhes dá condições especialíssimas de sobrevivência. Mas não de sobrevivência imperial.

Daí o mestre que hoje pretenda nos iniciar no "mundo do romance" precisar de ter – como o professor Temístocles Linhares certamente tem – alguma coisa de crítico social que complete o literário. E não só de crítico social como de psicólogo, de historiador e até de filósofo ou de sociólogo. Pois todos esses elementos de cultura – de cultura moderna ou de cultura de sempre – estão hoje de tal modo vivos ou presentes na maioria dos grandes ou dos bons romances – todos eles híbridos – que raro é dentre eles o que seja apenas uma história de simples amor, como na novela pastoral; ou de simples terror, como na gótica. Quase todos se complicam em conflitos do indivíduo não só com a família ou o pai de mulher amada, mas com a sociedade, com a Igreja, com o Estado, com a raça, com a consciência, com a ciência, com a cultura, com a natureza, com o sexo. E vários se aproximam de problemas sociais com um desembaraço de julgamento sociológico às vezes espantoso, da parte de romancistas nem sempre dotados de gênio com que suprir de algum modo a ignorância.

Já de um romance mais "sociológico" que "social" de Tolstoi dizia há dezenas de anos Lafcadio Hearn que era um romance em muita coisa falso por contradizer Spencer e a sociologia de Spencer. É que Tolstoi pretendera opor sob a forma de romance sua própria sociologia à de um Spencer então considerado até pelos Lafcadios Hearn mestre supremo de uma nova ciência: a do homem. E o crítico que tivesse de julgar romance tão sociológico como *Ressurreição* precisava de conhecer seu bocado de sociologia. Hearn gabava-se de conhecer bastante o velho Spencer; e de poder, do alto desse conhecimento, apontar em Tolstoi deficiências que decorriam do fato de ter o russo pretendido fazer romance social sem ter estudado seu pouquinho de sociologia nas páginas do inglês.

Não, é claro, para ostentar esse conhecimento, dando a uma obra, principalmente de arte, como deve ser o romance, mesmo quando romance-ensaio, o aspecto de caricatura ou arremedo pedante de dissertação científica; mas para guardar-se, com relação a problemas sociais já enfrentados ou estudados de perto por sociólogos, de incompreensões às vezes difíceis de ser supridas, sem especial estudo, pelo próprio homem de gênio quando se aventure a versar tais problemas em romances ou ensaios. De Proust se sabe que sagazmente se aproveitou como romancista do ambiente de casa de médico em que se desenvolvera, além de sua sensibilidade, seu poder de observação. Donde a consistência como que científica de sua obra no que ela tem de psicológico e até de sociológico: de observação paracientífica de determinada classe em determinada época. No romance de Proust não nos incomoda, porém, o menor odor clínico. Trata-se de uma inteira vitória do artista que nele dominou, aliás, o próprio homem; e não apenas o bacharel iniciado na melhor ciência francesa da sua época.

Já Defoe nos deixara no seu "romance" – isto mesmo: romance entre aspas – sobre a peste em Londres obra de historiador que se informara sobre o assunto ou dele se impregnara como que sensualmente, não em papéis de arquivo, mas em relatos vivos, orais, idôneos, de sobreviventes da catástrofe. Oficialmente, não é a sua obra história, mas literatura; mas sendo quase romance é também história pela ressurreição do passado londrino que nos oferece. Como é história – ou para-história – do mesmo sabor muito conto ou romance brasileiro de Machado de Assis. Sociologia fantasiada de literatura, mais de uma novela de Wells. Impressões de viagem as próprias páginas de Borrow consideradas "romance". E autobiografia a extraordinária obra de romancista de Dorothy Richardson, deixada um tanto na sombra pelo professor Temístocles Linhares quando, como romance experimental moderno, críticos ingleses dos mais sagazes consideram-na quase tão importante como a obra de Proust ou a de Gide. Ou a de John dos Passos, também importante pelo que vem realizando no sentido de fixar um novo tipo de romance.

A verdade é que já se admite hoje um romance francamente híbrido, que alguns denominam "romance-ensaio". Romance quase tão sedutor da inteligência – e não apenas da sensibilidade – como o ensaio; mas limitado, nesse seu poder de sedução, a público necessariamente menos numeroso que o atraído para o romance principalmente movimento ou principalmente paixão ou principalmente sensação; e que, nesse seu modo elementar, mas de modo algum desprezível, de ser romance, tende ao máximo de oralidade. Tanto que talvez não seja leviandade profetizar-se sua lenta mas segura absorção pela novela de rádio – ainda tão na infância e já tão absorvente da literatura em suas formas menos sutis – ficando, então, o romance-ensaio quase sozinho como expressão rigorosamente literária e livremente analítica, especulativa, introspectiva, de um já antigo e, em nossos dias, ousadamente renovado, gênero de literatura. Renovado principalmente no sentido de sua maior profundidade ou densidade psicológica.

São problemas estes em que nos faz pensar o ensaio dedicado ao "mundo do romance" por um homem de letras como o professor Temístocles Linhares que à erudição junta a sensibilidade, a sagacidade, a visão larga do bom crítico não só literário como social e de ideias. Crítico que não se contenta em nos descrever o "mundo" criado pelos romancistas, mas nos convida a excitantes aventuras de interpretação de um gênero de literatura que, cada dia mais, tende a ser um espaço sem rígidas fronteiras a separá-lo dos outros gêneros literários e das outras expressões de cultura. Que tanto se deixa invadir por um Wells como por um Santayana, por um Unamuno como por um Chesterton, por um Ganivet como por um Alexandre Herculano ou um Oscar Wilde, sem levantar contra as incursões de ensaístas, de historiadores, de estetas e até de filósofos em seu território leis que garantam ou resguardem sua pureza ou castidade de gênero literário. Ao contrário: como que se regozijando com tais incursões. Aproveitando-se delas para avigorar-se, enriquecer-se, prolongar-se no espaço e no tempo, à custa de novas combinações de seus valores e de suas técnicas com os valores e as técnicas de outros gêneros literários.

É um mundo complexo o que o professor Temístocles Linhares começa a nos apresentar no seu livro sobre o *Mundo do Romance*: simples primeira parte de um largo estudo. Pois às sugestivas e numerosas páginas que nos oferece sobre o romance, em geral, promete o catedrático de literatura da Universidade do Paraná acrescentar outras sobre o romance brasileiro, em particular. Assunto já magnificamente estudado pelo professor Olívio Montenegro e por Prudente de Morais Neto. Mas tão "rico", no sentido espanhol da palavra, que admite e até pede novos estudos.

UM PRECURSOR PORTUGUÊS DE LAWRENCE DA ARÁBIA

Extraordinária vida a vivida no século XVI por aquele Pedro que não era do Minho nem procedia da boa plebe rural de que procedem os moleiros; mas era, como eles, um português dos que podem ser chamados "de sempre". Nem do século XVI nem do XX, mas de "sempre": desde que Portugal é Portugal; e Portugal não só na Europa, mas em qualquer parte tropical do mundo que tenha sido fecundada pela presença de um luso de boa têmpera. Portugueses superiores ao tempo e, até certo ponto, ao espaço – ao social e ao físico, à classe e à região – em sua maneira de serem fiéis a alguma coisa de especificamente lusitano que não sendo, na verdade, biológico, parece, entretanto, estar no corpo ou na carne dos homens; mas está é no modo de essa carne servir à alma da pessoa e à alma da nação: alma – a da nação – por tanto tempo representada, em Portugal, pelos reis.

A vida de Pedro – não a do santo, quase tão festejado pelos portugueses quanto Santo Antônio e São João, mas a do pecador que, em vez de ter traído ou negado seu rei, como o santo por três vezes negou e traiu seu Messias, primou pela fidelidade a esse mesmo rei duro, cru e quase inumano – está a pedir de Leitão de Barros que faça de assunto tão português e tão humano sua obra-prima de diretor cinematográfico. No sacrifício de Pedro de Covilhã – de sua felicidade como indivíduo e como homem de família – a Portugal e ao rei dom João II, há qualquer coisa de simbólico: o drama de Pedro tem sido, com menor intensidade, o de milhares de portugueses de quem livro nenhum ilustre guarda os nomes: outros Pedros, Manuéis, Joões, Antônios. Portugueses que, espantando em vida a dor da sua desventura ou do seu sacrifício por Portugal, como os moleiros de Braga, tocadores de concertina, espantam ainda hoje os seus males, têm desaparecido obscuramente. De Pedro ou Pero de Covilhã se sabe alguma coisa; e recompondo-se o seu drama, recompõe-se o drama de milhares de desconhecidos à custa de quem se fez – e continua a fazer-se – a expansão portuguesa em vários reinos de Prestes Joões. Em várias terras tropicais para onde o português se tem sentido atrair por afinidades especialíssimas de clima e talvez de sexo e de raça.

Espécie de avô remoto de Lawrence da Arábia, Pedro ou Pero de Covilhã nascera nas montanhas da Beira. Rapaz, estivera na Espanha. Também na França. Com extraordinário talento para as línguas, a ponto de falar o próprio "andaluz" como se falasse a língua materna, foi aproveitado como agente secreto de Portugal na Espanha, a fim de vigiar os exilados portugueses naquele país.

Voltando a Portugal, serviu primeiro a dom Afonso e quando dom Afonso morreu, a dom João II. É natural que um político aquilino como dom João II enxergasse em Pedro de Covilhã – que conhecia também a língua árabe – auxiliar precioso para seus planos, alguns secretos, de rei empenhado na expansão portuguesa em terras africanas, entre as quais o chamado Reino do Preste João, que se dizia ser o domínio de poderoso rei cristão. Aliado Portugal a Preste João, o poder maometano sofreria golpe talvez decisivo; e com a vitória cristã se afirmaria o prestígio português em terras economicamente valiosas. Pois o aspecto econômico da expansão portuguesa não deve ser esquecido pelo místico; e nenhum dos dois pelo abstratamente político. Sobre o assunto deve-se ler o que vem escrevendo um excelente pesquisador português com orientação marxista: o sr. Magalhães Lima. São páginas, as suas, cujos excessos servem para retificar os daqueles historiadores que oferecem da história da expansão portuguesa nos trópicos interpretação puramente idealista; ou abstratamente política.

Animou essa expansão evidente misticismo e até romantismo, misturado ao profundo realismo de métodos seguidos por dom João II: o próprio caso de Covilhã serve de exemplo ao que houve de complexo em tal movimento. Mais do que, em nossos dias, o Lawrence da Arábia que, romanticamente repugnado de certos aspectos mais cruamente econômicos da ação imperial da Grã-Bretanha no Oriente Médio, recusou-se, segundo dizem alguns, a ser condecorado pelo seu rei, Pero ou Pedro de Covilhã foi, a serviço de Portugal, um romântico, não do tipo de formação protestante – como o inglês que se deu ao luxo de separar da causa britânica a dos dominadores do Império –, mas do tipo católico-jesuítico. Para ele, Pero de Covilhã, qualquer ordem del-rei era sagrada, definitiva, indiscutível. Era ordem de Portugal; e Portugal não podia errar. Pôs-se a serviço secreto del-rei como um jesuíta que agisse secretamente a favor da companhia: de modo intenso, absoluto. Místico e realista, ao mesmo tempo. Com sacrifício de quanto era nele desejo de felicidade individual ou gosto de tranquila vida de família: um gosto sempre tão forte no português, mesmo quando femeeiro. Entregue de corpo inteiro à aventura. Guardando dos riscos, das experiências perigosas, das dissoluções extremas, só a sua alma de católico e de português.

Chamou um dia dom João II a seu palácio o extraordinário Pero que, sendo de Covilhã, talvez tivesse alguma coisa de israelita não de todo dissolvido no seu corpo ou na sua pessoa de católico – inclusive aquele pendor extraordinário para as línguas – e encarregou-o – a ele e a certo Afonso de Paiva – da mais perigosa das missões secretas: a de descobrir, através dos caminhos do Mediterrâneo, o misterioso Preste João; e conseguir desse rei cristão da África uma aliança com Portugal contra os infiéis; e, ao mesmo tempo, investigar, com toda a minúcia, as condições do comércio de especiarias: suas origens, seus valores, seus caminhos, seus meios de transporte e até seus métodos de empacotar as mercadorias. O objetivo econômico da missão secreta de Covilhã e de Paiva era imenso; mas o modo por que a cumpriram mostra que ao aspecto místico-político atribuíam o rei e seus conselheiros importância capital.

Desses conselheiros, note-se que vários eram judeus, convocados por el-rei pelo muito saber de cada um – saber, em assuntos de geografia e de especiarias do Oriente, superior ao dos europeus cristãos e só inferior, se é que o era, ao dos árabes – para deles extrair quanto fosse útil a Portugal. Excitaria o astuto João no judaísmo dos sábios o desejo de exterminar ou moderar o islamismo – rival poderoso dos judeus no Oriente – através dos meios de expansão que facilitassem na mesma área a um terceiro poder: Portugal cristão. Um Portugal cristão predisposto a essa aventura pelo que reunia em sua cultura e em seu sangue, de mouro e de israelita. Sinal de que no complexo português, sob a decisiva predominância cristã, cabiam as três grandes culturas: a cristã, a islâmica, a israelita.

Ao encarregar Pero e Afonso daquela tarefa perigosa e decisiva, lembra um historiador que el-rei tinha a seu lado não só o duque de Beja (que, com o nome de Manuel I, seria seu sucessor) e o bispo de Ortiz, como mestres ou doutores judeus, um deles certo Moisés ou José Vizinho, de Viseu; e também mestre Rodrigo de Pedras Negras. Tudo tinha que se executar sob a orientação dos melhores sábios cristãos e judeus; e dentro do maior segredo. Pois a expansão portuguesa no

Oriente e na África, através do Mediterrâneo, significaria o fim da então opulenta Veneza e a competição de um Portugal que, sendo cristão, não deixava de favorecer interesses israelitas, com os árabes.

Como Pero era homem de quem se dizia que todas as línguas sabia "que se falar podem assim de cristãos como de mouros e gentios", tinha a primeira condição para ser o primeiro europeu a pisar como se fosse mouro ou gentio terras guardadas ferozmente por mouros e gentios. E é provável que na aparência fosse, se não no físico, na dinâmica do andar, do gesto, do sorriso, como tantos portugueses da sua época e de hoje, antes um semita que um nórdico. Sem o que esse primeiro agente secreto de Portugal em terras árabes cedo teria se revelado o intruso que, na verdade, era.

De Pero de Covilhã se sabe que escreveu apenas umas poucas cartas: não era homem que se derramasse em literatura, mesmo porque nem sempre os agentes secretos podem confiar ao papel suas observações ou reflexões. Mas essas mesmas cartas, escassas e talvez apenas garatujadas, se perderam. O que é pena, pois por menos escritor que fosse o extraordinário português, suas informações teriam um tal sabor de inéditas que talvez fizessem boa companhia às próprias cartas ditadas por Albuquerque. Raro o português antigo, homem de ação, que não tenha se revelado nos séculos XV ou XVII, e até durante o XIX, também bom escritor, senão de crônicas – que eram uma especialidade, tanto quanto os poemas e os sermões, reservada a literatos, eruditos ou teólogos –, de comentários, de cartas, de roteiros, de relações de naufrágio, muitas delas mais saborosas e mais ricas de interesse humano do que as caprichosas composições ortodoxamente literárias, dos retóricos. Pero de Covilhã sofreu tanto que suas peregrinações, apresentadas, mesmo fora dos chamados cânones literários, com certo vigor de palavra, poderiam ter vindo, com o tempo, a rivalizar com as de Fernão Mendes Pinto. O que se sabe dele pela narrativa do padre Francisco Álvares deixa-nos ver em Pero um português que teve de sacrificar-se todo a Portugal não de uma vez só, em combate, naufrágio ou martírio, mas através de uma longa vida de aventura. E à narrativa de Álvares juntam-se outras informações da época que o conde de Ficalho soube reunir com paciência de frade antigo, até nos dar do aventureiro um retrato de corpo inteiro que é uma das mais encantadoras biografias de português dos Quinhentos escrita por português do século XIX.

Covilhã e Paiva não deixaram Portugal, para a sua grande aventura, inteiramente entregues aos cuidados de Deus: também se acautelaram contra riscos e perigos de viagem tão longa e dispendiosa, servindo-se de um banqueiro florentino, ao que parece, da confiança do rei de Portugal: do rei e dos judeus portugueses. Do banqueiro receberam carta de crédito aceitável em larga área. O que indica que os portugueses, aos quais se devem precedências memoráveis em assuntos de seguro marítimo, foram também pioneiros – ao lado dos florentinos ou italianos – em utilizar-se, em suas peregrinações por terras estranhas alcançadas pela influência de europeus ou de judeus, de cartas de crédito.

A aventura a apoiar-se na prudência e não apenas na ciência. E essa prudência, quase sempre a de banqueiros judeus, tão úteis à aventura portuguesa quanto os sábios da mesma raça ou da mesma fé. Seriam os portugueses uns ingratalhões se se esquecessem do muito que devem aos judeus. Por mais que se admita da parte desses astutos semitas um comportamento apenas e friamente realista em face do inimigo árabe – tornado inimigo comum deles e dos portugueses –, a verdade é que a coincidência de interesses pôs a serviço da expansão lusitana recursos israelitas de ciência e de técnica, na verdade, valiosíssimos para os portugueses, empenhados em tal expansão com todo seu ânimo romântico de aventura, sua coragem de iniciativa, suas virtudes militares; mas prudentemente convencidos de que a tais virtudes deviam juntar as ciências e as técnicas superiores dos semitas: tanto dos árabes, com quem deviam principalmente competir, como dos judeus.

A aventura de Pero de Covilhã foi quanto possível amparada por banqueiros que deviam ser se não quase todos, alguns, judeus. Mas de certa altura em diante tornou-se aventura desamparada de qualquer possível assistência europeia ou israelita. Procura por um português só, sozinho – porque o companheiro cedo desencontrou-se de Pero –, de um Preste João que em Portugal se supunha um poderoso monarca cristão desgarrado na África. Procura dolorosa. Pero andou anos falando várias línguas, menos a sua. Vestido de trajos levantinos. Agindo e comportando-se como se fosse negociante. Na verdade, realizando uma das obras mais sutis de observação secreta que um cristão já realizou a favor da civilização cristã e contra a maometana, um europeu a favor da economia europeia e contra a árabe, um português a favor da expansão de Portugal nos trópicos e contra a política veneziana de penetração econômica da África e do Oriente por italianos.

Em Alexandria, ainda acompanhado de Paiva, Pero quase morreu de febre. Suas mercadorias quase foram confiscadas pelo governador, certo da morte próxima dos dois negociantes.

Mas venceram um e o outro as febres, rijos portugueses de província que eram. Continuaram a peregrinação. Viram a grande cidade que era Cairo, com as casas dos ricos, de pedra, e as dos pobres, de uma espécie de taipa. Sobrados e mocambos. Os primeiros andares das casas dos ricos, alongando-se sobre as ruas estreitas, protegiam quem tivesse que andar pelo burgo, da chuva e do sol: boa lição para os portugueses. As janelas dessas casas eram de xadrez para resguardar o interior dos lares da curiosidade dos homens das ruas. Não era cidade só de maometanos. Havia nela judeus. Havia hindus. Havia gregos, italianos, etíopes. O que parecia não haver – ou quase não se enxergava nas ruas – era mulher. Cidade monossexual. Só de homens, embora homens de tão diferentes raças, cores, religiões que deve ter espantado aos dois portugueses cidade assim diversa na sua população masculina. Não era o Cairo o Oriente profundo, mas a transição entre o Ocidente e o Oriente.

Em Adém, separaram-se, para se encontrarem de novo no Cairo, se Paiva conseguisse voltar da Etiópia e Pero, da Índia. Mas só Pero de Covilhã sobreviveu. E tendo ido por terra à Índia, desaparecido Paiva teve que ir também à Etiópia. Foi o primeiro português que pisou o solo da Índia, diz-nos o conde de Ficalho. Foram seus olhos os primeiros a descobrirem para Portugal terras havia anos procuradas pelos sábios de Sagres. Anotou o que nelas se produzia e se vendia. O que se importava da Europa. O que chegava de Sumatra, Java, Pegu, Sião. Chegou até Goa, então estado maometano. Parece ter conhecido Sofala, na costa oriental da África; e há quem suponha que de algum relatório ou de informação secreta de Pero para dom João II tenha Vasco da Gama derivado seu conhecimento daquele porto e daquela costa, aliás já estudada minuciosamente pelos árabes.

Voltando ao Cairo já depois de três anos de peregrinação, Pero não encontrou Paiva. Soube então que o outro português desaparecera. Talvez os maometanos lhe tivessem descoberto o disfarce e o assassinado. Desventura por muitos motivos lamentável, pois a Paiva coubera a missão de atingir as terras do Preste João, tão procuradas por Portugal quanto as da Índia. Mas se não reaparecera Paiva, apareceram a Pero no Cairo dois homens que em língua portuguesa lhe comunicaram o seguinte: que eram, um rabi, e de Beja, outro, sapateiro e de Lamego, ambos judeus; que, experimentados em viagens pelo Oriente, vinham ao encontro de Pero da parte do próprio rei de Portugal, de quem traziam carta selada e secreta. E o que o rei exigia dos seus primeiros emissários era que só regressassem a Portugal com informações exatas sobre os assuntos que Sua Majestade os encarregara de investigar: inclusive o mistério que continuava a ser o reino do Preste João. Pelo que o pobre do Pero, já sôfrego para voltar à doce rotina da vida de português casado na Europa – vida que ele apenas começara a experimentar, quando incumbido pelo seu rei de viagem tão aventurosa –, teve que continuar a aventura e renunciar ao prazer da rotina. Antes de partir em nova e perigosa incursão por terras estranhas e virgens de pés portugueses e talvez europeus, Pero escreveu longamente ao seu rei. Informações com certeza preciosas que alguns supõem ter sido acompanhadas por um mapa; e levadas a Portugal pelo sapateiro de Lamego. Mas repita-se que nem mapa nem informações constam dos arquivos portugueses.

Separando-se, no Cairo, do judeu de Lamego, que voltava a Portugal e talvez à rotina de seu ofício de sapateiro, Pero seguiu com o rabi para Ormuz. Daí, sozinho, para terras mais estranhas: Jida, Meca, Medina. Era o caminho para o reino do Preste João. Tinha que atravessar redutos árabes, severamente guardados dos olhos e dos pés de quem não fosse bom e puro maometano. Se os atravessou Pero é que o seu árabe já se tornara tão fluente quanto o seu português; e o aspecto do seu rosto e da sua inteira pessoa, o dos homens do Oriente. Os historiadores destacam ter sido Pero, se não o primeiro cristão, o primeiro português que visitou, disfarçado em árabe e em maometano, as cidades santas dos árabes.

Tendo atravessado a Arábia, chegou Pero de Covilhã ao Sinai. Aí encontrou cristãos. Estava próximo das terras do Preste João; mas ainda precisava de atravessar as águas do mar Vermelho. Cerca do ano de 1492, pisava o português aquelas terras, governadas não por nenhum Preste ou João, mas por Alexandre, Leão da Tribo de Judá. Estava cumprida a missão que lhe confiara seu rei, de quem entregou cartas a Alexandre. Podia agora voltar a Portugal.

Mas tendo morrido de repente, de um ataque de inimigos, o rei Alexandre, sucedeu-lhe um filho de sete anos, que morreu poucos meses depois do pai; e o seu sucessor, irmão de Alexandre, negou a Pero de Covilhã permissão de deixar o reino e voltar a Portugal, donde estava ausente havia já oito anos. Conformou-se o português: não tornaria a ver sua gente, nem sua terra, nem sua esposa. Teria que findar os dias na terra do Preste João onde, aliás, lhe ofereceram cargos de importância na corte, alguns dos quais ocupou; e à honra dos cargos lusitanamente acrescentou o gosto de adquirir e possuir terra. Terra e mulher. Esta, de acordo com o rei, que desejava do emissário português a mais portuguesa das contribuições para a comunidade etíope, isto é, "que fizesse filhos e geração".

Parece ter a esposa etíope dado a Pero muitos filhos mestiços, um dos quais quis o pai que seguisse para Portugal. Isto quando na Etiópia, 26 anos depois de ali se encontrar o antigo agente secreto de dom João II, apareceu a embaixada portuguesa, da qual fazia parte frei Francisco Álvares: o frade que recolheu de Pero o que hoje se sabe de sua estranha aventura.

Nunca um homem foi mais Ulisses do que o aventuroso português da Beira perdido na Abissínia: nem mesmo Fernão Mendes Pinto, várias vezes escravo, uma embaixador, comerciante quase sempre, quase jesuíta por influência de Xavier. Nunca nenhum viveu mais aventurosamente, mais perigosamente, mais romanticamente do que Pero, antes de se estabilizar em senhor de terras e chefe de família não em sua velha província europeia e tendo por esposa mulher branca, mas em distante terra tropical; e tendo, por esposa cristã – porque a Etiópia já era a seu modo cristã –, mulher escura e talvez parda, da qual teve lusitanamente filhos mestiços a quem parece ter transmitido não só a língua como outros valores portugueses; e um dos quais, mulato escuro, enviou a Portugal com instruções para entregar à mulher portuguesa, se ainda vivesse com o filho ou filha que Pero lhe deixara no ventre, e devia ser já moça ou rapaz, vinte onças de ouro. Infelizmente o filho mulato morreu no início ainda da viagem para Portugal.

Há na aventura de Pero de Covilhã qualquer coisa de simbólico que me fascina quase tanto quanto a vida de Fernão Mendes – o maior de todos os homens de língua portuguesa que, desgarrados nos trópicos ou no Oriente, escreveram suas memórias. Parece ter a aventura de Pero simbolicamente se antecipado a aventuras menos dramáticas de centenas de milhares de portugueses que as terras tropicais têm retido quase furiosamente em seu quente e voluptuoso seio, como se temessem devolver a províncias docemente rotineiras do Portugal europeu esses procriadores vigorosos de mestiços, esses fundadores heroicos de lavouras nos trópicos, esses extraordinários aventureiros que quando se cansam de diletantemente correr terras pitorescas e de gozar irresponsavelmente mulheres fáceis, deixam-se prender ou escolher por alguma terra, que lusitanamente fecundam; ou por alguma mulher, que emprenham e cristianizam, estabilizando-se em agricultores, horticultores, chefes de famílias mestiças que, falando a língua portuguesa, prolongam, na África, na Ásia, na América, o culto dos mesmos santos de província de Portugal – a alguns dos quais amorenam em mestiços ou alongam em orientais – e o sabor do mesmo cozido tradicionalmente português, às vezes feito com carnes exóticas como a do búfalo, com verduras tropicais como o quiabo e apimentado com molhos também ardentemente tropicais.

EM TORNO DA *PEREGRINAÇAM*, DE FERNÃO MENDES PINTO

A todos os lusitanos que, no primeiro século de expansão, agiram em terras tropicais, se aplica a síntese de Batalha Reis: a de que seu maior empenho foi, então, conquistar o chamado centro infiel na África e procurar, entre os africanos – etnicamente africanos, acrescente-se a Batalha Reis –, "um povo cristão" – culturalmente cristão, acrescente-se ao mesmo autor – para à base dessa conquista e desse reconhecimento – reconhecimento que importava já em considerar-se o fato étnico inferior ao cultural – desenvolver-se no português o saber não só geográfico como etnográfico necessário à sua maior expansão em terras quentes. Com esse saber expandiriam sua fé, seu comércio e as formas plasticamente cristãs da sua cultura de europeus predispostos à vida nos trópicos. Plano português que a descoberta da Índia, com o muito que teve de desmoralizante para aqueles europeus que primeiro se deixaram estontear por suas riquezas, perturbou grandemente; mas não anulou nem destruiu de todo. Tanto que da extensão do plano – se é que chegou a ser plano – beneficiou-se o Brasil desde o século XVI: um Brasil que, sem ter terras de Preste João entre as nomadicamente ocupadas por bárbaros, tinha bárbaros e caciques de quem os missionários não tardaram a procurar fazer cristãos e até Prestes Joões capazes de rezar e recitar em latim.

Na obra de conhecimento de terras, culturas e populações africanas, orientais, americanas, ainda virgens de olhos europeus, destaque-se, ainda uma vez, que sábios, peritos ou simples observadores portugueses salientaram-se por uma série de trabalhos pioneiros que abriram ou amaciaram o caminho aos estudos de outros europeus. Foram eles grandes orientalistas e, sobretudo, tropicalistas dos séculos XV ao XVII. À sua obra, a de holandeses, ingleses, franceses acrescentou sistematização do disperso e exatidão no pormenor. Mas não excelência nem vigor nos traços decisivos de caracterização ou de revelação da natureza ou das culturas ou das populações tropicais. Não se aponta livro nenhum de inglês ou flamengo ou francês ou alemão ou italiano que tenha ultrapassado, em poder de revelação não apenas literária, mas psicológica e até sociológica, do Oriente ao Ocidente, a *Peregrinaçam*, de Fernão Mendes Pinto: obra do século XVI, na qual se tem retificado muito descuido de data, de nome, de sequência cronológica; muito exagero de dramatização; mas quase nenhuma inverdade essencial. O mesmo é certo da caracterização dos sistemas hidrográficos da África austral que o português Duarte Lopes traçou em 1590: obra que vem sendo aperfeiçoada, corrigida e ampliada por numerosos e pachorrentos especialistas europeus, em muitos dos seus detalhes e em várias das suas deficiências. Mas até hoje viva no conjunto dos seus traços incisivamente reveladores de uma África, até os portugueses, de todo ignorada pela Europa.

Como até hoje vivo em sua revelação dos trópicos à ciência europeia continua o já referido tratado botânico de Garcia de Orta, cuja virtude de obra clássica se junta à do africanólogo que primeiro revelou aos europeus a configuração das águas da África do Sul e à do orientalista até hoje difícil de ser classificado – tal a complexidade da sua *Peregrinaçam* – e às páginas em que Antônio Vieira retrata homens e coisas do Brasil no século XVII, como expressões do poder português de caracterizar aspectos ainda virgens da natureza e dos homens exóticos ou tropicais. O maior desses quatro escritores foi, na verdade, uma espécie de antecipação à "procura do tempo perdido", de Proust, pelo que acrescentou a uma autobiografia desembaraçada de preocupações de rigor cronológico, de descrição e caracterização de homens, grupos e lugares não só diversos como em diferentes épocas ou situações, algumas deformadoras do que parecia fixo em certas personalidades. Inclusive a personalidade do próprio narrador que, se omite o período de exaltação mística em que deixou de ser homem do mundo para tentar ser jesuíta, fascinado pelo exemplo e pela figura do padre Francisco – Francisco Xavier –, não esconde nem diminui essa fascinação, deformadora da sua personalidade de aventureiro comercial. Pois de Fernão Mendes Pinto pode-se dizer que foi o contrário de Rimbaud: a aventura comercial nos trópicos nele precedeu a aventura de criação literária: arrojo já da velhice.

E se aqui se salientam só quatro obras típicas de orientalistas e tropicalistas que estão na literatura não apenas portuguesa, mas mundial, como reveladoras de trechos de natureza ou de cultura humanas desvirginados pela audácia, pela inteligência ou pela ciência lusitana – Vieira é estudado hoje em curso sistemático na

Sorbonne, Fernão Mendes Pinto é mais conhecido, e começa a ser mais estimado, como valor literário de sentido universal, do que o próprio Camões, prejudicado por excessivo nacionalismo, Garcia de Orta e Duarte Lopes são autores se não científicos, paracientíficos, já traduzidos do português a várias línguas –, é por serem, cada um a seu modo, os quatro autores mais representativos daquele orientalismo ou tropicalismo para o qual o gênio português sempre se inclinou com amoroso gosto de compreensão e não, apenas, fome de pitoresco ou de exótico.

Vários são na língua portuguesa os autores dos séculos XV ao XIX, de menos vigorosa ou fluente expressão literária, mas de quase igual importância – importância, talvez se pudesse dizer, sociológica – como orientalistas e, sobretudo, tropicalistas: primado que o português só no século XIX e no atual parece ter perdido quase de todo para autores de língua inglesa, holandesa ou francesa. Mesmo no século XIX, após longo período de depressão vinda do século anterior, deu-se na literatura portuguesa uma como revivescência de tropicalismo no sentido de tema ou centro de interesse estético, científico, humano e não no pejorativo, de modo ou forma subliterária de expressão – de que sobrevivem várias páginas marcadas pelo vigor moral ou literário dos velhos tempos. Entre estas páginas, as do conde de Ficalho, as de Luciano, as de Tomás Ribeiro, as de Cunha Rivara, as dos exploradores do tipo de Serpa Pinto, Capelo e Ivens; e as de Oliveira Martins, de Mousinho de Albuquerque, de Antônio Ennes. Umas um tanto desviadas da melhor tradição portuguesa de tropicalismo, pelo excesso de acídia crítica. Outras por certo pendor para uma afirmação de superioridade europeia sobre as populações tropicais, de sabor antes germanicamente militarista ou anglo-saxoniamente imperialista, que autenticamente português. Mas páginas, mesmo assim, de extraordinário vigor literário ou de forte sentido social. Nas de Antônio Ennes, talvez se encontre a principal inspiração do tropicalismo – literário e sociológico – de Euclides da Cunha.

Do século XV restam-nos as crônicas de Azurara ou Zurara que à vivacidade de expressão juntam, antes de qualquer outro escritor voltado para as aventuras portuguesas nos trópicos, aquela doçura lusitana para com a gente e as coisas africanas que faz um crítico da acuidade do professor Hernâni Cidade destacar no velho cronista uma "humaníssima simpatia". Um humanismo tal e tão superior a considerações de raça que, ainda no século XV, já se adiantava esse extraordinário

Zurara a repelir como inumana a escravidão, naqueles dias, tranquilamente normal entre europeus, por mais cristãos.

Do século XVI são numerosos os documentos da capacidade portuguesa para a observação não apenas científica ou paracientífica, mas amorosa – tocada às vezes de "humaníssima simpatia" –, das terras e gentes tropicais ou orientais. Tal a carta de Pero Vaz de Caminha. Tais as crônicas ou relações ou roteiros de Fernão Lopes de Castanheda – este, uma ou outra vez prejudicado em sua "humaníssima simpatia" por exagerada adesão à política de terrorismo militar de Albuquerque –, de João de Barros, de Gabriel Soares de Sousa, de Góis, de Gaspar Correia, de Álvaro Velho, de Tomé Pires, de Gandavo, de João de Lucena, de frei Cristóvão de Lisboa, de Jerônimo Osório, do Couto do *Soldado Prático*, de Francisco Álvares. De quase todos – e mais de Fernão Cardim, Antônio Galvão, Pantaleão de Aveiro – se pode, na verdade, salientar, como já salientou do cronista Barros o professor Cidade, que em suas narrativas ou comentários "se não manifesta qualquer parcialidade de raça". De nação – a portuguesa – sim; de fé – a cristã – também, às vezes muita; mas de raça, raros aqueles portugueses que como certo Aranha, do Maranhão no século XVII, se proclamassem, de público, intransigentemente da raça branca contra as de cor.

•

Vários destacam, de mouros ou árabes, rasgos de altivez. Doutros orientais salientam alguns a lealdade ou a nobreza de atos ou façanhas. Encontra um em meninos pretos do Senegal aptidões para sacerdotes ou padres. Sempre – ou quase sempre cristocêntricos – de amor a Portugal cristão transbordam os tropicalistas ou orientalistas portugueses do século XVI em mais de uma página. Mas raro, dentre eles, o que não juntasse a esse amor, outro, igualmente forte, por gentes e terras que de início quase todos sentiram suas não pela força de conquista militar ou de astúcia econômica, mas por súbita afinidade entre eles e os naturais, entre eles e a natureza dos trópicos.

•

Há quem atribua a simpatia que de repente ligou o português aos trópicos e ao Oriente ao fato de ser ele meridional e, como bom meridional, amigo daquelas aparências e formas pitorescas de vida que "prendem o sentido": principalmente a cor. A "*vária cor que os olhos alegrava*", a que Camões se refere. Não somos, entretanto, dos que ligam esse gosto pela cor, tão vivo no português, da era das descobertas – que foi uma era de idílio tão volutuoso com os trópicos –, à sua vaga condição de meridional. E sim ao fato de sua situação especialíssima de meridional, que, como o espanhol de várias regiões da Espanha, como o veneziano, como outros europeus do Sul, há longo tempo tinha recebido do mouro ou do árabe decisiva influência no sentido daquele gosto. O sol, a luz, o clima de suas terras favoreciam nele o pendor para as cores e formas como que festivas de vida e de cultura nos trópicos. Mas a esses elementos naturais de predisposição, juntava-se decisivamente o cultural, de longo e íntimo convívio com um mouro e, também, com um israelita que não sabiam separar nem do gosto da vida nem do próprio serviço de Deus único, o gosto pela cor litúrgica e não apenas volutuosa. Uma ciência – para não dizer, somente uma arte – a da cor, em que árabes e judeus parecem ter-se adiantado aos gregos, cujas obras-primas acusam certa aridez no conhecimento da "*vária cor*".

Compreende-se, assim, que o português seguisse, como seguiu, para o Oriente, para os trópicos, para os países quentes, com uma sensibilidade à "*vária cor*" que, nos seus admiráveis escritores ultramarinos dos séculos XV, XVI e XVII – orientalistas e tropicalistas, uns mais sensíveis às cores e formas das terras, das águas e das plantas, outros mais atentos às cores e formas das mulheres, dos homens e dos animais –, ultrapassa, quase sempre, a sensibilidade de outros europeus da época. Sem ser uma gente de pintores no sentido técnico ou convencional da pintura – fraqueza que talvez se deva, em parte, atribuir à falta de estímulo à representação da figura humana que resultou, para a gente de Portugal e de certas áreas da Espanha, da presença de mouros ou da influência de israelitas em sua vida e em sua cultura –, o português antecipou-se a italianos, espanhóis, franceses, ingleses, holandeses, numa revelação literária e, se não científica, paracientífica, do Oriente e dos trópicos, que foi principalmente pictórica, visual, colorista em sua técnica de expressão. Atenta, como nenhuma outra, às formas e cores das pessoas, dos animais, das coisas, das paisagens.

Italianos e outros europeus da época derramaram-se em retórica ao tentarem dar à Europa impressões de terras e gentes ainda desconhecidas dos trópicos e do Oriente. O tropicalista ou o orientalista português apresenta-as aos olhos dos europeus com uma precisão, uma nitidez, um vigor incisivo de palavra, uma sensibilidade à cor e ao pitoresco, que lembra antes a técnica do pintor que a do orador. A oratória, no português, parece fenômeno de sua decadência; na sua fase de criatividade máxima – os séculos XV e XVI – mal reponta da sua melhor literatura, por mais especializada em matéria tropical ou oriental. O trópico não fez do português, tropicalista, naquele mau sentido de verbalista incontinente em que a palavra, no século XIX, passou a ser usada na Europa.

Ao contrário: não há quem, após familiarizar-se com a literatura ultramarina portuguesa, não concorde com o professor Hernâni Cidade em que nela, se não tudo – como ele afirma um tanto enfaticamente –, quase "tudo é desenhado em *croquis* muito precisos, que dão a certas páginas aspectos de documentação de museu etnográfico, artisticamente ordenado". Artisticamente apresentado ou revelado, talvez fosse mais exato dizer, de preferência a "ordenado". Pois no maior dos escritores ultramarinos da língua portuguesa – Fernão Mendes Pinto –, como, aliás, em escritores menores que nos deixaram, na mesma língua, páginas imortais sobre o Ultramar, o "ordenado" está longe de caracterizar a apresentação da matéria que, ao contrário, se apresenta tão artisticamente desordenada que faz pensar – repita-se – em antecipação de Proust. Com essa apresentação desordenada é claro que aquela obra máxima e as menores, suas parentas pobres, perdem em valor didático e até em dignidade acadêmica; mas toda essa grande perda é compensada pelo muito que ganham em vida, em movimento, em "*vária cor*".

O que não tem impedido de serem obras ainda hoje preciosas para aqueles etnógrafos ou antropólogos ou naturalistas que leem tal espécie de literatura com olhos deformados pelo fervor profissional: isto é, a procura só do pormenor concreto, capaz de ser reduzido a figura ou peça de museu. Um desses etnógrafos, o professor Alfred Métraux, sábio suíço especializado no estudo de ameríndios, já fez o elogio dos cronistas portugueses do século XVI. Os quais, descrevendo indígenas da América, parecem, na verdade, ter apenas cumprido tarefa de etnógrafos de campo e não haver concorrido, como concorreram, para dar à literatura em língua portuguesa uma de suas maiores virtudes: a de ser a literatura europeia que primeiro, melhor e mais naturalmente, revelou os trópicos ao europeu, através da palavra nem sempre acadêmica, mas várias vezes chã, e mesmo rude, de portugueses simplesmente portugueses; de homens cuja normalidade de alma e corpo quase sempre tem contrastado com a excentricidade às vezes doentia, daqueles alemães, ingleses, franceses que mais se têm aproximado do Oriente e dos trópicos para os estudarem, os interpretarem e os descreverem com amor e não apenas com ciência ou arte. Desde Humboldt a Lawrence da Arábia; deste William Beckford a André Gide.

Quando um Damião de Góis, retratando os primeiros homens avistados na costa de Moçambique, ainda no século XV, pela gente aventurosa de Gama, diz que eram baços e de bons corpos que "vinham vestidos de pano de algodão listrado e nas cabeças traziam umas toucas foteadas com vivos de seda, lavradas de fios de ouro, e terçados mouriscos, cingidos com adargas nos braços", neste luxo de pormenores de forma e de cor não só de corpo como de vestuário africano há qualquer coisa de feminino: certa sensibilidade a detalhes de trajo que em geral só se encontra nas mulheres e nos efeminados. Mas em portugueses da varonilidade dos do século XVI admite-se que soubessem juntar às virtudes de machos, e machos esplendidamente procriadores, olhos um pouco de mulher na capacidade de surpreender pormenores daquela espécie; e olhos um pouco e, mesmo, muito de mulher, parece que nos portugueses sempre se juntaram ao mais do corpo, potentemente viril em todos os seus outros contatos com o Oriente e com os trópicos. A sensibilidade a detalhes de vestuário vai, em mais de um tropicalista português, a extremos que seriam apenas femininos, de curiosidade, se a chamada curiosidade feminina não se confundisse muitas vezes com a dos artistas, a dos homens de ciência, a dos agentes secretos dos governos ou das empresas; e em cada tropicalista português, dos que nos deixaram melhores páginas de revelação dos trópicos e do Oriente, parece ter havido não só um pouco de mulher a completar o homem como um agente secreto de seu rei ou um informante do jesuíta, seu diretor espiritual, a completar o artista ou o homem de ciência; ou o simples curioso entregue de peito descoberto e livre, boêmia e franciscanamente, à aventura exótica; tomado de amor completo por uma realidade tropical de que em Portugal o sol, a luz, o calor, o mouro, o judeu, a proximidade da África deram-lhe, mais que a outros europeus, a antecipação ou o gosto ou o desejo.

Daí o tropicalismo ao mesmo tempo voluptuoso e meticuloso, em que se aguçou o português: o normalmente português e não apenas o excepcional. Só nesse europeu um tanto africano, o amor aos trópicos poderia ter-se animado, como se animou, de uma sensibilidade a pormenores significativos que, podendo parecer sensibilidade apenas de mulher desgarrada em homem, foi, também, curiosidade de padre desgarrado em leigo, de agente del-rei desgarrado em simples paisano, de artista ou homem de ciência desgarrado em homem comum: sensibilidade a aspectos diversos e cores várias de uma realidade da qual nada o português médio, e não apenas o superior, considerava estranho a Portugal. Porque quase todo português tornou-se apaixonado pelos trópicos desde as primeiras aventuras de dom Henrique e dos homens de Sagres. Quase todo português homem. Quase todo português moço. Quase todo português menino. Muita mulher portuguesa. Muito velho, como o de já noventa anos que acompanhou os infantes à aventura de Ceuta. O velho de Restelo quase ficou a falar só entre os próprios velhos: a dar conselhos de prudência a uma gente que à prudência ou à rotina queria acrescentar aventura.

Dos meninos que se anteciparam em ser homens para se aventurarem por águas e terras do Oriente e dos trópicos nenhum mais expressivamente típico que o próprio Fernão Mendes Pinto: talvez o português mais complexo não só de sua época como de todas as épocas. Típico dos meninos que se adiantaram em ser homens para não terem que esperar pelo buço ou pela barba para seguirem o caminho da aventura oriental ou tropical. Típico dos homens com algo de mulher em sua sensibilidade a coisas do Oriente e a valores dos trópicos de que nos deixaram a descrição científica ao lado da revelação estética. Típico, também, dos portugueses que por mais que pecassem no Oriente e nos trópicos, emprenhando, para gozo seu e proveito da sua nação, quantas mulheres de cor se entregassem às suas carícias, não deixavam de se sentir cristãos como que secretamente comprometidos com a Igreja e não apenas com o seu rei a conquistarem almas para Jesus e não somente portugueses para Portugal: tanto que a certa altura de sua vida aventurosa, Fernão, como já vimos, chegou a vestir a loba de jesuíta.

E quando esse português nos apresenta flagrantes de civilização oriental ou de vida tropical é todo ele – e não um seco homem de letras ou de ciência ou de arte erudita – que nos apresenta tais flagrantes, dos quais sentimos a forma, a cor, a luz, o aroma, o gosto. Todo ele se empenha com a vigorosa amplitude de sua personalidade ao mesmo tempo típica e excepcional, nesses esforços de revelação de um cotidiano misturado de tal modo ao fantástico que parece às vezes mentira. Esforços que deixam na sombra toda a genial retórica de Vieira e do próprio Camões; o impressionismo de Oliveira Martins e do próprio Eça; até o realismo de Machado que ao recordar "O Velho Senado" tem qualquer coisa de um Fernão, não Pinto, porém Lopes, mais sutil.

Todo ele – Fernão Mendes Pinto – se empenha nesses esforços: o menino português que tendo ainda menino seguido para o Oriente nunca se tornou inteiramente homem no Ultramar; o homem com alguma coisa de efeminado na atenção a pequenos nadas significativos; o pecador que parece ter experimentado no Oriente quase todos os pecados e não apenas os comuns; o jesuíta que parece ter querido purgar com seu duro ascetismo todos os pecados de luxúria, de gula, de ambição, de avareza, de vaidade: seus e dos demais cristãos enriquecidos no Oriente ou espalhados pelos trópicos. Mas principalmente o curioso de mistérios orientais, de coisas náuticas, de exotismos tropicais que sobre tudo isso soube escrever páginas que assombram ainda hoje os especialistas, embora enfureçam os miniaturistas preocupados com a exatidão de nomes próprios, de datas, de sequência cronológica: exatidões que ele, na verdade, às vezes desprezou. Menos, porém, do que pareceu a princípio a certos pedantes da geografia, da história ou da etnografia: os recentes estudos do visconde de Lagoa, mestre em geografia, em torno do itinerário de Fernão Mendes Pinto, reabilitam o velho orientalista de mais de uma crítica pedantemente injusta à sua famosa inexatidão em grafar nomes, fixar datas, estabelecer sequência entre acontecimentos que pudesse prejudicar a dramaticidade da narrativa.

Típico pode ser considerado, entre os flagrantes orientais imortalizados pelo impressionismo realista de Fernão Mendes, aquele em que o português retrata certa "casa da judicatura do crime" da China e por mais de um mestre de literatura, considerado obra-prima do que um deles chama de "captação do pitoresco". Mas que, na verdade, ultrapassa a "captação do pitoresco" para revelar, através do pitoresco, intimidades do próprio comportamento sexual das gentes do Oriente. Faz-nos Fernão ver o *chaem* "com grande aparato e majestade, assentado numa rica cadeira de prata" e em redor dele meninos a representarem, um a misericórdia, outro, a justiça. O menino que representava a misericórdia, abrilhantado por um tal luxo de adornos que deve ter feito o português pensar imediatamente no costume muito oriental de substituir-se às vezes a mulher bela pelo menino bonito: "Vestido de cetim branco, coberto de rosas de ouro e ao pescoço um rico fio de pérolas que lhe dava três voltas e os cabelos muito compridos, como mulher, trançados com uma fita de ouro e carmesim, com sua guarnição de pérolas de muito preço e nos pés umas alparcas de ouro e verde (...) e ele tão gentil homem e bem assombrado que qualquer mulher, por fermosa que fora, lhe não pudera fazer vantagem".

Como Fernão de ordinário simplesmente revela o que viu, é raro deixar que o jesuíta – o jesuíta que chegou a ser – sufoque de todo nele o artista um tanto homem de ciência – ciência do homem – e sensível a quanto espetáculo novo lhe ofereceu o Oriente ou o trópico; e nisto está uma das suas maiores virtudes de escritor, de orientalista, de tropicalista. Rara uma independência como a sua em europeu normalmente europeu como ele era: independência de sentido ou de visão da vida que lhe permitiu fixar sem repugnância, às vezes com algum gosto ou volúpia, expressões de civilizações ou culturas exóticas; e até aspectos contrários à moral católica ou às convenções europeias, de comportamento, contanto que esteticamente atraentes ou socialmente significativos para a sua aventura de ver, compreender e interpretar o Oriente, tanto quanto possível sem julgá-lo. Desejoso da cristianização desse Oriente, mas não ao ponto de sacrificar de todo a tal desejo o gozo de particularidades de vida e de cultura que, aliás, talvez viessem a conciliar-se com a desejada cristianização daquelas populações de cor. Semelhante critério chegou, aliás, a ser adotado na China e no Japão pelos próprios jesuítas, cujo maduro saber lhes deu naquelas civilizações mais respeitosas de sábios que as do Ocidente situação particularmente prestigiosa.

No Oriente, Fernão parece ter tido de jesuíta o bastante para pensar e talvez agir, quando preciso, jesuiticamente; e os jesuítas chegaram a empenhar-se em que o raro orientalista, cujo gênio devem ter sentido primeiro que ninguém, se tornasse, de corpo e alma, homem da companhia e não apenas amigo e entusiasta do padre Francisco e de outros padres. O que não foi possível pela própria complexidade de um ser múltiplo e vário como era Fernão, do qual convém não esquecer que a vida toda conservou a flama do adolescente das primeiras aventuras de fuga, de evasão, de horror à rotina. Já no fim da vida, ainda pensava em ser contemplado por el-rei de Portugal com algum posto ou graça que lhe desse oportunidade de agir aventurosamente. Felizmente o governo desprezou-o; e Fernão, assim desprezado, pôde concentrar-se na aventura maior da sua vida que foi escrever *Peregrinaçam*.

O menino com o horror de Fernão à rotina, o adolescente com aquele seu gosto de evasão e aquela sua paixão por aventura, é uma figura que não pode ser esquecida nunca na interpretação da obra portuguesa no Ultramar. Embora só um dos muitos adolescentes aventurosos viesse a ter, além do gênio, velhice menos de nababo que de homem não de todo miserável de corpo e de bens, para, em vez de levantar na sua velha aldeia igreja ou casa em forma grandiosa de pagode, escrever essa extraordinária *Peregrinaçam* que estrangeiros especializados no conhecimento da literatura portuguesa como um Maurice Collins e mestres dessa literatura como o professor Hernâni Cidade, causando uma revolução de hierarquia que sacoleja todo um sistema de consagrações seculares, começam a considerar, sob vários aspectos, maior do que Camões, vários têm sido os Fernões que o desejo de aventura no Ultramar tem levado a deixar, ainda meninos, a rotina das suas aldeias, das suas casas e até das suas escolas em Portugal para se lançarem em empresas de homens feitos. De um deles recorda crônica ainda do século XV que praticou em águas tropicais façanha tal que por ela se antecipou a Fernão Mendes Pinto naquele modo fantástico de ser português no Oriente ou nos trópicos, escapando a perigos e livrando-se de cativeiro entre bárbaros. Modo que celebrizou o autor de *Peregrinaçam*. Que lhe deu a fama, raramente justa, de autor que para prestigiar-se e prestigiar sua narrativa inventava peripécias de modo algum confirmadas pelos fatos secamente fatos. Ora, desse outro português que antes de Fernão foi para os trópicos ainda menino, se sabe, não por sua boca, mas pela pena de cronista meticuloso, que iniciou, de modo romântico, toda uma série de feitos, na verdade extraordinários, praticados no Ultramar por meninos e adolescentes portugueses. Tão extraordinários que os tornaram dignos dos homens que às vezes ultrapassaram em arrojo ou capacidade de aventura: os homens que eles, meninos e adolescentes, os próprios velhos – exceptuados, é claro, os de Restelo – e até mulheres meio homens, como algumas que se fizeram até de soldados para ir pelejar no Oriente – ou como dona Brites de Albuquerque, que, no Brasil, governou terras tropicais ainda no século XVI –, tiveram de completar ou substituir. Pois não nos esqueçamos nunca de que a aventura portuguesa de expansão no Oriente e nos trópicos fez-se com um número tão pequeno de homens em idade plenamente viril que teria sido essa aventura impossível sem os muitos meninos e adolescentes que participaram dela como se fossem já homens; sem os velhos e mulheres que igualmente fizeram as vezes de homens; sem os mestiços e até indígenas cristianizados que fizeram as vezes de portugueses puros ou plenos. A plenitude de idade, de sexo e de raça dominantes, o português foi, talvez, o primeiro povo moderno a desacreditá-la, substituindo quanto fosse plenitude de ordem apenas física pela moral, de ânimo, e pela social, de condição. A condição de cristão e de português. Era esta condição que definia de início a capacidade de qualquer indivíduo – entre outros europeus, limitada por aquelas considerações de sexo, de raça ou de idade – para agir nos trópicos ou no Oriente, a favor da expansão cristã e portuguesa.

O que explica um aspecto geralmente esquecido no estudo do processo social dessa expansão: a importância que nela tiveram o menino e o adolescente, ao lado do velho – Afonso de Albuquerque era já homem de sessenta quando tornou-se no Oriente o "terrível" da classificação de Camões – e da mulher – o caso de dona Brites, governadora de terras tropicais, ainda no século XVI, repita-se que é fortemente expressivo como negação das convenções europeias dominantes na época. O meio homem, o menino, o velho, a mulher completando o homem puro, mas escasso, do mesmo modo que o mestiço completou o português de raça pura, igualmente escasso, dão à expansão portuguesa o caráter de um movimento de ordem quase completamente sociológica, em que valores biológicos considerados fixos em sua capacidade de ação foram alterados e submetidos a uma função social inteiramente nova. A vitória do esforço português representa inesperada vitória de uma ação revolucionariamente sociológica sobre convenções de base biológica. Pois foi um esforço em que, para suprir-se a escassez de adultos, de brancos e de machos não só se admitiu, como, em alguns casos, sistematizou-se, a utilização de adolescentes – e às vezes até de meninos e velhos –, como adultos, a de mestiços – e até de indígenas –, como brancos e a de mulheres, como homens de governo ou de ação.

Se aqui se emprega palavra "sistematização" é que parece ter chegado a ser sistemático e não apenas esporádico o emprego de adolescentes no esforço ultramarino português dos séculos XV e XVI. Pelo infante dom Henrique, na sua Escola de Sagres e pelos conquistadores da Índia, no século seguinte. E com relação ao Brasil, sabe-se como foram aqui utilizados, nos primeiros esforços de colonização, os meninos órfãos de Portugal.

Pela crônica de Zurara, temos conhecimento de uma das mais estranhas aventuras que já ocorreram a adolescentes ou meninos em águas misteriosamente tropicais. Aconteceu depois do mau sucesso de Nuno Tristão na costa da Guiné. Nuno, com os adultos da sua tripulação, ao subir em batéis um rio ignorado, fora colhido pelas setas dos selvagens. Alguns ali mesmo morreram; outros, feridos, conseguiram remar até a caravela. Mas chegaram ao navio moribundos. Restos de homens. Coube então ao adolescente Aires Tinoco, escrivão do navio, e a dois pajens ainda meninos – um deles preto – fazerem as vezes dos adultos. E viu-se o caso espantoso de uma caravela voltar da África a Portugal governada por um adolescente e tendo por marinheiros dois meninos. Toda uma longa viagem de dois meses sem se avistar terra foi a deles. Apenas o adolescente não era um aventureirinho qualquer, mas menino da Escola de Sagres, criado do infante, que assim iniciava meninos portugueses, desde muito novos, nas artes de navegar em mares tropicais do mesmo modo que iniciava pretinhos apanhados pelos portugueses nas matas do Senegal nos mistérios da própria teologia católica como se fez com aquele meninozinho trazido da África por Gomes Pires, a quem se mandou ensinar "todalas cousas que cumpria saber cristão": ler, escrever, rezar, instruir-se na doutrina da Igreja. Já estava o pretinho a tornar-se, ainda menino, quase doutor da Igreja, quando morreu. Mas o cuidado do infante em instruir tais africanos em coisas cristãs e portuguesas ou, como Aires Tinoco, em assuntos tropicais e africanos, mostra quanto era grande o afã lusitano em utilizar, ainda novos, quantos bons elementos, brancos ou pretos, pudessem ser postos ao serviço da causa comum, de expansão portuguesa no Ultramar. Uma expansão em que a escassez de homens teve que ser em parte suprida – repita-se – por meninos; a escassez de brancos, em parte suprida por mestiços e pretos. E nisto foi tão original, como expansão europeia, que ainda hoje quase toda ela se assemelha, em seus aspectos mais fantásticos, com a *Peregrinaçam*: o livro daquele aventureiro de gênio que melhor resumiu a aventura portuguesa no Oriente, quer pela vida que desde menino viveu, quer pela experiência que, já velho, esplendidamente reviveu em páginas por tanto tempo tidas por falsas. A ponto de ao seu autor se ter dito, numa caricatura cruel do seu nome: "*Fernão, mentes? Minto!*".

A verdade é que nem Fernão nem Portugal mentiram à Europa. Por eles o europeu conheceu um mundo tão novo que lhes pareceu falso. Mas existia. O português vira-o antes que qualquer outro europeu, com olhos ao mesmo tempo de homem, de velho, de mulher, de adolescente, de poeta, de pintor, de cientista, de missionário, de comerciante, de político. Daí ter visto tanto e tão diversamente esse mundo novo de que os outros se aproximaram, uns apenas com olhos de adulto masculino, outros somente com ganância de comerciante, alguns com puro zelo ou fervor de missionários. Precisamente os olhos mais convencionais com que um ser humano vê os outros, desprezando neles, nas suas formas, nas suas cores e nas formas e cores de suas casas, de suas terras, de suas paisagens, pormenores que só olhos de mulher, de velho, de menino, de poeta, de pintor, de cientista sabem descobrir ou revelar.

Ainda não se atentou suficientemente na vantagem que decerto decorreu para o português – para o seu sistema de assimilação de valores orientais ou tropicais tanto quanto para a sua obra de revelação desses valores à Europa – do fato de, na expansão lusitana no Ultramar, desde o início o adulto ter sido acompanhado ou pelo adolescente ou pelo menino, o homem de idade viril completado pelo velho, o indivíduo do sexo chamado forte pelo do denominado belo sexo. Acompanhamento que quase não se verificou com outras expansões europeias nos trópicos ou no Oriente, senão no século XIX; ou dos séculos XVI ao XVIII em pequenas áreas tropicais da América, de colonização espanhola ou francesa. Mas em nenhuma dessas áreas ou épocas, de modo tão completo como nas áreas orientais e tropicais alcançadas mais intensamente pelo esforço português nos séculos XVI e XVII.

Supõe-se pelo que diz Gaspar Correia, nas *Lendas da Índia*, que em princípios do século XVI Afonso de Albuquerque, vendo ou considerando o problema da consolidação da sociedade ou da cultura lusitana no Hindustão, com olhos sensatos de velho, já escrevesse ao rei dom Manuel sobre a conveniência da ida de mulheres ou donzelas portuguesas para Goa. Como elemento ocidentalizante de cultura, seriam insubstituíveis; e se havia vantagens nos casamentos mistos, animados de início pelo mesmo Albuquerque, velho sempre sagaz, essas vantagens não excluíam a conveniência de se transportarem para a Índia portuguesas que ali casassem com portugueses ou com mestiços, deles tivessem filhos e desenvolvessem, como esposas, como mães e como donas de casa, uma obra de consolidação ou estabilização social impossível de ser realizada por outro meio ou por outro agente. No Oriente, como no Brasil, seriam essas primeiras mulheres portuguesas estabelecidas em meios tropicais como esposas, mães, donas de casa, aquele elemento de estabilização ou aprofundamento de influência europeia que, em ensaio sobre a sociedade patriarcal no Brasil – *Sobrados e Mucambos* –, já procurei destacar, sugerindo um critério geral de avaliação de maior ou menor profundidade dessa influência – conforme a presença maior ou menor de mulheres – que, aplicado à Índia, foi considerado válido pelo professor Germano Correia, do mesmo modo que, aplicado às Áfricas portuguesas do Ocidente e do Oriente, foi aí confirmado pela sra. Maria Archer e estendido ao estudo de populações rurais de Moçambique pelo dr. Cardoso de Vilhena, mostrou corresponder à realidade regional entre as mesmas populações. Pesquisador há anos especializado no estudo antropológico e sociológico da colonização portuguesa naquela mais distante área tropical, o professor Correia verificou que antes do Brasil a Índia foi para Portugal "colônia de povoamento no rigoroso sentido demográfico do termo", tendo-se seguido logo à conquista de Goa a emigração de mulher portuguesa para o Oriente. "Queixava-se o governador com el-rei (...) porque não dava passagem às mulheres de Portugal para a Índia..." Mas como os reis, na plenitude da idade viril, nem sempre ouvem os velhos que por amor deles ou da nação se põem mal com os homens de menos espírito público ou de menor sentido nacional de vida, a advertência de Albuquerque parece não ter sido considerada seriamente pelo Venturoso, mas só pelo seu sucessor.

Durante o primeiro quartel do século XVI, já muitas seriam as portuguesas na Índia: o pesquisador Germano Correia escreve em sua bem documentada *História da Colonização Portuguesa na Índia* que "após numerosas e demoradas pesquisas pelos arquivos desta nossa Índia, de Portugal, Paris, Londres, Bombaim e Batávia, levadas a efeito durante mais de trinta anos" – pesquisas que ele deseja completar com estudos nos arquivos brasileiros –, calcula em "mais de oito mil o número de portuguesas desembarcadas nas principais cidades do Oriente português no decurso do século XVI". E ele próprio salienta que só 250 anos depois se verificaria qualquer emigração de mulheres da Inglaterra para a Índia, daí tendo resultado ter Portugal, durante longo tempo, suprido de mulheres europeias, no Oriente, não só portugueses como os europeus do Norte que lá se foram estabelecendo e dos quais vários desposaram lusitanas. Do mesmo modo que holandeses, europeus de outras procedências – espanhóis, italianos e alemães – desposaram portuguesas ou filhas e netas de portugueses no Brasil dos séculos XVI e XVII: principalmente em São Vicente e Pernambuco que foram os dois pontos da América em que a colonização portuguesa primeiro se estabilizou e aprofundou com a presença de mulheres idas do reino ou sob a ação de bons e sólidos casais como os que de Viana do Castelo acompanharam Duarte Coelho a Pernambuco. E tanto para a Índia como para algumas áreas do Brasil menos favorecidas pela presença de casais, enviou Portugal, no século XVI, meninas órfãs ou donzelas casadouras, destinadas a servirem de base a famílias regulares que concorressem para aquela estabilidade, sempre comprometida quando eram só de homens ou de solteiros os grupos coloniais. Tendiam então a ser apenas aventurosos em seu comportamento: a presença de mulher do reino entre eles moderava-lhes a paixão pela aventura para acentuar-lhes o gosto pela rotina, pela estabilidade, pela ordem. Gosto que a organização da família regular concorre, como nenhuma outra organização, para desenvolver utilmente entre pioneiros.

No Oriente, como no Brasil, concorreu também para o desenvolvimento da rotina cristã ou europeia de vida entre os principais grupos coloniais aquela instituição docemente portuguesa – a Misericórdia –, que ao lado de um sistema patriarcal de família quase sempre maternalista, e não apenas paternalista, em suas expressões, deu à colonização lusitana de áreas orientais e tropicais algumas das condições básicas de estabilidade e regularidade desejadas pelos velhos como Albuquerque, na Índia, e Duarte Coelho, no Brasil, embora desprezadas pelos meninos ou adolescentes que aventurosamente participaram desses primeiros esforços lusitanos de dominação de terras ou gentes exóticas. Da Misericórdia de Goa o elogio está feito por um francês do século XVII: Pyrard de Laval. Não cuidava apenas de doentes, de desgraçados, de mortos, de velhos, mas também de vivos, de moças, de rapazes, de meninos. A emigração de meninas órfãs para o Oriente se fez quase toda à sua sombra. Espalhada através de 23 filiais, pelo Oriente lusitano inteiro, a Misericórdia de Goa distribuiu entre portugueses adultos e casados, dispersos por todo aquele mundo estranho, meninas ou moças que eram, umas donzelas, outras viúvas ainda casadouras, europeias, várias, e filhas ou netas de portugueses, algumas, procurando para cada uma aquele "abrigo em casa de homem honrado e casado", a que se refere Ferreira Martins na sua *História da Misericórdia de Goa*: abrigo "onde nada lhe faltasse a troco do óbolo que os irmãos lhe davam, até que a câmara da cidade e o vice-rei lhe arranjassem um casamento com pessoa bem-nascida, que obteria em dote o comando de uma fortaleza ou alguma feitoria, ou qualquer cargo rendoso".

Embora certo racismo ou *castismo* pareça ter regulado, por ordem del-rei, muitos dos casamentos dirigidos, o que se supõe é que esse aparente racismo ou *castismo* visasse dar vigor a famílias que, além de portuguesas, fossem, pelos dois lados, nobres e conservassem, em meios tão estranhos e dissolventes como os do Oriente, não só costumes portugueses como normas e ritos da velha nobreza portuguesa, porventura mais fiel ao cristianismo ou à Igreja do que a plebe. Eram então, na Índia, as mulheres portuguesas de origem nobre as únicas a quem se dava o título de "dona": *castismo* que talvez correspondesse ao encontrado pelos portugueses naquela parte do Oriente. Mas tanto este *castismo* como aquele racismo – evidentemente circunstanciais, isto é, para assegurarem aos primeiros portugueses estabelecidos num meio duramente hierarquizado em castas e fragmentado em raças como o da Índia, o prestígio social que, doutro modo, talvez lhes faltasse entre hindus – foram-se conservando, por um lado, através de casamentos dirigidos, mas, por outro lado, sofrendo golpes quase de morte da parte daqueles portugueses aventurosos para quem o casamento no Oriente ou nos trópicos era também aventura; e não apenas ordenação de vida. Tais portugueses, muitos deles quase adolescentes, rapazes idos ainda meninos do reino para o Ultramar mais exótico, desprezando as vantagens burocráticas que pudessem resultar para os homens mais sensatos dos casamentos dirigidos, não quiseram para si senão mulheres de cor, asiáticas, africanas, ameríndias. Uniões aventurosas. O casamento regular repugnava, decerto, a muitos deles, obcecados pela ideia fixa de evasão ou de fuga do que fosse regularmente europeu. A imagem de esposa branca ou europeia devia contrariar neles o mesmo sentimento fixo de evasão do que fosse rotineiramente europeu. Daí o gosto pela mulher de cor, ainda hoje vivo nos adolescentes portugueses que partem de Portugal para os trópicos, em circunstâncias semelhantes às daqueles portuguesinhos aventurosos dos séculos XVI e XVII.

Os quais chegaram a ser tantos que a fuga ou evasão deles alarmou reis e homens de Estado. Um deles, Felipe II, quando rei também de Portugal. Cunha Rivara encontrou a este respeito expressivo documento, cuja importância é destacada pelo professor Germano Correia no seu já referido estudo de antropólogo alongado em historiador da colonização portuguesa na Índia. Era um abuso, segundo o rei, que fossem nas naus para a Índia tantos "meninos assentados sem soldo": prática contra a qual fora advertido pelo vice-rei Matias de Albuquerque. Desde 1538 era comum, nos cais de Goa, ver desembarcar numerosos adolescentes "que não podiam, pela sua pouca idade, ser outra coisa senão pajens ou meninos de coro", nota aquele historiador; o qual transcreve a carta de lei de 10 de março de 1595 com que se procurou impedir de todo o abuso da entrada na Índia de tantos meninos portugueses sob o pretexto de virem servir de pajens a fidalgos. Lei que alcançava só os meninos plebeus do tipo de Fernão Mendes Pinto: também ele pajem nos começos de sua vida de português seduzido pelo Oriente e pelos trópicos. Não atingia os adolescentes fidalgos, dos quais, em 1586, a julgar por outra carta del-rei publicada por Cunha Rivara, eram muitos os espalhados pela Índia: eles e soldados sem disciplina que, estendendo-se a "Bengala, Pegu e outras partes", não faziam "nenhum serviço a Deus...".

A Deus, não serviram decerto, dentro das normas do dever cristão, esses mancebos sem disciplina; mas são numerosas as evidências de que, para proveito da expansão portuguesa, juntaram todos muito sangue lusitano a mulheres pardas, roxas, amarelas, pretas com quem se foram unindo naquelas várias partes do Oriente. E como argutamente já reparou um escritor português voltado há anos para os assuntos ultramarinos – João Osório –, para o português uma gota do seu sangue como que bastava para tornar portugueses os mestiços mais distantes da condição étnica, da forma de corpo e da cor da pele dos pais. Uma como intensificação do método árabe de assimilação de asiáticos e africanos, devendo-se notar que também naquele excesso com que adolescentes fidalgos e plebeus concorreram, nos séculos XV e XVI principalmente, à aventura de expansão portuguesa no Oriente, talvez se possa apontar traço de influência moura sobre o comportamento lusitano: também entre os mouros o adolescente cedo se fazia, outrora, homem e cavalheiro. Como de origem principalmente árabe pode ser considerada a tendência, tão acentuada entre os portugueses nos seus dias mais intensos de expansão no Oriente e nos trópicos, para a condição de nobre do pai bastar para afidalgar a do filho mestiço. Daqueles adolescentes fidalgos, cuja presença na Índia vem assinalada em documentos diversos, é de supor que descendam numerosos asiáticos de nomes fidalgamente portugueses que, ainda hoje, se encontram no Oriente, embora de vários desses nomes se saiba que foram adotados por asiáticos puramente asiáticos, de padrinhos portugueses, na ocasião de seus batismos cristãos. O que sucedeu também no Brasil e em terras africanas.

Contra aquela tendência para o pai nobre afidalgar filho mestiço, parece que as providências da metrópole foram principalmente de rei castelhano a fazer as vezes de rei luso. De modo geral, o que se pode afirmar do processo português de dominação de terras e de assimilação de valores orientais e tropicais é que foi um processo de que participaram de início, com uma complexidade que faltou aos demais esforços europeus de dominação daquelas áreas, a mulher, o velho, o menino, o adolescente, o mestiço cristianizado e às vezes afidalgado pela condição do pai; e não apenas o branco adulto do sexo masculino. O poeta misturado ao homem prático. O místico ao lado do comerciante. Nessa complexidade está a principal singularidade do processo português de recriação daqueles valores. Essa complexidade, ninguém a representa melhor, na literatura em língua portuguesa – nem mesmo Camões –, que Fernão Mendes Pinto, autor da *Peregrinaçam*: um livro, ainda mais que *Os Lusíadas*, cheio de volúpia pela "*vária cor*". De volúpia animada de compreensão, de simpatia e até de empatia. Um livro do qual se poderia ter dito, em antecipação a Whitman, que não era um livro apenas, mas um homem.

DA CORRESPONDÊNCIA DE H. L. MENCKEN COM UM AMIGO BRASILEIRO

Henry L. Mencken atingiu, ainda jovem, a um relevo mundial. Seus trabalhos, traduzidos em alemão, francês, espanhol, iídiche, italiano, tornaram-no um dos escritores mais lidos do seu tempo. Um dos mais discutidos.

Por mais de vinte anos ele foi o terror da burguesia anglo-americana. Em torno de suas iniciais – H. L. M. – quase tão famosas quanto as de C. K. C. (Chesterton) ou as de G. B. S. (Shaw) – e da sua figura de homem ao mesmo tempo de ação e de letras, que chegou a cinquentão sem perder o ar de rapaz, criou-se uma verdadeira legenda: a "legenda menckeniana".

"Há – escreveu o crítico Isaac Goldberg, autor de um bom estudo sobre Mencken, publicado quando o famoso escritor estava ainda vivo –, há mesmo quem o suponha o anti-Cristo; e imagine que ele comece o dia regalando-se da carne de virgens e do sangue de crianças como qualquer burguês puritano do seu café com leite e de suas maçãs da Califórnia. E que continue o dia, não trabalhando como um bom rotariano em benefício dos concidadãos e da humanidade, mas planejando o incêndio de igrejas e a matança de inocentes, embriagando-se, jogando, intrigando, conspirando contra a moral e contra a ordem."

Diretor por algum tempo da revista *Smart Set* e, depois, de *The American Mercury*, em que colaboraram, atraídos por Mencken, velhos sábios como Boas e onde se revelaram alguns dos maiores talentos novos dos Estados Unidos e de outros países, a influência de H. L. M. se fez sentir de maneira considerável sobre a mocidade do seu tempo. Combateu como ninguém o ideal, tão em voga naqueles dias, do sucesso, através da eficiência e das mil e uma virtudes consagradas pelo idealismo simplista do metodismo, dos rotarianos, do dr. Frank Crane e do dr. Orison Sweet Marden. Daí o seu empenho para que se formasse entre os jovens do seu país, principalmente nas universidades, uma espécie de aristocracia intelectual ou artística, antipuritana e antirrotariana. Mencken concorreu de modo incisivo e decisivo para libertar seus compatriotas de alguns dos piores preconceitos burgueses.

Antissocialista, Mencken foi, entretanto, um dos escritores mais queridos pelos jovens radicais de "esquerda" do seu país, que o consideravam, pelo seu gosto de aventura, pela sua afirmação de personalidade, pela sua independência, a antecipação do "*free-functioning individual*", de alma e corpo libertos por uma melhor ordem não só econômica, como cultural.

No que escreveu, foi sempre um desabusado. Sem papas na língua e às vezes brutal. O que não impediu alguns dos seus trabalhos de serem acolhidos respeitosamente pela crítica mais séria e autorizada dos Estados Unidos e da Europa. Até pelos filólogos escandinavos – os mais graves do mundo.

Em certo sentido, ninguém mais típico dos Estados Unidos nem mais americano dos Estados Unidos que esse aparente antipatriota que combateu tão duramente algumas das instituições e dos ideais respeitáveis do seu país; mas que, ao mesmo tempo, levantou à cultura americana dos Estados Unidos um verdadeiro monumento, escrevendo a obra profundamente nacional que é *The American Language*. E exprimindo-se, ele próprio, num inglês arrogantemente americano.

Mencken teve um amigo no Brasil – um brasileiro que estudou nos Estados Unidos e com quem durante anos manteve correspondência. As cartas, a esse brasileiro, de Mencken, quando forem publicadas na íntegra, serão uma documentação nova e interessante sobre aspectos ainda obscuros da personalidade do grande crítico. Também revelam seu interesse por assuntos brasileiros excitado nele por esse amigo ainda jovem.

"Meu livro de versos é coisa de rapazola, não presta", escreveu Mencken, numa das suas cartas, ao amigo brasileiro. E noutra, a propósito da sua aparência: "O quê? Cara de caixeiro-viajante, eu, no retrato? Nunca! Cara de um dos dez apóstolos, bem penteado e barbeado".

E numa expansão autocrítica, ainda noutra carta: "Do que tenho escrito, considero *Death: a Discussion* como talvez o meu melhor ensaio. Mostra em poucas páginas toda a vacuidade da atitude americana diante da vida. Dos meus ensaios propriamente críticos, o melhor é provavelmente *The National Letters*".

Trecho de uma carta autobiográfica:

The American Language é livro que comecei a escrever brincando. Uma pilhéria. Em 1916 eu escrevia para o *Evening Sun*, de Baltimore, uns artigos sobre questões gramaticais. Mas artigos burlescos. Despertaram um interesse enorme. Diariamente me chegavam cartas e mais cartas sobre os tais artigos. Pelo que comecei a tomar mais a sério o assunto. No fim de oito ou dez anos, estava pronto e publicado o livro que desde então já tive de escrever de novo duas vezes, em vista de novas aquisições, novo material etc. Tem sido um trabalhão, especialmente os índices. Quando estive na Alemanha, o outono passado, fui procurado por alguns dos professores mais importantes da filologia e convidado a fazer cursos de conferências em duas universidades.

Outra confissão interessantíssima: "Tenho criticado sempre a política norte-americana na América Latina. Considero-a inteiramente desonesta e mercenária e fico espantado do fato dos latino-americanos não se organizarem contra semelhante política".

Sobre seu modo de ser crítico mais social que literário: "Não sou fundamentalmente crítico literário. Meu maior interesse está no que se pode chamar psicologia social ou pública". Exagero. Era principalmente um indivíduo que, sob a influência de Nietzsche, via o mundo principalmente como forma, cor e, de modo especial, som; apenas como um conjunto de problemas de ordem psicológica ou de caráter social. "Sou odiado nos Estados Unidos, exceto por uma minoria, pelo muito que tenho denunciado de hipocrisia e de preconceitos. (...) E faço isso, não por moralismo, mas porque me diverte." O esteta a sobrepor-se ao moralista.

Pequenos reparos a grandes figuras dos Estados Unidos da sua época dão à correspondência de Mencken com o amigo brasileiro um sabor especialíssimo de indiscrição: "Veja alguns dos nossos *leaders* nestes últimos anos: refinados mentirosos como Wilson e bestalhões como Harding". E generalizando sua análise: "O americano [dos Estados Unidos] do tempo da guerra civil era evidentemente mais honesto, mais decente e mais corajoso nas suas atitudes do que o americano de hoje. Creio que a degenerescência que se vem verificando é inseparável do regímen democrático e que não haverá alívio a não ser com o colapso da República".

Sobre o Brasil, seus reparos não deixam de ser interessantes, embora fosse país por ele quase todo ignorado. "Do Brasil atual não se ouve falar aqui. Por que você não escreve uns artigos?". Noutra carta, já escrevera: "Interessantíssimo o seu *Social Life in Brazil in the Middle of the Nineteenth Century*". E ainda noutra: "Li com o maior encanto o seu ensaio. Era um estudo que devia ser feito e você bem o soube fazer. Muitíssimo bem. Por que não o expandir em livro? Deve haver ainda matéria a aproveitar. Daria um livro em inglês de excelentes possibilidades de êxito". E animando o amigo brasileiro a ser escritor em língua inglesa:

> (...) é tempo de você cair noutro trabalho. Estou planejando publicar em Nova York, lá para o fim do ano, uma nova revista. Uma revista melhor, em todos os sentidos, do que qualquer outra, das que ora se publicam nesta nossa República. Procurará abranger tudo que é aspecto do cenário nacional – letras, política, administração, ciência, artes, e até certos aspectos do mundo de negócios. Knopf será o impressor – garantia de um belo formato e de excelente impressão. A revista destina-se à minoria de gente educada, que já não tolera, suponho, a futilidade do liberalismo nem o *torysmo*, tipo *New York Times*. Você terá alguma coisa que se ajuste ao plano de tal revista? Se tiver, mande logo, sem falta. De modo geral, a revista será americana [dos Estados Unidos], mas esperamos lançar umas olhadelas pelo resto do mundo. Que é que se vai passando no seu Brasil que interessaria um americano – dos civilizados? Pode escrever com a franqueza que quiser, dizendo verdades. Não pouparemos melindres. Deixo a *Smart Set* para dedicar-me inteiramente à nova revista. Já reuni excelente grupo de colaboradores americanos e espero atrair outros. Título provável da revista: *The American Mercury*. Espero que se interesse pelo plano e que mande alguma coisa. Artigo de qualquer extensão. Pagaremos a colaboração melhor do que qualquer outra revista.

Trecho de outra carta de Mencken ao amigo brasileiro: "É uma alegria sabê-lo de novo pelos Estados Unidos. Há tempos que só tenho a seu respeito notícias vagas. Ouvi até dizer que tinha entrado para um mosteiro. Não tem assunto para um artigo para *The American Mercury*?".

De ainda outra carta é este trecho: "Nada me seria mais agradável do que visitar o Brasil, tendo você por guia. Não me parece provável, por ora, essa viagem. Mas quem sabe? Quem sabe se muito breve não andaremos juntos pelas ruas do Rio? Veja se escreve um artigo sobre cozinha brasileira para a *Mercury*. Ou se adapta à revista um seu estudo sobre a decadência da aristocracia rural do Brasil.

Teria grande prazer em receber um artigo seu". Interessava-o a cozinha brasileira – assunto da predileção do amigo – como arte. Era um entusiasta da boa cozinha.

Comentário a rumores acerca de um "casamento rico" do amigo brasileiro, então (1931) exilado nos Estados Unidos e professor extraordinário na Universidade de Stanford: "Com a tal história do casamento rico, os patriotas revolucionários do Brasil são muito capazes de lhe escreverem, pedindo dinheiro emprestado".

De uma carta convidando o amigo brasileiro para um jantar em Nova York: "Telefone amanhã para *The American Mercury*. Estarei em Nova York o dia todo. Combinaremos um jantar. Querendo, traga o representante do jornal brasileiro. Vou telegrafar-lhe". Tratava-se de Austregésilo de Ataíde. O jantar realizou-se. Um primor de arte culinária. Austregésilo descreveu-o em reportagem para um jornal do Rio.

Foi uma amizade que se prolongou durante vários anos, a de Mencken com o então jovem brasileiro, a quem não perdoou nunca a *non-chalance* de deixar Nova York e, depois, Oxford, para encolher-se num recanto brasileiro de província, deixando de tornar-se "escritor em língua inglesa". "Escritor em língua inglesa" de quem ele, Mencken, desejou ser o padrinho, ainda mais que o professor A. Joseph Armstrong.

Pois o suposto demônio, tido pelo mais egoísta dos discípulos americanos de Nietzsche, sabia ser generoso. Pelo menos com uns tantos jovens que imaginasse escritores em potencial; e, como escritores, capazes de ser violentamente sinceros e intransigentemente leais à sua vocação de artistas, completada pela de críticos sociais; e em oposição às convenções dominantes no seu meio e na sua época.

•

Sou o brasileiro com quem Mencken se correspondeu. O brasileiro de quem ele desejou fazer escritor em língua inglesa. Quando eu lhe dizia que levaria anos para aprender a dançar, em vez de simplesmente caminhar na língua inglesa, ele me procurava convencer com o exemplo de Conrad: "E Conrad?". Observei-lhe que, segundo Arnold Bennett, Conrad nunca chegara a escrever bom inglês. Ele, porém, replicou-me: "Do ponto de vista do inglês da Inglaterra". Para ele, a língua inglesa já deixara de ser da Inglaterra e inglesa, para ser transnacional e supra-inglesa.

Umas palavras mais sobre esse Mencken que, ainda vivo, tornou-se quase um mito. Prendeu-me a ele, durante o meu tempo de estudante de universidade, uma amizade que influiu consideravelmente sobre a minha formação. Isto a despeito do duro nietzschiano nunca ter sabido compreender minhas inclinações tolstoianas para a, segundo ele, desprezível "ternura cristã"; nem meus pendores para a mística. Sorriu, com o seu maior desdém, do meu interesse por Rabindranath Tagore – que conheci de perto e de quem me aproximei, como de William Butler Yeats, com um entusiasmo de adolescente, tendo sido convidado pelo velho indiano para tomar chá-da-índia em sua companhia; por Maeterlinck – que aliás fracassou de todo em Nova York como conferencista, devido ao seu mau inglês – tão mau que lhe valeu tremenda vaia, contra a qual protestei, com outros estudantes; por Chesterton que vi, obeso e de *pince-nez*, caminhando no próprio *campus* da Universidade de Columbia, como um novo dr. Johnson, ao lado do reitor Nicholas Murray Butler.

Eram místicos aqueles três – Tagore, Maeterlinck, Chesterton; e para Mencken misticismo era sinal de fraqueza. Pieguice. Ele enxergava pieguice até em Chopin. Daí ter me imaginado quase monge, quando soube dos meus amores, na Europa, pelas catedrais europeias; por Joris Karl Huysmans; por El Greco; pelos místicos espanhóis; e, de volta ao Brasil, pela estética das "promessas" e dos "ex-votos" brasileiros. Não conseguiu compreender meu entusiasmo por um Unamuno a quem ele opunha Pío Baroja, a seu ver, o maior dos "modernos" da Espanha.

Mencken tinha umas intolerâncias de homem estreito. De puritano virado pelo avesso. Daí o seu horror a Woodrow Wilson pelo fato de Wilson, nos seus vagares, ler romances policiais em vez de ouvir Bach ou Mozart. Julgava deficiente o homem e especialmente o escritor a quem faltasse cultura musical; o gosto pela música; musicalidade. Ficou por isto mesmo um tanto perturbado quando eu lhe recordei o caso de Swinburne que, sem ter sido um entusiasta da música – como fora Robert Browning –, tornara-se, entretanto, um dos poetas mais voluptuosamente musicais da língua inglesa. Muito mais musical do que Browning.

Tampouco compreendia Mencken que fosse para alguns um problema delicadíssimo tanto de estética quanto de psicologia, em que o senso íntimo de música de um escritor se associasse ao plástico, ao visual, ao sensual e simbólico, de forma, a preocupação, que lhe confessei ser uma das minhas torturas de adolescente aliteratado, no sentido de desenvolvermos, uns tantos escritores novos daquela época, sistemas de pontuação que se tornassem expressões tanto da música quanto da plástica literária. Combinação que eu então buscava para a minha frase, em inglês e principalmente em português. Insinuou que eu talvez estivesse a me preocupar com chinesices. Ou a me deixar influenciar demais pelos imagistas.

Essa sua advertência, porém, eu a desprezaria para, ao concentrar-me, como aprendiz de escritor, na língua portuguesa, procurar desenvolver na mesma língua um sistema personalíssimo de pontuação. O que me valeu muita crítica da parte dos escritores mais convencionais, tanto portugueses como brasileiros, dentre os que então se aperceberam dos meus pequenos, insignificantes, mas, mesmo assim, audazes experimentos. Foram experimentos que realizei contra a advertência de Mencken. Mas animado por Amy Lowell e por Vachel Lindsay. E procurando assimilar à língua portuguesa ritmos que aprendera não só do inglês moderno como do anglo-saxão; formas de pontuação desenvolvidas de sugestões não só de Eça de Queirós como de Gil Vicente, de Fernão Lopes, de Fernão Mendes Pinto e de frei Luís de Sousa.

Mencken não aprovou nunca minha preocupação com tais "chinesices". Mas quando soube, pelo seu amigo e biógrafo Isaac Goldberg, que eu estava bem ou mal desenvolvendo um estilo, em língua portuguesa, diferente dos acadêmicos, regozijou-se com tais experimentos. Apenas lamentou que fossem numa "língua obscura"; e para o seu nietzschinianismo, "desprezível".

CIÊNCIA DO HOMEM E MUSEOLOGIA: SUGESTÕES EM TORNO DO MUSEU DO HOMEM DO NORDESTE DA FUNDAÇÃO JOAQUIM NABUCO

CONSIDERAÇÕES GERAIS

O autor ufana-se de, ainda muito jovem, em artigo de jornal, ter se antecipado em lembrar a responsáveis pela educação e pela cultura em nosso país a criação de museus como não havia então em parte alguma do Brasil: organizados sob um critério que ultrapassasse o convencionalmente histórico e se firmasse já como antropológico-cultural ou histórico-social. Recorde-se ter particularizado a sugestão quanto a museus brasileiros que fossem ao mesmo tempo que nacionais, regionais; e para a civilização brasileira do açúcar sugeriu um museu especializado na apresentação de matéria representativa que documentasse, de modo atraente sem deixar de ser científico, aspecto tão importante do conjunto brasileiro de civilização através de quatro séculos de desenvolvimento. Nos depois criados museus do Açúcar, no Recife, e do Ouro, em Minas Gerais, teria o gosto de ver concretizadas de modo brilhante sugestões, quando apareceram, consideradas tão fora das ideias então dominantes do que fosse valiosamente histórico. Quanto ao critério antropológico-cultural era, naquela remota década de 1920, tão novo e estranho para a maioria dos que cuidavam de assuntos históricos, apenas admitindo como vizinhos os geográficos etnológicos e arqueológicos, que houve quem considerasse o apresentado em simples artigo de jornal excentricidade de jovem tido por alguns de seus conterrâneos como *blagueur*. Isto mesmo: *blagueur*. Que pensar de museu que reunisse amostras de renda cabocla, facas de ponta tradicionais, coisas rústicas de couro, cerâmica também popular, bonecas de pano, enfeites de tabuleiros de bolos?

Não é de admirar que houvesse tais espantos ante sugestões tidas por tão extravagantes, embora já no Museu Nacional do Rio de Janeiro, mestre Roquette-Pinto já começasse a se voltar para uma *Etnografia Sertaneja* e Euclides da Cunha já tivesse descoberto em Canudos, entre adeptos do Conselheiro, armas de fogo arcaicas, que despertaram sua atenção ou sua curiosidade. Mas curiosidade por um exótico dentro da própria cultura nacional. Quando o que se impunha ao Brasil era voltar-se menos para o curioso que para o que, nas suas várias culturas regionais presentes na nacional – a matuta das áreas canavieiras mais que a sertaneja ou a pastoril idealizada pelo sertanejismo despertado pelo grande livro de Euclides, a afro-brasileira tanto quanto a indianoide, a das velhas áreas do café e do ouro, a da área gaúcha, a da área amazônica tocada pela presença nordestina continuadora da presença portuguesa como área já em parte miscigenada e não apenas indígena –, apresentava-se como mais significativo.

Foi a favor dessa revalorização do estudo de fontes telúricas e histórico-sociais e antropológico-culturais de cultura brasileira que partiu, em ano já distante, aquele clamor recifense a favor de museus, no Brasil, de um novo tipo. De um novíssimo tipo. Clamor que viria a ser de certo modo atendido, em plano nacional, pelo admirável Rodrigo Melo Franco de Andrade quando, em 1937, iniciou a organização de um Serviço de Defesa do Patrimônio Histórico e Artístico Nacional, fazendo-se assessorar por competentes no assunto. Já então, entretanto, serviço da mesma espécie fora estabelecido pioneiramente no estado de Pernambuco pelo governador Estácio Coimbra, criando um Museu do Estado e, no estado da Bahia, pelo governador Góis Calmon. Duas antecipações que não devem ser esquecidas. Com elas madrugou no Brasil uma nova concepção do que fosse museu em termos já socioculturais. Museus constituídos à base de pesquisas de campo e para auxílio de não só curiosos, como pesquisadores. O de Pernambuco, instalado em velho solar, ele próprio característico, reunindo objetos antigos de interesse cultural, como jacarandás, isto é, móveis típicos, pratas, imagens de santos, joias de famílias – alguns adquiridos ao colecionador Brás Ribeiro; gravuras raras e pinturas (como as de Teles Júnior) adquiridas ao colecionador ilustre, o velho Baltar. Um novo tipo de museu histórico-social ou sociocultural.

Que diziam os dicionários de língua portuguesa do século passado e que dizem os de agora das palavras "museu" e "pesquisa"? Pois não são apenas as formigas ou as abelhas que nos podem dar boas lições: também os dicionários, tratados tão de resto por certos príncipes de outras formas de erudição e de informação.

Num dicionário de há quase cem anos encontra-se esta definição de museu: ..."lugar destinado ao estudo das belas-artes, das ciências e das letras. Onde se guardam peças antigas ou objetos famosos e raros". E de pesquisa: ..."busca, indagação, inquirição, informação, diligência". E de pesquisar – admitindo-se ser o museu propício não só à curiosidade como ao afã pesquisador: ..."fazer pesquisa a respeito de; inquirir; indagar; investigar; esquadrinhar".

Por tais definições, um museu seria, quer com relação a artes, quer com relação a ciências naturais e a letras humanas, um lugar estático, que guardasse peças ou valores raros, embora admitindo-se que num museu fosse possível estudar, através de objetos reunidos e apresentados, assuntos artísticos, científicos, literários.

Os dicionários atuais vão um tanto além quanto a museus. Dizem de museu: ... Museu – do grego *Mouseion*, "templo das musas". 1. Lugar destinado não apenas ao estudo, mas também à reunião e exposição de obras de arte e de peças e coleções científicas ou de objetos antigos etc. 2. *Fig.* Reunião de coisas várias; miscelânea. Admite-se, assim, nos museus uma função que vai além da de apenas reunir e guardar peças de valores artísticos e objetos científicos e históricos. Pois inclui a missão já didática ou educativa ou aculturativa de expor tais valores e, portanto, de expô-los – subentende-se – didática, metódica ou sistematicamente.

Quanto à pesquisa – trabalho intelectual de uma espécie particularmente favorecida pelos museus –, as definições antigas valem, de modo geral, para as pesquisas modernas. Mas só de modo geral. Pois a pesquisa moderna é muito mais sofisticada que a antiga e, por vezes, matematicizada. O que devia ser notado pelos dicionários, os quais deviam dizer dos museus que seu material não é só para ser olhado, mas para ser estudado, sentido, analisado por muitos dos que o olham com olhos capazes não de engolir, mas de mastigar o que veem. Quem observar os frequentadores de um típico museu moderno, seja de ciência ou de arte ou de história, constataria que enquanto alguns contemplam o que veem, por vezes extasiados, outros tomam notas: evidência de que os anima um afã pesquisador, além do gosto, por si só tão nobre, de ver e de contemplar. Pois quem verdadeiramente contempla, seja uma tela ou uma estátua de artista clássico, um resto de objeto pré-histórico ou uma relíquia de velho culto religioso, uma obra de talha ou um invento ou invenção de origem ilustre ou anônima, assimila aos seus conhecimentos um novo valor: uma nova visão do passado, de vida ou de criatividade humana.

As definições dos dicionários acompanham mudanças de significados de palavras que ocorrem com o decorrer social e cultural dos tempos. É claro que o que foi azul outrora continua azul, o que foi vermelho, continua vermelho. Porém com novas extensões de significado até de cores. Até de palavras elementares, como pão, mar, terra, homem.

A palavra *museu* sugerida a nossos antepassados muito de estático, de necrófilo, de culto inerme de coisas já mortas recolhidas respeitosamente nuns como templos destinados menos ao estudo de tais coisas que à sua contemplação reverente. Enquanto a palavra *pesquisa* foi até há relativamente poucos anos palavra de muito menos uso que atualmente. A pesquisa científica ou sistemática, de campo, esta é de data relativamente recente.

É palavra que só viria a ter um emprego mais vivo e mais amplo com a emergência de um critério revolucionariamente experimental de ciência e até de arte: fenômeno de época recente, embora de modo algum de todo ausente das antigas.

Darwin seria um cientista por excelência pesquisador de um novo tipo. Um tipo mais agressivo na aquisição de saber, através de meios racionais e lógicos de indagação, do que fora, em geral – excetuem-se os da Vinci –, o de tempo mais remoto. O tipo de pesquisa – esse novo – por que se notabilizara quase sozinho o gênio de Leonardo da Vinci. Pesquisadores sistemáticos do tipo mais lógico que mágico seriam Claude Bernard, Pasteur, Edison, Boas, Marconi, Santos Dumont, os irmãos Wright e, mais recentemente, Le Corbusier, Carlos Chagas e o inventor inglês da penicilina. A pesquisa se estenderia da biologia à química, da química à física, da física à geologia, da geologia à psicologia, da psicologia à metapsicologia de Richet. Mais: também se estenderia à arqueologia, à astronomia, à história, à medicina, às formas modernas de estudos antropológicos e sociais, nos quais se notabiliza como pesquisador genial o antropólogo Boas. Franz Boas.

Pode-se atribuir às pesquisas de Darwin e de Huxley sobre o passado do homem, sobre o homem pré-histórico e até sobre possíveis antecedentes do homem já antropologicamente homem, aquele interesse, tão grande no século XIX, em ciências naturais que se projetaria na criação de museus antropológicos – para não falar aqui nos de arte, nos de história, nos de arqueologia, como se tornaram o do Homem, em Paris, tão desenvolvido pelo sábio Rivet, o Britânico, o de Bruxelas, de Hamburgo, o de Berlim, o Etnológico, de Lisboa, os das Universidades de Oxford, Yale e Harvard, o Americano de História Natural, em Nova York, o Smithsonian, de Washington, o Museu Nacional, no Rio de Janeiro, o Ipiranga, de São Paulo.

Em 1960, que dizia a esse respeito o autor deste comentário? Que já se fora o tempo em que quem dissesse "museu" dizia uma coleção de relíquias que despertassem no visitante ternura ou curiosidade pelo passado: um passado morto, sem ligação com a vida. Uma visita a um "museu" era quase como uma renúncia à vida ou um "*rendez-vous* com a morte" – isto é, com uma civilização ou uma época já morta, da qual se guardassem piedosamente retalhos curiosos ou pitorescos; ou – nos museus de arte – altos valores ou preciosas obras-primas, respeitadas ou veneradas como valores nobres ou obras clássicas. A moderna antropologia muito viria concorrer para modificar a ideia antiga de museu; e são sobretudo os antropólogos que vêm criando em torno do homem social e das civilizações e culturas, históricas e pré-históricas, museus de um novo tipo, nos quais se sente o que há de vivo e de ligado ao homem atual e civilizado em civilizações remotas, em culturas primitivas, em artes e criações folclóricas.

Pode-se dizer do Museu do Homem, de Paris, que se tornou altamente representativo desse tipo de museu a um tempo antropológico e sociológico, no qual o visitante não se sente dominado por nenhuma ideia melancólica de morte, de passado, de civilização desfeita, mas, ao contrário, por um sentimento de continuidade de vida e de cultura, através dos tempos sociais diversos e das diferentes culturas que o homem tem atravessado ou continua a atravessar, de modo desigual, nas várias regiões do mundo. O mesmo é certo do Museu Antropológico que contribui para fazer de Oxford, na Inglaterra, um dos centros modernos mais completos de estudos antropológicos. O mesmo é certo dos museus alemães da mesma especialidade e dos americanos, dos Estados Unidos. E o próprio Portugal conseguiu, graças ao sábio Leite de Vasconcelos, reunir, no seu museu etnológico, valioso material sobre o homem e as culturas ibéricas: tão valioso que esse seu museu é dos que devem ser conhecidos pelo antropólogo moderno.

Quem conhece os museus desse tipo, compreende por que o grande mestre de antropologia que foi Franz Boas não considerava completo o especialista nessa ciência a quem faltasse o contato com essas modernas instituições de cultura e de estudo, complementares das universidades; e onde funcionam, aliás, vários cursos universitários. Foi o conselho mais insistente que o futuro fundador do Instituto Nabuco recebeu do sábio Boas quando, após seus estudos na Universidade de Columbia, partiu para a Europa, em viagem de observação e de estudo: que se especializasse em observações e estudos antropológicos, nos museus europeus. Principalmente nos alemães e no de Oxford. Seguiu o brasileiro essa recomendação do seu mestre de antropologia com o maior dos proveitos: muito mais do que simplesmente seguindo cursos de conferências, embora desses ninguém deva falar com desprezo. São essenciais: principalmente quando professados por grandes mestres. Ouviu o mesmo brasileiro conferências de mestres de Oxford como sir Alfred Zimmern e de professores da Sorbonne.

Nos museus de antropologia também se exprime o saber de grandes mestres; e talvez, em certos casos, de uma maneira mais viva e mais dinâmica que através de conferências ou de cursos. Rivet, que há pouco faleceu em Paris, onde deu ao fundador do Instituto Nabuco a honra de o receber em sua torre um pouco montaigniana de homem de ciência com alguma coisa de filósofo, foi, no Museu do Homem – depois dele dirigido sabiamente por mestre Valois, com a colaboração de jovens e competentes antropólogos como Pierre Vassal –, que melhor se exprimiu. É a melhor das suas realizações. Talvez o mesmo tenha desejado fazer no Rio de Janeiro Roquette-Pinto, quando dirigiu o Museu Nacional: mas sem ter tido inteiro sucesso. Ainda assim, a seção de etnografia sertaneja que o autor de *Rondônia* ali desenvolveu, com a colaboração de Heloísa Alberto Torres, é bem uma expressão – repita-se – da sua ciência de antropólogo especializado no estudo de culturas já especificamente brasileiras, à base de culturas ameríndias. E já com a compreensão do valor dos museus orientados no sentido de valorizar tais aspectos dos estudos antropoculturais.

O Museu Peabody, hoje famoso e esplêndido laboratório para estudos e pesquisas de caráter antropológico, foi fundado na Universidade de Harvard para "conservar antiguidades da América" que estariam rapidamente desaparecendo. Já existia então em Harvard no museu de "história natural" organizado pelo suíço

Louis Agassiz, que, nas suas pesquisas de geólogo, estivera no Brasil. As primeiras peças de interesse cultural recolhidas a esse novo museu – museu, já antropológico: pioneiro no gênero – incluíam objetos ameríndios reunidos por Francis Parkman em 1859 e objetos ligados à dança do Sol de Oglala. Coleções mais de curiosidades do que de objetos que servissem a estudos e a pesquisas de caráter sistematicamente científico.

Só vinte anos depois de fundado o Museu Peabody, na Universidade de Harvard, seu fundador, o rico George Poster Peabody, se convenceria de que a função de um museu não era apenas reunir curiosidades ou antiguidades; e sim atuar como um centro educativo e de pesquisa. Pelo que, acrescentou ao museu uma cátedra universitária, que, a seu ver, o complementaria, de arqueologia e, diríamos hoje, de ecologia ou antropologia americana. O primeiro catedrático seria o próprio criador do museu, Frederick Ward Putnam, que passou a dar aulas no próprio museu. O ensino acompanhado de pesquisa dinamizando a vida de um museu de novo tipo: o de todo dedicado ao estudo do homem, sobretudo do pré-histórico, desde que o histórico já tinha quem o estudasse em arquivos, bibliotecas, centros de investigação. Antropológico. Etnológico. Isto sem deixar de ser histórico. Nem de interesse às artes.

Ao Museu da Universidade de Harvard juntou-se, nos Estados Unidos, na segunda metade do século XIX, o Museu Americano de História Natural, em Nova York. Seria, segundo os seus fundadores, "meio de educação e de recreação". A antropologia física seria incluída de modo notável na chamada "história natural". A ela se juntava a antropologia cultural. O novo museu se destinava ainda a descobertas que resultariam de pesquisas. Não só educação e recreação: também descobertas através de pesquisas. Pois não nos esqueçamos desses novos museus norte-americanos de antropologia ou etnologia que tomariam a sério a responsabilidade de enriquecer suas coleções de peças de interesse científico patrocinando ou organizando pesquisas de campo para a colheita de novas peças; para a sua descoberta; para a sua identificação. Era o que já faziam, nos setores da arqueologia e da etnologia, museus europeus como o monumental Britânico. O que faria o Museu do Homem, de Paris.

O Museu de História Natural em Nova York organizaria ou promoveria notáveis pesquisas de campo das quais resultaram descobertas de alto valor científico.

Notável foi a chamada Jesup Expedition. Talvez ainda mais notáveis seriam as expedições que o mesmo museu viria a promover, encarregando de missões científicas de descoberta e de pesquisa alguns dos maiores antropólogos dos Estados Unidos. Sobretudo discípulos do grande Franz Boas, professor da Universidade de Columbia, como Clark Wissler e Robert Lowie.

Eram esses pesquisadores de museu cujo interesse nos seus estudos antropológicos ia além do daqueles que apenas se interessavam em ameríndios como tipos humanos e como expressões de culturas não europeias. Seu interesse se estendia à busca de conhecimento de quanto fosse, além de ameríndio, extraeuropeu, que pudessem expor, no museu a que serviam, sob critérios comparativos. Era a ciência dando maior amplitude à função dos museus voltados para o estudo do homem. Tornando esse estudo mais amplo e também mais científico. À proporção que aumentava o material que pesquisadores antropológicos de alto porte acrescentavam a um museu como o de História Natural de Nova York, tomava esse museu novas e mais dinâmicas dimensões como centro de ciências do homem no seu mais largo sentido.

Destaque-se que o próprio Boas acrescentou, a certa altura, à sua condição de mestre da Universidade de Columbia a função de orientador do Museu de História Natural de Nova York. Wissler, Lowie e Krober, seus discípulos na Universidade de Columbia, passaram a ser seus valiosíssimos colaboradores na obra de ampliação e de aprofundamento das funções de um Museu de História Natural. Era o museu, em certo sentido, superando a própria universidade, tal o seu dinamismo. Até o fim da vida de sempre mestre da Universidade de Columbia, Boas conservou-se um entusiasta dos museus de antropologia. Quando, em 1922, após estudos graduados na grande Universidade de Nova York, o futuro fundador do Instituto Nabuco seguiu para a Europa, foi Boas – de quem tivera a fortuna de ser discípulo de antropologia – que o orientou – repita-se – quanto a museus europeus de cultura – especialmente de antropologia –, com os quais, segundo ele, era essencial que o discípulo brasileiro mantivesse contato.

O nome de Boas é tão inseparável de sua atividade como pesquisador e como organizador, no Museu de História Natural de Nova York onde se cercou de discípulos quase tão mestres como ele, como do seu também fecundo magistério na Universidade de Columbia. Wissler, seu sucessor, permaneceria longo tempo na direção do já famoso museu. E tanto quanto Boas foi antropólogo mais do que entusiasta das pesquisas a serviço de museus. Pesquisas tão enriquecedoras dos laboratórios magníficos que podem tornar-se os grandes museus para o estudo das ciências do homem.

Recorde-se que, quando na Europa, ao procurar seguir as sugestões de Franz Boas com relação a museus de antropologia, o autor deste comentário foi encontrar na Alemanha, em seus museus, verdadeiras aldeias de nativos da África como que à vontade; ou como que no seu cotidiano; vivendo quase a mesma vida que viviam em suas terras de origem. De tal requinte de técnica museológica de apresentação de gente viva como que no seu ambiente natural, pode-se, talvez, dizer que representa a negação da imagem convencional de museu antropológico. Mostra que nesse particular os alemães chegaram a esse aperfeiçoamento de técnica museológica: o do museu como laboratório só possível em instituições que disponham de largos recursos para o desempenho de sua função de museus científicos. É claro que a reprodução, na Europa, de um flagrante de vida tribal africana, não substitui, de modo rigoroso para um pesquisador rigorosamente científico, o contato com o contexto ecológico desse flagrante. Mas é meio caminho para esse contato. Além do que serve a professores de antropologia: permite-lhes iniciar seus alunos europeus, em número considerável, no conhecimento de flagrantes de vida não europeia a que, em sua fase de estudantes, dificilmente teriam acesso completo. Desperta, em vários, vocação para a pesquisa. Ou para o estudo direto – o de campo – de sujeitos ou objetos antropológicos cuja validade é apresentada aos seus olhos por uma técnica museológica verdadeiramente sábia. Sábia na sua maneira de como que falar sinteticamente a curiosos que talvez se tornem observadores atentos ou estudiosos sistemáticos dos objetos que lhe são apresentados. Pois assim atuando, os museus antropológicos – como, noutras especialidades, os museus respectivos – atraem os curiosos inteligentes para aqueles estudos, ou para aquelas pesquisas, em que venha a se aprofundar sua curiosidade científica. Curiosidade que não deve nunca ser subestimada como ponto de partida de tais aprofundamentos no estudo ou na pesquisa. Pois dela podem resultar descobertas, identificações, retificações importantes no conhecimento da condição humana que se caracterize como científico. Ou como artístico: conhecimento que também pode se desenvolver através de contatos de artistas em potencial com valores de arte reunidos em museu e expostos sistematicamente aos olhos de curiosos ou de estudiosos pela ciência ou pela técnica dos museólogos.

Pode-se afirmar que a revolução, partida simultaneamente dos Estados Unidos e de alemães, no sentido de dar-se à cultura maior importância que à raça nos estudos de antropologia, teve, nos Estados Unidos, seus dois principais focos na Universidade de Columbia e no Museu de História Natural de Nova York. Talvez tenham sido as pesquisas, os estudos, os pronunciamentos de Boas e dos seus discípulos e, depois de algum tempo, eles próprios, tão mestres quanto esse mestre admirável, os principais instrumentos pelos quais se afirmou revolução intelectual de tão profundas e extensas consequências.

Revolução que teve no Brasil um equivalente nos trabalhos e nos pronunciamentos de três antropólogos ligados ao Museu Nacional do Rio de Janeiro: J. B. de Lacerda, Roquette-Pinto e Fróes da Fonseca, este, posteriormente, ligado, como antropólogo – antropólogo magistral – ao Instituto Joaquim Nabuco de Pesquisas Sociais. Também eles, em trabalhos memoráveis, defenderam pontos de vista semelhantes aos de Boas e dos seus discípulos, inclusive, entre esses discípulos, o autor deste comentário. Pontos de vista opostos, em *Casa-Grande & Senzala*, de modo incisivo, aos arianismos de Nina Rodrigues, de Oliveira Viana, e dos próprios Arthur Ramos e Ulisses Pernambucano, quando seguidores de Nina com relação ao afronegro. Sabe-se hoje – Boas foi um dos campões dessa revolução antropológica – não estar provada cientificamente a superioridade ou a inferioridade absoluta de qualquer das chamadas raças. Pena que no Museu Nacional – dirigido por algum tempo pelo insigne Roquette-Pinto – não se tenha levantado, museologicamente, em esculturas científicas, um grupo representativo de mestiços brasileiros eugênicos que, em termos assim museológicos de apresentação ou de representação de tipos humanos, fixasse o que há de eugênico nesses tipos e o que há neles – principalmente em mulheres – de estético. Um grupo assim representativo de figuras de museu teria um considerável valor ilustrativo da tese de que a miscigenação vem desenvolvendo, no Brasil, tipos nacionais e regionais de homem e de mulher, de evidentes virtudes tanto eugênicas como estéticas.

Tão importantes para o desenvolvimento, no Brasil, de estudos antropológicos quanto o Museu Nacional tem sido, ou vêm sendo, em anos recentes, além dos do Instituto Nabuco – o de antropologia e o de arte popular, agora integrados no amplo Museu do Homem do Nordeste – museus regionais ou especializados em assuntos brasileiros. No que foram precedidos pelo por algum tempo tão famoso – e ainda hoje centro de boas atividades pesquisadoras – Museu Goeldi, do Pará; pelo Museu do Ipiranga, em São Paulo; pelo Museu do Paraná. Dentre os recentes, destaquem-se o Museu de Antropologia da Universidade de Santa Catarina; o Museu do Rio Grande do Sul; o Museu do Folclore, do Rio de Janeiro; o Museu da Memória Literária, do Rio de Janeiro; o Museu do Ouro; o Museu do Instituto Histórico de Alagoas; o Museu Casa do Bandeirante, de São Paulo; o Museu Histórico e Artístico do Maranhão; o Museu Costa Pinto, em Salvador; os Museus do Índio, do Rio de Janeiro – criação do mestre Darci Ribeiro – e de Cuiabá; o Imperial, de Petrópolis; o de Arte Sacra, do Recife; o da República, do Rio de Janeiro; – criação de Josué Montelo; o do Trem, do Recife, talvez o único, no gênero, na América Latina e cuja organização científica coube ao Instituto Nabuco, por incumbência do então chefe da Rede Ferroviária do Nordeste, engenheiro Emerson Jatobá.

DO MUSEU DE ANTROPOLOGIA AO MUSEU DO HOMEM DO NORDESTE

O Recife conta, desde o empreendedor governo Estácio Coimbra (1926-1930), com um Museu do Estado – posteriormente reorganizado pelo museólogo Aécio Oliveira, diretor do Departamento de Museologia do Instituto Joaquim Nabuco de Pesquisas Sociais – no qual avultam peças ou valores de interesse para o estudo do passado mais amplamente social – e não apenas politicamente revolucionário ou patriótico ou cívico de Pernambuco. Notáveis são os jacarandás fidalgos que reúne; as pratas; as imagens de santo; as joias de sinhás antigas; as gravuras; as pinturas ou os desenhos também antigos que fixam aspectos da passagem e dos tipos humanos da região. Foi fundado por aquele governador atendendo a sugestões de um dos seus então jovens assessores. Este, em artigo de jornal, publicado em 1924 no Recife, já esboçara o que deveria ser, na capital de Pernambuco e metrópole do Nordeste, um museu que reunisse valores da cultura regional – a do Nordeste – que a ilustrasse; que a evocasse de modo atraentemente educativo;

que, sobretudo, apresentasse o que a formação regional viesse produzindo de mais típico ou de mais característico.

Que mais se dizia nesse remoto artigo? Entre outras considerações, esta: "Agora que um museu de artes retrospectivas se organizou no Rio, bem poderia cogitar Pernambuco – terra brasileira de passado tão denso, tão profundo – de estabelecer o seu, como documento à vida local". Vida que foi, em certas épocas, particularmente rica em afirmações de interesse artístico ou cultural. A verdade é que a ignoramos tristonhamente. Nos institutos históricos do Brasil espanta – o artigo é de 1924 – o critério estreitíssimo de valores históricos; a noção, que é a oficial, de existir a história antes para a exclusiva glorificação dos esforços apenas grandiosos, militares ou políticos, que para o inventário inteligente, honesto, lógico ao mesmo tempo que cronológico e sociológico, das afirmações cotidianamente construtoras de energia do brasileiro, em todas as suas expressões. Inclusive a plebeia, a da gente do povo, a do homem rústico. "Daí – pensava o então jovem – faltar-nos aos quatro séculos de vida o documento vivo, a ilustração plástica de muito cotidiano significativo." E especificava: "a ilustração plástica da técnica da produção do açúcar, por exemplo". Era a sugestão para um museu regional, que se especializasse em documentar a civilização nordestina do açúcar, feita no remoto ano de 1924. Era – segundo o crítico de arte Robert Smith – a primeira sugestão para os painéis em que Cândido Portinari fixaria, de modo épico, figuras brasileiras de trabalhadores.

E em livro recente, *A Presença do Açúcar na Formação Social do Brasil* (1975), transcreveria o autor desse artigo de jornal publicado naquele distante ano:

> Merecem atenção várias artes populares características da região: a de barro, a dos cachimbos, a dos chapéus de palha de Ouricuri e das redes de trançado, a dos tamancos, a dos cocos de beber água – ligados à região canavieira. Em tudo isso se tem afirmado, às vezes de maneira interessantíssima, a ingênua imaginação da nossa gente do povo dessa região e dos sertões. E é preciso não esquecer que Pernambuco chegou a ter nos tempos coloniais a sua pequena Toledo onde se apurou o fabrico de arma mais caracteristicamente pernambucana: a faca de ponta. Arma hoje plebeia, foi, entretanto, nos tempos coloniais, a da nobreza pernambucana. O que explica o esquisito lavor de certos cabos e bainhas de prata de velhos punhais.

O Museu do Açúcar, no Recife, que, depois de anexado ao Instituto Joaquim Nabuco de Pesquisas Sociais, se junta agora, com o Museu de Antropologia e com o de Arte Popular, para formarem, os três, numa inteligente fusão, o Museu do Homem do Nordeste, cumpriu a sua missão de laboratório para estudos de sociologia do açúcar. Foi porventura um museu mais histórico-social que etnográfico ou antropológico, enquanto o Museu de Antropologia do Instituto Joaquim Nabuco desenvolveu-se afirmando-se mais como museu etnográfico e antropológico do que histórico. Desse modo, completam-se constituindo os três, um só. As inter-relações entre eles, dinamizadas dentro da orientação geral do instituto e de acordo com as mais avançadas técnicas museológicas, completam-se agora de todo, com a sua fusão ou, antes, integração, no Museu do Homem do Nordeste.

Para que se desenvolva, entre nós, uma antropologia ou uma sociologia do açúcar, estes três museus vivos, didáticos, dinamicamente informativos, e, mais que isto, esclarecedores, podem concorrer de modo o mais efetivo. É preciso que sejam mais conhecidos e mais visitados. Nenhum escolar recifense, nenhum escolar nordestino, até, deveria chegar ao fim dos estudos secundários, desconhecendo-os. Nenhum estudante universitário nordestino ou brasileiro de ciências, de história, de letras, pode dar-se ao luxo de ignorá-los. Nem pode ignorá-los o estudante estrangeiro que venha ao Brasil com o intuito de pesquisar, nesses setores, assuntos brasileiros. Estes três museus são essenciais aos seus estudos, à sua formação, ao seu conhecimento da chamada realidade brasileira, ao seu conhecimento do passado social do Nordeste do Brasil.

Bom será que os três museus, o de Antropologia, o do Açúcar e o de Arte Popular, constituindo um complexo interdependente, sem que, no caso, interdependência signifique a perda, por qualquer das três especializações, de individualidade: a principalmente histórico-social, sem deixar de ter alguma coisa de antropológico, a principalmente antropocultural, sem deixar de ter alguma coisa de histórico-social e a de arte popular do Nordeste, sem deixar de ter ligações com arte erudita. Coordenados por uma orientação superiormente científica no sentido museológico de organização e apresentação de material, formam um museu – repita-se que abrangente – do Homem do Nordeste, ao qual breve se juntará, sob a supervisão do Instituto Nabuco, outro do Homem do extremo Norte.

Ao conjunto que, neste novo museu, se apresenta e se deixa contemplar não como um amontoado de coisas mortas, mas de sugestões de vida, em torno do homem do Nordeste, se acrescentará esse outro. Não há museu relativo a sociedade válida – seja qual for a sua especialidade: açúcar ou ouro, esporte ou família, isto ou aquilo – que seja só estudo do presente. O tempo para o verdadeiro antropólogo ou sociólogo é sempre um tempo tríbio em que presente, passado e futuro se interpenetram.

Clamou o futuro fundador do Instituto Nabuco desde 1924 por museus que em resposta a esse clamor vêm surgindo: o do Açúcar, no Recife, o do Ouro, em Sabará, entre vários outros. Já existiam aliás, relativos à história natural, o Nacional e o Goeldi.

Na primeira edição (1960) de *Sugestões em torno do Museu de Antropologia do Instituto Joaquim Nabuco de Pesquisas Sociais*, já se dizia que o Instituto Joaquim Nabuco de Pesquisas Sociais, com sede no Recife e destinado principalmente ao estudo do Norte e Nordeste agrários do país – da Bahia ao Amazonas – e de seus contatos com outras regiões brasileiras, não estaria completo em sua organização básica, enquanto não abrisse a estudiosos, em particular, e ao público, em geral, um museu que fosse uma documentação viva da cultura do lavrador e do trabalhador rural da mesma região: da sua habitação; dos seus tipos mais característicos de vestuário; de móvel; de louças; de cerâmica; de cesta; de transporte; de calçados; de vasilhame de cozinha; da sua arte; da sua técnica de trabalho agrário; dos seus brinquedos e jogos; dos seus cachimbos; das suas facas de ponta; das suas cuias de madeira; das suas esculturas de santo; das suas promessas e dos seus ex-votos ligados à sua vida agrária; dos seus arreios; das suas esporas; dos seus adornos de animais. Mil e um aspectos da vida agrária dão originalidade à cultura da região que constitui o objeto principal de estudos da parte dos pesquisadores do Instituto Joaquim Nabuco de Pesquisas Sociais.

Dessas várias manifestações de vida, algumas já quase arcaicas, foram recolhidos exemplares que vieram a constituir o material básico dos primeiros museus do mesmo instituto. Museus que, aliás, podem gabar-se de ter possuído, como um seu anexo, um começo de jardim ecológico, organizado sob critério científico; talvez o único no gênero, em nosso país. Pois as plantas aí reunidas não são apenas as características da paisagem regional ou as de valor econômico, mas também as medicinais, as profiláticas, as mágicas, além das simplesmente decorativas.

Os primeiros museus do Instituto Nabuco vinham procurando ser esboços de sínteses da vida do homem brasileiro situado no Nordeste e no Norte: região tão afim do Nordeste e da área de atuação do instituto. Ou da cultura – cultura no sentido sociológico ou antropológico – das regiões assim caracterizadas, sendo já projeto fundar-se – repita-se –, em Manaus, Museu do Homem do Extremo Norte.

Algumas peças valiosas se achavam, há anos, umas em bom pré-museu dos começos, há trinta anos, do próprio Instituto Joaquim Nabuco de Pesquisas Sociais; outras, em poder de particulares que as vinham pachorrentamente reunindo, à espera que se organizassem de todo, na região, museus idôneos, para figurarem, devidamente catalogadas, nas suas coleções. O próprio fundador do Instituto Nabuco vinha reunindo, com esse objetivo dentro da preocupação muito sua – a preocupação com a casa brasileira –, material que poderia um dia tornar-se precioso pela raridade: madeira, traves, pregos, tijolos e cipós utilizados na construção de antigas casas rurais ou urbanas da região que vêm sendo demolidas nos últimos anos. Casas do século XIX e algumas do século XVIII. Na verdade, era preciso saber-se que espécie de material era esse; como eram os tijolos; como eram os pregos; quais as madeiras utilizadas para portas, janelas, forros, soalhos, ferrolhos, dobradiças. A arte do ferro das varandas, dos portões, das grades.

Outro material de interesse antropológico que vinha sendo recolhido desde então, pelo fundador do Instituto Joaquim Nabuco de Pesquisas Sociais, constituindo, talvez, a primeira coleção no gênero reunida no nosso país, ou em qualquer país – uma originalidade brasileira: o formado por ex-votos, não de cabeças e membros do corpo humano, como em geral se veem nas igrejas regionais, porém de casas, moendas, animais, patas e cascos de bois, cavalos, carneiros, ovelhas, plantas, espigas de milho, isto é, promessas e santos relativos a habitações rurais e a valores agrários ou agroindustriais. Só esta coleção – completada pela de material de construção de casas, pela de luminárias, pela de rótulos de cigarros, por várias outras – deu ao Museu de Antropologia do Instituto Joaquim Nabuco de Pesquisas Sociais originalidade e importância entre os museus de antropologia não só do Brasil como da América Latina e talvez do mundo inteiro. O que se fazia há anos, no Museu Nacional, apenas com a seção chamada etnografia sertaneja passou a ser feito no Instituto Nabuco com um desenvolvimento bem maior, com relação a outras duas regiões sociologicamente significativas do país:

a agropastoril e a agrária nordestina. Sob vários aspectos, já era a antecipação do atual Museu do Homem do Nordeste.

O Museu de Antropologia do Instituto Joaquim Nabuco de Pesquisas Sociais, enquanto só e pioneiro neste importante setor, fez parte de um já considerável sistema brasileiro de museus – alguns regionais – inteira ou parcialmente etnográficos. Acerca do assunto, realizou o seu organizador, em 1953, com o valioso auxílio do então chefe de gabinete do Ministério da Educação e Cultura – Péricles Madureira de Pinho –, pequeno inquérito, por incumbência da Fundação Wenner-Gren de Pesquisa Antropológica, com sede em Nova York e que é uma das mais importantes fundações americanas e europeias, especializadas em pesquisas antropológicas. Os resultados desse inquérito constam, em língua inglesa, do *International Directory of Anthropological Institutions*, organizado por William L. Thomas Jr. e Anna M. Pikelis, e publicado, naquele ano de 1953, em Nova York; e pela primeira vez, resumidos e publicados em língua portuguesa pelo Instituto Nabuco.

O fundador do Instituto Joaquim Nabuco de Pesquisas Sociais figura, em tão ilustre publicação científica, como o único antropólogo sul-americano, entre os colaboradores de um agora já clássico *Directory* de proporções monumentais; e aparece – destaque-se o fato como afirmação não de prestígio individual, mas do renome, já naqueles dias, alcançado pelo IJNPS – com o caráter de fundador e orientador do mesmo instituto, ao lado dos eminentes antropólogos modernos cuja cooperação, especialmente solicitada e inteligentemente articulada por aqueles dois antropólogos da Fundação Wenner-Gren, tornou possível a organização da mesma obra coletiva, rica de informações essenciais para todos os modernos professores e estudantes de antropologia. Foram esses colaboradores os antropólogos Marius Birbean, do Canadá; Mario Cappiero, da Itália; Júlio Caro Baroja, da Espanha; Juan Comas, do México; Earl W. Count e Nicholas De Witt, dos Estados Unidos; Daryll Forde, dos Estados Unidos; A. A. Gerbrands, da Holanda; Marcel Griande, da França; Josef Haekel, da Áustria; Gerrit Jan Held, da Indonésia; Francis L. K. Hsu, dos Estados Unidos; Euchiro Ishida, do Japão; Felix M. Keesing, dos Estados Unidos; J. G. Koumaris, da Grécia; Helge Larsen, da Dinamarca; A. Leroi-Gourham, da França; D. N. Majumdar, da Índia; Louis Mallert, do Vietnã; Alfred Métraux, da Unesco; Andrey I. Richards, da Uganda

(Reino Unido); Marcel Rioux, do Canadá; Muzaffer Suleyman Senynrek, da Turgana; Sergio Sergida, da Itália; Demitri B. Shimkin e Doris Stone, dos Estados Unidos; Frank Torner, da Alemanha; e Ermine W. Voegelin, dos Estados Unidos.

Na sua introdução às informações com que, solicitado, concorreu o fundador do Instituto Nabuco e organizador do seu Museu de Antropologia, para o *Directory* de Nova York sobre o ensino da antropologia em nosso país, e acerca de instituições e atividades de pesquisa antropológica entre nós e museus inteira ou parcialmente antropológicos, salientou que, até aqueles dias – o começo da década de 1950 –, essas atividades e essas pesquisas vinham sendo realizadas no Brasil mais por esforço individual do que por iniciativa ou sob os auspícios de instituições ou de fundações, cuja presença, em nossa vida científica, apenas começava, na década de 1950, a se fazer sentir no campo da antropologia. Fora esforço magnificamente individual, por exemplo, o trabalho de Nina Rodrigues, na Bahia; e esforço principalmente individual, no setor especificamente antropológico cultural, sob critério moderno o de Roquette-Pinto, no Rio de Janeiro. O fato de ter sido, o primeiro, professor de Faculdade de Medicina da Bahia, e o segundo, por algum tempo, diretor do Museu Nacional não significa terem realizado suas notáveis obras de pesquisa antropológica em pura função dessas instituições ou por exclusiva iniciativa ou sob os inteiros auspícios delas. Não há dúvida, entretanto, de que, em época mais recente, o Museu Nacional, do Rio de Janeiro, e o Museu Paulista, de São Paulo, vêm se destacando por esforços sistemáticos, quer federais, quer do estado de São Paulo, no sentido de pesquisas de iniciativa estatal e sob orientação estatal; nem deve ser esquecido o fato de que o Museu Goeldi iniciou, em seus dias áureos, sob os auspícios do governo do Pará, pesquisas etnológicas ao lado das suas atividades científicas principais, que foram as botânicas, não lhe faltando atualmente pesquisas etnológicas relativas ao indígena da Amazônia.

Quais as instituições brasileiras que passaram a juntar, desde a década de 1950, museus especializados em etnologia, em antropologia, em história cultural, ao ensino de antropologia? Quais os museus brasileiros, inteira ou parcialmente etnológicos antropológicos, perguntava-se já na primeira edição deste trabalho: pergunta que pode ser agora repetida.

Segundo inquérito realizado no Brasil, naquela década, para a Fundação Wenner-Gren, seriam vários os museus, então a serviço dos estudos antropológicos no

Brasil e franqueados à mocidade universitária ou escolar ou ao público interessado nesses estudos. Museus aos quais já se juntavam os do Instituto Joaquim Nabuco de Pesquisas Sociais e o já referido Museu do Estado de Pernambuco, fundado em 1929 pelo então governador Estácio de Albuquerque Coimbra. Os dois, segundo sugestões esboçadas – repita-se – pelo atual presidente do conselho diretor do Instituto Joaquim Nabuco – no primeiro caso, quando ainda jovem de vinte e tal anos – quanto ao que se deveria ser um museu antropológico de caráter ao mesmo tempo histórico e regional. Sugestões estas, que constam de artigo, já referido, publicado no *Diário de Pernambuco* em 1924.

Dirigido o Museu do Estado de Pernambuco pelo professor José Maria de Albuquerque, depois de ter sido organizado e dirigido, no governo Estácio Coimbra, pelo professor Aníbal Fernandes, passou a abrigar importante coleção de material ameríndio: o recolhido na área amazônica pelo ilustre pernambucano Carlos Estêvão, por algum tempo diretor do Museu Goeldi.

Destaquem-se dos museus brasileiros mais ligados à antropologia e à sociologia: o Museu de Etnografia, fundado em São Paulo em 1934, dirigido por algum tempo por Plínio Marques da Silva Airosa, ligado à cátedra de etnografia e tupi-guarani da Universidade de São Paulo e com importantes coleções antropológicas sobre os canela e os bororó e de cerâmica tupi; o clássico e ultimamente em fase criativa, Museu Nacional, fundado em 1818 no Rio de Janeiro, subordinado hoje ao Ministério da Educação e Cultura e tendo as seguintes seções principais: antropologia física, etnologia sul-americana, índio brasileiro, arte popular, arqueologia egípcia; o Museu Nina Rodrigues, de tão ilustre tradição, no setor da africanologia, fundado em 1905, na Bahia, subordinado à Universidade da Bahia e ao governo do estado, dirigido por algum tempo pelo médico Estácio de Lima, tendo por atividades principais inquéritos de medicina legal e de etnologia e mantendo uma exposição permanente de material antropológico; o já referido Museu Paraense Emílio Goeldi, fundado em 1871, com exposição permanente de material antropológico referente a ameríndios da área amazônica, inclusive importantes coleções arqueológicas de Marajó, de Santarém e de Cunani; o Museu Ipiranga, em São Paulo, fundado em 1894, dirigido pelo professor Herbert Baldus, e que, entre suas coleções mais importantes, conta com material antropológico sobre várias tribos ameríndias; o Museu do Índio, fundado no Rio de Janeiro pelo admirável mestre de antropologia Darci Ribeiro; o Museu do Índio, da Universidade Federal de Mato Grosso, a que está ligado o nome do antropólogo João Vieira. De alguns desses museus deve-se destacar que publicam boletins ou revistas; o *Boletim* do Museu Goeldi, a *Revista* do Museu Paulista, de São Paulo, os *arquivos* do Instituto Nina Rodrigues, o *Boletim* do Museu Nacional. E do Instituto Joaquim Nabuco de Pesquisas Sociais, é a revista *Ciência & Trópico*.

E não nos esqueçamos de que há, atualmente, no Brasil outros museus que, sendo de história, têm também alguma coisa de etnográficos ou de antropológicos nas suas coleções ou nas suas publicações: o Museu do Estado da Bahia, até há pouco dirigido com particular competência, por notável especialista em organização de museus – o professor José Valadares; o Museu do Ouro, em Minas Gerais; o Museu Júlio de Castilhos, no Rio Grande do Sul. O Museu das Salesianas, em Manaus, é um começo de bom museu etnográfico especializado na cultura ameríndia da área amazônica. Merece admiração o esforço, neste particular, daquelas religiosas. Neste mesmo particular, porém, a expressão máxima da capacidade brasileira para organização científica de um museu especializado – especializado em assuntos ameríndios – continua a destacar-se o já mencionado Museu do Índio, organizado no Rio de Janeiro pelo notável indianófilo que é o professor Darci Ribeiro.

Nenhum desses museus brasileiros realizou, ou realiza, funções que se assemelhem, em abrangência, no setor da antropologia alongado noutros setores, às que o Museu de Antropologia do Instituto Joaquim Nabuco de Pesquisas Sociais procurou pioneiramente desempenhar, durante anos, em antecipação ao atual Museu do Homem do Nordeste: reunir, sob critério principalmente antropológico, ao mesmo tempo que ecológico e histórico-social, documentação, quanto possível significativa, acerca do passado, da vida e da cultura de uma região tradicionalmente agrária do Brasil como a que se estende, como região principalmente agrária, nas suas bases, da Bahia ao Maranhão, estendendo-se pelo extremo Norte; e constitui objeto de estudos especiais do mesmo instituto, fundado em virtude de projeto de lei apresentado à Câmara Federal em 1949 por um dos representantes de então do estado de Pernambuco.

O Museu de Antropologia – base do novo e amplo Museu do Homem do Nordeste – que o então Instituto Joaquim Nabuco de Pesquisas Sociais organizou, com material regional, na sua sede, pode ser considerado, sob alguns aspectos e pela sua abrangência, um museu pioneiro no Brasil. Com características inteiramente próprias. Inconfundivelmente novas. Algumas dessas características do Museu de Antropologia do IJNPS podem ser confrontadas com a grande maioria – a quase totalidade, mesmo – dos museus do mesmo tipo, existentes hoje nos vários países da Europa, da América, da África e do Oriente e cuja relação consta do minucioso *Directory* de atividades antropológicas, ao mesmo tempo que modernas, clássicas, publicado pela Fundação Wenner-Gren em 1953. Vários desses museus – inclusive o Museu do Homem, de Paris, dirigido primeiro pelo insigne Rivet, depois pelo sábio Valois – vêm sendo ultimamente visitados, para efeitos comparativos, pelo fundador do IJNPS; outros, são seus velhos conhecidos, dos dias – já recordados – em que realizou estudos e observações em museus europeus de antropologia, etnologia e história cultural, por sugestão e sob orientação – repita-se – do seu principal mestre de antropologia, Franz Boas.

Não devemos, entretanto, nos esquecer do fato de que, dos museus há longos anos existentes em alguns países, vários vêm seguindo orientações com as quais coincidiria, em alguns pontos, a do Museu de Antropologia do Instituto Joaquim Nabuco de Pesquisas Sociais. Entre estes, o Norsk Folkennmuseum, de Oslo, na Noruega, com a sua exposição permanente, ao ar livre, de vários tipos de casas rurais ou agrárias completada por uma exposição, também permanente, de recinto fechado, de objetos em uso por populações rurais ou agrárias da Noruega – objetos organizados histórica e regionalmente; o Museu Real do Instituto dos Trópicos, de Amsterdã, onde há exposição permanente de técnicas de trabalho agrário e de estilos de vida rural ainda em vigor em regiões no Oriente até há pouco dominadas politicamente pela Holanda – instituto onde em 1956 o fundador do Instituto Joaquim Nabuco de Pesquisas Sociais foi carinhosamente recebido pelos seus sábios, tendo proferido, no salão de atos da importante organização holandesa, uma conferência, em língua inglesa, sobre o Brasil; o Museu de Pesca, referente à população marítima do norte da Holanda e aos seus estilos de habitação, de vida e de trabalho – museu onde foi também recebido o mesmo antropólogo brasileiro, então hóspede do governo holandês, pelos antropólogos responsáveis pela sua organização e pelo seu funcionamento.

O MUSEU DO HOMEM DO NORDESTE E OUTROS MUSEUS DO MESMO TIPO

Talvez sejam os países escandinavos aqueles onde melhor organização científica apresentam atualmente os museus do tipo antropológico cultural, isto é, especializados na documentação de culturas agrárias ou rústicas, ou em fase de transição ou mudança social; documentação sob critério a um tempo antropológico e regional, desde que, na Alemanha – famosa pelos seus museus de antropologia e de etnologia, de etnografia e de história cultural – a tendência é para tais museus apresentarem material antropológico, etnológico, pré-histórico, de áreas diversas: europeia, africana, asiática, americana etc. É o critério que preside a organização do Instituto Frobenius, em Frankfurt-on-Main, a do antigo Museu de Etnologia, agora reorganizado, em Berlim, a do Museu de Hamburgo de Etnologia e Pré-História, a do próprio Museu de Etnologia de Colônia – alguns dos quais visitados pelo fundador do Instituto Joaquim Nabuco de Pesquisas Sociais – hoje Fundação Joaquim Nabuco – quando hóspede oficial da República Federal da Alemanha.

A Dinamarca, tendo sido o país onde primeiro se estabeleceu um museu moderno de etnologia – como recorda à página 205 do *Directory* da Fundação Wenner-Gren o professor Franz Tenner –, continua a ser exemplar nessa especialidade científica; e dentre os seus museus destacam-se os que dão relevo à documentação de cultura regional dinamarquesa, como é o caso do Museu de Odense, com sua exposição de tipos de casas rurais; do Museu de Dialetologia de Copenhague, com suas coleções de material folclórico e etnológico de interesse linguístico, através do estudo de populações rurais. Do mesmo gênero é o Museu da Sociedade Suíça de Folclore de Basel: sociedade que tem entre as suas principais atividades o estudo de casas rurais da Suíça.

Nem à União Indiana nem à China dita Popular, nem à União Soviética faltam museus importantes pelas suas seções de etnologia. O Victoria, de Bombaim – expressão da melhor ciência britânica voltada para assuntos indianos –, apresenta-se com "modelos etnológicos" que são uma maravilha de ciência e de arte; e que bem poderiam ser adaptados a assuntos brasileiros. Esse museu, visitado com vagar e atenção, em 1952, pelo fundador e consultor técnico do IJNPS –

vagar e carinho iguais aos que dedicara, quando jovem, ao Museu de Oxford, ao Britânico e ao de Berlim – é daqueles com os quais o mesmo instituto deve procurar conservar-se em mais íntimo contato. Não se compreende que certos indianismos, isto é, orientalismos, que se incorporaram à civilização brasileira – inclusive à sua civilização particularmente agrária –, como o banguê e o palanquim, para só citar esses, não tenham sido até hoje estudados, com rigor científico, do ponto de vista brasileiro, nas suas origens indianas ou orientais. Por outro lado, é de supor que aos antropólogos indianos interesse acompanhar o desenvolvimento que tiveram, no Brasil, tais indianismos.

O que se diz do Museu Victoria, de Bombaim, poderia dizer-se de outros museus não europeus: africanos, além de orientais. Já visitou o fundador do Instituto Nabuco vários deles nas Áfricas francesa, inglesa, belga, portuguesa e na União Sul-Africana e também na Índia por algum tempo portuguesa; e na União Indiana. Destaque-se aqui, dentre museus especializados em assuntos africanos, o do Instituto Francês da África Negra (IFAN) de Dakar, os museus das Rodésias, o Museu de Angola, o Museu do Centro de Estudos da Guiné Portuguesa, o Museu da Sociedade de Estudos de Moçambique, o Museu do Dundo. Com estes, e por motivos semelhantes aos que podem ser destacados, com relação a indianismos ou orientalismos de caráter cultural, já integrados na civilização brasileira – inclusive na civilização agrária brasileira –, o Museu do Homem do Nordeste, do Instituto Joaquim Nabuco de Pesquisas Sociais, deverá desenvolver relações tão particularmente íntimas como com o Museu Etnológico Português, de Lisboa. Essas relações especiais devem estender-se a museus do continente americano como os de Nova York, Washington, México, Peru; os de Buenos Aires e de Assunção; os do sul dos Estados Unidos; e, ainda, ao Museu de Etnografia e de Pré-História do Bardo (África), especializado no estudo arqueológico, antropológico e sociológico da cultura islâmica; e ao Museu do Marrocos, por algum tempo espanhol, de Tetuan. É de todo interesse, para o Museu do Homem do Nordeste, do Instituto Joaquim Nabuco de Pesquisas Sociais, cuidar de desenvolver relações com esses outros museus, especializados em estudos relacionados com aquelas pesquisas de caráter a um tempo social e ecológico, antropológico e sociológico, de que já se constituiu num dos centros, no Brasil.

Quem diz museu moderno, diz centro de estudos e de pesquisas; e estudos e pesquisas que não se podem confinar aos limites da província ou da região onde se acha situado o museu. Teríamos, nesse caso, provincianismo ou regionalismo, não do bom, mas do estéril, que é aquele que cedo se degrada em autofagia, por falta de contato ou de intercâmbio dos seus centros de estudos com outros centros de atividade intelectual, de pesquisa artística e de estudo científico: centros onde se realizam estudos semelhantes aos que se processam em instituições regionais do tipo do Instituto Nabuco. Daí não nos dever contentar a expressão "regionalismo" senão quando subentendida como dinâmico e inquieto inter-regionalismo não só no plano nacional como no internacional. Inter-relação no plano de estudos inter-regionais que possam ser transnacionais e não apenas intranacionais.

O contato com museus estrangeiros, o Museu do Homem do Nordeste, da Fundação Joaquim Nabuco, deve estendê-lo aos museus russo-soviéticos e sino-comunistas onde se estão realizando, hoje, estudos que, a partir do ponto de vista da ideologia política que os inspira, são uma tentativa de revelação das condições de vida de populações rurais, sob alguns aspectos semelhantes às do Nordeste e do Norte agrários e agropastoris do Brasil, com repercussões sobre meios urbanos e rurbanos. Um dos empenhos dos etnólogos modernos da Rússia soviética é, desde 1951, o estudo de habitações rurais: assunto que desde a fundação do Instituto Joaquim Nabuco de Pesquisas Sociais, em 1949, preocupa os seus orientadores e pesquisadores e para o estudo do qual infelizmente lhe faltou, a certa altura, a cooperação que lhe era devida da Organização das Nações Unidas. Isto pela falta de justa compreensão do problema, da parte então do representante da mesma organização no Brasil. O qual partia abstratamente deste ponto: não precisar o Brasil, com a sua já famosa arquitetura, de auxílio que viesse de qualquer outra origem. Ignorava que a arquitetura brasileira, notável pela sua criatividade, era e é a esteticamente monumental. Faltava-lhe – e ainda lhe falta de modo satisfatório – a de casas, ao mesmo tempo que ecológicas, econômicas, de residência que fossem – e sejam – respostas cientificamente sociais a extremas necessidades desse tipo. As demagogicamente enganadas com "serviços contra os mucambos" e outras inoperantes demagógicas.

Talvez o museu russo-soviético, com o qual o Museu do Homem do Nordeste deva tratar de estabelecer relações imediatas seja o Museu de Etnografia dos

Povos da URSS com sede em Leningrado. Mas também deverá fazê-lo com o Museu de Antropologia e de Etnografia da Academia de Ciências da URSS, com sede, igualmente, em Leningrado.

Dos museus japoneses de antropologia – já que dos da China chamada comunista não tem sido fácil a antropólogos brasileiros obter informações idôneas, embora, a certa altura, o fundador do Instituto Joaquim Nabuco tenha sido distinguido com um convite da própria República Popular Chinesa, para visitá-la, como observador independente – aquele com que o Museu do Homem do Nordeste deve estabelecer relações imediatas parece ser o de Tóquio, que se interessa pelo estudo étnico-sociológico da família japonesa e das pequenas comunidades nipônicas: principalmente as de pescadores. Mas sem desprezar as de lavradores. Sobretudo agora que foram já publicados os resultados de pesquisa pioneira promovida pelo Instituto Nabuco sobre a presença japonesa no Nordeste agrário do Brasil: pesquisa orientada pelo antropólogo Waldemar Valente.

O Museu do Homem do Nordeste da Fundação Joaquim Nabuco – completado pelo Museu, também da Fundação, dedicado ao patrono da casa, Joaquim Nabuco – é museu onde a mocidade universitária, a juventude escolar, o público brasileiro, estudantes estrangeiros em estudos no Brasil e estrangeiros de passagem pela capital de Pernambuco podem adquirir uma visão segura das condições de vida, dos estilos de habitação e, também, das técnicas de trabalho e, ainda, das formas lúdicas e das expressões artísticas de vida do homem brasileiro das várias áreas do Nordeste do Brasil, em comparação com os estilos de vida, de habitação e das técnicas de trabalho rural e expressões lúdicas ou recreativas e artísticas dos nativos ou residentes de outras áreas tropicais, quer do nosso país, quer de outras áreas. Especialmente de outras áreas tropicais marcadas pelo mesmo tipo de organização social que o Brasil ou sejam as que podem ser denominadas hispanotropicais. E que incluem as lusotropicais: repúblicas hoje independentes marcadas, nas origens de suas culturas hoje nacionais, por influências portuguesas.

O Brasil é hoje um país em que se desenvolve uma consciência museológica ao lado de outra que a ela se liga: a de que cultura nenhuma, nenhuma sociedade, nenhum povo se conhece a si próprio, ou consegue tornar-se senhor das suas constantes socioculturais, sem ligar o seu passado ao seu presente e aos seus possíveis futuros, dentro de uma concepção – partida do Recife – de tempo tríbio.

Sem o estudo sistemático dessa sua realidade, dessas suas constantes, desses seus tempos – que são, na verdade, um só: um só, sempre a fluir. Sem investigar, identificar, depois de descobrir o que é, o que tem sido, o que poderá vir a ser o Brasil como um todo inter-regional. Sob essa perspectiva, museus e pesquisas – antropológicas, arqueológicas, folclóricas, sociológicas, econômicas, artísticas, literárias, ecológicas, religiosas – completam-se. Dizer pesquisa é dizer museu do tipo vivo e dizer museu desse tipo é dizer pesquisa.

Os museus são indispensáveis e estudos nos vários setores psicossocioculturais, sem que se deva desconhecer o valor insubstituível das pesquisas de campo ou dos contatos diretos com as realidades cruas. Mas não serão os verdadeiros museus constituídos de retalhos ou de pedaços substanciais dessas realidades? De sínteses do que nelas é vivo, e, ao mesmo tempo, essencial e existencial? De relíquias do que, tendo sido vida nunca o deixam de ser de todo? Ou sendo em bruto pode ser resumidamente apresentado em sínteses didáticas?

Registre-se que o Museu do Homem do Nordeste é notável pelo valioso material dessa espécie que reúne. Inclusive a documentação fotográfica sobre tipos humanos, tipos de habitação e estilos de vida da área pernambucana do açúcar. E da civilização brasileira do açúcar foi essa área, sob vários aspectos, a mais significativa. Notável o conjunto de fotografias apanhadas pelo pintor Lula Cardoso Aires, ao lado das que constituem as coleções Benício Dias, Ulisses Freire, Francisco Rodrigues.

Diga-se do material de arte popular que faz parte do Museu do Homem do Nordeste – material organizado pelo museólogo Aécio Oliveira com uma ciência e uma arte que talvez lhe deem, entre museólogos, o primeiro lugar entre os especialistas brasileiros desse gênero: arte popular – completa, sob esse aspecto, o de antropologia cultural, completado sob o aspecto histórico-social, pelo que foi o Museu do Açúcar. Inclui, o de Arte Popular, nas suas coleções o maior número que se conhece de cerâmica popular de Caruaru, deixada pelo mestre, nesse particular, que foi Vitalino. Inclui várias outras obras como que primas de arte popular regional em barro e madeira e também de cestaria. Enquanto o material histórico-social que o Museu do Açúcar reuniu, num valoroso esforço, apresenta preciosidades de valor, parte dele, requintadamente artístico: os açucareiros, por exemplo.

Quanto ao Museu Joaquim Nabuco – relativo ao patrono da fundação – reúne a objetos livros autografados por ele deixados, relativos à sua pessoa e à sua vida, devendo-se notar que a maior parte do arquivo do eminente brasileiro – cartas e papéis – está no Instituto Nabuco ao qual foi confiada por sua família. Já começaram a ser utilizados por pesquisadores, certos como que esse arquivo constitui a fonte mais válida de informação sobre a vida e a personalidade do autor de *Minha Formação*. O museu relativo a Nabuco inclui raras fotografias, documentos, autógrafos, livros anotados pelo próprio Nabuco. Valioso material doado ao Instituto Nabuco pelos descendentes do grande brasileiro.

A documentação fotográfica, reunida na divisão de iconografia do Museu do Homem do Nordeste, acentue-se que é um dos fortes desse museu. Note-se que as instalações do antigo Centro Regional de Pesquisas Educacionais, que, por decisão do ministro Nei Braga – tão simpático às atividades do então instituto – foram acrescentadas a seu acervo, depois de extinto o mesmo Centro Regional de Pesquisas Educacionais do Nordeste, são de valor histórico. Edifício típico de residências recifenses nobres do século XIX.

Do edifício, sede do instituto, saliente-se que como antigo edifício-residência – desde a década de 1970, do século XIX, ao começo do século XX, mansão de fidalgo comissário do açúcar – e, também, ele próprio, obra histórica e artística de alto interesse, considerando-a o historiador Pedro Calmon, no gênero de arquitetura de residência, um dos mais belos exemplos existentes, no Brasil, de neoclássico. Acresce que o material usado, há um século, na sua construção, é dos mais nobres: mármores italianos, azulejos e cristais franceses, azulejos brancos e de cor, também franceses, madeiras do Pará, dobradiças de portas de prata.

Da antiga e já referida sede do extinto Centro de Pesquisas Educacionais – edifício agora denominado Anísio Teixeira – deve ser lembrado que foi residência do famoso industrial Delmiro Gouveia, o qual, quando já príncipe do comércio de peles nordestinas, instalou-se em casa nobre de Apipucos, modernizando-a e dando-lhe o nome da esposa, Anunciada, que se conserva em belo portão de ferro. A banheira de mármore italiano e as peças sanitárias de louça inglesa da época vitoriana que foram da residência de Delmiro se acham no Museu do Homem do Nordeste.

Do material histórico-social que foi do extinto Museu do Açúcar pormenorize-se que inclui desde opulenta coleção de fotografias de pessoas, representativas de famílias típicas, de mucamas, mães pretas e escravos, da aristocracia canavieira do Nordeste – particularmente de Pernambuco – adquirida do colecionador Francisco Rodrigues – moendas, alambiques, máquinas, locomotiva, carruagens de antigos engenhos de açúcar, além de preciosa coleção de açucareiros. E também pinturas de artistas ilustres – inclusive Lula Cardoso Aires, Cícero Dias, Francisco Brennand e Aluísio Magalhães – relativas à região canavieira do Nordeste; peças de cerâmica e de madeira; Gobelin raríssimo. Isto, além da valiosíssima documentação fotográfica sobre a área pernambucana do açúcar – figuras humanas, habitações, arte regional – que se deve – acentue-se – ao pintor Lula Cardoso Aires, na sua fase de pesquisa dessas raízes: fase básica para sua futura e notável pintura teluricamente brasileira.

Não há, no país, conjunto tão opulento de objetos que recordem, ilustrem ou documentem, sob o aspecto museológico, o que foi, no Nordeste do Brasil, particularmente em Pernambuco, a civilização brasileira do açúcar. Uma civilização tão germinal para o todo brasileiro e não apenas para o Nordeste.

A propósito do complexo Museu do Homem do Nordeste insista-se, agora com pormenores na importância de outra sua riquíssima coleção de fotografias do Brasil – fotografias de pessoas e de coisas significativas – especialmente de Pernambuco e do Nordeste, deixada pelo pesquisador Benício Whatley Dias, há pouco falecido, e que sua família, obedecendo a um seu desejo, destinou ao IJNPS Não se poderia imaginar, no gênero, uma doação que viesse tão em apoio ao afã do instituto de documentar fotograficamente a vida e o passado nordestinos: sua paisagem, sua arquitetura, sua vida social, seus humanos em suas várias características regionais.

Outra doação importante de Benício Whatley Dias – de seus filhos – ao Instituto Nabuco foi a de exemplares de azulejos: no gênero, talvez, a mais completa com relação ao Brasil. Rivalizam as coleções Benício Dias em importância, com a mencionada coleção de fotografias de tipos de gente regional e de coisas de engenho típico, a transformar-se em usina, de Lula Cardoso Aires, que foi do Museu do Açúcar. Coleções do maior interesse sociológico.

Com estas sugestões e estes informes, pretende-se concorrer para tornar evidente a importância que se vem dando, há anos – notadamente, sob a atual presidência –, na Fundação Joaquim Nabuco, à relação pesquisa-museu. Preocupação que alcança notável triunfo com a instalação – antigo sonho do fundador e dos diretores do então Instituto Joaquim Nabuco de Pesquisas Sociais e de seus pesquisadores – de um abrangente Museu do Homem do Nordeste: iniciativa do presidente da atual Fundação Joaquim Nabuco, com apoio do seu conselho diretor.

O novo museu é síntese do passado, da vida e cultura do homem do Nordeste brasileiro; e, como tal, além de centro de estudos, de informação e de esclarecimento de assuntos regionais, órgão cultural a serviço quer do Brasil, quer de outras nações eurotropicais. Museu onde a mocidade universitária, a juventude escolar, o público brasileiro e os estrangeiros de passagem pela capital de Pernambuco, ou vindos de universidades europeias e de outras áreas para estudos especializados no Instituto Nabuco – o que vem acontecendo há anos –, possam adquirir uma visão honesta e segura das condições de vida, dos estilos de habitação e também das técnicas de trabalho do homem brasileiro do Nordeste agrário do Brasil, em comparação com os estilos de vida e as técnicas de trabalho rural dos nativos ou residentes em outras áreas tropicais ou eurotropicais. Especialmente – acentue-se – de outras áreas tropicais marcadas, pelo tipo de formação social do Brasil, ou sejam, as denominadas hispanotropicais. Particularmente, as lusotropicais.

Pois no momento em que o Brasil se afirma como aquela parte do mundo tropical ou eurotropical em que principalmente se vem desenvolvendo uma ciência ou uma sistemática de estudos tropicológicos – uma tropicologia e, dentro dela, uma hispanotropicologia e uma lusotropicologia – aumenta a importância de situar-se em cidade brasileira um museu dedicado a um tipo tão representativo de homem brasileiro como é o do Nordeste. Museu organizado sob critério que permitirá ou facilitará o uso de parte de seu material para efeitos comparativos dentro do vasto e crescentemente importante mundo tropical.

Dados Internacionais de Catalogação na Publicação (CIP)
(Câmara Brasileira do Livro, SP, Brasil)

Freyre, Gilberto, 1900-1987
    Vida, forma e cor / Gilberto Freyre; prefácio de Ângelo Monteiro – São Paulo : É Realizações, 2010.

    ISBN 978-85-88062-96-2

    1. Crítica de arte 2. Literatura moderna - História e crítica
I. Monteiro, Ângelo. II. Título.

10-07460   CDD-809

Índices para catálogo sistemático:
1. Literatura moderna : História e crítica   809

Este livro foi impresso pela Prol Editora Gráfica para É Realizações, em julho de 2010. Os tipos usados são da família Goudy OlSt BT, Fairfield LH e Trajan Pro. O papel do miolo é chamois bulk dunas 90g, e, da capa, cartão supremo 300g.